EL GOBIERNO ESPAÑOL DEL DESPOTISMO ILUSTRADO ANTE LA INDEPENDENCIA DE LOS ESTADOS UNIDOS DE AMÉRICA

TRABAJOS MONOGRÁFICOS SOBRE LA INDEPENDENCIA DE NORTEAMÉRICA

3

Estos trabajos han sido realizados bajo los auspicios del Programa de Cooperación Cultural y Educativa entre España y los Estados Unidos de Norteamérica (Convenio de 6 de agosto de 1970).

EL GOBIERNO ESPAÑOL DEL DESPOTISMO ILUSTRADO ANTE LA INDEPENDENCIA DE LOS ESTADOS UNIDOS DE AMÉRICA

UNA NUEVA ESTRUCTURA DE LA POLÍTICA INTERNACIONAL
(1773 - 1783)

POR

MARÍA PILAR RUIGÓMEZ DE HERNÁNDEZ

MINISTERIO DE ASUNTOS EXTERIORES
DIRECCIÓN GENERAL DE RELACIONES CULTURALES
MADRID

MINISTERIO DE ASUNTOS EXTERIORES, Madrid, 1978.

Printed in Spain. Impreso en España.

Depósito Legal: M. 6497 - 1978.

ISBN 84-85290-09-7.

Gráficas Cóndor, S. A.,
Sánchez Pacheco, 81, Madrid, 1978. — 4848.

Con el sincero y total agradecimiento a Mario, que siempre mantuvo en mí la alegría con que mis padres verían desde el Más Allá este trabajo.

A mis hijos.

EL TEMA, LA BIBLIOGRAFÍA, LAS FUENTES

A) EL TEMA COMO CUESTIÓN BIBLIOGRÁFICA Y LA ÍNDOLE DE LA INVESTIGACIÓN

La aparición de un nuevo Estado, independizado de Inglaterra, no cabe duda constituyó, en el momento de su efectividad, un profundo traumatismo político cuyas repercusiones en el campo de las ideologías, la diplomacia, el pensamiento político, promovieron en Europa serios motivos de preocupación, curiosidad e interés, precisamente de índole política. Uno de los grandes temas prendidos en el mundo de interés suscitado por la novedad de la aparición del Estado independizado de la Gran Bretaña, fue el hecho, en apariencia inexplicable, de que potencias legitimistas, como Francia y España, y, en el caso de esta última, con amplios intereses coloniales en el área americana, hubiesen tenido en la guerra de los colonos norteamericanos contra la metrópoli europea una participación importante y decisiva amparando los intereses de los «insurgentes». Esta es la raíz que hubo de producir en el campo historiográfico el eje temático de la AYUDA que, durante mucho tiempo, se ha perpetuado en la bibliografía surgida en torno al tema que ha dado tono a las caracterizaciones de las investigaciones, de gran mérito, elaboradas en torno a la cuestión.

La primera bibliografía ha sido la francesa y partió de una obra monumental, concebida con un amplio criterio proyectivo, en función del historicismo galo, concebido como palanca de influencia intelectual, En efecto, con motivo de la Exposición Universal de 1889 se encargó a la Imprenta Nacional ejecutase un gran trabajo editorial; el director de la Imprenta, Mr. Henri Doniol, propuso como tema la edición crítica de una serie documental relativa a la *intervención* de Francia en América en tiempos de Luis XVI. De este modo apareció, después de seis años de trabajo, una serie de cinco volúmenes en folio, cada uno con más de setecientas páginas[1], que debemos considerar la primera piedra que habría de consagrar, en el campo de la bibliografía y de la investigación, el tema de la participación y ayuda europeas, es decir, francesa, a los colonos insurgentes contra el poder colonial británico; al siglo de la revolución francesa, ésta se presentaba como paradigma o matriz de la época revolucionaria universal; el tema adquiría su definitivo cariz de índole política y todas las investigaciones dirigían sus objetivos hacia el esclarecimiento de la cuestión.

La bibliografía «clásica» española sigue esta línea de modo especial en las obras de Ferrer del Río[2], Danvila y Collado[3] y Manuel Conrotte[4], hasta culminar en la muy importante de Juan A. Yela Utrilla[5], que consideramos culminación del aspecto bibliográfico que gira en torno a la *ayuda* y la *participación*, dentro de las coordenadas que, según quedó indicado anteriormente, marcó la orientación epocal de inspiración francesa. Había llamado la atención el erudito profesor Serrano y Sanz acerca de la necesidad de estudiar el tema a partir de los documentos oficiales conservados en el Archivo Histórico Nacional[6]; el dato, recogido por Yela, fue el germen de su investigación presentada como tesis

[1] Henri Doniol (director), *La participation de la France a l'etablissement des Etats-Unis d'Amerique. Correspondance diplomatique et documents*, Paris, Imprimerie National, A. Picard, 1886-1892, 5 vols.

[2] Antonio Ferrer del Río, *Historia del reinado de Carlos III en España*, Madrid, Matute y Cía., 1856, 4 vols. Del mismo: *Introducción a las obras originales del Conde de Floridablanca y escritos referentes a su persona*, Madrid, Biblioteca de Autores Españoles, 1867.

[3] Manuel Danvila y Collado, *Historia del reinado de Carlos III*, Madrid, El progreso Editorial, 1891, 6 vols. (en la *Historia General de España*, publicada bajo la dirección de Cánovas del Castillo).

[4] Manuel Conrotte Méndez, *La intervención de España en la Independencia de los Estados Unidos de la América del Norte*, Madrid, 1920.

[5] Juan F. Yela Utrilla, *España ante la independencia de los Estados Unidos de la América del Norte*, Lérida, 2 vols. (el 2.º documental), 1925.

[6] M. Serrano y Sanz, *El Brigadier James Wilkinson y sus tratos con España para la independencia del Kentucky*, Madrid, Tipografía de la Revista de Archivos, Bibliotecas y Museos, 1915.

doctoral ante la Universidad de Madrid bajo la dirección del eminente maestro del americanismo español D. Antonio Ballesteros y Beretta.

La orientación para la búsqueda de fuentes archivísticas la obtuvo Yela en las guías de los norteamericanos Sephard[7], Robertson[8] y Hill[9]. El primero de ellos contiene una muy breve relación, pero suficiente para comprender la importancia de la documentación conservada en el Archivo Histórico Nacional; Robertson, con mucho mayor lujo de detalles, aun a pesar de tremendas e inexplicables inexactitudes y faltas muy sensibles de verificación; la guía más completa, sin duda, radica en la de Hill, en ella se incluye una relación muy completa de los documentos «procedentes de Cuba» que se conservan en el Archivo General de Indias de Sevilla y que tienen un interés decisivo para el tema. En la investigación de Yela, la fuente principal y, diríamos, el núcleo de interés básico, radica fundamentalmente en la correspondencia entre los condes de Floridablanca y de Aranda. Se trata, por consiguiente, de un trabajo de investigación que apunta al análisis de un problema de *historia diplomática*, a través de la cual se lleva a efecto un pormenorizado cómputo, minucioso y puntual, de todas las peripecias de la gestión y, en definitiva, establecimiento del nivel de ayuda y participación que España tuvo en la independencia de los Estados Unidos.

Los límites de este tratamiento histórico fueron superados de un modo neto, gracias a dos importantes aportaciones; el Catálogo de Gómez del Campillo[10], meticulosa obra de los documentos relativos a los Estados Unidos conservados en el Archivo Histórico Nacional, que ha sido importante orientación para una amplia serie de investigaciones en torno al tema. La segunda aportación a la que nos referimos fue la tesis doctoral, todavía inédi-

[7] W. R. Sephard, *Guide to Materials for the History of the United States in Spanish Archives*, Washington, 1907.

[8] J. A. Robertson, *Liste of Documents in Spanish Archives relating to the History of the United States which have been printed or which transcripte are preserved in American Libraries*, Washington, 1900.

[9] Roscoe R. Hill, *Descriptive Catalogue of the documents relating to the History of the United States in the Papeles procedentes de Cuba deposited in the Archivo General de Indias at Sevilla*, Washington, 1916.

[10] Miguel Gómez del Campillo, *Relaciones diplomáticas entre España y los Estados Unidos, según los documentos del Archivo Histórico Nacional*, Madrid, Consejo Superior de Investigaciones Científicas, 1944, 2 vols.

ta, del profesor Manuel Ballesteros Gaibrois [11], en el cual, aun sin quebrar la línea de estudio diplomático, se llamaba la atención acerca del fondo comercial que las relaciones entre España y los Estados Unidos representaba en el momento en que se iniciaban relaciones diplomáticas normales. El trabajo del profesor Ballesteros ha sido promotor de algunos temas que, desde muy diversos puntos de enfoque y ángulos de visión histórica, han producido un importante conocimiento, fruto de una planificación intelectual muy coherente, de una densa serie de problemas cuyo entramado constituye el fondo de una investigación histórica sin precedentes, aunque desgraciadamente desconocida por la imposibilidad de publicación sistemática de todos ellos [12]. La serie de investigaciones doctorales de la escuela de Ballesteros no cabe duda que produjo una considerable ampliación del horizonte; superó, con mucho, el límite del tema de la *ayuda* y la *participación*; se produjo, a su través, una evidente emancipación de la historiografía francesa; el tema, en última instancia, adquirió un peso y una consistencia histórica, de la que había carecido absolutamente en la primera etapa.

Queda en ese amplio mundo, reconstruido por la investigación, un importante sector o parcela que estaba reclamando una caracterización histórica, de acuerdo con las más modernas tendencias del quehacer intelectual histórico y que es, precisamente, el ámbito en que se desenvuelve la presente investigación: el análisis del pensamiento político español ante el hecho mismo del nacimiento de los Estados Unidos, habida cuenta del compromiso radical que el Imperio español en América habría de experimentar como consecuencia de la aparición del nuevo Estado soberano, de condición —esto es muy importante tenerlo en cuenta significativamente— netamente atlántica y de orientación necesariamente económica y, en consecuencia, competitivo, no sólo en cuanto se refiera a los ambicionados *mercados* españoles del Caribe, sino también en cuanto pueda referirse a la interferencia de áreas de interés que, como cúspides, se configuraban en ese momento histórico —1773-1783— en la historia de las relaciones

---

[11] «Nuevas aportaciones al estudio de la intervención de España en la independencia de los Estados Unidos de América. La misión de Gardoqui, 1785-1789.»

[12] Tesis Doctorales de Enguídanos, Hernández Sánchez-Barba (publicada bajo el título de *La última expansión española en América*, Madrid, Instituto de Estudios Políticos, 1957), Vicenta Cortés, Edwin F. Klotz y otros.

internacionales. La densidad del panorama temático exige y aconseja un tratamiento sistemático.

B) LOS LÍMITES DEL TEMA

Toda investigación histórica tiene sus límites, que debemos entender no en el sentido delimitador, sino en cuanto factores de relación de aspectos inconexos entre sí, pero que se encuentran interrelacionados de un modo inequívoco. Los que se refieren al tema entiendo que son de triple entidad: epocales, circunstanciales y metodológicos. Tales límites deben ser explicados para poder acceder a la comprensión plena de las materias que integran y definen el contexto temático.

LA ÉPOCA. — Los diez años que delimitan el ámbito cronológico del tema sitúan a éste, plenamente, en el comienzo de la época revolucionaria [13], cuyos primeros movimientos graves surgieron, simultáneamente, en las colonias inglesas de América del Norte y en el corazón de Europa, en Ginebra. El epicentro, sin embargo, se encuentra en el continente americano y, sin duda, en el mundo anglosajón, desde el punto de vista ideológico. El mundo anglosajón era, desde hacía mucho tiempo, un polo de proceso de antagonización económico-comercial que enfrentaba a Inglaterra y Francia; me refiero a la guerra económica anglo-francesa que se dirimió a lo largo del siglo XVIII y que tiene tres fases muy claramente establecidas: la guerra de sucesión española (1700-1713), la guerra de los Siete Años (1757-1763) y las guerras napoleónicas (1792-1815). Más adelante, al caracterizar los supuestos propiamente históricos del tema, insistiremos sobre esta segunda vertiente, de índole económica y agresiva entre las dos primeras potencias europeas, proceso de amplia vigencia, de larga duración, que tiene un profundo significado en los procesos descolonizadores americanos y, en consecuencia, debe ser tenido muy presente en el análisis de la situación histórica global. Ahora debe insistirse en el carácter ideológico, superficial y en profundidad, que tuvo lo que, con acierto, ha sido llamada la época revolucionaria, en cuyo ámbito, como vimos, encaja perfectamente el

---

[13] Cfr. Jacques Godechot, *Les revolutions (1770-1799)*, Presses Universitaires de France, París, 1969.

tiempo corto de nuestro tema, todo él, desde luego, condicionado por el fenómeno de la revolución y de la guerra norteamericana.

Ahora bien, la contienda entre Inglaterra y los colonos norteamericanos ¿debe considerarse como *independencia* o como *revolución social?* Han sido principalmente los historiadores norteamericanos los que han discutido la exacta respuesta a tal pregunta [14], sin llegar a alcanzar acuerdo en la misma, prevaleciendo una contestación ecléctica: la guerra de América del Norte fue, al mismo tiempo, una revolución política, económica y social, moderada en los dos últimos aspectos; radical en el primero, reafirmándose, en consecuencia, el carácter de la independencia norteamericana como una gran revolución política en la cual los colonos trataron —y lo consiguieron plenamente— de llevar al terreno de la práctica política las ideas de los filósofos, especialmente las de Locke, que eran, en definitiva, las que habían cristalizado en la revolución inglesa del siglo XVII: teoría del contacto o del pacto social; prioridad del poder legislativo sobre el ejecutivo; limitación del legislativo por los derechos naturales. En consecuencia, los Estados norteamericanos y, más adelante, la Confederación, se otorgaron constituciones que, generalmente, van precedidas de declaraciones de derechos; ambas —constituciones y declaraciones de derechos— fueron muy fácilmente aceptadas por los ciudadanos a los cuales los principios constitucionales, de libertad individual, de igualdad ante la Ley, les resultaban sumamente familiares; lo mismo ocurrió con otras instituciones como los comités de salud pública, vigilancia, correspondencia, los clubs, el control de precios, el papel moneda, el juramento de observancia de las leyes, «habeas corpus», etc.

---

[14] Sobre este tema existe una abundante bibliografía. Vid. entre otros: Bernard Fay, *L'esprit révolutionaire en France et aux Etats-Unis à la fin du XVIIIe siècle*, Paris, 1925; A. Schlesinger, D. R. Fox y C. Becker, *A history of American Life*, Nueva York, 1925; Alexander de Conde, *Entangling Alliance*, Durham (N. C.), 1958; C. Becker, *The Declaration of Independance, A Study in the History of Political Ideas*, Nueva York, 1922; Ch. A. Beard, *Economic Interpretation of Constitution*, Nueva York, 1923; F. Jameson, *The American Revolution considered as a Social movement*, Princeton, 1940; L. Hartz, *American Political Thought and the American Revolution*, en *American Political Science Review*, t. XLVI, 1952; F. B. Tolles, *The American Revolution considered as a Social movement: a Reevaluation*, en *American Historical Review,* tomo LX, 1954; B. Fay, *Franklin*, París, 1930-1931, 3 vols.; C. Van Doren, *Benjamin Franklin*, París, 1956; B. Fay, *George Washington*, 1931; H. P. Gallinger, *Die Haltung der deutschen Publizistik zu dem Amerikanischen Unabhängigskeitskriege, 1775-1783*, Leipzig, 1900.

Las «declaraciones de derecho» señalan la índole de la relación ciudadanos-Estado; la más antigua de todas, la de Virginia (12 de junio de 1776), afirmaba solemnemente «todos los hombres son iguales en naturaleza, libres e independientes», deben disfrutar de «la vida y de la libertad con los medios necesarios para adquirir y poseer propiedades, perseguir y obtener el bienestar y la seguridad»; reconoce la soberanía del pueblo, proclama el derecho de la resistencia a la opresión, la separación de poderes, garantías para los inculpados, acusados y condenados, la responsabilidad de los funcionarios en el ejercicio de sus cargos, la libertad de prensa, el libre ejercicio del culto religioso. Cinco años después de la declaración de independencia (4 de julio de 1776), proclamada por el Congreso de Filadelfia, fue adoptada la primera Constitución norteamericana: los Artículos de la Confederación (1781) organizaban la nueva República como Estado federal, con una excesiva preocupación por la salvaguarda de la democracia, el poder federal era sumamente débil: pudo concluir la guerra, pero fue absolutamente incapaz de afrontar con éxito los problemas derivados de la paz: desorganización del comercio, crisis financiera, ofensiva de los conservadores [15] que condujo a un «nuevo régimen», basado en un sistema democrático, separación de Iglesia y Estado, institución de los tres poderes, bicameralismo activo y presidente elegido cada cuatro años; la revolución trataba de establecer la libertad y la democracia, en la misma medida en que se convertía en claramente conservadora; para los países de la vieja Europa, sin embargo, era altamente revolucionaria. Conforme se profundiza la investigación resulta más clara la enorme importancia, el gran impacto, que dicha revolución norteamericana produjo en Europa; desde sus comienzos —y muy especialmente en la primera etapa, de exacerbado liberalismo— dio la sensación de que se iban a producir importantes y acelerados cambios en todos los órdenes; ciertamente, la repercusión más fuerte radicó en los círculos intelectuales; de ellos saltó a los círculos políticos y cortesanos, especialmente en el intento —muy acelerado— de coartar el poder de la aristocracia y, por el contrario, incrementar el de la burguesía, detentadora del poder financiero y que impulsa y acelera

---

[15] El 17-9-1787, la Convención reunida en Filadelfia adoptó una nueva Constitución que tras haber sido aprobada por las legislaturas de los Estados, entró en vigor el 4 de marzo de 1789.

al máximo el proceso industrial y comercial. Este perfil constituye el primer límite de nuestro tema, cuyos términos, propiamente españoles, señalaremos con posterioridad, ya que en estos momentos sólo resulta imprescindible el establecimiento del límite relacional.

LAS CIRCUNSTANCIAS. — La sensación de cambio que, según quedó indicado anteriormente, produjo en Europa la revolución norteamericana, constituye de suyo una apreciación que la fina sensibilidad espiritual de los políticos europeos captó, casi intuitivamente, aunque su realidad práctica tardó muchos años en ponerse de manifiesto y casi estamos en disposición de afirmar que todavía en nuestros días constituye un proceso de efectos permanentes configuradores de constantes en el campo de la política internacional. Tales circunstancias se encuentran en función, una vez más del momento revolucionario, rápidamente asimiladas por las corrientes del pensamiento ilustrado, en especial bajo el impulso del cosmopolitismo y del creciente nacionalismo que supera, por una parte, y se condiciona, por otra, en la política débil y diplomática de los bloques y del equilibrio. El nacionalismo, típico de la segunda mitad del siglo XVIII [16], tuvo su primera gran manifestación en la revolución norteamericana, aunque, como fuerza dinámica de gran poderío, se había manifestado simultáneamente en varios países europeos. Su concepto queda anclado en la idea de soberanía popular y una revisión a fondo de la posición de gobernantes y gobernados, de los grupos sociales y del pacto político, en el papel preeminente de la burguesía, menos ligada a la tradición que la nobleza o el clero, que, además, pretendía representar en sus aspiraciones a toda la sociedad política nacional. Su expresión predominante, aunque no exclusiva, se encuentra en aquellos países como Inglaterra, Estados Unidos, Francia, donde el «tercer estado» adquirió fuerza y pujanza; por el contrario, en aquellos otros donde su pujanza era todavía débil, el nacionalismo encontró su expresión predominante en el campo cultural; en estos países —entre los cuales se cuenta España, pese a los esfuerzos de modernización realizados por Carlos III y sus ministros, no fue ciertamente el objetivo al que se apuntaba el Estado-Nación, como ocurrió en los señalados en primer lugar, sino el espíritu del pueblo *(Volks-*

---

[16] Cfr. Hans Kohn, *The Idea of Nationalism. A Study in its origins and background*, New York, Mac Millan C.º, 1944.

geist) y sus manifestaciones literarias y estéticas, lo que se convirtió en el núcleo principal del nacionalismo. Hemos, pues, de señalar, desde un principio —y lógicamente como límite a tener en consideración en la motivación fundamental de nuestro tema— la diferencia de perspectiva que se acusa profundamente entre ambos horizontes nacionalistas y, en consecuencia, la desproporción, o «gap» diferencial, que hubo de existir en la alineación de España en la acción política —y sobre todo comercial— precisamente con aquellas dos naciones europeas (Inglaterra y Francia) y la nueva nación norteamericana, cuyas caracterizaciones nacionalistas apuntaban hacia objetivos y planteamientos completamente diferentes en el orden de cosas apuntadas. Este nacionalismo cultural fue, con el despertar político y cultural de las masas, a lo largo del siglo XIX y bajo el impulso de la burguesía, el que se transformó, aceleradamente, en el proyecto de creación de un Estado nacional; pero en la primera confrontación circunstancial dentro de la época que nos ocupa, el escalón diferencial entre los componentes del problema internacional fue muy notorio, tanto en el aspecto político y forma del Estado, como en el orden social y el económico y, desde luego, en el aspecto religioso.

Las nuevas dimensiones del nacionalismo revolucionario, cuya primera manifestación de acceso al poder radicó en los Estados Unidos, cambió absolutamente los supuestos de la relación internacional e hizo surgir nuevos e importantes conceptos que, rápidamente, se convirtieron en cúspides de interés mundial y, por supuesto, en claves de la acción política y económica de los Estados. Tales conceptos, a nuestro juicio, fueron fundamentalmente cuatro:

— Regionalidad continental-marítima.
— Estrategia de grandes espacios.
— Seguridad nacional.
— Límites del ámbito nacional y del «territorio» económico.

Que deben ser tenidos muy en cuenta —y de hecho así lo haremos en el curso de nuestra exposición— en cuanto factores configuradores de una política de *reacción y de retardo*, de eminente fundamento psicológico, muy inteligentemente planteada por el conde de Floridablanca, como única posibilidad de acción eficaz, por parte de España, en su confrontación triple: con la nueva nación norteamericana que, a no dudar, podría representar un modelo a seguir por los colonos de los territorios españoles americanos; Francia, con respecto a la cual se habrá de verificar el espectacular viraje ideológico-político de Floridablanca, y, finalmente, Inglaterra, cuya órbita atlántica se interfería, desde el siglo XVI, con la española. Tales son los límites circunstanciales del tema que abordamos.

LA METODOLOGÍA. — El importante cambio de rumbo en los conceptos y metodologías de las ciencias históricas, ocurrido a partir del IX Congreso Internacional de Ciencias Históricas celebrado en París en el año 1950, implica un tercer límite, que debemos considerar, en el núcleo del tema sobre el que estamos ofreciendo una consideración panorámica. La nueva fe histórica, triunfante en el indicado Congreso, planteó el estudio y la comprensión del hombre medio en relación con su tiempo y los círculos de sus relaciones sociales, políticas, económicas, ideológicas y culturales. Dos direcciones fundamentales se apreciaron, a partir de ese momento, en las tendencias de la investigación: la división en especialidades históricas, de acuerdo con cada uno de los círculos de relaciones humanas (historia económica, social, política, cultural, ideológica); la concentración en la comprensión *integral* del hombre medio. No se trata, ciertamente, de una tautología, sino de la necesaria colaboración interdisciplinar en el campo de la historia, para cumplir el gran objetivo de esta ciencia que consiste en la comprensión de la realidad vivida activamente, promovida por un mundo de ideas y atemperada por un complejo mundo de interés. La historia política, considerada como simple narración de acontecimientos bajo un cerrado empirismo cercano al documento y a los hechos, que se reproducen tal como quedaron plasmados, ha entrado en un descrédito profundo y ha sido rudamente rechazada en los círculos universitarios. En apariencia —y en estricta consideración con los tratamientos del mismo efectuados en la que hemos señalado como primera etapa— el tema que presentamos queda situado en el ámbito de la historia política. Pero es absolutamente necesario matizar sus límites para estar en disposición de establecer su caracterización de un modo muy preciso.

Entiendo que los límites metodológicos del tema se encuentran relacionados interdisciplinariamente en tres esferas: la historia política, la historia institucional y la historia de las relaciones internacionales, aunque con un sentido específico que pasamos a explicar. El descrédito de la historia política ha hecho que subsista sólo adaptándose a las nuevas concepciones y bajo formas que colocan la exposición de los hechos al servicio de consideraciones sociológicas, tales como análisis de comportamiento de los grupos sociales con motivo, por ejemplo, de consultas electorales o de cambios de régimen. En consecuencia, el ámbito de la historia política se concentra en el análisis del Estado que interviene, cada vez con más fuerza, en los dominios de la actividad nacional; sometido a influencias y presiones, pero, a su vez, modelando a la sociedad nacional por medio de sus decisiones de índole política y, sobre todo, por la omnipresencia de una cada vez más fuerte administración-control. A su vez, este tipo de historia política se encuentra en relación con la historia institucional que tiene actualmente una clara tendencia a encarnarse, dejando de ser el reducto tradicional de los juristas, para ser cada vez más una historia social de la administración, en estrecha asociación con la historia de las ideas, las estructuras sociales y la vida literaria, filosófica y religiosa. Por último, se encuentra en íntima conexión con la historia de las relaciones internacionales, tal como las concibe Pierre Renouvin, cuyo primer objetivo consiste en el estudio de las mentalidades de los pueblos nacionales, tratando de establecer la concepción que ellos formen de su interés nacional o el papel que pueden jugar en el mundo, así como comprender las condiciones que explican la formación de tal estado de espíritu; el énfasis de tal especialidad histórica no consiste en el estudio formal de las relaciones diplomáticas, sino tratar de discernir las convicciones profundas que orientan y, en ocasiones, dominan a los hombres de Estado, así como el análisis de las relaciones entre el medio social y la formación de corrientes de opinión sobre problemas de política exterior.

C) LAS FUENTES DOCUMENTALES

Todos los esfuerzos de la Monarquía borbónica, desde su implantación en España, tendieron a la configuración de una administración estrictamente emanada del poder central. Por su misma esencia, la Monarquía estaba en contradicción con cualquier otro poder que se opusiese al suyo propio y que, en todo caso, impidiese, con su competencia, el desarrollo de una Administración eficaz, en cuanto única y central. El regalismo —que confundido intencionalmente con el jansenismo, fue un arma contundente y eficaz esgrimida por los partidarios de la omnipotencia eclesiástica, poder que se oponía al poder central monárquico— ha constituido una etapa necesaria e inevitable en el proceso constituyente de la nacionalidad española. Estaba claro que, para alcanzar una efectiva unidad nacional, resultaba imprescindible el establecimiento de una Administración responsable y fuerte, capaz de alcanzar un determinado nivel de decisión con la suficiente caracterización de conocimientos sobre la realidad en la que había que operar. Por tales razones, las minorías selectas, los ministros ilutrados de la Monarquía, apoyaban el absolutismo del monarca, aun a costa de destruir toda autonomía y cualquier tipo de intervención social en la Administración del Estado. Ello se consideraba un medio imprescindible para alcanzar el objetivo epocal del Estado nacional. En consecuencia, al centralizar todos los servicios del Estado, se organizaron las diversas instituciones que estaban al servicio de todo tipo de decisión política en la línea de conseguir una concepción patrimonial del Estado como antecedente necesario al establecimiento de una Administración centralizada, jerarquizada y organizada racionalmente. Es evidente que el Estado nacional no puede permitirse que sea la casualidad —o la presión— quien designe la jerarquía fundamental de la organización administrativa que se pretende o que, sobre la persona que ocupa el más alto puesto de la Administración, pesen incontroladas influencias o arbitrarias representaciones de intereses parciales y particulares. El Estado nacional exige que los consejeros del monarca, miembros activos de la Administración, fuesen responsables. Igualmente resultaba básico alcanzar una organización institucional eficaz que permitiese disponer de toda la información precisa para acometer con garantía de eficacia una decisión política. El secretario de Estado —germen de la figura de primer ministro— sobre el cual pesaba fuertemente la decisión política exterior, tuvo que organizar con eficacia la Secretaría de Estado como un órgano administrativo de capacidad informativa sobre la cual basar la oportuna decisión en cada instante ante la complejidad de un sistema basado en la acción diplomática y en la disuasión. Resulta evidente que el gran organizador de tal mecanismo burocrático e informativo fue el conde de Floridablanca, quien dirigió, desde 1776 hasta 1792, el gobierno español y es el verdadero conductor de la política internacional. Con él alcanza un nivel culminante el proceso evolutivo del sistema de la «diplomacia del Rey» a la diplomacia de Estado. Carlos III se había ocupado personalmente al principio de su reinado, e incluso durante el gobierno de Grimaldi conservó un eminente carácter directivo en la orientación de la política internacional española. Pero al tomar bajo su responsabilidad el gobierno, Floridablanca, se personalizó en él la orientación de la política interior, mucho más que en el monarca. Por otra parte, Floridablanca fue el primer español, después de un largo período de veintidós años a cargo de extranjeros, que ocupó la Secretaría de Estado, lo cual daba un respaldo de mayor solidez «nacional» al manejo de los negocios políticos. Arquetipo de lo que podríamos llamar «burocracia de Estado», no solamente organizó la oficina de Estado, sino que incluyó en el servicio diplomático, junto a los miembros de la nobleza y de la carrera militar en sus más altos rangos, a hombres preparados en la función pública y formados en la carrera administrativa del Estado.

En consecuencia de todo lo expresado es lógico que los rasgos fundamentales para el esclarecimiento de los propósitos de esta investigación, en el orden documental, los hayamos encontrado en aquellos archivos donde se conserva la correspondencia de Estado, muy especialmente en el Archivo Histórico Nacional, cuya Sección de Estado, en efecto, ha proporcionado la gran masa documental que sirve de base para nuestra investigación. En líneas generales —puesto que, dada la naturaleza de la investigación, en cada capítulo debe hacerse la referencia crítica de cada uno de los núcleos problemáticos de la argumentación— podemos clasificar este acervo documental del siguiente modo:

1. Correspondencia diplomática general con los embajadores, ministros plenipotenciarios, etc., en las cinco más importantes cortes europeas: Londres, París, Roma, San Pertersburgo, Lisboa.
2. Despachos de Estado entre el secretario de Estado y los embajadores en París y Londres.
3. Correspondencia entre el conde de Floriblanca y el conde de Aranda, embajador este último en París y, decididamente, el eje de la gestión diplomática. Admite esta correspondencia una ulterior división en *ordinaria, reservada* y *confidencial;* estas dos últimas resultan las más importantes, pues en ellas figuran aquellas materias cuya reserva interesaba mantener incluso con la

aliada política de España, Francia. La reserva, en ocasiones, cifrada y, en todo caso, remitida por emisarios o correos propios, con objeto de evitar el conocimiento de su contenido por parte de los servicios de inteligencia franceses. Tales documentos pueden ser originales, minutas, copias y extractos. No se encuentran, desde luego, todos los originales, que siempre que ha sido posible han sido preferidos a las copias y minutas. Las copias son casi totales en el Archivo de Simancas, donde existen dos series de las mismas: una contiene la correspondencia intercambiada entre Grimaldi y Floridablanca con el conde de Aranda y se encuentra en libros copiadores encuadernados; la otra serie comprende lo más interesante de esta correspondencia.

4. Otra documentación está representada por toda la que promovió la relación directa del gobierno español con los plenipotenciarios norteamericanos: Arthur Lee, a quien no le fue permitida la llegada a Madrid, comisionando el conde de Floriblanca al marqués de Grimaldi para que se entrevistase con él en Burgos y Vitoria; John Jay, cuya comisión, iniciada en 1782, tuvo, como veremos, otra intención y distinto objetivo que la encarnada en Lee, y, por último, algunos de los documentos resultantes de la relación con comisionados y agentes norteamericanos y europeos, tanto en París como en el mismo Madrid, en comunicación directa con el conde de Floridablanca o personas por él designadas.

Para el análisis del pensamiento político de Estado, revisten menor interés las series documentales del Archivo General de Indias, si se exceptúan los despachos cursados por los encargados de negocios en los Estados Unidos al ministro de Indias, José de Gálvez. Desde 1778 el gobierno español había enviado un emisario acreditado ante los colonos rebeldes, Juan Miralles, al que sucedió Francisco Rendón, el cual permaneció en ellas hasta la llegada del primer diplomático acreditado con carácter oficial, Diego de Gardoqui.

Los documentos diplomáticos son, tradicionalmente, despreciados, precisamente porque, erróneamente, se consideran los de más fácil manejo. Resulta, sin embargo, sumamente difícil su valoración exacta, sobre todo cuando a través de ellos se pretende comprender íntegramente los supuestos operativos que, políticamente, constituyen el edificio de la política exterior de un Estado. Como el español de los años que nos ocupa, tremendamente contradictorio por la oposición interna de importantes fuerzas sociales e institucionales, así como por encontrarse en un momento de reorganización y hasta casi diríamos de españolización en lo que se refiere a una política constructiva y coherente. No debe, sin embargo, perderse de vista que en el siglo XVIII, y aun a pesar de las circunstancias de reorganización interna apuntadas, los individuos y las instituciones eran los que regentaban los gobiernos, formulaban la política a seguir y creaban nuevas tendencias en las esferas política, económica e intelectual. Precisamente a la identificación de tales supuestos individuales, en su contenido político e intelectual, revelador de un pensamiento político constructivo, tiende fundamentalmente la investigación que hemos planteado con porpósito de escudriñar con la mayor profundidad y precisión posible el pensamiento político de los grandes protagonistas españoles de aquel momento histórico, que se caracteriza por la necesidad de instrumentar una política atlántica competitiva ante la vulnerabilidad que el nacimiento de los Estados Unidos origina para el imperio oceánico español y, precisamente, en un momento convulsionado, como consecuencia del despertar revolucionario, que no era solamente social, sino precisamente colonial. De ahí la permanente necesidad de contrastar las decisiones, en tantas ocasiones vacilantes, miedosas, llenas de frenazos e indecisiones, con acontecimientos de la política internacional, que exigían un conocimiento perfecto tanto de sus realidades como de sus tendencias, incluso las más oscuras y difíciles de prever.

LA ÉPOCA A PLAZO HISTÓRICO LARGO: RIVALIDADES ECONÓMICAS Y DESAFÍOS POLÍTICOS

PRIMERA PARTE

LA ÉPOCA A PLAZO HISTÓRICO LARGO.
RIVALIDADES ECONÓMICAS
Y DESAFÍOS POLÍTICOS

I

RIVALIDAD COMERCIAL Y EQUILIBRIO DIPLOMÁTICO: LA CONTIENDA ECONÓMICA FRANCO-INGLESA Y EL INICIO DEL COLONIALISMO

A) LAS CONDICIONES «REGIONALES» DE EUROPA

La fragmentación regional de Europa, cuya unidad habían mantenido sucesivamente la hegemonía española y la francesa, es un hecho incontrovertible durante el siglo XVIII, cuyas consecuencias se manifiestan, tanto en la superficie tensa de los acontecimientos políticos como en las más profundas estructuras sociales y económicas, de lenta pero inexorable manifestación. El signo de la diversidad preside todas las manifestaciones del espíritu, de la sociedad, economía y política. Desde el punto de vista religioso, el protestantismo experimenta una parálisis en su proceso expansivo, quedando su zona de acción europea perfectamente delimitada: Inglaterra, Escocia, Alemania del Norte, Alemania del Este, Escandinavia y parte de Suiza; al mismo tiempo se aprecia una profunda división sectaria en su interior, de modo especial en el luteranismo. El calvinismo, establecido con firmeza en Prusia y algunos cantones suizos, experimenta una fuerte persecución en Francia, Hungría, Transilvania y Polonia y la burguesía calvinista de los otros países experimenta una tibieza religiosa que se aproxima mucho a la indiferencia. El judaísmo sólo se mantiene en pequeñas minorías, aunque prácticamente extendidas por todos los países europeos, excepto España y Portugal, y el islamismo solamente es predicado en Europa por los turcos y algunas pequeñas poblaciones de los Balcanes, observándose un retroceso paralelo al declinar político de Turquía. Por el contrario, el catolicismo constituye una fuerza real e importante, centralizada y monopolítica. La práctica religiosa es muy intensa, aunque muy posiblemente como consecuencia de una tradición fuertemente establecida más que expresión de una fe auténtica, débil en los grupos sociales altos y plagada de supersticiones en los grupos sociales bajos e ínfimos. Los religiosos son muy numerosos, de modo especial en los países mediterráneos, España e Italia, donde las órdenes religiosas adquieren una importancia muy considerable; entre ellas ocupa un primer puesto la Compañía de Jesús, que domina a los soberanos a través de sus confesores, dirige a la nobleza y a la burguesía por medio de la enseñanza y la educación y que posee una verdadera soberanía territorial, lo cual le permite una independencia de acción que reafirma su influencia e incrementa sus enemigos, entre los cuales ocupan un primer puesto los jansenistas [1], cuyo combate frontal contra los jesuitas produjo considerable deterioro en el prestigio oficial de esta orden, cuyo eje quizá radique en las controversias en torno a la bula *Unigenitus*, ocurridas en Francia durante el primer cuarto del siglo XVIII, lo que supone la centralización de esta nación de corrientes renovadoras y, al mismo tiempo, de nuclearización religiosa en ella, lo cual hubo de proporcionarle una específica entidad selectiva de amplias repercusiones europeas.

A tal diversidad espiritual le corresponde elementos semejantes en la estructura social, con una característica muy especial, que señalaremos más adelante, pero sobre todo en la estructura y coyuntura económicas, donde se aprecia con mayor intensidad la regionalización europea. Propone Godechot la frontera del río Elba como límite de dos Europas: la agraria, al Este de la cuenca fluvial, y la comercial, al Oeste [2]; aceptable, aun dentro de su simplicidad, que matizaremos más adelante, tal división representa el índice de un crecimiento portentoso del tráfico comercial

---

[1] Se trata de una compleja doctrina religiosa desarrollada en Bélgica y Prusia en el siglo XVII y que en el XVIII se ha extendido a Italia, Austria y España. Apud, Paul Hazard, *El pensamiento europeo en el siglo XVIII*, Madrid, Revista de Occidente, 1946. Es importante la consulta de Félix Iguacen Glaría, *Secularización y mundo contemporáneo*, Madrid, ICCE, 1973.

[2] Jacques Godechot, *Le siècle des lumières*, en *Histoire Universelle*, bajo la dirección de R. Grousset y de E. G. Leonard, Encyclopedie de la Pleiade, 3, Gallimard, París, 1967.

en los países del Occidente europeo durante el siglo XVIII[3]. Se constituyen grandes compañías comerciales por acciones que han promovido una gigantesca movilización de las riquezas, aplicadas al tráfico con las más distantes regiones del globo, apoyadas en instituciones que se multiplican desde finales del siglo XVI, como son las Bolsas de Amsterdam, Londres, Hamburgo, París; Bancos, como los de Venecia, Génova, Amsterdam, Londres. El tráfico de la Bolsa promovió la aparición de una serie de nuevas operaciones, donde radicó la fuerza económica de la burguesía occidental europea. Desde comienzos del siglo XVIII se generalizaron los billetes de Banco. En Inglaterra fue donde, por primera vez, se concedieron créditos a la industria y al comercio, bajo la forma de «banks-notes». La «Compañía de los Mares del Sur» fue la primera que realizó excelentes negocios ofreciendo sus acciones al público y distribuyendo sus dividendos en papel moneda; con audacia, uno de sus «capitanes» empresariales obtuvo la gestión de la deuda pública inglesa y la espectacularidad de sus resultados condujo a la búsqueda de soluciones semejantes en Francia, donde el escocés John Law propuso la liquidación de las deudas nacionales por un sistema semejante a como lo había hecho Inglaterra; para ello pidió autorización para crear una banca privada, autorizada a emitir billetes por un valor superior al del depósito en metal. Mediante, pues, la práctica de la inflación, se estimularía la vida económica, permitiendo un alto nivel de desarrollo a los negocios. Esta masa de negocios se orientó hacia los mercados coloniales y la especulación se desenvolvió de un modo vertiginoso. La misma evolución económica fue aceptada por los Países Bajos, mientras los restantes países europeos permanecieron al margen del formidable vendaval inflacionista y como la escasez de oro y plata fue considerable, las economías de tales países entraron en regresión económica, originando un considerable «gap» regional europeo, de índole coyuntural, que venía, por consiguiente, a unirse al más profundo desnivel estructural ya señalado.

1. *El impulso comercial a larga distancia*

La rivalidad comercial entre los Estados europeos continuó siendo una tónica tradicional: «En nuestra era —decía uno de

---

[3] Cfr. C. P. Kindleberger, *Economic growth in France and Britain*, Harvard University Press, 1964.

sus actores— casi todos los rincones de Europa se esfuerzan por conquistar algunas de las ventajas comerciales que, según prueban claramente, tanto contribuyen al enriquecimiento y exaltación de las naciones»[4]; se trata de una fuerte competición comercial en la cual el objetivo fundamental consiste en lograr las mayores ventajas posibles. No cabe duda que la nación que imprimió un ritmo mucho más rápido y fecundo a tal tendencia fue Gran Bretaña que, a lo largo del siglo XVIII, consiguió importantes crecimientos en su comercio ultramarino que, a falta de cifras cuantitativas exactas, puede apreciarse a través del aumento del tonelaje de su flota mercante:

1702	3.300 barcos	260.000 toneladas
1764	8.100 »	590.000 »
1776	9.400 »	695.000 »
1800	16.500 »	2.780.000 »

A ello debe unirse el proceso modernizador de un sistema de legislación mercantil promovido entre 1756 y 1788 por lord Mansfield mientras ocupó el cargo de Chief Justice. De este modo los comerciantes representaron un importante papel en la formación y desarrollo del capitalismo inicial británico, tanto como proveedores de materias primas, capitales y mercados, como, sobre todo, en cuanto impulsores de una actitud que habría de convertirse muy rápidamente en un *modelo europeo*. La muy favorable balanza comercial, aunque no tan brillante en su paralela balanza de pagos, debido a una larga serie de imponderables políticos, tales como subsidios a aliados en tiempos de guerra, introducción fraudulenta de géneros extranjeros, el mantenimiento de ejércitos, era lo bastante fuerte para soportar impávidamente aquellas sangrías e, incluso, en algunos momentos de su historia, importantes crisis financieras. Las colonias ofrecían un importante mercado protegido, su flota representaba un poder envidiable y, sobre todo, su poder tecnológico e industrial en ascenso eran factores que le permitían vender más barato que los países de competencia y constituir los cimientos firmes de un crecimiento económico de gran capacidad que, por otra parte, fortaleció de modo considerable su posición internacional en los tres grandes espacios comerciales que fueron América, Africa y Oriente, donde se habrá de producir, precisamente, el choque con su gran rival en la expansión que fue Francia.

---

[4] D. MacPerson, *Annals of Commerce*, vol. III, London, 1805, pág. 292.

La fuerza del comercio británico en Europa en gran medida se convirtió en uno de los factores regionalizadores de mayor fuerza. El Báltico fue importante mercado de importación, de donde extraía los mástiles, cáñamo, alquitrán y cordaje, que no se producía con suficiencia en su propio territorio metropolitano y de los cuales dependía su posición como potencia marítima de primer orden [5]; igualmente hasta 1780 fue mercado de hierro, pues dada la fuerte alza del carbón, Inglaterra lo utilizaba para la fundición de su propio mineral de hierro. A partir de la fecha indicada pudo independizarse de la indicada importación de hierro sueco y ruso. Asi como el comercio con Francia es declinante a lo largo del siglo, con España marca una clara curva ascendente, de manera que a finales de la centuria representaba ya en el comercio hispánico el papel más importante.

El mapa de distribución geográfica del comercio francés difería mucho respecto al británico. Por ejemplo, el Báltico no fue nunca zona comercial francesa de un modo significativo durante todo el siglo XVIII, como en general ocurre con respecto al norte de Europa; por el contrario, el comercio con España fue muy importante: en 1789 Francia exportaba a España cuatro veces más de lo que ésta exportaba a Francia; ello significa una vinculación que, pese a la ratificación de los Pactos de Familia en tiempos de Carlos III, se intenta a todo trance modificar, siguiendo en ello la política tradicional que desde 1735 había promovido en el Reino de las Dos Sicilias. Por el contrario, fue espectacular el crecimiento del comercio francés en el Levante; el tercer ciclo de las guerras económicas anglo-francesas, iniciado en 1792, impidió que el comercio francés se adueñase de todo el Mediterráneo oriental.

El crecimiento del impulso comercial anglo-francés contrasta con el declinar, durante la época, del comercio holandés, de modo especial por la incapacidad de las Provincias Unidas en incrementar su industria en escala verdaderamente sustancial. La competencia europea, a gran escala, radicó precisamente en los tres grandes Estados coloniales, aunque fatalmente, por el peso mismo de sus posibilidades y por la agresividad de sus respectivas políticas nacionales, las zonas de conflicto se producirán, precisamen-

---

[5] El intenso comercio de importaciones con Rusia produjo la singularidad de una balanza comercial desfavorable con respecto a este país, lo cual, a su vez, sirve de matización comprensiva de la política exterior británica con respecto a la corte de San Petersburgo.

te, entre Inglaterra y Francia. En rigor, y dada la mentalidad de la época, el conflicto inevitable se produjo como consecuencia de una confrontación colonial de intereses comerciales.

Las colonias, en efecto, en la mentalidad mercantilista semi-capitalista, eran por encima de todo regiones en las que era posible el desenvolvimiento y el crecimiento del comercio metropolitano: salida comercial, por una parte, de productos manufacturados y centro de nutrición comercial de materias primas. Tales ideas —cristalizadas en sistemáticos cuerpos de leyes— promovieron la justificación de la corriente de expansión colonial. Como, por otra parte, las colonias no se consideraban todavía como posibles focos de población residual, ni tampoco como expresión de un orgullo nacional, el valor de las mismas radicó, precisamente, en sus posibilidades comerciales; de ahí el mayor valor otorgado a las pequeñas zonas de gran riqueza que a los extensos territorios[6]. Las colonias tropicales o subtropicales podían ser incluso más valiosas que el territorio metropolitano, sobre todo el rendimiento de trabajo individual en las colonias era infinitamente superior al máximo que podía hacerse en el territorio metropolitano europeo. Por consiguiente la pérdida de colonias de asentamiento (Canadá francés o la Luisiana) careció en rigor de importancia, ya que su valor lo daba la medida de la productividad y en esos territorios era sumamente reducida. Tales supuestos, además, estaban refrendados por el rápido aumento del comercio de las grandes potencias marítimas con sus colonias a lo largo del siglo XVIII. El comercio con América de Inglaterra, que en valor representaba el 19 por 100 de todo el conjunto en 1715, alcanzó el 34 por 100 en 1785; por su parte Francia incrementó las cifras correspondientes en los mismos años del 13 por 100 al 28 por 100. Ello representaba, para ambas potencias, el más lucrativo comercio con respecto a las restantes regiones que integraban su comercio colonial. De América del Norte recibió Inglaterra, durante el siglo XVIII, una gran variedad de artículos, a cambio de sus tejidos, herrajes, herramientas, papel, vidrio y otros productos. Los más destacados productos fueron las pieles del Canadá y del territorio indio del Sureste; de Terranova las ingentes cantidades de pescado salado, artículo de primerísima exportación a los países católicos mediterráneos, donde la demanda alcanzaba altísimas cotas. Las

---

[6] Cfr. K. E. Knorr, *British Colonial Theories 1570-1850*, Toronto, 1944, y C. L. Lokke, *France and the Colonial Question, 1763-1801*, New York, 1932.

colonias de Nueva Inglaterra, por el contrario, entraron en competencia con la metrópoli, especialmente en los territorios insulares del Caribe. Virginia y Maryland, territorio de plantadores, entraron durante el siglo XVIII cada vez más en la órbita financiera británica; en Georgia y Carolina del Sur la producción de arroz e índigo aumentaba cada vez más intensamente, exportándose el primero a la cuenca del Mediterráneo y el último a los grandes centros textiles de Europa. Por su parte, casi todas las islas de las Indias Occidentales basaban su economía en la producción de azúcar, alternando en algunos casos con los cultivos de café, índigo, cochinilla y algodón. Típicas economías de plantación, la mano de obra empleada para la producción era la esclava. La relación, pues, con el Africa Occidental, Caribe y los grandes puertos esclavistas de Europa —Liverpool, Bristol, Nantes— formaba el llamado «comercio triangular», que representó un papel de importancia creciente en la formación y desarrollo ininterrumpido, a lo largo del siglo XVIII, del comercio atlántico. Bastan estos datos para comprender, en primer lugar, la importancia configuradora del comercio como concentración de intereses económicos coloniales de alto fuste; en segundo término, el papel que el mismo desempeña como poderoso regionalizador de los espacios de alto porcentaje comercial.

2. *Las estructuras políticas «centrales»*

Empleamos el término «central» no como supuesto de colocación geográfica, sino para diferenciarlos, activamente, de las crisis políticas «periféricas», que ocurren en los linderos geográficos de Europa y que analizaremos, brevemente, en el párrafo siguiente. Entendemos como «centrales» los países cuya vinculación estrecha a los nuevos supuestos de la vida económica nacional y colonial les sitúa en condiciones de superioridad con respecto a los «periféricos», agotados, además, en prolongadas crisis internas y, alguna, resuelta con intervención europea. Tales países «centrales», en definitiva, son Francia y las dos potencias marítimas (Inglaterra y Países Bajos).

El tratado de Utrecht supuso una prolongada serie de ventajas estratégicas de primer orden para Gran Bretaña: la desembocadura del río San Lorenzo (Acadia, Terranova, territorios de la bahía de Hudson), Gibraltar a la entrada del Mediterráneo, consagró la preeminencia de los intereses británicos en América española en virtud del privilegio del *asiento*, o monopolio de la trata de negros, así como del navío de permiso y el acuerdo de concesión a los mercaderes ingleses en España la cláusula de nación más favorecida. Resulta evidente la posición de fuerza atlántica que, en virtud de dicho tratado alcanzaba Inglaterra en el espacio marítimo-continental. Ello redundaría, sobre todo, en el incremento extraordinario de sus niveles de comercio, lo cual, a su vez, imprimió un ritmo vertiginoso en el poder de la burguesía y su intervención en la política, a través del sistema parlamentario.

El sistema representativo se basa en el *Bill of Rights*, que culminó el proceso revoluncionario del siglo XVII, según el cual la monarquía británica se basaba en un contrato con el pueblo, el cual llamaba al soberano en virtud del derecho sucesorio, garantizando éste los nombramientos de los representantes en la Cámara de los Lores y la de los Comunes. Sin embargo, el sistema representativo es imperfecto y se mantiene en niveles propios de la época medieval. Sólo poseen el derecho electoral las circunscripciones rurales y las antiguas ciudades; por el contrario, aquellas ciudades que han incrementado sus efectivos humanos como consecuencia del crecimiento de la industria y del comercio, no tienen representación o ésta resulta a todas luces insuficiente; en cambio continúan con su representación ciudades decadentes o con un mínimo número de electores; estos *rotten borroughs* (burgos podridos) constituyen los reductos en virtud de los cuales pueden construirse mayorías parlamentarias, a través de las «connections». De hecho, los que dominan la política parlamentaria son los privilegiados de la sangre o de los negocios y el comercio; en rigor, la burguesía y la *gentry*, surgida impetuosamente de la desamortización de los bienes de la Iglesia en la época de Enrique VIII, y poderosos factores de nacionalismo, aunque de un nacionalismo fuertemente basado en sus intereses, que se proponen desarrollar al máximo, dando el modelo de un típico sistema oligárquico. Lores y Comunes están divididos en dos grandes partidos, surgidos de la época revolucionaria del siglo XVII: *whig* y *tory*. Los primeros, defensores a ultranza de la teoría pactista y entusiastas de la teoría de Locke, mantienen el sistema como auténticos gobernantes de Inglaterra, desarrollando al máximo sus propios intereses económicos; los segundos constituyen una oposición débil y, en todo caso, se encuentran desprestigiados tanto por su repudio a la teoría del contrato, cuanto, sobre todo, por su simpatía por la derrocada dinastía de los Stuart. Los *whigs* gobernaron hasta 1761; su figura principal, Robert Walpole, dirigirá el gabinete durante más de veinte años (1721-1742), creando de este modo un embionario régimen parlamentario que, sin embargo, oculta una forma de poder oligárquico. El esfuerzo principal de Walpole, bajo su lema de pacifismo a ultranza, consistió en explotar a fondo la preponderancia marítima de Inglaterra, para alcanzar altas cotas de desarrollo comercial, que a su vez estimula la producción industrial y una nueva economía agraria basada en el movimiento de las *enclosures*, que favorece a los grandes propietarios, permite una disminución de la mano de obra que emplea y, a su vez, hace posible que se aplique a las necesidades de la industria, que crecen constantemente. Todos estos fenómenos concomitantes y concurrentes, sin que sea posible indicar cuál de ellos debe considerarse promotor de cada uno de los otros, constituye la imagen típica de la Inglaterra de Walpole, que ha sustituido la de la tradicional «old merry England», caricaturizada en la literatura y en el arte (Swift y Hogarth, especialmente)[7]. Como veremos más adelante, el pacifismo de esta generación política, prácticamente directora de la política interior y exterior británicas, quedará roto por la inserción de la mentalidad agresiva de un sector violento y joven de los *whigs*, que imprimieron una dirección claramente bélica para hacer desaparecer el principal inconveniente de la expansión comercial inglesa: las colonias francesas.

El segundo núcleo político «central» fue, precisamente, Francia. En 1715, la muerte de Luis XIV y la proclamación de Luis XV, bajo la regencia de Felipe de Orleans, hasta 1723, señaló una importante frontera política que señala el declinar de la política absolutista, basada en la omnipotencia de ministros reclutados, principalmente, entre la burguesía, así como en el centralismo administrativo ejercido por los todopoderosos intendentes. El régimen había suscitado, aun en vida del Rey Sol, protestas y gran cantidad de descontentos, que estalla a la muerte de Luis XIV, dirigida especialmente por la nobleza que no había ocultado su oposición al «despotismo ministerial». Así, el testamento del rey que concedía el gobierno a un consejo de regencia donde tenían puesto preeminente sus bastardos los duques de Maine y de Tou-

---

[7]   Vid. Basil Williams, *The whig supremacy, 1714-1760*, en la Oxford History of England, Oxford, 1936.

lousse, es derogado por el Parlamento de París y confía la regencia al duque de Orleans, jefe de la rama joven, casi siempre en la oposición y bien dispuesto a impulsar las sugerencias que se le hicieran para promocionar nuevos métodos; los nobles reclaman el poder y se lo confía creando, en lugar de ministerios, siete Consejos integrados por nobles; cada uno de estos consejos debía ocuparse de un sector del gobierno. Después de tres años de experiencia, el regente disolvió el sistema de gobierno por Consejos y reconstruyó el absolutismo de Luis XIV, confiando a su antiguo preceptor, el abate Dubois, el Ministerio de Asuntos Extranjeros; de hecho Dubois fue el verdadero jefe del Gobierno hasta su muerte en 1723. En ese momento Luis XV tenía trece años, su preceptor, el abate Fleury, le aconseja llamar al duque de Borbón que, por entonces, había aumentado su ya considerable fortuna, haciendo quebrar a la banca de Law. En realidad Fleury fue quien verdaderamente gobernó, pues Luis XV cedió el poder a sus ministros y a sus amantes, creándose un círculo de grandes señores cortesanos, en disputa por el gobierno, con los grandes burócratas herederos del absolutismo centralista de Luis XIV, lo cual cada vez más separó el gobierno de la nación, convirtiéndose el poder en plataforma de los grupos privilegiados para conseguir un mayor desarrollo de sus propios intereses. En consecuencia, tales supuestos proporcionan una estructura política acorde —aunque desde planos muy diferentes formalmente de los británicos— con los impulsos de promoción exterior, especialmente por vía comercial de las riquezas, principalmente agrarias, de la nación francesa.

3. *Las crisis políticas «periféricas»*

La ambigüedad del planteamiento jurídico de los tratados de Utrecht, en cuanto se refiere a los derechos de sucesión y de confirmación de nuevas sucesiones familiares y de los derechos hereditarios, produjo una prolongada crisis inicial en la primera mitad del siglo XVIII, que desniveló profundamente los supuestos políticos operativos del conjunto europeo, hasta producir un notorio escalón diferencial que hizo prácticamente imposible un desarrollo coherente y unitario de Europa. Las guerras de la primera mitad del siglo XVIII, si tienen como objetivo fundamental el mantenimiento del *status* del equilibrio instrumentado en 1713, casi siempre parten de supuestos reivindicatorios de derechos familiares y dinásticos, no coincidentes con intereses nacionales. La nueva sucesión de Inglaterra, en virtud de la teoría contractual, alcanza de este modo un refrendo indirecto, como consecuencia del mantenimiento de unos derechos dinásticos casi siempre sumamente difíciles de admitir y en los que casi nunca cuentan intereses nacionales ajenos a teorías pactistas no asimiladas todavía en la periferia europea por la opinión pública mucho más proclive a las teorías tradicionales del «derecho divino» de las monarquías. Tales crisis periféricas, geográficamente limitadas, también social y políticamente restringidas, por regla general de corta duración, no produjeron grandes traumatismos al conjunto europeo, pero sí imprimieron una «ralentización», una dinámica política de mucha más baja vivacidad a los países afectados por las mismas crisis, más que por ellas mismas, por las consecuencias internas de índole social, económicas y políticas, que produjeron en las áreas nacionales donde se dieron. No es del caso acometer la pormenorizada descripción de cada una de ellas: será suficiente mencionar los conflictos esquemáticamente:

— Guerra de Sucesión de España.
— Liquidación de la guerra del Norte.
— Liquidación de la guerra de Turquía.
— Sucesión de Polonia.
— Sucesión de Austria.

4. La alteración de las estructuras sociales

La presión demográfica del siglo XVIII produjo una importante repercusión sobre la estructura demográfica de Europa e imprimió un poderoso vaivén regionalizador en el conjunto continental, así como una nueva entidad dinámica en función del factor, sagazmente señalado por Sauvy, respecto al predominio de la juventud [8] que dio al continente un aire nuevo. En la mayoría de los países los jóvenes apartaron a los viejos imprimiendo una dinámica a los asuntos europeos: la de la audacia, las invenciones técnicas y las revoluciones políticas; los jóvenes reclaman los primeros puestos y, de hecho, son los que imprimen un nuevo rumbo a los asuntos políticos, económicos, culturales e ideológicos. Federico II tiene veintiocho años cuando accede al trono, su rival,

---

[8] Alfred Sauvy, *Theorie génerale de la population*, Paris, P. U. F., 1952-1954, y sobre todo *La montée des jeunes*, Paris, Calman-Lévy, 1959.

María Teresa, veintitrés; la zarina de Rusia, Catalina II, treinta y tres; los grandes revolucionarios franceses serán todos hombres jóvenes; Pitt toma en sus manos las riendas del poder en Inglaterra cuando acaba de cumplir los veintiocho; todo el mundo sabe que Napoleón fue nombrado general con veinticuatro años y que sólo tiene veintisiete cuando consigue sus grandes y espectaculares victorias en Italia; lo mismo ocurre en el ámbito intelectual; los grandes pensadores e innovadores ideológicos de la época son hombres jóvenes cuyas ideas encuentran un amplio y rápido eco de difusión en la masa de gentes jóvenes que anhelan encontrar nuevos y audaces cauces por los que discurrir. Al incrementarse el nivel medio de vida y disminuir la mortalidad, se producen una serie de efectos importantes en las estructuras sociales, especialmente en lo que se refiere a las dos grandes instancias de desarrollo, a través de las dos revoluciones del crecimiento: la agraria y la industrial, según la tesis de Alfred Sauvy. En efecto, pese a la falta de censos capaces de proporcionar datos de comprobada fidelidad, ha podido establecerse, en relación con Inglaterra, que la población detenida, e incluso con tasas globales reducidas en las primeras décadas del siglo XVIII, inició un crecimiento rápido hacia mediados del mismo, con una tasa decenal de crecimiento del 7 por 100 entre 1750 y 1770, una ligera reducción entre 1771-1781, hasta alcanzar el 9 por 100 en el período 1781-1791 y el 16,9 por 100 entre 1811-1821. Ello configura la *presión demográfica* [9]; no interesa analizar aquí las causas de este crecimiento demográfico, sino sus consecuencias que, siguiendo a Sauvy, se constituyen en factor de desarrollo incorporadas a las estructuras de la sociedad moderna, pues, a partir del momento en que las transformaciones técnicas permitieron aumentar el volumen de la producción, el crecimiento demográfico creó nuevas necesidades y, en consecuencia, nuevas salidas para los productores. Por otra parte, la disminución de la mortalidad de los jóvenes radicó, sobre todo, en la mejora de la alimentación, cuyos principales efectos beneficiaron, claro es, a los componentes de los grupos medios y bajos de la población, artesanado y, sobre todo, campesinado. De modo que el incremento de la población se produjo con intensidad en los grupos bajos de la sociedad. La ocupación laboral de estas nuevas masas de población se cen-

---

[9] Cfr. H. J. Habakkuk, «English Population in the 18th Century», *Economic History Review*, diciembre 1953.

tró en los procesos de incremento de producción que han de producir los dos procesos concurrentes de revolución agraria y de revolución industrial. En torno a tal cuestión —a la que debe añadirse el triunfo masivo del derecho de primogenitura o de mayorazgo en el reparto de las herencias y propiedades en la mayoría de los países europeos, consecuencia de lo cual hubo de ser la existencia de amplios sectores de gentes que se orientaban hacia nuevas ocupaciones— gira el factor dinámico de mayor fuerza en la *modernización,* la cual tiene un ritmo bien diferente en cada uno de los países europeos, sobre todo debido a la variable de la presión demográfica a la que se hacía referencia más arriba.

El aumento global de la población, en efecto, introdujo un nuevo problema agrícola de importantes repercusiones en la política social de las naciones: ¿cómo alimentar a la población, casi duplicada? Los medios para aumentar la producción agrícola no eran importantes: aumento de cultivos; el aumento del rendimiento de los antiguos por medio de procedimientos técnicos clásicos o nuevos, pero eran, en cualquier caso, tradicionales y de escaso rendimiento; por ello los teóricos inician una época de búsqueda de nuevas orientaciones agronómicas capaces de conseguir un incremento a la producción agraria que, a su vez, pueda responder al desafío producido por el incremento de la población, cuyas necesidades básicas hay que cubrir. Los cultivos introducidos desde el siglo XVI ganan terreno sin cesar: la patata, el maíz, el arroz, el viñedo, son puntas de lanza a través de las cuales se produce una regionalización agraria europea, incrementando, sin cesar, los rendimientos de la producción agraria y, en definitiva, convirtiéndola en revolucionaria. Pues el desarrollo de los cultivos permite disponer de una más abundante cantidad de reservas y subsistencias, sobre todo con vistas a conseguir una mayor inmunidad y la extensión del hambre como posible consecuencia de malas cosechas de trigo. Pero el gran problema seguía siendo la urgente necesidad de incrementar la producción de los granos, lo cual sólo era posible conseguir mediante la mejora de los suelos y de su capacidad de producción; en el siglo XVIII sólo se conocían dos sistemas para conseguir tal objetivo: el cultivo de leguminosas forrajeras y de gramíneas que podían hacer la competencia al trigo. El dilema fue grave: había que sacrificar una parte de la producción de granos, de la cual vivía la masa, en provecho de la carne, que sólo consumían los podero-

sos, para, en definitiva, producir más en menor extensión de tierra; por otra parte, la creación de prados artificiales rompía el
ritmo tradicional de trabajo en los campos y, en última instancia,
el desarrollo de la ganadería necesitaba la inversión de capitales,
que solamente era factible por parte de los poderosos; ellos serán,
precisamente, quienes se interesaron más por tales transformaciones; el problema, en Inglaterra, fue anejo al que ya hemos comentado en torno al movimiento de las *enclosures*. Pese a todo,
las transformaciones se expanden muy lentamente y, en el siglo XVIII, sólo afectaron a regiones muy limitadas, pero que alcanzaron importantes cotas de productividad. Tal revolución agraria comenzó espontáneamente como consecuencia de la presión
demográfica, pero fue un tema impulsado fuertemente por los
teóricos y las sociedades agrarias. En Inglaterra aparecieron los
primeros cultivos experimentales de Tull, Baakewell, lord Townshend, Arthur Young. En Francia, el Dr. Quesnay, en especial con
su *Tableau economique* (1758), asentó la teoría de que en la tierra
se asentaba la base y posibilidad de todas las riquezas y, en consecuencia, era necesario incrementar al máximo la agricultura.
Uno de sus principales discípulos, Dupont de Nemours, dio nombre a tal doctrina: *fisiocracia*, que alcanzó una importante extensión, en cuya ola de entusiasmo se formó el escocés Adan Smith,
quien formuló la teoría del *librecambio* (1776).

La presión demográfica se encuentra también en la base de
la revolución industrial, iniciada a mediados del siglo XVIII, con
el concurrente estímulo de la posibilidad de fácil reclutamiento
de mano de obra, alza del consumo y favorable coyuntura de los
precios, en alza continua a partir de 1730. La necesidad de incrementar las cotas de producción logró una importante dinámica
con los inventos y el maquinismo, de modo especial en Inglaterra, a través de tres sectores perfectamente configurados: la industria textil, el hierro y la máquina de vapor. Ello se debe, básicamente, al dominio de los mercados de materias primas y de
consumo que le proporcionaba el poder marítimo. Extraía el
algodón de sus colonias de América y de la India y el carbón
de su propio suelo; sus barcos distribuían los productos fabri-
cados en los grandes puertos europeos, asiáticos y americanos;
los estímulos derivados de la ampliación geográfica de los mercados se centraron en la necesidad de incrementar la productividad, lo cual fue posible gracias a los inventos de Kay y posteriores de Paul, Wyatt, Hargreaves, Arkwright, Crompton y Kelly

que, junto a la máquina de vapor de James Watt, dieron un ritmo vertiginoso y masivo a la producción, al tiempo que estimulaba todos los ramos de la producción concurrentes. Todo ello precipitó en Inglaterra la concentración financiera, industrial y comercial, convirtiéndose en el país europeo de mayor agresividad económica, de máxima diferenciación social, de mayor consistencia política [10].

B) EL DESAFÍO DEL DESPOTISMO ILUSTRADO

Resulta evidente que las grandes reformas del siglo XVIII no han sido emprendidas por los gobiernos —soberanos o ministros— como exclusiva concurrencia de la nueva filosofía ilustrada, sino como consecuencia de la presión demográfica que hizo necesaria la adopción de soluciones, en muchos casos, urgentes. Buen número de reformas, desde luego, se consideraron como factores esenciales de incremento del poder, siendo en tal terreno el modelo propuesto el significado por el absolutismo de Luis XIV; pero el modelo que, sin cesar, proponían los fisiócratas franceses se centraba en el ejemplo de Inglaterra: su prosperidad podía lograrse a través del despotismo legal. Finalmente, la mayoría de los filósofos eran hostiles a la Iglesia de Roma y argumentaban que el incremento del poder de los monarcas aumentaría en la medida en que se desvinculasen de la autoridad de los pontífices. Todo ello configura un desafío de gran envergadura que, por encima de cualquier otra caracterización, distingue y peculiariza el movimiento político del Despotismo Ilustrado. Se puede conseguir, a través de la aplicación sistemática de sus principios, un desarrollo económico, social e ideológico que ahonde y profundice en un modo considerable los horizontes del desarrollo y de la modernización tratando de alcanzar los niveles de los países que, como Inglaterra, y en menor medida Francia, se configuran como modelos: nada tiene de extraño que, precisamen-

---

[10] Cfr., entre otras, las siguientes obras: Paul Bairoch, *Révolution industrielle et sous-développement*, Paris, S. E. D. E. S., 1963; T. S. Ashton, *The Industrial Revolution 1760-1830*, Oxford University Press, 1948; C. P. Kindleberger, *Economic growth in France and Britain*, Harvard University Press, 1964; Phyllis Deane y W. A. Cole, *British Economic Growth (1688-1959)*, Cambridge University Press, 1962; H. L. Beales, *The Industrial Revolution (1750-1850)*, Londres, Frank Cass, 1958.

te estos dos países, apenas puedan presentar rasgos coincidentes con las restantes naciones europeas, cuyo gobierno se caracteriza, dentro de rasgos de identidad en los principios, aunque de evidentes diversidades nacionales, por coincidir en la aspiración política y económica supuestas por aquella doctrina.

El despotismo ilustrado constituyó un poderoso apoyo para el reforzamiento de las monarquías, bajo supuestos de argumentación utilitaria, así como por el argumento, medieval, paternalista. Pero no es posible, como se ha indicado anteriormente, homogeneizar el sistema para toda Europa; existen dos extremos: la autocracia de Rusia y de Prusia; la democracia oligárquica de Inglaterra; en una posición intermedia deben situarse los restantes países europeos. En los Estados autocráticos, los límites de la autoridad del monarca podían establecerse por el sistema burocrático o por el ejercicio. En Gran Bretaña, la monarquía tenía un lugar nuclear con respecto a la vida política del país, pero carecía de paralelo en toda Europa y unos montajes únicos que eran, precisamente, los que le otorgaban su carácter de modelo. Los poderes monárquicos eran muy amplios, especialmente en lo que se refiere a las facultades de la prerrogativa regia, algunas de las cuales, como la de crear pares u otorgar ascensos en el ejército, podían revestir una importancia política muy grande. También la monarquía hannoveriana podía contar con una poderosa fuente de poder: la extendida creencia —y el correspondiente poderoso sentimiento comunitario— de que el rey y sus ministros tenían derecho al apoyo de todos los súbditos leales y patriotas, lo cual producía, de hecho, por lo menos hasta finales del siglo, el inmediato desprestigio de cualquier oposición política. Pese a todo lo indicado, el poder monárquico en Inglaterra declinó considerablemente durante la primera mitad del siglo XVIII. Sus prerrogativas fueron considerablemente reducidas por las leyes y la influencia del Parlamento creció ininterrumpidamente, sobre todo como consecuencia de la nueva política fiscal, hábilmente instrumentada por sus componentes en las distintas legislaturas. La lenta, pero firme, erosión del poder real se hizo también patente como consecuencia de la separación de la política dinástica respecto de los objetivos propios de la política «nacional», que era más bien la de las intereses de la oligarquía dominante del Parlamento. Durante el largo reinado de Jorge III (1760-1820) se intentó reforzar la autoridad del Rey, no provocando quebranto en la línea constitucional, sino más bien reclamando facultades, como la de elegir sus propios ministros, que habrían de ser responsables sólo ante él. Durante el período de gobierno de Lord North, entre 1770 y 1782, pareció que el monarca había conseguido su propósito, pero sus esfuerzos fueron baldíos sobre todo por la derrota británica en la guerra contra los colonos de América del Norte, ya que precisamente la guerra, y la independencia, aglutinó la oposición, teniendo lugar un considerable esfuerzo en los años finales de la guerra colonial para lograr reducir la influencia del rey y de sus ministros sobre el Parlamento, hasta producir en 1779-80 un auténtico movimiento revolucionario que, sin embargo, no llegó a triunfar porque no encontró eco en un país que no experimentaba la necesidad de efectuar cambios constitucionales; en el puro ámbito parlamentario, sin embargo, el soberano no quedó indemne, pues el programa de «Reforma económica» del año 1782 fue, en rigor, el ataque más decidido contra el poder de la Corona que había tenido lugar desde la época de la revolución puritana, si bien sus realidades prácticas no fueron demasiado brillantes ni importantes. La sociedad nacional consideraba que la política interior y exterior era un diálogo entre el Rey y el Parlamento, pero en realidad los términos de dicho diálogo se habían complicado con la intervención de nuevos interlocutores: el Gabinete y los partidos políticos. Estos últimos fueron el principal obstáculo —y el que sin duda otorgó una mayor originalidad y peculiaridad al sistema británico, tan distinto del de los restantes países europeos coetáneos— que encontró el monarca para el ejercicio de la prerrogativa regia sin límites.

El desarrollo de estos partidos políticos ingleses durante el siglo XVIII fue muy irregular. En la época de la reina Ana no existían propiamente partidos políticos en el sector de la sociedad nacional políticamente activo, se dividía entre las dos actividades de *whigs* y *tories*, cada uno de los cuales integraba numerosos subgrupos; entre ambos sectores existía una poderosa división con respecto a los problemas de actualidad. Los primeros sostenían firmemente la candidatura al trono, al fallecimiento de la reina Ana, del elector de Hannover; exigían que se prestase un firme apoyo en el continente a los holandeses y al Emperador contra Francia, durante la guerra de sucesión española (1702-1703), y mantenían una actitud tolerante respecto a los protestantes disidentes; por su parte, los *tories* no cejaban en su propósito de restaurar la dinastía de los Stuart y exigían que los esfuerzos bélicos británicos se centrasen en una lucha contra Francia, de carácter eminentemente colonial.

La paz con Francia (1713), la subida al trono de Jorge I Hannover (1714) y la reducción de una revuelta de los jacobistas estuardistas (1715), alteraron profundamente la situación. Excluidos del poder por el nuevo monarca, los *tories* dejaron de existir como grupo parlamentario de importancia; toda figura relevante en la política inglesa se declaró *whig;* las *connections*, a través de las cuales se conseguían las mayorías parlamentarias, mantuvo una uniformidad política, desapareciendo, prácticamente, los grupos políticos. En la década del 1760 comenzó a cambiar la situación, suscitándose de nuevo cuestiones de principio que condujeron al radicalismo y la agresividad, exaltadas, sobre todo, por las relaciones con las colonias americanas y el problema de la justificación moral de las exigencias metropolitanas con respecto a aquéllas, que examinaremos más adelante. Ello implicó una inyección de ideas y principios, estimuló la emoción y propició una considerable disminución, en torno a todo lo cual se polarizaron, de nuevo, los partidos políticos. El grupo *whig*, bajo la dirección del marqués de Rockingham, inspiró al grupo de Charles Fox, cuya situación fue de enorme importancia en la década de 1780. A partir de 1783, William Pitt, Jr. puso los cimientos para el nuevo partido *tory*, de modo que, a finales del siglo XVIII, los dos partidos políticos que habrían de intervenir activamente en las reformas del siglo XIX estaban evolucionando lenta, pero firmemente, y desde luego puede afirmarse que sus acciones políticas impidieron, o hicieron prácticamente imposible, los principios del despotismo ilustrado en Inglaterra.

La monarquía francesa, así como el sistema administrativo que le secundaba, ocupó una posición intermedia entre los polos significados por Prusia e Inglaterra. Teóricamente los reyes de la monarquía francesa gozaban de un enorme poder: eran la suprema encarnación de la soberanía, el ejército le debía obediencia personal, las deudas del Estado eran sus deudas personales. En la práctica, sin embargo, todo era muy distinto. Tanto Luis XV (1715-1774) como Luis XVI (1774-1788) no ejercieron directamente el poder y la política francesa, entre 1750 y 1788, está enmarcada por fuertes vacilaciones, decisiones audaces y desconcertantes equivocaciones, en función de quien fuese, en cada momento, el director e inspirador de la política; ello produjo una profunda y poderosa oleada de descontento nacional que se expresa en constantes oposiciones al poder monárquico. La principal de estas oposiciones fue la nobleza, especialmente a través de los parlamentos, constituidos fundamentalmente por nobles grandes propietarios de tierras, lo que quiere decir que en sus actuaciones se preocuparon fundamentalmente de la defensa de sus propios derechos e intereses, opiniéndose encarnizadamente a cualquier tipo de reforma que implicase lesiones para los mismos.

Al amparo de esta oposición se desenvolvió una profunda reacción señorial para conseguir máximos provechos fiscales de sus tierras, produciendo un estado de opinión entre los campesinos, próxima a la revolución. Fue necesario un acto de autoridad suprema del rey, quien en 1770 llamó al gobierno a tres enérgicos ministros (Maupeou, el duque d'Aiguillon y el abate Terray), que iniciaron una reforma financiera, disolviendo los antiguos parlamentos señoriales. Al acceder al trono Luis XVI se restauraron los poderes de los parlamentos, dedicándose sus componentes a impedir la introducción de todo tipo de reformas que les fuesen perjudiciales. Simultáneamente se desenvolvió una considerable crítica al régimen monárquico, se hicieron demandas para que se le diese al pueblo —o, al menos, a la parte educada del mismo— medios que hiciesen posible el cumplimiento de sus deseos; se sugirió la incorporación al gobierno de elementos representativos. En 1775 el fisiócrata Dupont de Nemours elaboró un complejo proyecto para jerarquizar las corporaciones representativas provinciales y locales, con una corporación nacional en la cúspide; pocos años después se crearon las primeras asambleas, la tercera parte de cuyos componentes serían designados por el rey y elegidas las otras dos terceras partes, para las provincias de Berry y de Haute-Guyenne. Tampoco la personalidad de Luis XV y de su nieto y sucesor Luis XVI fueron apropiadas para conseguir un efectivo supuesto político concordante con las líneas del despotismo ilustrado [11]; sí, en cambio, se aprecian las condiciones para que se produzca el cambio en los supuestos operativos de la política, que llevarían al gran proceso de la revolución.

---

[11] F. Hartung, es autor de un excelente resumen publicado por la Historical Association (Londres, 1957) sobre el sentido del Despotismo Ilustrado; Cfr. sobre todo el importante estudio de R. R. Palmer, *The Age of the Democratic Revolution*, vol. I: *The Challenge*, Princeton, 1959.

C) EL CONFLICTO ECONÓMICO DE LARGO PLAZO ANGLO-FRANCÉS

El verdadero elemento nucleador de los procesos históricos del siglo XVIII, una vez comprobada la «regionalización» de Europa y la peculiaridad de los procesos económicos británicos y franceses, así como sus tempranas, aunque distintas motivaciones de los cambios internos políticos, fue, sin duda, la prolongada guerra económica, de signo comercial y de ámbito colonialista, que a lo largo del siglo XVIII, en distintas etapas, de aparente significado, enfrentó a ambas naciones entre 1702 y 1815. Apenas si existe algún estudio de índole histórico-económico, que aborde en conjunto tal cuestión; el énfasis suele ponerse en la llamada Guerra de los Siete Años (1757-1763) y en las guerras napoleónicas, concluidas en Waterloo en 1815. Nuestro criterio es que las distintas fases están respondiendo, a lo largo de toda la época, a una misma motivación que es, precisamente, económica y, muy particularmente, de antagonismo comercial profundo; que el enfrentamiento entre ambas potencias implica, en virtud del sistema del equilibrio, que otras potencias de segundo rango queden, inevitablemente, inscritas en las órbitas de antagonismo, sin tener, precisamente, idénticas ni parecidas posibilidades de competencia comercial; que los ámbitos coloniales en que se dirime la contienda secular potenció los territorios y las regiones económicas coloniales; por último, la larga contienda económica, de competencia comercial, introdujo cambios considerables en la estrategia internacional, no sólo en los espacios oceánicos [12], sino también en los continentales [13]. Ello implica, inevitablemente, una nueva concepción de la *regionalidad* económica, con las secuelas de *seguridad* nacional y la exaltación, en los terrenos diplomáticos, del problema de los *límites* [14]. La importancia, pues, del conflicto secular entre Inglaterra y Francia, abona el tratamiento detenido de los supuestos que lo provocaron e informaron, pues en ellos

---

[12] Cfr. A. T. Mahan, *The influence of sea Power upon History, 1660-1783*, 6.ª ed., London, s. a.

[13] Vid. Jaime Vicens Vives, *Historia General Moderna*, 2.ª ed., Barcelona, 1946, 2 vols.

[14] Cfr. Mario Hernández Sánchez-Barba, «La paz de 1783 y la misión de Bernardo del Campo en Londres», *Estudios de Historia Moderna*, II, Barcelona, 1952, y «Los fundamentos sociológicos del imperialismo histórico británico (1765-1786)», *Revista de Estudios Políticos*, núm. 76, Madrid, julio-agosto 1954.

radican los supuestos del cambio de la nueva situación histórica atlántica, con el necesario acomodamiento a ella de las ideas políticas y de las acciones diplomáticas, sobre las cuales, y con referencia a España, en el período 1773-1783, se centra, según quedó indicado anteriormente [15], nuestro tema.

La prolongada lucha colonial anglo-francesa no tuvo, ciertamente, implicaciones importantes para la geografía política europea, pero sí ejerció una influencia considerable sobre los procesos históricos del continente con repercusiones que algunos contemporáneos supieron ver perfectamente, como por ejemplo Daniel Defoe, cuando proclamó que «ser dueños del poder marítimo representa serlo de todo el poder y de todo el comercio de Europa» [16]; del mismo modo se insiste sobre la misma cuestión en las numerosas citas que ilustran la importante obra de Rein [17], entre las cuales destaca la de un panfletista de mediados del siglo que argumenta: «la potencia que sea más fuerte en el mar debe ser necesariamente también la más fuerte comercialmente y, de ese modo, la más formidable... el dominio del mar daría a una nación una monarquía universal». En tales ideas, coetáneas con los acontecimientos inmediatos, radica la orientación predominante en la época, aunque no absolutamente nueva, de que las colonias europeas se convertían cada vez más en partes activas del sistema político europeo e influían, con fuerza creciente, en la política comercial de algunos de sus miembros más relevantes. Los principales actores de la lucha colonial y marítima fueron Inglaterra y, en oposición a ella, Francia, normalmente apoyada por España. La mayoría de las naciones europeas mantuvieron, al menos, un sentimiento antibritánico, pero ello no impidió el considerable desarrollo de la fuerza marítima y la potenciación de las colonias ultramarinas. Los esfuerzos de la propaganda francesa, que destacaba los peligros que entrañaba para Europa una dominación inglesa de los mares y, en consecuencia, sobre la necesidad de combinar todas las fuerzas para impedirlo, creó un estado de opinión que, al quedar restringido a los sectores comerciales, no trascendió a los de la decisión política. Durante la guerra de los Siete Años, en especial, se difundió la idea de un *balance du commerce*, que era necesario defender a ultranza contra la ex-

---

[15]   Vid. capítulo I, punto b, págs. 5-11.
[16]   *A Plan of the English Commerce*, London, 1737.
[17]   A. Rein, «Uber die Bedentung der überseeischen Ausdehnung für das europäischen Staatensystem», *Historis che Zeitschrift*, vol. CXXXVI, 1928.

cesiva fuerza británica, del mismo modo que, en el continente, se procedía a impedir la constitución de cualquier poder hegemónico. Ello da la tónica específica de tal enfrentamiento anglo-francés, que si tiene en su desarrollo crestas culminantes, debemos considerar como un trasfondo permanente durante todo el siglo XVIII, con efectos profundos en los mecanismos de la política europea y afectando, con fuerza de distinta magnitud, a las naciones, según el desarrollo alcanzado por su sistema colonial y, por supuesto, en razón directa a la madurez de sus sistemas económico y político.

1. *El desarrollo del conflicto*

La muerte de Luis XIV produjo —como si la desaparición del Rey Sol hubiese sido un respiro en la tensión europea precedente— una aproximación anglo-francesa que, en ambos países, estuvo basada tanto en intereses dinásticos como nacionales. Por parte del regente, duque de Orleans, buscando un apoyo para salvaguardar su propia posición en caso de que el joven rey muriese sin sucesión, excluyendo de la misma al otro pretendiente, el rey de España Felipe V; la coincidencia en el deseo de mantener los supuestos del tratado de Utrecht e impedir la aparición de un poder nacional fuerte que condujese a una nueva hegemonía fue, pues, lo que produjo tal acercamiento diplomáticamente signado por el convenio anglo-francés de 1716, preparatorio para la Triple Alianza de enero de 1717 entre Gran Bretaña, Francia y las Provincias Unidas, cuyo compromiso se refería:

— Mantenimiento de los acuerdos de Utrecht.
— La afirmación de la dinastía hannoveriana en Inglaterra y, con ello, el fundamento de un nuevo derecho sucesorio que, en su caso, podría convenir al duque de Orleans.
— Guarnición por parte de Holanda de un cierto número de «fortalezas fronterizas» en los Países Bajos austríacos [18].

---

[18]   El sistema funcionó para oponerse a las ambiciones españolas (Isabel Farnesio, Alberoni) en Italia (1719-1720) y para contrarrestar la alianza hispano-austríaca (1725-1727).

La muerte del duque de Orleans y el definitivo acceso al trono de Luis XV desapareció buena parte de la sustentación de la alianza. El gobierno del cardenal Fleury, en la década de 1730, supuso para la política francesa la recuperación de su característico sentido antibritánico. Los que afirmaban que la cooperación de la época de la regerencia era completamente artificial e incluso sin sentido, tenían plena razón, pues en la misma época los intereses de ambas potencias chocaban con violencia en las colonias ultramarinas. El tratado de Utrecht había proporcionado a Inglaterra una fuerte posición en América, basada en tres adquisiciones de alto valor estratégico:

> *Acadia* (Nueva Escocia), como protección de Nueva Inglaterra de posibles ataques franceses desde Canadá.
> *Terranova*, que consolidó su posición en las pesquerías de bacalao del golfo de San Lorenzo.
> *Bahía de Hudson*, permitía su intervención en el comercio de pieles canadienses.

Pese a ello, no puede decirse que Inglaterra ejerciese un dominio completo en el subcontinente americano del Norte; dos grandes regiones lo impedían: Canadá y el Caribe. Desde el punto de vista de la coherencia interna social y política, el Canadá francés se encontraba en disposición superior a las colonias británicas de América del Norte para una guerra; su población, aunque de pocas proporciones (unos 56.000 habitantes en 1740), se encontraba muy bien preparada, militarmente hablando, y sus excelentes relaciones con los indios fronterizos le permitían una seguridad de movimientos tácticos que, en caso necesario, podía incluso contar con grandes contingentes de auxiliares, perfectos conocedores del territorio. En la isla de Cap Breton se alzaba (construida a partir de 1720) la más poderosa de las fortalezas de América del Norte. La colonia de Louisiana, separada administrativamente del Canadá en 1717, detentaba una excelente posición estratégica en la cuenca del río Missisipi, que ya se había comenzado a explorar, amenazando con dejar encerradas a las colonias inglesas.

En el área del Caribe el antagonismo anglo-francés fue constante y en ocasiones muy tenso durante el primer tercio del siglo XVIII, en especial por la posesión de las cuatro islas que habían quedado «neutralizadas» en 1713: San Vicente, Santa Lucía,

Dominica y Tobago. Sin embargo, el área conoció un primer conflicto británico con España, iniciándose lo que ha sido llamado, con agudeza, la «guerra del Caribe»[19]. Los beneficios comerciales obtenidos por Inglaterra en la América española en el tratado de Utrecht (asiento y navío de permiso) y el constante contrabando efectuado principalmente desde Jamaica, imposible de reprimir por los guardacostas españoles, por la enorme extensión de costas a vigilar y la extrema despoblación, con extensos espacios vacíos, en que se encontraba la misma, condujo a una situación de gran tirantez en la década del año 1730, alentada por la creciente agresividad contra España de la opinión pública británica y enconada por las disputas de límites entre la Florida y la nueva colonia inglesa de Georgia, así como por la cuestión del derecho de los súbditos británicos al corte de palo campeche en la costa de Yucatán y Honduras[20]. En octubre de 1739 la explosiva y múltiple cuestión condujo a la guerra anglo-española, complicada en 1744 con la declaración de guerra por parte de Francia y la entrada en el conflicto de los Países Bajos, hasta convertirse en la mayor contienda colonial conocida por Europa hasta ese momento, aunque de resultados indecisos tanto en las áreas coloniales americanas como en las de la India en el Oriente. El tratado de paz de Aix-la-Chapelle (octubre de 1748) fue en realidad un paréntesis. Pronto ambos países derivaron hacia situaciones bélicas no declaradas oficialmente, que se pusieron de manifiesto en las tensiones producidas en el valle del Ohío como consecuencia del levantamiento por parte de Francia de una serie de fuertes (Fort Presquile, Fort-le-Boeuf y Fort Duquesne) que amenazaban seriamente la posibilidad de expansión interior de las colonias inglesas y que produjeron incluso expediciones militares para impedirlo, aunque sin éxito.

1755 fue el año en que la tensión alcanzó su punto culminante; el almirante Boscawen, sin que mediara declaración de guerra, atacó un convoy naval francés que llevaba refuerzos a América del Norte, apresó dos buques de guerra y, en los meses siguientes, un alto número de navíos mercantes franceses. En mayo de 1756 Francia declaraba la guerra a Inglaterra, apoderándose de Menorca, lo cual encendió el Parlamento inglés, por

---

[19] Juan Manuel Zapatero, *La guerra del Caribe en el siglo XVIII*, San Juan de Puerto Rico, 1964.
[20] Cfr. J. A. Calderón Quijano, *Belice, 1663 (?)-1821*, Sevilla, Escuela de Estudios Hispanoamericanos, 1944.

medio de los violentos y agresivos argumentos de una estrella parlamentaria que, desde el año 1730, ocupaba una posición cada vez más fuerte: William Pitt, Sr., que habrá de revelarse como el más importante ministro de la guerra de toda la historia inglesa. Pitt consiguió encender al Parlamento en sus ideas francófobas, hasta constituir nuevo gobierno con Newcastle (1757) en momentos sumamente críticos para Inglaterra. Con una energía y determinación impresionantes, Pitt, aprovechando la involucración de Francia, como consecuencia de sus compromisos con Austria, en complejas campañas en Alemania occidental, dirigió todos los esfuerzos de la campaña hacia el continente americano [21], con lo cual daba satisfacción a los grupos radicales del Parlamento, cuyos intereses comerciales, bajo el objetivo de conseguir eliminar la competencia francesa en aquellos mercados, estaban claramente proclives a sustanciar la competencia en aquellos territorios antes que en Europa. Las victorias de los almirantes Boscawen, en Lagos, y de Hawke, en la bahía de Quiberon, fortalecieron la supremacía naval británica (1759); en América las caídas de los fuertes Frontenac y Duquesne cortó el peligro de unión de la Louisiana con el Canadá. Las tropas inglesas capturaron la fortaleza de Louisbourg y Fort Niágara y, en una brillante operación anfibia, Quebec. Posteriormente la conquista de Montreal completaba lo que puede considerarse como la desaparición del imperio colonial francés en América del Norte. También en la India el triunfo británico fue contundente. Frente a todo ello, Francia sólo podía ofrecer la conquista de Menorca como resultado del conflicto. Quedaba, sin embargo, una última oportunidad; en 1759 accedió al trono de España el rey Carlos III, quien inmediatamente después de ello había ofrecido su mediación en el conflicto y que, sobre todo, se encontraba altamente preocupado por el futuro de los territorios españoles en América como consecuencia de la suerte adversa de las armas francesas en la guerra. Choiseul, que había reemplazado a Bernis como ministro de Asuntos Exteriores de Francia, puso todos sus esfuerzos en tratar de extraer el mejor partido de los temores del nuevo rey de España respecto al futuro de la integridad territorial de España en América ante la triunfante Inglaterra y arrastrarlo a la guerra contra Inglaterra, lo cual, a todas luces, limi-

---

[21] Apud. P. C. Yorke, *The Life or Lord Chancellor Hardwicke*, Cambridge, 1931.

taría las pérdidas que Francia habría de sufrir en la paz. El Pacto de Familia (agosto de 1761) que produjo la entrada de España en la guerra ya perdida, fue inspirado, más que por antagonismos europeos, por rivalidades coloniales y, en todo caso, por una prevención ante el futuro que, en el pánico de Carlos III, le daría la oportunidad de entrar como interlocutor en las conversaciones de paz, sobre las cuales se asentaba todo su interés, en función del importante Imperio español en América. Pitt, que había solicitado la inmediata invasión de España, sin encontrar el menor apoyo en el gabinete, dimitió, aunque su falta no supuso ningún inconveniente en la marcha de la campaña, que continuó siendo absolutamente favorable a Inglaterra, que en los primeros días de enero de 1762 declaraba la guerra a España, iniciándose inmediatamente una campaña que produjo la conquista de La Habana y de la riquísima isla azucarera de la Martinica. Está claro cómo los objetivos estratégicos de Inglaterra, durante esta segunda fase de la llamada guerra de los Siete Años, se centran en el Caribe; en rigor, los objetivos comerciales ya se habían cubierto con creces en la primera fase, al desalojar de América la competencia francesa.

La paz de 1763 tuvo un gran triunfador diplomático que fue el duque de Choiseul, quien se irroga en las conversaciones un paternal papel de mediador entre Inglaterra y España, con el propósito de disminuir al máximo las pérdidas de Francia, repartiéndolas con España. Los diplomáticos ingleses, deseosos de no colocar a Francia en situaciones extremas, se conformaron con unos resultados mediocres, por muy severas que fuesen las pérdidas francesas. Totales en América; en la India quedó en situación de imposibilidad de competir comercialmente con Inglaterra. España cedió a Inglaterra la provincia de Florida, recuperando a cambio La Habana, recibiendo de Francia la Louisiana y los derechos sobre los territorios vastos y desconocidos del oeste del río Missisipi.

La guerra, en rigor, había cambiado la faz económica y política de una gran parte del mundo. El imperio francés quedó reducido a unas cuantas islas: Guadalupe, Martinica, la mitad occidental de Santo Domingo, Mauricio y las Seychelles, muchas de ellas de valor como productoras de azúcar, pero sin ninguna posibilidad de expansión territorial. En la política europea de Francia quedó patente una dirección, que fue la alianza con España, prefiriéndola respecto a la de Austria; Francia había comprendido que su prestigio cultural e ideológico podía ser utilizado estimulando el creciente desasosiego e inquietud política que aumentaba ininterrumpidamente en las colonias inglesas de América del Norte. De modo que ya al día siguiente de la paz se están produciendo las circunstancias que habrían de alimentar, hasta hacerlas estallar, las condiciones de un nuevo conflicto cuyas motivaciones, una vez más, están profundamente arraigadas en cuestiones de índole económica, aunque ya en esta ocasión se pone de manifiesto una de las más graves consecuencias del cambio: la revolución de independencia de los colonos ingleses de América del Norte. En tales dependencias se había venido formando, desde 1760, con motivo del desenvolvimiento en aquellos años de la guerra de los Siete Años, un profundo sentimiento, en buena parte inconsciente, según el cual las colonias no eran simples ramas del árbol de la «vieja madre Inglaterra», que se diferenciaban profundamente de ésta y que empezaban a constituir una nación separada. Tal sentimiento separatista fue el que impulsó a muchos colonos a enfrentarse con la legalidad establecida y, por medio del «sentido común», iniciar los caminos de la búsqueda de la libertad, lo que no supone la existencia de una opinión pública coherente y entusiasta por conseguir la independencia, radicalismo último que fue inexorable cuando se proclamó solemnemente en Filadelfia el 4 de julio de 1776. La guerra se internacionalizó con la alineación de Francia (1778) y España (1779), con motivaciones respectivas completamente diferentes; en 1780 Gran Bretaña declaró la guerra a las Provincias Unidas, cuyos barcos suministraban, desde mucho tiempo antes, toda clase de pertrechos a los colonos rebeldes, complicó todavía más su situación, de la cual, sin embargo, consiguió salir con muchísima más fortuna de la que hacía esperar su enorme aislamiento europeo en aquel trance de revolución colonial. El tratado de Versalles (septiembre de 1783) reconocía la independencia de las Trece Colonias; Francia recuperaba algunas de las islas perdidas en 1763 y España, Menorca y la Florida oriental. En el hemisferio occidental había nacido una nación independiente, lo cual significaba, a todas luces, una reversión de la estrategia atlántica y un importante competidor en los procesos de los intercambios comerciales.

2. *La nueva estrategia y sus efectos psicológicos*

Las luchas coloniales situaron a Inglaterra, Francia y España ante problemas estratégicos de una magnitud que, hasta el momento, habían sido perfectamente desconocidos. Era necesario, e inevitable, por parte de cada una de dichas potencias, elaborar una estrategia mundial, en la cual el elemento básico debía radicar, con intensidad de distinto tono, en las consecuencias de sus respectivas interacciones en Europa y en América o, en su caso, en el Oriente. En cada uno de los tres citados países la hostilidad por el otro constituyó una *emoción* política dominante, aunque con distintas magnitudes, a lo largo de todo el siglo XVIII; tales antagonismos profundos han sido perdurables hasta nuestros días y han sido objeto de un brillantísimo estudio de psicología social por parte de un profundo conocedor de los tres países que mantienen en el occidente de Europa su extrema rivalidad, en cota culminante durante el siglo XVIII [22].

Por su mayor coherencia interna y nacional, el sentimiento anti-francés y anti-español de Inglaterra alcanzó los más considerables niveles. La fortaleza de los dos Estados borbónicos era, intrínsecamente, muy superior a la de su rival. Solamente la población francesa triplicaba a la inglesa; en consecuencia, su sistema tributario era de mayor posible rendimiento y su ejército mucho más numeroso y mejor equipado y entrenado que el británico. La amenaza francesa sobre Inglaterra consistía en dos cuestiones:

— Establecimiento de una hegemonía en Europa, que hiciese desaparecer del continente la influencia británica, incluso mediante la organización de un *Sistema Continental.*
— Dominio francés del Canal de la Mancha, como camino para una eventual *invasión* de Inglaterra.

Con respecto a España, la amenaza para Inglaterra radicaba en el establecimiento de posibles represalias contra su comercio en América y, desde el punto de vista militar, como se había demostrado en la campaña del Golfo de México, durante la gue-

---

[22] Salvador de Madariaga, *Ingleses, franceses, españoles,* Buenos Aires, 1946.

rra de Independencia norteamericana, la expansión, en aquel importantísimo espacio estratégico, española hasta ocupar todos los enclaves insulares británicos. Para hacer frente a ambos frentes y peligros, toda la esperanza británica se centraba en el dominio de los mares, lo cual equivalía al mantenimiento permanente de una superioridad naval sobre Francia y España. En ninguna guerra del siglo XVIII puede decirse que la armada inglesa fuese inferior a las combinadas francesa y española; tal superioridad tendió a aumentar en el curso de la guerra, en la medida de lo posible, ejerciendo un bloqueo lo más eficaz posible para que ambas naciones no consiguiesen obtener pertrechos del Báltico para el incremento de sus respectivas flotas; otro objetivo inglés, encaminado a conseguir idéntico efecto, consistió en conseguir reducir lo más posible las actividades de las marinas mercantes de ambos países enemigos, con lo cual se agotaría la fuente de provisión de marinos expertos para sus flotas de combate; ahí radica, precisamente, el obsesivo y constante empeño de restringir, por ejemplo, las pesquerías en Terranova con base fija de marinos españoles y franceses. De ese modo se agotaba la escuela práctica de formación de profesionales del mar.

Sobre la armada británica, en consecuencia, cayeron pesadas responsabilidades que giraron de modo permanente sobre el objetivo de la *seguridad* nacional, lo que implicaba el mantenimiento de su economía y, sobre todo, de su sistema financiero. Cualquier interrupción de su comercio hubiese podido significar la ruina de sus finanzas públicas. Frente a ello, la escuadra francesa estuvo siempre claramente imposibilitada de salir a mar abierto para obtener allí una victoria decisiva. De tal manera quedó compensada la superioridad continental europea de Francia por la mayor capacidad de dominio de los océanos por parte de la flota británica. Todo ello explica la actitud de la opinión pública británica apoyando masivamente la guerra «americana» o «colonial», antes que la guerra «continental»; opinión que expresaba muy claramente el duque de Newcastle durante la guerra de los Siete Años: «Guerra marítima, nada de continente, nada de subsidio, he ahí un lenguaje casi universal. Sería traicionar al rey decir otra cosa, u ocultar la verdad» [23]; ello implica una clara connotación a la mayor economía que suponía el mantenimiento de

[23] Apud. C. W. Eldon, *England's Subsidy Policy towards the continent during the Seven Years War*, Filadelfia, 1938.

una guerra naval, que no buscar aliados europeos a los que la experiencia enseñaba habría que subvencionar con ayudas económicas que gravaban considerablemente el tesoro inglés; la guerra naval, en cambio, podía incluso sufragarse ella misma, por medio de las presas hechas al enemigo e incluso la adquisición de colonias muy lucrativas por su alta producción. Todo ello inclinó, abiertamente, la estrategia hacia el mar y en concreto hacia el Atlántico, como lo demostró de un modo contundente la revolución de independencia de los nacientes Estados Unidos que, con su aparición, sin embargo, llevaban consigo una nueva regionalización, con sus supuestos ineludibles de seguridad y de límites, tanto políticos como, sobre todo, comerciales [24].

---

[24] El mejor estudio de la lucha colonial anglo-francesa se encuentra en el vol. I de la *Cambridge History of the British Empire* (Cambridge, 1929); desde el lado francés, la obra de H. I. Priestley, *France Overseas throught the Old Régime* (Nueva York, 1939), y la de H. Blet, *Histoire de la colonisation française*, vol. I (Grenoble, 1946), proporcionan ambas buenos puntos de partida. Estas obras pueden ser completadas con la de J. Saintoyant, titulada *La colonisation française sous l'ancien régime*, vol. II (Paris, 1929). Con respecto al Imperio español, el tratado de C. H. Haring, *The Spanish Empire in America* (Nueva York, 1947), constituye un excelente estudio general. *War and Trade in the West Indies, 1739-63* (Oxford, 1936), de R. Pares, es un estudio muy completo de una zona de conflicto crucial. Puede seguirse el desarrollo de la guerra naval anglo-francesa en la obra del almirante H. W. Richmond, *The Navy in the War of 1739-48* (Cambridge, 1920) y en la de sir J. Corbett, *England in the Seven Years War* (Londres, 1907); y, desde el lado francés, en la de J. Tramond, *Manuel d'histoire maritime de la France* (2.ª ed., Paris, 1927). La obra de C. Fernández Duro, titulada *Armada Española* (Madrid, 1895-1903), es una obra anticuada, pero no obstante, es la única historia sustancial de la armada española. Los volúmenes VI-VII se ocupan de este período. Sobre la guerra de los Siete Años hay mucho material de la obra inacabada de R. Waddington, *La Guerre de Sept Ans* (Paris, 1896-1914), aunque se ocupa preferentemente de las luchas en Europa; y, desde el lado inglés, se encuentra valiosa información en la obra de R. Whitworth, *Field-Marshal Lord Ligonier* (Oxford, 1958). El trabajo de R. Pares, «American versus Continental Warfare, 1739-1763», *English Historical Review*, vol. LI (1936), es el mejor estudio breve de las tendencias contradictorias en la estrategia británica durante las décadas de mediados de siglo. El estudio más reciente sobre la Paz de París es el de Z. E. Rashed, *The Peace of Paris, 1763* (Liverpool, 1952), pero esto no incluye los detallados estudios que se encuentran en las obras de Pares y Cobett, ya mencionadas. Los aspectos internacionales de la revuelta de las trece colonias están bien examinados en la obra de S. F. Bemis, *The Diplomacy of the American Revolution* (Nueva York, 1935), mientras el trabajo de G. S. Graham, «Considerations on the War of American Independence», *Bulletin of the Institute of Historical Research*, vol. XXII (1949), ofrece un breve pero estimulante comentario sobre la contienda. *The Founding of the Second British Empire*, de V. T. Harlow, en el vol. I (Lon-

3. *Los efectos políticos y sociales: las revoluciones*

El último cuarto del siglo XVIII y el comienzo del siglo XIX se caracterizan epocalmente por el desenvolvimiento de revoluciones en cadena:

— Revolución norteamericana (1774-1783).
— Revolución ginebrina (1766 y 1781).
— Revolución de los Países Bajos (1783-1787).
— Revolución belga (1787-1790).
— Revolución francesa (a partir de 1787).
— Revolución de Hispanoamérica (1808-1824).

Entre 1770 y 1815 la mitad del mundo se encuentra envuelto en situaciones revolucionarias, en todo caso en un gigantesco proceso de transformación y cambio que afectó, con mayor o menor profundidad, las estructuras políticas y sociales. En plena fase ascensional de la coyuntura [25] y como un indicador genuino del cambio que se está produciendo en la época, las revoluciones marcan e imponen una considerable tensión política que hubo de afectar, en algunos casos muy profundamente, la vida de los Estados, condicionando en gran medida y con extensa profundidad las decisiones adoptadas en el campo del gobierno. Las causas de tal coherencia revolucionaria han sido analizadas muy profusa y detenidamente. Interesa aquí dejar constancia de su existencia condicionante en los niveles políticos para, más adelante, hacer hincapié en los supuestos operativos que afectan a los actores históricos más próximos a nuestro tema. No obstante, consideramos que no está de más, en breve síntesis, exponer los principales cauces de la revolución de supuestos que, en el conjunto del antagonismo colonial del siglo XVIII, dirigió y objetivó una situación característica revolucionaria:

---

dres, 1952), ofrece un estudio un tanto discursivo, pero penetrante, de las negociaciones de paz de 1782-83.

[25] Cfr. N. D. Kondratiéff, «The long waves in Economic Life», *The Review of Economic Statistics*, nov. 1935; el estudio de G. Imbert, *Des mouvements de longue duree Kondratieff*, Aix-en-Provence, 1959; en España, M. Hernández Sánchez-Barba, «Ciclos Kondratieff y modelos de frustración económica hispanoamericana», *Revista de la Universidad de Madrid*, 1972.

— Aparición de una masa de hombres jóvenes y sin empleo, que impone sobre la epidermis política nuevos problemas.

— La evolución de la coyuntura económica, que se caracteriza por el aflujo de metales preciosos, alza de precios, revolución industrial y agraria; los salarios permanecen estabilizados y se producen crisis de subsistencias.

— Nuevas ideas sociales y políticas. Por todas partes aparecen «patriotas» que oponen los intereses de los grupos políticamente oprimidos a los de los grupos dominantes.

II

ESPAÑA ANTE LA RIVALIDAD ANGLO-FRANCESA: POLÍTICA DINÁSTICA, POLÍTICA NACIONAL Y MADUREZ INTELECTUAL DE LA AMÉRICA ESPAÑOLA

Como hemos visto en el capítulo precedente, la rivalidad colonial económica entre Inglaterra y Francia ha promovido un considerable y profundo cambio de orientación en la política internacional, un replanteamiento de la estrategia regional y una serie de importantes transformaciones en los órdenes ideológico, demográfico, social y religioso. En tal panorama, examinado en una perspectiva temporal de larga secuencia, ha surgido, inevitablemente, la referencia a la actitud y a la participación española en la dinámica histórica, pero el análisis de sus implicaciones ha carecido de la sistemática necesaria que nos permita acceder a una comprensión radical de cuáles fueron sus ideas y motivaciones en el transcurso del proceso. El presente capítulo está dedicado, íntegramente, al examen de tales cuestiones, tratando de dar respuesta al conocimiento pormenorizado y a plazo temporal largo— de las actitudes políticas hispanas en el desenvolvimiento de aquel replanteamiento universal de las ideas internacionales y tratando, sobre todo, de establecer los cambios y variables que puedan encontrarse en sus argumentaciones económicas y políticas. Una vez más será necesario distinguir la existencia dualista de una política dinástica, profundamente marcada por actitudes personales, y la configuración de una política nacional, lo cual ocurre durante el reinado de Carlos III (1759-1788) y, en concreto, con la toma del poder por parte del conde de Floridablanca; tal actitud nacional viene, entre otras cosas, expresada por la manifestación de una profunda oposición política interna, pero, sobre todo, por la preeminencia activa en las directrices políticas españolas, de una política americanista de alto fuste, en la cual se producen tres factores condicionantes de gran importancia:

— La independencia de las colonias inglesas de América del Norte, previa la eliminación de Francia, en parte por la suerte de la contienda y en parte por propia iniciativa, como potencia americana.

— La afirmación del Caribe y del Río de la Plata como regiones predominantes y potenciadas ante la nueva estrategia atlántico-occidental.

— La madurez intelectual alcanzada por los criollos de la América española que hace ganar altura y fecundidad a la región hispánica del Nuevo Mundo; en buena medida tal madurez significa la primera manifestación del liberalismo político hispánico en el mundo.

Con demasiada frecuencia los historiadores españoles aceptan la idea «fabricada» por los colegas extranjeros según la cual la política y la acción dinámica de España en este siglo quedó relegada, dependiente y falta de autonomía, carente de ideas y sin perspectivas nacionales. Uno de los objetivos de esta investigación es, cabalmente, probar lo contrario. Para ello, sin embargo, es preciso analizar detenidamente las implicaciones y supuestos que configuran y dan tono a las acciones históricas que lo puedan corroborar.

A) LAS BASES OPERATIVAS DEL PENSAMIENTO POLÍTICO ESPAÑOL EN EL SIGLO XVIII

Existe una diversidad considerable en los enjuiciamientos intelectuales sobre el sentido del siglo XVIII en España. Los trabajos eruditos sobre la época los inició Antonio Ferrer del Río [1] con un evidente sentido apologético en favor del rey Carlos III; Hermann Baumgarten [2] es quizá la obra más completa, o al menos prolija, sobre los años 1789-95, aunque su principal fuente, que

---

[1] *Op. cit.* en la nota 2.
[2] *Geschichte Spanien's zur Zeit der französischen Revolution*, Berlín, 1861.

son los despachos del embajador prusiano en España, muy parciales con respecto a los políticos españoles, le quita buena parte de la objetividad exigible. haciéndole caer con frecuencia en puntos de vista de mucha ingenuidad; el primer estudio impreso sobre la Ilustración española se encuentra en el tomo tercero de la gigantesca obra de Menéndez Pelayo[3], pero sus puntos de vista han sido, actualmente, considerablemente modificados por una importante historiografía, en especial la afirmación relativa a la nefasta influencia que, los que siguieron los derroteros de la Ilustración, produjeron en España. Luis Sánchez Agesta[4], muy en coincidencia con los puntos de vista de Menéndez Pelayo, dedica la mayor parte de su obra a Jovellanos; la obra del profesor francés Jean Sarrailh[5] es una réplica a la tesis de Menéndez Pelayo y sus seguidores: analiza las ideas de los españoles ilustrados y concluye que constituía un grupo selecto, sinceramente religioso, idealista y patriótico, atacado frontalmente por las fuerzas de la tradición. En general, las investigaciones de los hispanistas franceses, desde la obra clásica de Desdevises du Dezert[6] hasta la de Defourneaux[7], han contribuido al conocimiento de los cuadros intelectuales españoles en la época con aportaciones, en algunos casos, de cierta importancia, aunque siempre con los inevitables planteamientos «afrancesados» en la caracterización del pensamiento español. Otros puntos de vista han sido planteados por historiadores españoles como Vicente Palacio Atard[8] y Antonio Domínguez Ortiz[9]. Un punto de vista muy importante ha sido el expresado por el historiador norteamericano Richard Herr[10], quien en su investigación partía del supuesto de que el

---

[3] *Historia de los heterodoxos españoles*, 3 vols., Madrid, 1880-81; reimpresa en 8 vols. en la Edición Nacional, Santander, 1947-48.

[4] Luis Sánchez Agesta, *El pensamiento político del despotismo ilustrado*, Madrid, 1953.

[5] Jean Sarrailh, *L'Espagne eclairée de la seconde moitié du XVIIIᵉ siècle*, Paris, 1954 (ed. española del F. C. E. México-Buenos Aires, 1957, traducción de A. Alatorre).

[6] Desdevises du Dezert, *L'Espagne de l'Ancien Régime*, 3 vols. (I. *La Societé*; II. *Les Institutions*; III, *L'a richesse et la civilisation*), Paris, 1897-1904.

[7] Marcelin Defourneaux, *Pablo de Olavide ou l'afrancesado (1725-1803)*, Paris, 1959.

[8] V. Palacio Atard, *Los españoles de la Ilustración*, Madrid, Guadarrama, 1967.

[9] Antonio Domínguez Ortiz, *La sociedad española en el siglo XVIII*, Madrid, 1955.

[10] Richard Herr, *The eighteenth-century revolution in Spain*, Princeton

liberalismo español «había llegado a España con los carros del ejército de Napoleón», hasta llegar a la conclusión perfectamente contraria: tales ideas tenían raíces profundas en los años anteriores a 1808. Sin embargo, sus conclusiones son de índole ecléctica y constituyen el supuesto del fenómeno generalmente calificado como el de las dos Españas, en cuyo contraste deben buscarse los caracteres creadores propiamente hispánicos, fundamentalmente entre la Ilustración y la Revolución. Para Marañón [11] la influencia francesa sobre la cultura española en el XVIII es, en su mayor parte, una leyenda basada sobre anécdotas; el ilustre e inolvidable gran intelectual la estimaba como el resultado de una renovación espiritual que ocurre a ambos lados del Atlántico en las regiones de habla española y que, desde luego, tiene sus orígenes en profundas raíces históricas que se expresaron a través de grandes individualidades durante el transcurso del siglo de la Ilustración.

Parece, pues, necesario insistir, desde la perspectiva intelectual que señaló Marañón, en la renovación ocurrida en el pensamiento hispánico de ambas orillas atlánticas, como moderador de las corrientes de la intelectualidad y de la política operativa producidas en los niveles de las altas minorías, aunque sin alcanzar las masas populares. Económicamente ha sido ya suficientemente estudiada la situación de bancarrota en que se encontraba España [12], de modo especial como consecuencia de la inflación de las oleadas de metales preciosos llegados de América [13]. En este sentido debe tenerse en cuenta la importancia que para España tuvo, como factor de cambio y potenciación de la transformación, el acceso de la dinastía de Borbón. Sin llegar a sus más extremas consecuencias puede aceptarse la afirmación de Giménez Fernández: «Con el advenimiento de la Casa de Borbón la historia de España sufre un viraje fundamental. Bajo los Austrias, la nación hacía el Estado; con los Borbones, el Estado

University Press, New Jersey, 1960 (ed. española: *España y la Revolución del siglo XVIII*, Madrid, Aguilar, 1971).

[11] Cfr. Gregorio Marañón y Posadillo, «Visión de América a través de El Ecuador», *Mundo Hispánico*, VI, 63, junio 1963. Ver, sobre todo, *Las ideas biológicas del Padre Feijoo*, Madrid, Espasa-Calpe, 1934, y «Más sobre nuestro siglo XVIII», *Revista de Occidente*, XLVIII, Madrid, abril-junio 1935.

[12] Cfr. Reginaldo Trevor Davies, *Spain in Decline, 1621-1700*, London, 1957.

[13] Earl J. Hamilton, *War and Prices in Spain, 1651-1800*, Cambridge, Mass., 1947; «Profit inflation and the industrial revolution», *Quarterly Journal of Economic*, LVI, 1941-42, teniendo en cuenta las precisiones de David Félix.

quiso fabricarse una Nación. Felipe II era el primer servidor del pueblo como el Papa era el *servus servorum Dei*. Carlos III fue el amo del Estado y toda la nación sólo existía merced a la munificentísima persona de Su Majestad» [14]. Lo discutible de la frase no quita la importancia del sentido que la misma encierra. Pero como hemos de ver más adelante, es preciso matizar muchos de sus extremos, ya que el reinado de Carlos III no puede caracterizarse, a nuestro juicio, durante toda su duración, con una idéntica perspectiva; de modo especial por el desenvolvimiento de la oposición, que juega con toda evidencia un papel importante en la configuración de los procesos políticos, de la misma manera que los acontecimientos universales, europeos y americanos, de índole política como económica, promovieron cambios y adaptaciones que son de suyo palpables demostraciones de las adaptaciones e innovaciones que se produjeron a lo largo del reinado y que son, precisamente, los indicativos más eficaces de la eficacia y altura del reinado, así como del mantenimiento permanente del espíritu de reforma.

1. *La Ilustración*

Las dos grandes figuras de la Ilustración española llenan —y permiten, en consecuencia, la fácil división del siglo en dos mitades—, respectivamente, la primera mitad del xviii: fray Benito Jerónimo Feijoo (1676-1764) [15] la segunda mitad se caracteriza por la luminaria de D. Gaspar Melchor de Jovellanos (1744-1811) [16]. Cabe establecer algunas precisiones sobre el significado del movimiento de la Ilustración, en cuanto corriente de pensamiento

---

[14] Manuel Giménez Fernández, *Instituciones jurídicas en la Iglesia Católica*, Madrid, 1940, 2 vols.

[15] Su enciclopédica e importante obra se comenta en *Cartas eruditas y curiosas*, Madrid, 1742-1760, 5 vols., 1.ª ed.; sobre ellas resulta interesante: Gaspar Delpy, *Feijoo et l'esprit européen. Essai sur les idées maitresses dans le «Theatre critique» et les «Lettres érudites» (1725-1760)*, Paris, Hachette, 1936.

[16] *Colección de Asturias*, Edición y notas por Manuel Ballesteros Gaibrois, Madrid, Gráficas Reunidas, 1947-1952, 4 vols.; *Diarios*, edición preparada por Julio Somoza; estudio preliminar de Ángel del Río; Oviedo, Instituto de Estudios Asturianos, 1953-1956, 3 vols.; *Informe sobre la Ley Agraria*, prólogo de V. A. Álvarez, Madrid, Instituto de Estudios Políticos, 1955; *Obras publicadas e inéditas*, de M. G. de Jovellanos. Edición y estudio preliminar de Miguel Artola, vols. III y IV, Madrid, Atlas, 1956 (Biblioteca de Autores Españoles. Tomos LXXXV y LXXXVI).

occidental [17] y en su significado estrictamente español. En primer lugar resulta evidente que la Ilustración no constituye de suyo un movimiento creador e inédito, ni siquiera privativo del siglo XVIII, aunque con extraña coincidencia los hombres de aquella época utilizaron para auto-bautizarse, palabras del mismo significado (Aüfklaerung, Enlightenment, lumieres, luces). Se trata, esencialmente, de un proceso de divulgación y aplicación práctica de los grandes principios establecidos por la investigación y la filosofía del siglo XVII y delineados por el renacimiento: racionalismo y naturalismo. Ambos principios triunfaron plenamente en la última etapa del siglo XVII, como ha estudiado Paul Hazard [18], aunque no como una difusión absoluta, popular y profunda de tales principios, sino precisamente como un principio de identificación de los grupos minoritarios intelectuales, los cuales fomentaron su espíritu crítico como lanzamiento de ataque al «Antiguo Régimen», en cuyo término —que parece bastante equívoco y poco convincente, pero cuyo uso han impuesto los historiadores franceses— se incluían prevenciones humanas, convencionalismos, alta sociedad y religión. El choque de esta ideología con el conjunto de las fuerzas tradicionales produjo la llamada «crisis cultural del setecientos».

La «edad de la razón y de las luces» llegó a España con Feijoo, cuya influencia fue extraordinaria sobre todos los escritores peninsulares e hispanoamericanos de su época. Revisionista crítico, inició el aperturismo crítico en la España del XVIII y difundió una amplia serie de ideas en la sociedad española que fueron surgiendo, sobre todo a través de tres importantes corrientes:

— Despotismo ilustrado, aunque criticado por Feijoo, en cuanto exaltación de la perrogativa regia.
— El movimiento *regalista*, corriente típicamente hispánica [19] que a comienzos de siglo estuvo centrada en Melchor de Macanaz [20] y culminó con D. Pedro Rodríguez

---

[17]   Fritz Valjavec, *Historia de la Ilustración en Occidente*, Madrid, Rialp, 1964.

[18]   Paul Hazard, *La crisis de la conciencia europea (1935)* y *El pensamiento europeo en el siglo XVIII*, Madrid, Revista de Occidente, 1946.

[19]   Iniciado en el siglo XVI, fue combatido por la teoría escolástica de la *potestas indirecta*. El movimiento culminó en 1767 con la expulsión de los jesuitas y se relacionó con la ideología de la Ilustración.

[20]   Melchor Rafael de Macanaz, *Regalías de los señores reyes de Aragón, discurso jurídico, histórico, político*, Madrid, 1879; *Pedimiento del fiscal general don Melchor de Macanaz sobre abusos de la dataría...*, Madrid, 1841.

de Campomanes [21] y en los ministros de Carlos III, muy especialmente en el conde de Aranda.
— La última fase de la Ilustración española, vinculada a la personalidad intelectual y crítica de Jovellanos.

Este continuó, en la segunda mitad del siglo, más bien hacia su final, lo que Feijoo había iniciado antes: reforma educativa, lucha contra la ignorancia y la superstición, aplicación de las ciencias prácticas de acuerdo con el espíritu de la época, liberalismo económico exento de todas las trabas medievales, estímulo a la empresa privada e intervención del Estado para conseguir el bienestar de la nación, que requiere la razón y la naturaleza; Jovellanos habría de convertirse en el mayor crítico de la Revolución francesa y del sistema filosófico que la inspiró. El siglo XVIII español fue, sobre todo, una ocasión de inventariar críticamente las más profundas reconditeces de la conciencia española; el florecimiento de los escritos y las ideas alcanzaron una densidad impresionante [22] en áreas bien concretas del saber práctico:

— Crítica de la educación (Feijoo, Torres Villarroel, Jovellanos).
— Crítica literaria (Isla, Luzán, Forner, Capmany, Moratín, Mayáns).
— Crítica social (Cadalso, Pérez y López).
— Crítica política (Campomanes, Arroyal, Jovellanos, Cabarrús).

Aparte de las grandes reformas gubernamentales en torno a la enseñanza y la educación, la más importante realización de la Ilustración española fue la creación de las Sociedades Económicas de Amigos del País, de las cuales fue la primera le Vascongada (Peñaflorida, 1765), siguiendo el ejemplo de las francesas. A través suyo penetrar una mayor influencia francesa en España y el vigoroso espíritu de los *afrancesados*. Una segunda vía de contacto con los movimientos de la Ilustración extranjera radicó en los viajes que, bajo la promoción del cosmopolitismo

---

[21] Fiscal del Concejo de Castilla, publicó anónimamente su *Tratado de la regalía de amortización*, que tenía por objeto refutar la pretensión de la Iglesia de poder acaparar ilimitadamente bienes raíces.

[22] Vid. Juan Sempere y Guarinos, *Ensayo de una biblioteca española de los mejores escritores del reinado de Carlos III*, Madrid, 1785-1789, 6 vols.

de la época, se efectuaron por parte de muchos españoles a Francia, Inglaterra, Países Bajos, Austria, así como también la estancia en España de muchos extranjeros, como irlandeses (Ward, Wall, O'Reilly, Dowling), italianos (Grimaldi, Tanucci). El desarrollo del espíritu científico y de las ciencias en la España del siglo XVIII fue excepcionalmente importante.

En líneas generales, la Ilustración española promovió la idea de reforma política, basada en la ciencia y el progreso, la razón y la perfectibilidad del género humano no desprovistas de un sentido religioso, aunque considerablemente secularizada. El régimen no fue atacado, sino que sus armas se dirigieron contra el Papado, por pensar que Roma trataba de socavar la monarquía española. El ataque contra la monarquía no tuvo consecuencia alguna hasta 1789 y hemos de examinarlo posteriormente cuando nos referimos a la posición de «viraje» de Floridablanca. Rousseau tuvo muy leve influencia en la España intelectual del siglo XVIII, por más que el «contrato social» fuese tema común muy debatido, pero por influjo escolástico (escuela de Salamanca, Suárez) o británico (Hobbes, Locke); pero en cualquier caso nunca fue usado como una teoría política en contra de la monarquía o como la orientación de creación de un camino para la soberanía popular; en cambio el «pacto social» sirvió a escritores juristas, como Rodríguez de Campomanes [23], para exaltar y fortalecer la prerrogativa regia. Otros elementos característicos de la ilustración política española radican en el impacto psicológico de una *decadencia* española, con su correspondiente propósito de superarla, y, desde luego, el peso de la *leyenda negra*, instrumentada en los años de hegemonía política mundial. Ambos factores promovieron un afán de reforma, cuyos fundamentos, según sus promotores, debían centrarse en la afirmación de la autoridad y, sobre todo, en la educación. Por ello la autoridad real (el Despotismo Ilustrado) fue el instrumento principal, que permaneció insensible a las tendencias revolucionarias hasta, en apariencia, 1789; los primeros síntomas del cambio, como veremos, deben situarse más bien en la coyuntura de la revolución colonial norteamericana, entre 1777-1783, y centrado, como veremos, en el conde de Floridablanca. Sin embargo, incluso los más fervientes admiradores de la re-

---

[23] Pedro Rodríguez de Campomanes, «Juicio imparcial sobre el monitorio de Parma», *Biblioteca de Autores Españoles*, LXI, Madrid, 1912; Vid. también «Expediente del Obispo de Cuenca», *ibídem*.

volución francesa, como Cabarrús[24], preferían esperar a acometerla el tiempo equivalente al desarrollo biológico de una generación.

El propósito educativo del pueblo fue la gran empresa de la Ilustración política española del siglo XVIII, pero, como señala Sánchez Agesta[25], hay que distinguir necesariamente lo que llamaríamos el *filtrado* de las ideas, que separaba los elementos formativos de la educación entre aquellos que se consideraban preparados para recibirla y los que se consideraban adecuados para transmitir al pueblo en general. Tal dicotomía es importante tenerla en cuenta, ya que en caso contrario puede dar lugar a equivocidades de criterio como ocurre con algunos autores[26]. Los partidarios de la Ilustración en la segunda mitad del siglo fueron los ministros de Carlos III: Campomanes, Floridablanca, Cabarrús, Aranda; escritores como Cadalso, Meléndez Valdés, Jovellanos; científicos como Cavanilles; economistas como Asso, Capmany, Ward y Ustáriz, e infinita serie de intelectuales de menor influencia pero de importancia para el cuadro general de la Ilustración española. La Iglesia y la Universidad tomaron parte en el gran movimiento, en muchos casos representaron la vanguardia del mismo, aunque en otros adoptaron una postura oposicionista que después analizaremos brevemente.

2. *La oposición a la Ilustración*

En los procesos de cambio, como consecuencia del desarrollo político, no se produce un fenómeno similar al de los vasos comunicantes, sino que todo proceso de tal signo produce un síndrome de tensiones, de gravedad y profundidad variables. Uno de los *desfases* más acusados es el que ocurre entre las estructuras políticas, en cuanto marco institucional, y las sociales-económicas, como base; la mayor resistencia al cambio de las segundas con respecto a las primeras produce, normalmente, «actualización» del marco político, sin que se produzcan transformaciones acusadas

---

[24] Conde de Cabarrús, *Cartas sobre los obstáculos que la naturaleza, la opinión y las leyes oponen a la felicidad pública.* Escritas por el Conde de Cabarrús al señor G. M. de Jovellanos, y precedidas de otra al Príncipe de la Paz, Vitoria, Imprenta de D. Pedro Real, 1808.

[25] *El pensamiento político del despotismo ilustrado*, Madrid, 1953.

[26] Así, en Sarrailh, *op. cit.*, y sobre todo en A. P. Whitaker, *Latin America and the Enlightenment*, New York, 1942.

en la base. El intenso programa de renovación y reforma que la Ilustración promovió en el terreno de la política, como consecuencia del impacto de las ideas, según ha quedado analizado, produjo en España una alteración considerable de la opinión minoritaria intelectual que dio origen al desenvolvimiento de una tensión de oposición que, en algunos aspectos, adquiere una importancia considerable y que, en todo caso, promovió importantes programas de adaptación de profundo sentido crítico y con mecanismos de involucración en el aspecto religioso, social e intelectual.

Paradójicamente debe hacerse constar que la primera oposición a la libre circulación de las ideas fue del propio gobierno ilustrado, que continuó manteniendo en vigor la censura previa establecida por los Austrias y cuyo reglamento fue redactado y reconstruido en 1752, imponiéndose severos castigos y multas a quienes no cumpliesen los preceptos establecidos en la misma, siendo el Consejo de Castilla el todopoderoso organismo al cual se le confiaban la vigilancia del cumplimiento de las mismas. Después de 1773, de acuerdo con los principios regalistas, no se permitió que los obispos empleasen la fórmula «imprimatur», que quedó como exclusiva potestad de la autoridad civil; desde 1788 idénticas restricciones fueron impuestas a los nacientes periódicos; en definitiva, antes de llegar a la imprenta eran expurgados los temas censurables, de modo que al público llegaba solamente lo que deseaba el gobierno que llegase. Algunas obras fueron específicamente prohibidas y retiradas de la circulación. La institución con una mayor actividad en tal orden de cosas fue la Inquisición, cuya cabeza era el inquisidor general, nombrado por el rey, casi siempre un obispo eminente, bajo cuya potestad funcionaban catorce tribunales, en ciudades de primer orden, formados por un número restringido de miembros que, en ocasiones, eran solamente tres; en último extremo lo formaban los *agentes* individuales («comisarios» o «familiares») que visitaban las ciudades de segundo rango y los pueblos. Una de las tareas más importantes de este mecanismo de vigilancia y censura consistía precisamente en *calificar* lo que se leía e impedir la posesión de libros prohibidos, que podía acarrear, incluso, la excomunión. Por otra parte la gente podía estar informada de los libros prohibidos ya que, periódicamente, aparecía un *índice* completo de todos los libros que quedaban vedados para los lectores españoles[27]. Sin embargo, en 1768 [28] la censura pasó al poder civil, con lo cual la libertad de circulación de las obras de la filosofía europea comenzaron a incrementar la capacidad de lectura de los españoles y en 1782 el propio inquisidor general expresa su disgusto porque el temor a la censura eclesiástica estaba prácticamente extinguido. No quiere esto decir que el Tribunal del Santo Oficio perdiese importancia en la vigilancia efectiva de la ortodoxia, ya que después de la expulsión de los jesuitas y la reforma del Tribunal y de sus funciones proyectó abrir expedientes a figuras como Floridablanca, Campomanes y Aranda, y si no lo hizo en ninguno de estos casos fue sin duda porque no se consiguieron las pruebas mínimas de acusación que habrían de ser muy firmes e indudables para atreverse contra personas de tal altura política y que, por añadidura, gozaban plenamente del favor real. Pero en cambio se lanzó con todo el rigor de su peso contra el ilustrado peruano Pablo de Olavide, contra el cual se inició en 1776 un proceso, del que resultó condenado, que causó sensación en España y fue como una seria advertencia de que el poder del temido tribunal no se había extinguido [29]; en cualquier caso, lo que parece evidente es que los ilustrados españoles mantuvieron una notoria adhesión a la fe que profesaban, al menos externamente.

La oposición intelectual a la filosofía ilustrada comenzó a manifestarse, simplemente, traduciendo opúsculos de escritores católicos franceses, pero en el reinado de Carlos III, muy concretamente entre 1774-1776, es decir, en los orígenes del movimiento de independencia de las colonias inglesas de América del Norte, apareció la obra que debe considerarse como el más enciclopédico esfuerzo de refutación de las teorías de los filósofos franceses: la obra en seis volúmenes del fraile jerónimo Fernando de Cevallos [30] constituye un confuso conjunto de argumentaciones, según las cuales las doctrinas de los filósofos se entroncaban con las herejías más antiguas de la humanidad y, desde luego, debían

---

[27] La edición de 1970 tenía 305 páginas en folio con columnas dobles y caracteres de imprenta pequeños; Vid. *Colección Documental del Fraile*, Madrid, 1947-1950, vol. 863, fol. 148. Servicio Histórico Militar.

[28] R. C. en Concejo 16 de junio de 1768. *Novísima Recopilación de las Leyes de España*, VIII, XVIII, 3.

[29] Cfr. J. A. Llorente, *Histoire critique de l'Inquisition d'Espagne...*, París, 1818, 4 vols., y, sobre todo, M. Defourneaux, *op. cit.*

[30] Fernando de Cevallos, *La falsa filosofía o el ateísmo, deísmo, materialismo y demás nuevas sectas convencidas de crimen de estado contra los soberanos*, Madrid, 1774-1776.

considerarse como manifestaciones modernas del protestantismo; tales ideas apologéticas y críticas presentan una teoría paralela, dispersa a lo largo de los seis volúmenes de la obra, pero claramente perceptible, partidaria de la religión católica y del sistema de gobierno monárquico. Otros adversarios españoles de la Ilustración fueron Vicente Fernández Valcarce, Antonio Javier Pérez y López y, sobre todo, Juan Pablo Forner. Todos ellos insistieron fuertemente en la idea de que las nuevas corrientes eran peligrosas para el trono y el altar. Ello produjo una atmósfera de miedo a las consecuencias que podrían derivarse de la difusión de tales ideas y de su manifestación más importante y temerosa: la revolución. Precisamente en los años de culminación en España de las teorías de oposición a la Ilustración francesa fue cuando se produjo el estallido de la revolución colonial norteamericana, en una región de base religiosa protestante, enclavada en un área cultural y política —la anglosajona— donde primeramente se había planteado la oposición religiosa a España; todo lo cual, necesariamente, hubo de influir en la esfera de la política activa y decisoria, sobre todo en la transición de una dirección extranjerizante —Grimaldi— a una plenamente española con el conde de Floridablanca, uno de los hombres que con mayor intensidad se había distinguido como paladín de las nuevas ideas y que, sin embargo, como veremos posteriormente, produjo uno de los más espectaculares virajes de política que se registran en la historia moderna española.

Ciertamente apenas existen indicios de heterodoxia o de ataques organizados contra el régimen en la España ilustrada del siglo XVIII, especialmente centrada en el reinado de Carlos III (1759-1788); los movimientos que se registran en la época son más bien movimientos de defensa de privilegios sociales [31], fintas de advertencia o manifestaciones ambigüas de oposición a medidas de gobierno y legislación realizadas por los poderes públicos; pero de ningún modo puede encontrarse un atisbo de crítica religiosa o de antagonismo político de acción contra el régimen. Ahora bien, la escisión entre los intelectuales españoles era evidente y existía a la vista de todos en un nivel mucho menos trascendente y fundamental: en el campo de la enseñanza

---

[31] Vicente Rodríguez Casado, *La política y los políticos durante el reinado de Carlos III*, Madrid, 1962, y «La revolución burguesa del siglo XVIII español, *Arbor*, XVIII, Madrid, 1951, págs. 5-30.

universitaria y en la lucha por la introducción de nuevas asignaturas y reformar las prácticas de la Iglesia y del clero. Estas pugnas no tenían una gran trascendencia hacia la opinión social y pública, prácticamente inexistentes, sin embargo son muy explicativas y orientadoras sobre el antagonismo profundo existente en los niveles intelectuales españoles de la época, que se puso de manifiesto en la que podríamos llamar polémica Masson, autor del artículo relativo a «España» en la *Encyclopedie methodique*[32]; la imagen que en el mismo se reflejaba de España era, precisamente, la encarnación de todo cuanto los *philosophes* combatían. Masson, con infantilismo teórico, utilizaba los lugares comunes típicos de tales ocasiones: «¿qué es lo que se debe a España; qué ha hecho por Europa en los dos últimos siglos, en los últimos cuatro o diez?». En los niveles de la política cortesana y oficial el artículo causó un tremendo revuelo[33], el rey se indignó y fueron exigidas satisfacciones oficiales, así como la persecución del autor; el gobierno francés no tuvo más remedio que acceder a las demandas de su aliado; sin embargo, en 1788 el inquisidor general entró en la cuestión y, con el apoyo de Floridablanca, se ordenó la recogida de todos los volúmenes para proceder al expurgo de la Enciclopedia aunque fueron recogidos gran cantidad de ejemplares, no lo fueron en su totalidad, continuando muchas personas en posesión de ellos, de modo especial en las provincias Vascongadas; éstos fueron los que, más adelante, recibieron el nombre de «enciclopedistas».

Por su parte, la oposición conservadora española enarboló sus argumentaciones contra Masson, con el apoyo en muchas ocasiones del gobierno español y las instituciones intelectuales, fue convocado un concurso para premiar la mejor «defensa de la nación»[34], siendo el favorecido Juan Pablo Forner por su *Operación apologética por la España y su mérito literario*. La polémica sur-

---

[32] Nicolás Masson de Morvilliers, «Espagne», *Encyclopédie méthodique ou par ordre de matières.* Serie, «Geographie moderne», I, págs. 554-68.

[33] Masson había publicado en 1776 un compendio geográfico de España y Portugal, que reflejaba la opinión de Montesquieu *(Espíritu de las Leyes),* Voltaire *(Ensayo de las costumbres);* el permiso para la publicación de la Enciclopedia fue solicitado por el editor de París, Panckoucke, siendo autorizado Antonio de Sancha para editar la traducción española; el primer volumen, en el que figura el artículo de Masson, se publicó en 1783.

[34] Convocado por la Real Academia Española, en 1786 el propio Floridablanca tomó por su cuenta la publicación en la Imprenta Real a expensas del Estado, recibiendo el premiado seil mil reales y el producto de la venta.

gió, incontenible, pasando a los periódicos y esterilizándose en una larga serie de argumentaciones que, por ambas partes, se movían más en ámbitos apasionados que racionales; quizá el resultado más espectacular fue la enciclopédica obra de Sempere y Guarinos [35].

3. El sistema político

La polémica intelectual, cuyos puntos principales hemos comentado con el propósito, sobre todo, de apreciar la inquietud nacional de *defensa* y de antagonismo intelectual con respecto a Francia, no implicaba la existencia simultánea sobre formas fundamentales de gobierno o de religión. La monarquía absoluta, establecida por Carlos III, era la constitución política ideal para todos: los «progresistas» la consideraban como la más idónea con los tiempos; los conservadores argumentaban el peligro en que se encontraba el Trono; pero no se encuentra una sola voz que piense un cambio político constitucional; en este terreno se producía la continuidad de la unión espiritual básica de la nación que experimentaba, desde 1766, un desarrollo económico que producía el equilibrio de la vieja fensión entre sectores sociales medios y oligarquía rural; Francia, por el contrario, entraba desde la misma fecha en un proceso económico de decadencia, no sólo como consecuencia de su derrota colonial, lo que implicó una considerable baja de los índices comerciales, sino también por la profunda enemistad y antagonismo social entre la burguesía y la nobleza; en ambas naciones los respectivos grupos sociales, interesados en la configuración de *pactos* económicos, entendían que la política del rey y de sus ministros podía influir mucho sobre sus propios intereses. De manera que el sentido de la política del rey y de sus ministros resultaba absolutamente fundamental para el crecimiento o la decadencia de sus negocios y empresas. Cuando Carlos III llegó al trono español en 1759, procedente de su reino siciliano, rodeado de ministros extranjeros y dispuesto a acometer el proceso revolucionario que situase a España al mismo nivel europeo, tuvo que enfrentarse con motines y rebeliones [36] que le convencieron de la xenofobia de los españoles y la necesidad de encontrar sus colaboradores políticos entre sus hombres más destacados. El proceso, que comenzó con

---

[35] *Op. cit.* nota 22.
[36] Cfr. V. Rodríguez Casado, *op. cit.*

la salida de Squilacce y su sustitución por Aranda y la de éste, posteriormente, por el jurista Rodríguez de Campomanes, una vez efectuada la expulsión de los jesuitas, culminó con el despido de Grimaldi y su sustitución por el conde de Floridablanca, don José Moñino, cuyo talento político le configuró como la figura clave del gobierno español, llegando a gozar de la confianza del rey en un tan elevado plano que pudo promover las transformaciones políticas de mayor entidad que se hicieron en España durante la época [37]. La atención del rey a los negocios del Estado, su despacho minucioso con los ministros de cada ramo, la confianza política que depositó en ellos, constituyen factores de enorme importancia en la estabilidad política del sistema. Los cambios que realizó en la composición del gobierno se orientaron siempre a conseguir en cada puesto el hombre más adecuado y hábil para cada situación; seguramente la estabilidad ministerial fue una de las características más sobresalientes de la corte de España, y así pudo escribir Bourgoing [38], «en lugar de abandonarse a la ociosidad que podría resultar de tanta seguridad, procuran justificar su confianza, y no pierden tiempo precioso atisbando el funcionamiento de la intriga y frustrando sus maquinaciones. Tienen ánimo para forjar grandes proyectos porque saben que sólo su muerte interrumpiría la ejecución de sus planes». El rey procuró evitar, a todo evento, la aparición de divisiones en su sistema de gobierno y en la sociedad política española, de modo que en 1789 el embajador de España en París, conde de Fernán-Núñez, dejaba constancia, en un lúcido examen de la situación interna francesa revolucionaria, de que «ninguna de las causas que se podían haber observado aquí durante muchos años existen en nuestro país, donde hay religión, amor al rey, moderación en ɩa administración, respeto escrupuloso por los derechos de cada provincia y los individuales y otras mil cosas que les faltan a los franceses» [39]; la unidad nacional había sido mantenida por la firme dirección que dio el rey Carlos III a la política du-

---

[37] El testimonio del Barón de Bourgoing es importantísimo al respecto. Apud. M. Defourneaux, «Un diplomático hispanista: el Barón de Bourgoing y los orígenes del *Tableau de l'Espagne moderne*», *Clavileño*, IV, 32, Madrid, 1955.

[38] J. F. Bourgoing, *Tableau de l'Espagne moderne*, Paris, 1803, 3.ª edición (la 1.ª es de 1789, la 2.ª de 1797).

[39] Cit. por Albert Mousset, *Un temoin ignoré de la Revolution, le comte de Fernan-Nuñez*, Paris, 1924.

rante la época de la Ilustración. Tal *homogeneidad nacional* permitió la construcción de una política adecuada a los supuestos internos que fueron cause y expresión de una mentalidad política española en la política internacional, que se caracteriza por coincidir con un *proceso acelerado* (la revolución) que obliga a un *reajuste de posiciones*, producido políticamente por la prudencia, por el miedo o por la misma contingencia de los sucesos que se manifiestan de un modo inmediato, lo que exige una determinación urgente de posiciones. Todo ello nos pone en presencia de un cuadro cuya importancia resulta absolutamente decisiva para la caracterización del enfoque de nuestra investigación, razón por la cual, dentro de este aparato, resulta básico el análisis de las claves que permitan establecer los necesarios contrastes explicativos de la cuestión.

LA REVOLUCIÓN.—Como vimos anteriormente [40], la época que estudiamos se caracteriza por una larga serie de revoluciones en cadena, lo cual ha llevado, en una importante serie de historia universal [41], a epocalizarla, estudiándola en conjunto en el volumen 36 [42] de la serie, como objetivo intelectual del especialista J. Godechot, quien insiste en su propósito de, cumpliendo los objetivos de la serie, poner al día y abrir perspectivas sobre las orientaciones de las investigaciones que, en el futuro, será necesario plantear y efectuar dentro de cada uno de los grandes temas que componen la importantísima colección. En la puesta al día se reconoce, por fin, el carácter conjunto que tiene la revolución francesa, con toda otra serie de fenómenos similares no inspirados por ella, sino que constituye un episodio de una gran revolución que agitó todo el occidente durante tres cuartos de siglo. La idea ya había sido tímidamente esbozada durante el siglo XIX, pero desde la primera mitad del XX el «chauvinismo» de los historiadores franceses había particularizado al extremo el fenómeno que, prácticamente, había quedado como el *modelo* revolucionario en que se inspiró todo el movimiento en el resto

---

[40]   Vid. I, c, 3, pág. 55 y sigs.

[41]   *Nouvelle Clio. L'histoire et ses problemes.* Presses Universitaires de France, Paris, que consta de 50 títulos y que pretende establecer una nueva orientación de los estudios y de la enseñanza de la Historia. En curso de publicación, la Editorial Labor ha emprendido la tarea de traducir la serie al español.

[42]   Jacques Godechot, *Les révolutions (1770-1799)*, Paris, P. U. F., 1969.

del mundo. Algunos historiadores norteamericanos [43] introdujeron cambios de apreciación, aunque por razones de orgullo nacional no quisieron «alargar» los ámbitos cronológicos e intelectuales hasta el siglo XVII, colocando, como es debido, el origen de tal movimiento en la Inglaterra del siglo XVII. En las cuestiones de índole analítico otra cuestión arriesgada por Godechot consiste en la interpretación relativa a las implicaciones sociales y a la participación en la revolución de «grandes hombres» y de las «masas»; en definitiva, la valoración de la acción que, en los procesos revolucionarios, tienen las ideas y las fuerzas profundas de las grandes corrientes sociales y económicas, idea muy característica de la escuela histórica francesa y que ha culminado recientemente en la importante obra de Fernand Braudel [44]. En todo caso la cuestión implica una renovación fundamental de los supuestos que caracterizan la realidad histórica y ha sido fundamentalmente explicada, tanto a través de hechos como de ideas. Los primeros constituyen la base de argumentación para, por simple aproximación cronológica, establecer la existencia de una época revolucionaria, cuyo esquema señala Godechot como caracteres generales del período y cuya manifestación es del siguiente tenor:

> 1770-1783, revolución de las colonias inglesas de América del Norte, que condujo a la independencia política.
>
> 1780-1783, tumultos revolucionarios en Irlanda e Inglaterra, cuyos objetivos son: logro de la autonomía de la primera y reforma parlamentaria en la segunda.
>
> 1783-1787, revolución en los Países Bajos para impedir que el *statuder* se convierta en rey hereditario y transformar democráticamente.
>
> 1787-1790, revolución en los Países Bajos austríacos, en principio dirigida contra las reformas «ilustradas» de José II, promovió un verdadero partido democrático.

---

[43] Robert Palmer, «The World Revolution of the West, 1763-1801», *Political Science Quarterly*, marzo de 1954; sobre todo, *The Age of the Democratic Revolution*, Princeton University Press, 1959.

[44] Los tratamientos sobre temporalidad histórica efectuados por este importante historiador francés quedan expresados en sus dos grandes obras *El Mediterráneo* y *El Capitalismo*, Apud. *La Historia y las Ciencias Sociales*, Madrid, 1968.

1768 y 1782, revoluciones democráticas en Ginebra, fracasadas como consecuencia de intervenciones armadas extranjeras.

1772 y 1789, el rey de Suecia se alía con burgueses y campesinos contra la nobleza y transforma el régimen con estructura más democrática.

1787-1815, revolución francesa.

1788-1794, revolución polaca.

1792-1795, segundo brote de revolución belga, con ayuda francesa.

1792-1801, revolución en la Alemania renana.

1795, invasión de Holanda por las tropas francesas y creación de la república bátava.

1795-1797, triunfo revolucionario en Ginebra.

1796-1799, revolución en los Estados italianos.

1798-1799, revolución en Suiza: formación de la República helvética.

Las ideas han tratado, sobre todo, de establecer cuáles son los principios fundamentales que conducen a una situación revolucionaria, ya sea para analizar las constantes que se producen en su curso [45] o su morfología [46] y, en todo caso, los caracteres de los procesos acelerados, lo cual es, como se sabe, un tema muy antiguo en la preocupación de los historiadores; prescindiendo de teorías, cuyo ajuste con la realidad, en cada caso particular, es extremadamente difícil, y ciñéndonos al caso que nos ocupa, encontramos los siguientes puntos de *referencia:*

— Una *situación revolucionaria* que abarca el espacio geográfico occidental, sobre el eje atlántico, de manifestación inicialmente colonial.

— Un *sistema político* organizado en España sobre un consenso social, en el cual se tiende a la elaboración de una doctrina nacional española, propiamente, en la cual juega, pesadamente, el ejemplo de las colonias inglesas independizadas, que puede afectar al conjunto de «reinos» y «provincias» españolas de América, don-

[45] Vid. Crane Brinton, *Anatomía de la Revolución*, 2.ª ed. española, Madrid, Aguilar, 1962.

[46] J. Vicens Vives, *Ensayo sobre la morfología de la Revolución en la Historia Moderna*, Universidad de Zaragoza, 1947.

de, como veremos, se ha producido una maduración intelectual de alto rango. En las referencias cronológicas de los «hechos» revolucionarios occidentales no se efectúa ninguna cita concreta y específica a España [47], lo que quiere decir que en España se mantiene la adecuación Estado-Nación en equilibrio de perfecto funcionamiento.

Sobre estas dos referencias concretas y específicas es necesario plantear la dicotomía de cambio que se opera entre 1777, fecha del acceso al poder del conde de Floridablanca, y 1789, en la que se produce el cambio que algunos historiadores señalan como motivación del «pánico» de Floridablanca frente a la revolución francesa. Uno de los objetivos de la presente investigación consiste, precisamente, en demostrar que, si bien existe el proceso que condujo a un cambio en la política española, éste no se produjo como consecuencia de ningún impulso de pánico, sino a través de un depurado pensamiento crítico, de análisis de la situación internacional producida por la operante en occidente y, en todo caso, no acelerado en su realización por la revolución francesa, sino por el movimiento revolucionario norteamericano y las nuevas condiciones del contexto político y económico universal, así como por la profundización de la decadente política francesa, cuyas características conducían inexorablemente a una sima revolucionaria. El observador inteligente de tales condicionamientos y, en consecuencia, quien instrumenta el cambio de orientación cuya última consecuencia sería el desprendimiento de España de la órbita de influencia francesa, fue el conde de Floridablanca. Desgraciadamente la muerte de Carlos III y los imponderables circunstanciales que el acceso al trono de Carlos IV crearon en la política interior española impidió llevar a efecto la meta sutilmente delineada por el primer secretario de Estado.

D. José Moñino y Redondo (1728-1808), después nombrado conde de Floridablanca, se licenció en derecho por la Universidad de Orihuela y, en 1765, por recomendación del más eminente miem-

---

[47] Sólo se hace referencia a lo que considera «repercusiones» producidas como consecuencia de las intervenciones armadas de los ejércitos napoleónicos, que extienden los «grandes principios» de la Revolución francesa: invasión de España que «Fue como consecuencia la revolución de las colonias españolas de América» (Godechot, *op. cit.*, pág. 4).

bro de la «inteligencia reformista» de la época de Carlos III, conde de Campomanes, nombrado fiscal del Consejo de Castilla. Como fiscal del alto organismo redactó muchos e importantes dictámenes, entre los cuales destaca el referente a la expulsión de los jesuitas, en 1767. En 1772, destinado a la embajada en Roma, cumplió brillantemente su misión, quizá en la sede de la máxima dificultad para la obtención de triunfos diplomáticos, consecuencia de lo cual fue su elevación, en 1777, a primer secretario de Estado, en sustitución del marqués de Grimaldi. Este cargo lo conservó hasta 1791, realizando una reordenación casi completa de los principios operativos de la política internacional española, así como las grandes reformas de la época, cuyas bases pueden encontrarse en los dictámenes elaborados como fiscal del primer consejo consultivo de la monarquía.

EL RÉGIMEN POLÍTICO.—Como reconoce y demuestra, en su extenso estudio sobre la España ilustrada, Jean Sarrailh [48], durante el reinado de Carlos III no se planteó de modo agudo el problema del régimen político, ni a los escasos juristas y tratadistas del derecho público, ni a los simples aficionados cultos de la época. Solamente existe una nota discordante, la de un mejicano, que publicó en Filadelfia (1794) una pequeña obra titulada *El desengaño del hombre* [49], donde se ataca el despotismo y la monarquía, el clero y la inquisición, planteando un principio que posteriormente sería ampliamente llevado a la práctica por los revolucionarios criollos hispanoamericanos: «sacudir el despotismo no ofende las máximas de la religión». Se produce una lamentable confusión, ciertamente, entre soberanía y despotismo, en la que no caen los súbditos peninsulares del rey, pero que, a través de los órganos jurisdiccionales de gobierno, se deja sentir muy rudamente en los territorios ultramarinos. En su discurso de recepción en la Real Academia, Jovellanos explicó cómo la soberanía real había estado siempre refrendada por las Cortes en sus prerrogativas ejecutivas y legislativas, demostrando cómo desde los tiempos más remotos tales instituciones, o las que ejercían sus funciones, limitaron la autoridad del soberano [50], produciendo

---

[48]   *Op. cit.*, capítulo VI.
[49]   Vid. la importante obra de Pablo González Casanova, *El Misoneísmo y la modernidad cristiana en el siglo XVIII*, México, El Colegio de México, 1948.
[50]   Vid. *Biblioteca de Autores Españoles*, t. XLVI, pág. 290 b.

una «constitución» que se fundaba más en la costumbre que en textos. Los Borbones no reunieron las Cortes sino para otorgar el juramento a los nuevos monarcas, sin embargo, nadie protestó, como nadie tampoco habla en España de despotismo o de absolutismo. Los ilustrados españoles estaban firmemente convencidos de que eran súbditos de una monarquía moderada y casi liberal.

Como se indicó más arriba, el decidido propósito de innovaciones del rey Carlos III radica en la designación de sus ministros. Cuando cae Squilacce, los dos nuevos ministros que le sustituyen en sus secretarías —Múzquiz, alto funcionario de Hacienda en este departamento; Muniáin, capitán general en Guerra— no representan un cambio muy profundo de orientación; pero la sustitución del marqués de Campo de Villar en la secretaría de Justicia, por don Manuel de Roda y el conde de Floridablanca, sustituyendo al marqués de Grimaldi en la secretaría de Estado y primer despacho, prácticamente primer ministro, tiene un importante significado. Roda, de origen aragonés, es llamado al Ministerio en 1765, como agente promotor de la reforma legislativa y universitaria. Floridablanca será nombrado para suceder a Grimaldi —el cual, a su vez, había sucedido a otro extranjero, el irlandés Richard Wall— en 1776. Hijo de un notario eclesiástico de Murcia, quien seguramente le instruiría en el derecho canónico, se instaló como abogado en Madrid, donde, como vimos, se convirtió en persona de la confianza de Rodríguez de Campomanes, logrando el puesto de fiscal del Consejo de Castilla, donde dio pruebas de sus altas dotes de inteligencia, prudencia y alta capacidad de trabajo [51]. En el Consejo de Castilla se integraban otras importantes figuras, como el conde de Aranda, nombrado para presidirlo a la caída de Squilacce, quien se había acreditado por su energía en la campaña de Portugal de 1762 y que a comienzos de abril de 1766 llegó a Madrid, encargándose de la misión de expulsar a los jesuitas, efectuada con una precisión implacable; antagonizado profundamente con el marqués de Grimaldi, pidió —y obtuvo— la embajada en París (1773), desde donde efectuó una importante y sistemática acción para la declaración de la guerra a Inglaterra, con motivo de la insurrección de los co-

---

[51] Cayetano Alcázar Molina, *Los hombres del despotismo ilustrado en España: el Conde de Floridablanca, su vida y su obra*, vol. I (único publicado), Murcia, Instituto de Estudios Históricos de la Universidad, 1934.

lonos de América de Norte, que será matizada posteriormente en el núcleo fundamental de nuestra investigación. El Consejo de Castilla es el reducto fundamental en torno al cual se instrumenta el régimen fundamentalmente regalista, sobre el cual gira el profundo sentido de unidad nacional del régimen político español que, sin embargo, no puede considerarse de ningún modo heterodoxo y que conserva y desarrolla al máximo los principios políticos que configuran sus posiciones y actitudes políticas.

Carlos III murió el 14 de diciembre de 1788, sucediéndole en el trono su hijo Carlos IV, que ya contaba cuarenta años y que, obedeciendo la última voluntad de su padre, mantuvo al conde de Floridablanca como primer ministro [52]; es entonces cuando, al producirse la revolución francesa, en el criterio de Richard Herr [53], se produjo el «pánico» de Floridablanca, que originó un radical cambio político en la política exterior española. Remitimos al pormenorizado análisis de tal cuestión, si bien nos reservamos, para más adelante, destacar los supuestos políticos sobre los que se está produciendo algunos años antes, y a partir del momento de su acceso al primer puesto político del gobierno español, precisamente enfrentado con la coyuntura de la independencia norteamericana, la alianza con Francia y la declaración de guerra a Inglaterra, el profundo cambio de orientación que no pudo culminar por su destitución en 1791 de su alto puesto político. En ese momento nadie puede afirmar que existiese en España ningún propósito de secundar el destino revolucionario de la vecina Francia. El régimen continuaba firmemente asentado, como tal, en la conciencia de los españoles, pero la *analogía* colonial tenía ya delineada su trayectoria.

B) LA MADUREZ INTELECTUAL DE LA AMÉRICA ESPAÑOLA: SUPUESTOS BÁSICOS DE LA ILUSTRACION HISPANOAMERICANA

La situación intelectual de la América española durante el siglo XVIII, aunque se aproxima mucho a la peninsular, presenta caracteres peculiares que la diferencian bastante considerablemen-

---

[52] Andrés Murtiel, *Historia de Carlos IV* («Memorial histórico español; colección de documentos, opúsculos y antigüedades que publica la Real Academia de la Historia», vols. XXIX y XXXIV, Madrid, 1893-94, I, 5).

[53] *Op. cit.*, capítulo VIII, págs. 197-221.

te [54]; el primer empirismo naturalista del siglo XVII produjo los primeros síntomas decadentes de la filosofía escolástica y, simultáneamente, la aparición de las corrientes filosóficas modernas; la investigación experimental amplió los horizontes intelectuales del criollismo intelectual e impulsó las bases para el desarrollo de la Ilustración tradicional hispanoamericana. La teoría, creada por los filósofos franceses de la Ilustración, de que esta corriente penetró subrepticiamente en la América española y que esta región fue un reducto del gobierno civil y eclesiástico reaccionario, así como dominio del oscurantismo [55], no puede sostenerse en la actualidad, aunque jamás fue sistemática y científicamente destruida; como señala Whitaker, la Ilustración crea y señala una nueva etapa de la leyenda negra que, con respecto a la América española, sirvió para acuñar una nueva imagen falsificada de la realidad [56]: en su primera fase, su fundador, Las Casas, la había usado para desacreditar el gobierno civil en América, con el objeto de establecer sobre ésta el dominio de la Iglesia. En la segunda fase, la leyenda fue explotada por los enemigos extranjeros de España, dentro de los cuales muchos eran protestantes que buscaban el descrédito del catolicismo romano. Ahora, en la tercera etapa, los filósofos de la Ilustración usaron la leyenda como un arma en su ataque a toda religión revelada»; la interpretación errónea y falsificada fue opuesta, en todos sus términos, a los hechos, como se comprueba en otros autores de reconocida solvencia [57] y cada vez la investigación histórica pone más de relieve [58]. Una de las cuestiones más importantes despejadas por las escuelas históricas americanas españolas ha sido, precisamente, la esencial raíz hispánica de la Ilustración hispanoamericana, con matices propios y característicos producidos por el espíritu criollo.

---

[54] Cfr. M. Hernández Sánchez-Barba, «La sociedad colonial americana en el siglo XVIII», *Historia Social y económica de España y América*, vol. IV, Barcelona, 1958.

[55] Cfr. Silvio Zavala, *América en el espíritu francés del siglo 'XVIII*, México, 1949.

[56] Cfr. Arthur Whitaker (ed.), *The dual role of Latin America in the Enlightenment*, New York, 1942.

[57] Vid. Julián Juderías, *La Leyenda negra: estudios acerca del concepto de España en el extranjero*, Madrid, 1954, 13.ª edición, y Romualdo D. Carbia, *Historia de la leyenda negra hispano-americana*, 2.ª ed., Madrid, 1944.

[58] Cfr. M. Hernández Sánchez-Barba, *Historia Universal de América*, Madrid, Guadarrama, 1963, 2 vols.

Las corrientes intelectuales modernas penetraron en la América española por vía de personalidades intelectuales eminentes, que recogieron especialmente las ideas del P. Feijoo, por la enseñanza universitaria y, sobre todo, a través de sociedades científicas; en general, se trata de corrientes ilustradas de más fuerte sentido crítico que en la península, porque el arraigo de la filosofía escolástica en el mundo español de América fue mucho más fuerte que en la península, razón por la cual una de las tendencias intelectuales que ejerció mayor influencia en el mundo indiano fueron las teorías regalistas [59], así como las doctrinas cartesianas y utilitaristas. El impacto de Feijoo fue más fuerte en unos países que en otros, alcanzando verdadera importancia en Lima, Quito y México, aunque también alcanzó otras zonas urbanas como Santa Fe de Bogotá y La Habana. En Perú el más eminente feijoniano fue D. Pedro de Peralta y Barnuevo, que desde su cátedra de la Universidad de San Marcos ejerció una considerable influencia y escribió gran cantidad de obras sobre filosofía, historia, matemáticas, química, biología, medicina y otras ciencias; en su estela se formó uno de los más grandes ilustrados reformistas peruanos de la segunda mitad del siglo XVIII: José Baquíjano y Carrillo, quien alcanzó una dimensión extraordinaria a través de la difusión de sus ideas en *El Mercurio Peruano*. Donde acaso se produjo la influencia feijoniana más intensa y profunda fue en Quito, a partir del franciscano fray Francisco Solano, cuyas fueron idénticas a las de Feijoo, sobre todo en el orden experimental, tratando de introducir las ciencias y el racionalismo en el país, así como enalteció los principios de la educación y el ideal del progreso. Así se formó la más grande figura quiteña del siglo XVIII: Francisco Javier Eugenio de Santa Cruz y Espejo, el «reformador», como ha sido llamado. Fue médico, abogado, escritor y filósofo, escribiendo sobre gran variedad de temas y ejerciendo una gran actividad en la Sociedad de Amigos del País. En Nueva España, José de Elizalde estuvo fuertemente vinculado al influjo de Feijoo.

Conjuntamente con la influencia de Feijoo se desenvolvió el cartesianismo y los principios de Newton, como ocurrió en Perú con Cosme Bueno (1711-1778), José Eusebio de Llano y Zapata

---

[59] Cfr. Ricardo Krebs Wilckens, «Pedro Rodríguez de Campomanes y la política colonial española en el siglo XVIII», *Boletín de la Academia Chilena de la Historia*, núm. 53, Santiago de Chile, 1955.

(1720-1780); el cartesianismo de Nueva España fue divulgado por los jesuitas Diego José Abad, Agustín de Castro y Francisco Javier Alegre; el nuevo espíritu científico fue divulgado, sobre todo, por D. Carlos de Sigüenza y Góngora y por Benito Díaz de Gamarra y Dávalos (1745-1783). También contribuyeron extraordinariamente en la propagación por la América española de las nuevas ideas las expediciones científicas.

Las sociedades económicas y científicas aparecieron en los americanos en gran cantidad; por citar sólo algunas de ellas, recordemos la *Sociedad de Amantes del País,* en Lima; la *Sociedad Patriótica, Económica y Literaria del País,* en Buenos Aires; el *Colegio de la Concordia,* en Quito; la *Sociedad Patriótica,* en La Habana, posteriormente llamada *Sociedad Económica de los Amigos del País,* todas ellas fundadas con la protección de las autoridades virreinales. La principal preocupación de estas sociedades fue la producción de bienes agrarios e industriales, educación popular y fomento de la riqueza, siguiendo en todo ello las ideas de Campomanes, produciéndose, como veremos posteriormente, un considerable fortalecimiento del conjunto político-económico hispánico. Ciertamente que las sociedades económicas se interesaron, sobre todo, por los problemas locales y, en consecuencia, se convierten en un importante factor regionalizador en lo económico; sus intereses, sin embargo, se centraban en lograr un fomento progresivo en el comercio con la península y, en segundo término, con Europa; resulta excesivo situar en estas instituciones propósitos de reforma política y social como hace Whitaker[60]; mucho más acertadamente las caracteriza Shafer[61] en el propósito firme de sus miembros por conseguir un fortalecimiento del mundo español y una cierta aversión a contribuir al enriquecimiento de sus rivales: «Los numerosos miembros de las sociedades americanas no promovían la revolución, sino que trataban de fortalecer el mundo español; los fundadores españoles de sociedades americanas, como Villaurrutia y Ramírez, querían usar las ideas y los métodos modernos para mejorar la economía americana. Los miembros criollos eran generalmente hombres moderados de propiedad y posesión, y a veces intelectualmente «avanzados», pero

---

[60] A. P. Whitaker, «Las sociedades científicas latino-americanas», *Academia Colombiana de la Historia. Conferencias de 1946 y 1947,* Bogotá, 1948.

[61] Robert Jones Shafer, *The Economic Societies in the Spanish World (1763-1821),* Syracuse, 1958.

social y políticamente moderados... Las publicaciones de las sociedades americanas pueden, potencialmente, haber sido peligrosas a la continuación inalterada del antiguo régimen, pero no fueron inflamatorias. A lo sumo, ocasionalmente, se trataba de una literatura de queja, pero no de protesta»[62].

Uno de los campos de mayor avance en el mundo hispanoamericano radicó, como es bien sabido, en las ciencias naturales, en cuyo campo los nombres son abundantes y de primera fila; su contribución al desenvolvimiento de la Ilustración de alta importancia. En definitiva, el ambiente en que se desenvolvió en Hispanoamérica —especialmente en sus ciudades— la Ilustración nos pone en presencia de una sociedad de alta cultura, de espíritu crítico, muy abierta a las novedades y en la que, sobre todo, alcanza una importancia considerable la mentalidad mercantil que, sin duda, fue la que proporcionó una mayor madurez social y económica a la región. En una época en la que se está dilucidando, como vimos anteriormente, la supremacía colonial y una política de mercados que sustentase el desarrollo comercial; en la que se han enfrentado tres primeras potencias europeas, dirimiendo sus diferencias precisamente por cuestiones de supremacía en las regiones de alta producción y de gran demanda de productos comerciales, como eran las Indias españolas, la región del Caribe, Canadá y las antiguas Trece Colonias británicas, ¿qué conceptos e ideas tienen los gobernantes españoles respecto al mundo americano? ¿Tenían conciencia de los problemas mundiales y regionales que la estaban afectando? ¿Existió una verdadera política colonial o se encontró sujeta a la rutina y a la improvisación?

Una de las mentes políticas más claras y de mayor influencia, desde su puesto de Gobernador del Consejo de Castilla, don Pedro Rodríguez de Campomanes, que fue, además, como sabemos, el «descubridor político» de Floridablanca, sobre el cual no cabe la menor duda que ejerció una considerable influencia, se ocupó extensamente del comercio español con América y proporcionó ideas luminosas para rescatarlo íntegramente para España, ya que, indicaba, «La España... no tiene comercio activo en otra parte que en las Indias» y, «teniendo el comercio la principal influencia en la riqueza nacional y en el aumento del Erario, ninguno de los muchos negocios políticos que pueden ocurrir a cualquier Es-

---

[62] Shafer, *op. cit.*, págs. 99-109.

tado merece tanta diligencia y meditación, así de lo que hace, como
de los caminos que toma de las naciones rivales, para arrebatar
alguna parte de estas utilidades, buscando medios con que atraer
todos sus productos a la masa nacional y atajando los cauces por
donde se extraerán los manantiales»[63]. Tales afirmaciones, así
como las que expuso en el apéndice a su importante «Discurso
sobre la Educación Popular»[64], no cabe duda responden al momento concreto en que se está produciendo la tercera fase de la
guerra económica anglo-francesa que se concreta en la revolución
de independencia de las colonias norteamericanas, y significan la
reflexión política de mayor envergadura que uno de los más eminentes cerebros de la política española de aquel momento instrumenta para hacer frente a la situación y conseguir para España los mejores frutos del comercio regional, seriamente ame-
nazado por la situación y la nueva estrategia que en la materia
se había producido, como vimos, desde 1763. La influencia de
Campomanes sobre Floridablanca, que fue el factor del cambio
político internacional, hace sumamente importante el análisis del
pensamiento de Campomanes en torno a la cuestión.

Parte Campomanes en sus *Apuntaciones*[65] de una posición crítica sobre el sistema del monopolio o «estanco» del comercio con
América en un solo puerto y la exclusión de Aragón de aquel comercio; tal sistema hizo imposible cubrir la demanda hispanoamericana y aumentó la intervención de los extranjeros, sobre
todo a partir de la concesión del «asiento» de negros; indica la
aparición de una etapa nueva, a partir de 1764, cuando fue dic-
tada la primera ordenanza para abolir el monopolio e introducir
el comercio libre, lo cual produjo importantes frutos pero no
hizo desaparecer los graves inconvenientes en los que se centran
las deficiencias que se aprecian en el tráfico. «De este modo de
comercio resulta que pocas manos estancaban en las cuatro plazas mercantiles de Cádiz, México, Lima y Manila el principal tráfico de los españoles con las Indias orientales y occidentales, y

---

[63] P. R. de Campomanes, *Apuntaciones relativas al comercio de las Indias,
para resolver las cuestiones sobre él suscitadas*, Biblioteca del Palacio Real,
mss. 330, LIV dado a conocer por R. Krebs, *op. cit.*

[64] *Discurso sobre la educación popular de los artesanos y su fomento*,
Madrid, 1775-1777, 5 vols. (uno de texto y cuatro de apéndices).

[65] Biblioteca de Palacio, mss., cit., en adelante será citado como «Apuntaciones».

he aquí el origen de los vicios que padece nuestro comercio»[66]; resulta imposible abastecer las Indias desde un solo puerto, «como el de Cádiz u otro cualquiera que sea, porque aquel tráfico abraza una parte entera del mundo o, por mejor decir, la mitad del globo, y es cosa temeraria imaginar que Cádiz pueda abastecer de lo que necesita»[67]. La situación se agrava por la creencia de que los retornos importantes están reducidos al oro y la plata «que son de suyo estériles», descuidando en consecuencia el comercio de frutos, «que es el único realmente importante»[68]; estos y otros graves inconvenientes de la política comercial equivocada por España, ésta aprovecha solamente una ínfima parte de los productos de las Indias y no consigue abastecer sus reinos y provincias ultramarinos, lo cual redunda en provecho de los comerciantes extranjeros que, por vía de contrabando, realizado de un modo espontáneo y natural y basado en la necesidad de la ventaja mutua.

La parte positiva del pensamiento de Campomanes se dedica a la formulación de los objetivos a que debe aspirar la política colonial española y que se reducen a dos: en primer lugar, conseguir que la Real Hacienda y la nación española en general se vean favorecidas por el tráfico de las Indias; deben quedar asegurados el abastecimiento de las colonias y la exportación de todos sus productos sobrantes. Ello debe ser resuelto por medio de una eficaz política económica que siga «caminos» naturales, dictados por la razón y la naturaleza y que no estén basados en «especulaciones generales», sino acercándose y examinando «la situación respectiva»[69] para resolverla como un problema práctico y concreto. Ante todo, mediante un estudio sistemático del mercado, ya que el comerciante peninsular no conoce el mercado americano y no sabe, en consecuencia, aprovechar las oportunidades que existen en las Indias; destaca cómo Cuba, Puerto Rico y la Española son riquísimas en azúcar, tabaco, algodón y cera, pero que falta mano de obra para su explotación; critica que el Consulado de Lima tenga «estancado» todo el comercio y que no se haga ningún tráfico directo entre el Reino de Chile y la península; aconseja la atención sobre el comercio de Nueva Espa-

---

[66] Apuntaciones, pág. 30.
[67] Apuntaciones, pág. 32.
[68] Apuntaciones, pág. 37.
[69] Apuntaciones, pág. 23.

ña «que es sin duda el más importante de aquel continente»; aconseja un estudio de la realidad de la población, ya que «aquellas provincias o están pobladas de españoles o de naturales reducidos a nuestra religión y leyes; o son misiones de neófitos que empiezan a recibir el gobierno español; o son finalmente pueblos independientes que de ningún modo reconocen nuestro imperio. Con todas estas cuatro clases de habitantes se puede comerciar, aunque sean muy distintos los medios de establecer la contratación»[70]. A este comercio del mercado indiano debe añadirse el del comercio extranjero, especialmente los costos y precios de sus mercancías para poder competir con los productos extranjeros introducidos clandestinamente; el comerciante español debe instruirse en lo que llama Campomanes una «aritmética política», huyendo de la improvisación, del azar y de los deseos de lucro inmediato.

Sobre esta base racional debe levantarse la nueva política económica. Sobre la base, muy insistentemente señalada por el gobernador del Consejo de Castilla, de que los problemas americanos no deben ser estudiados aisladamente, sino en conjunto con los de España y en relación con ellos. Para fomentar el bienestar económico de una nación es preciso tener en cuenta tres factores: materias primas, la elaboración de éstas y los metales preciosos[71], de los cuales el último es el menos importante. Una sana política debe dirigir el comercio de modo que sirva a los fines económicos generales, contribuyendo al aumento de la agricultura y la industria nacionales; debe procurarse que la balanza comercial sea favorable, exportando productos elaborados y reduciendo las importaciones, en lo posible, a las materias primas; por último, las salidas debían superar a las entradas, con el fin de pagar éstas con los excelentes de aquéllas y evitar el déficit que debería ser pagado con metales preciosos. Tal política, subraya Campomanes, debe abarcar todos los dominios de la monarquía; las producciones «deben tener en todos las provincias un constante e igual favor, para que sea común y uniforme la protección benéfica del gobierno y el despacho igual»[72]. Lógicamente una política económica integral en su aplicación a todos los dominios de

---

[70] Apuntaciones, pág. 38.
[71] Discurso sobre la educación popular..., cit. Parte IV, págs. LXIX y siguientes, en adelante será citado como «Discurso».
[72] Discurso, Parte IV, pág. XXI.

la monarquía exige una especialización; en consecuencia, entiende Campomanes que en las Indias habría que fomentar, como hacían los ingleses, franceses y holandeses en sus posesiones en las Antillas, los cultivos. De este modo coincidía con el criterio político español respecto a que las colonias debían permanecer «en justa dependencia a la metrópoli respecto al comercio»[73]. En cuanto hombre de Estado, Campomanes, que se inclina por una libertad comercial, acepta los términos del «pacto colonial» de índole mercantilista; por tal razón restringe la libertad y comprende los territorios coloniales como un sistema económico cerrado, del cual deben quedar excluidos los extranjeros. El comercio de las colonias debía estar exclusivamente en manos de españoles y, en consecuencia, las colonias no debían comerciar libremente con el resto del mundo. Puede apreciarse claramente cómo las consecuencias de la independencia de los Estados Unidos y la orientación, posterior a dicho fenómeno, que el comercio británico efectúa hacia la América española está produciendo la teoría de la clausura económica de aquel continente, política que en líneas generales tiene la misma identificación de principios que el supuesto «pánico» de Floridablanca al establecer el «cordón sanitario» que aislarse a España de los peligros ideológicos y políticos de la revolución francesa; resulta evidente la instrumentación de una política nacional española que, en lo comercial, se imponía como consecuencia de la nueva estrategia atlántica derivada de los acontecimientos culminaron en 1783; en definitiva, se acepta la competencia, pero en base a la elaboración de una política de agresividad comercial nacional; de ahí que, entre las medidas propuestas por Campomanes figuren en primer lugar dos: el incremento de la marina y la fundación de factorías tanto en Indias como en los países europeos de la competencia comercial e industrial. Lo primero para el transporte de todos los frutos y productos que España exportase e importase en barcos propios; lo segundo para —factorías en países europeos— comprar «al pie de la fábrica», así como vender directamente; las factorías indianas, con un triple objetivo: para recoger informes acerca de producción, posibilidades económicas, comercio extranjero, calidad y precios; centros de distribución de las mercaderías peninsulares; para almacenaje de los productos indianos que vayan a en-

---

[73] Apuntaciones, pág. 39.

viarse a España y coordinar su transporte [74]; tales propuestas descansan, en rigor, sobre la condición general de la liberalización del comercio, que culminó, en efecto, en el Real Reglamento e Instrucción para la Libertad de comercio de 1778, la línea comenzada en 1765; la acción política queda perfectamente clara con estas disposiciones: en 1765 se autoriza el comercio desde nueve puertos españoles y cinco islas americanas (Cuba, Santo Domingo, Puerto Rico, Margarita y Trinidad), lo que suponía la aceptación del desafío comercial en el Caribe; sucesivamente se extendió a Louisiana, Campeche, Yucatán y Santa Marta (entre 1768 y 1776); en 1778 se permitía el comercio a trece puertos peninsulares y veintidós americanos. Quedaban configuradas dos áreas para el comercio libre: la costa suramericana del Pacífico y el occidente del Caribe. La decisión política merece los plácemes de Campomanes, aunque todavía lo considera insuficiente, ya que estima que debían habilitarse todos los puertos de la península y de las Indias para acabar definitivamente con el monopolio y el privilegio.

Esta nueva política económica que delinea Campomanes, ¿guarda relación con una nueva concepción de la política internacional española en general y colonial en particular? ¿Qué concepto tenía Campomanes de la función de España en América?; en sus *Apuntaciones* distingue tres tipos de colonias y subraya, con absoluta intencionalidad, las que «los ingleses fundaron... en la costa septentrional de las Indias occidentales. Los habitantes indígenas que existían desde Georgia hasta la Nueva Inglaterra, *eran muy pocos* y se retiraron a las tierras y lagos interiores; por lo cual *toda la población se formó de europeos* que, unidos en diversas sociedades, formaron trece provincias bajo de leyes y costumbres también europeas, y trasladaron a aquellas regiones un gobierno civil y republicano, mediante el cual, en el espacio de poco más de un siglo, hicieron prosperar la agricultura y desmontar el país; establecieron las artes más precisas y las ciencias y vinieron a constituir una *nación europea* que en nada se distingue de las más cultas. Se ejercitaron después, bajo la dominación inglesa, en el uso de las armas y, acostumbrados a ellas, ayudados de la distancia, *pudieron adquirir su independencia* [75]. Parece que, con bastante claridad, expone en este importante párrafo Campoma-

---

[74] Discurso, pág. 431.
[75] Apuntaciones, pág. 14, el subrayado es nuestro.

nes, el cuadro de consecuencias inmediatas y próximas que unas colonias maduras política y económicamente pueden acarrear como competencia económica. Si ponemos en relación con tal idea la realidad apuntada anteriormente de la alta madurez alcanzada por los criollos mayoritariamente habitantes de los territorios bajo dominación de la monarquía española, puede deducirse el carácter de paradigma analógico que Campomanes establece. Si las colonias, según su criterio, deben tener una función primordialmente económica y, en unidad y concierto con la metrópoli peninsular, atender al progreso y desarrollo armónico del conjunto que puede y debe entrar en competencia con otros centros políticos y económicos de agresividad comercial que, por otra parte, se había desenvuelto a lo largo del siglo XVIII; si, además, como reconoce Campomanes, España y las Indias están unidas por fuertes lazos culturales y políticos, resulta en definitiva que la nueva política colonial no conducía a la explotación colonial, sino que debía dar pleno cumplimiento a las aspiraciones «regionales» nuevas, es decir, tanto de la metrópoli como de las colonias, conjuntamente. Ello implica la elaboración de una nueva política adecuada a la nueva estrategia mundial, en la que tuviese peso efectivo la región hispánica.

Muy claramente se distingue tal concepción en un dictamen que, en el año 1768, redactó Campomanes en colaboración con su «protegido» y colega fiscal del Consejo, José Moñino; tal dictamen, importantísimo, que ha sido dado a conocer por el ilustre americanista alemán Richard Konetzke [76], tenía como objetivo informar sobre las medidas que se consideraban conveniente adoptar para estrechar los vínculos entre las posesiones americanas y la península y extirpar algunos brotes de rebeldía que se habían producido en América. Veamos algunas de las más importantes cuestiones que se argumentan en el dictamen de los dos fiscales: «Los vasallos de S. M. en Indias, para amar a la matriz que es España, necesitan unir sus intereses, porque no pudiendo haber cariño a tanta distancia, sólo se puede promover este bien haciéndoles percibir la dulzura y participación de las utilidades, honores y gracias. ¿Cómo pueden amar a un gobierno a quien increpan imputándole que principalmente trata de sacar de allí ganancias y utilidades, y ninguna les promueve para que les ha-

---

[76] «La condición legal de los criollos y las causas de la Independencia», *Revista de Estudios Americanos*, Sevilla, 1950, págs. 45 y sigs.

gan desear o amar a la nación, y que todos los que van de aquí no llevan otro fin que el de hacerse ricos a costa suya? No pudiendo mirarse ya aquellos países como una pura colonia, sino como provincias poderosas y considerables del Imperio español. Para prevenir, pues, el espíritu de independencia y aristocracia, no bastaría castigar a los autores de semejante pensamiento, porque ese revivirá eternamente mientras las sabias providencias del Gobierno no tomen un camino opuesto para quitarles semejante deseo.» Ambos fiscales, argumentan cuáles pueden ser los medios más adecuados para estrechar con los criollos la amistad y la unión y formar «un solo cuerpo de nación», así como el nombramiento de diputados, la creación de cuerpos militares y, en reciprocidad, si los peninsulares iban a ejercer cargos públicos a las Indias, se otorgase cargos semejantes a los criollos en España; en definitiva, pues, el pensamiento consistía en la creación de una completa unidad de España y sus dominios ultramarinos: «trátase enhorabuena a aquellos naturales con toda la equidad que conviene a unos vasallos tan beneméritos. Esto lo pide así la buena razón política entre individuos que forman una misma nación» [77].

Obsérvese la modernidad del pensamiento político, según el cual las colonias no pueden ser tratadas como tales, pues constituyen provincias de la monarquía y entre todas las que componen ésta debe existir una estrecha interdependencia, así como entre las distintas partes de un mismo organismo debe existir una permanente intercomunicación. Como se aprecia claramente, las Indias no son consideradas como un simple patrimonio de la Corona; la unidad de la monarquía ya no se concibe en función primordial y exclusiva de la persona del monarca; la despersonificación y objetivación del Estado, que constituye un hecho fundamental del de envolvimiento político de la Ilustración, lleva a la conclusión de que se considere la perspectiva del Estado nacional; Campomanes y Floridablanca consideran a las posesiones coloniales como parte esencial e integrante de ese nuevo Estado nacional. A tal pensamiento debe añadirse las circunstancias que ya hemos analizado y que van a conducir a la estructuración de una nueva actitud política, precisamente con el acceso al poder de Floridablanca, ante la coyuntura de la revolución por la independencia de los colonos de América del Norte.

---

[77] Apuntaciones, pág. 30.

C) ESPAÑA Y EL SISTEMA DEL «EQUILIBRIO» EUROPEO

En el análisis que venimos haciendo de las virtualidades políticas españolas, consideradas a *plazo largo*, corresponde ahora verificar el examen de los supuestos propiamente relativos a las relaciones con Europa que, como vimos, se organiza durante el siglo XVIII, bajo el sistema racionalista conocido bajo el nombre de «balance of powers», de inspiración británica y que trata fundamentalmente de mantener un *status quo* capaz de impedir la constitución de una nueva hegemonía. Los factores encargados de conseguir tal objetivo fueron la diplomacia y los ejércitos de disuasión, lo cual condujo a una peculiar situación que algunos historiadores conocen bajo el expresivo nombre de «paz armada», que no es suficiente para impedir una serie de crisis, cuyos más considerables efectos ocurren en el ámbito colonial, es decir, donde se verifica la disputa por la conquista de mercados comerciales. Inevitablemente en las relaciones diplomáticas que caracterizan, con intensidad creciente, los diálogos políticos entre los Estados europeos, se mezclan intereses dinásticos e intereses nacionales, lo cual proporciona un tono peculiar al sistema europeo que es importante discernir ya que, en sus variables, puede encontrarse el momento de transición entre el «nervio» motivador dinástico y el propiamente «nacional», lo cual tiene el extraordinario interés de poder profundizar en las características de una nueva estrategia nacional en el concierto universal de intereses políticos.

El *ordenamiento* europeo se establece con la densa serie de acuerdos que se integran bajo la rúbrica genérica de «paz de Utrecht». En Inglaterra —inspiradora de la paz, contando con el beneplácito de Luis XIV— se habían enfrentado dos tendencias políticas acerca de la dirección de la guerra y la negociación de la paz, que han sido perfectamente estudiadas por Trevelyan[78]. La primera tendencia encarnó en Marlborough y pretendía dirigir todo el esfuerzo —guerrero y diplomático— contra España, con el propósito último de excluir a Felipe de Anjou del trono; la segunda tendencia, que tenía como «líder» a Bolingbrooke, consideraba como principal objetivo conseguir la destrucción del po-

---

[78] Georges Macaulay Trevelyan, *England under Queen Ann*, London, 1934, 3 vols. (reed. fotostática, London, 1946).

der hegemónico de Francia mediante la acción directa contra ella. Este criterio fue el que prevaleció para la firma de la paz, con el acuerdo de Inglaterra y Francia y encubriendo la primera su decidido propósito de quebrantar el poder de la segunda. Felipe V y el gobierno español apenas disponen de independencia de criterio en sus decisiones y mucho menos en sus intervenciones para la elaboración de la paz; Luis XIV asumió la representación del rey de España para la negociación principal y dispuso, a su arbitrio, de los negocios de España, adquirió compromisos respecto a los cuales el monarca y el gobierno español no tienen otro remedio que asumirlos y, en todo caso, por medio de conversaciones directas —lord Lexington, en Madrid; marqués de Monteleón, en Londres—, puntualizar la ejecución o tramitar el tratado comercial [79]; el mismo cariz complementario tuvo la negociación española con Saboya, Holanda y Portugal, así como con Austria. En el sistema del equilibrio, pues, España quedaba relegada a un lugar más que secundario; en la antagonización de Francia e Inglaterra se encuentra ya la motivación de lo que constituyó la prolongada contienda colonial de ambas potencias en el siglo XVIII [80], pero bien entendido que lo que Inglaterra había conseguido en Utrecht: la liquidación de las pretensiones hegemónicas de Luis XIV, quedó compensado para Francia, ya que el reajuste de fuerzas se hacía a expensas de territorios pertenecientes a la monarquía española. Esta relación de fuerzas, como expresa con gran sentido Zeller [81], supone una considerable modificación para mucho tiempo, fundamentada en el mantenimiento del equilibrio en Europa y de la libertad en los mares [82]. En efecto, la base del equilibrio consistía en mantener en distintos platillos de la balanza a Francia y a Austria, lo cual se mantuvo inalterable hasta que, por obra de Choiseul y de Kaunitz (1756), el antagonismo histórico, considerado como «rivalidad necesaria» para el mantenimiento del equilibrio europeo, será liquidado por

---

[79] Cfr. Trevelyan, *op. cit.*, y, sobre todo, Jean O. McLachlan, *Trade and the influence of commerce on Anglo-Spanish Diplomacy in the first half of the eighteenth century*, Cambridge, 1940.

[80] Vid. I, c, pág. 49.

[81] Gaston Zeller, *Les temps modernes. II, De Louis XIV à 1789*. Vol. III de *L'Histoire des rélations internationales*, dirigida por Pierre Renouvin, Paris, Hachette, 1955.

[82] Cfr. Vicente Palacio Atard, «El equilibrio de América en la diplomacia española del siglo XVIII», *Estudios Americanos*, I, 1950.

la revolución diplomática que puso fin a los supuestos básicos de Utrecht. Es el momento en que las rivalidades se desplazan, por parte francesa, al ámbito colonial, con lo cual se produce, desde luego, un punto importante de coincidencia con las ideas de la política internacional y atlántica que, como advierte Palacio Atard, produjo un primer viraje indiano en la época de Fernando VI y alcanza un escalón más con el advenimiento de Carlos III al trono de España en 1759; como vimos, también la política inglesa, bajo el impulso de William Pitt, cambia de orientación, adquiriendo un característico tinte de agresividad anti-francesa.

La reconstrucción del equilibrio europeo después de 1763, al dar entrada a las potencias ascendentes de Prusia y Rusia, desplazó los problemas continentales hacia al Oriente, dejando un amplio campo al enfrentamiento de las potencias occidentales en los ámbitos coloniales. Después de la paz de 1783 parecía que se había conseguido «frenar» la expansión británica en los mares y en los dominios coloniales, lo cual hacía pensar en la posibilidad de reconstrucción y nueva orientación del imperio ultramarino español, lo cual implicaba la posibilidad de que Francia lograse una hegemonía continental europea, como en efecto ocurrió en la época napoleónica; pero los efectos de la época revolucionaria produjo, con la aceleración de las estructuras políticas y la nueva orientación de la estrategia mundial, una decisión que, como ya se indicó, hubo de recaer en el conde de Floridablanca, pero cuando ya le faltaba el decidido apoyo de Carlos III, fallecido en 1788.

No obstante, la ventaja que consiguió Inglaterra con la firma de la densa serie de tratados diplomáticos que culminaron en Utrecht y que constituye de suyo un profundo ordenamiento político que, como ha señalado Jover, se fundamenta en tres importantes supuestos: antagonismo franco-austríaco, organización del sistema de barreras y control de las comunicaciones marítimas[83]; y que produce, añadimos nosotros, la adquisición de la iniciativa política por Inglaterra y la seguridad de un rendimiento de primera fila en sus proyectos comerciales. España no será capaz de remontar la inferioridad en que ha quedado hasta que pueda superar la línea dinástica e instrumentar una política nacional eficaz.

---

[83] José María Jover Zamora, «Política mediterránea y política atlántica en la España de Feijoo», *Cuadernos de la Cátedra de Feijoo*, Universidad de Oviedo, 1956.

1. *Los «desafíos» dinásticos al sistema de Utrecht*

La voluntad del rey Felipe V, desde el día siguiente de la firma del tratado de Utrecht, incide sobre tres objetivos que trascienden, apoyados en otras circunstancias y personas, a la diplomacia «dinástica»:

— Recuperación de Gibraltar, lo cual fue «una manía obsesiva en su ánimo» [84] y una emoción incontrolable entre los españoles [85].

— Mantener el «interés latente» sobre Italia y, en la medida de lo posible, convertirlo en «manifiesto» reorientando las energías españolas hacia aquella región mediterránea.

— Expresión inequívoca de su hostilidad al regente de Francia y su gobierno.

Las intenciones del rey encontraron dos puntos firmes de apoyo en su segunda esposa, Isabel Farnesio [86], y el decisivo encumbramiento político del cardenal Alberoni, expresión viva del odio italiano a los austríacos preeminentes en su país [87]; sus puntos de vista coincidían con las inclinaciones «maternalistas» de la nueva reina, decidida a encontrar, para los hijos que llegase a tener en su matrimonio, derechos sucesorios en los ducados italianos. El problema que, como puede apreciarse, significa un claro desafío al sistema instrumentado en Utrecht y, en definitiva, debía contar con el consentimiento de los guardianes de la paz: Francia e Inglaterra. Alberoni preparó con sagacidad y minucia de político covachuelista del renacimiento italiano, su proyecto, pero le fallaron estrepitosamente las previsiones sobre las reacciones de las tres principales potencias de Utrecht [88], de modo

---

[84] María Dolores Gómez Molleda, *Gibraltar. Una contienda diplomática en el reinado de Felipe V*, Madrid, C. S. I. C., 1953.

[85] Vid. los innumerables testimonios recogidos por Gil Armangué Rius, *Gibraltar y los españoles*, Madrid, Aguilar, 1964.

[86] El abate Julio Alberoni, agente en Madrid del duque Francisco Farnesio, trabajó la candidatura, Apud. Pietro Castagnoli, *Il Cardinale Alberoni*, Piacenza, 1929, 3 vols.

[87] J. Maldonado Macanaz, «El Cardenal Alberoni», *Boletín de la Real Academia de la Historia*, 1901.

[88] En 1716, en las entrevistas de La Haya y Hannover, ratificaron Stanhope y Dubois la alianza anglo-francesa para sostener el tratado de Utrecht. De

que al iniciarse la aventura italiana los dos factores peculiares de la época: la persuasión diplomática y la fuerza de las armas, quebraron la voluntad de Felipe V, quien despidió a Alberoni y accedió, por mediación de Holanda, a la Cuádruple (17 de febrero de 1720) [89]. Puede afirmarse que España, a finales de 1724, no había conseguido nada y es entonces cuando el rey se deja influenciar nuevamente por Isabel Farnesio, quien ya le había dado tres hijos, produciendo un espectacular cambio de rumbo: la alianza con Austria, centra Francia e Inglaterra, cuya gestión había ofrecido un aventurero extranjero: el barón de Ripperdá [90] y que significó por parte de España de *todo*, sólo a cambio de que «dos de las tres archiduquesas» contraerían matrimonio, cuando lleguen a «edad competente» con los infantes don Carlos y don Felipe. La alarma inglesa se puso de manifiesto inmediatamente con el armamento de tres escuadras y la diplomacia se ponía en marcha con el tratado de Hannover, mientras pronto se pusieron de manifiesto las verdaderas intenciones del Emperador y el «juego» de sus avezados diplomáticos con el advenedizo Ripperdá [91].

La lógica caída de Ripperdá y la correspondiente reorganización ministerial dio entrada en el gobierno a uno de los más eminentes políticos de la España del siglo XVIII: José Patiño, cuya cada vez más notoria importancia está exigiendo la moderna investigación que todavía no existe [92]. Una larga carrera como fun-

---

tal ratificación surgió el tratado de La Haya, del 4 de enero de 1717, en el que se constituía la Triple Alianza, de ambas potencias garantes y Holanda. Intentan negociar con España después de la conquista de Cerdeña y, al fracasar, las tres potencias invitan a Austria a formar la Cuádruple Alianza (Londres, 2 de agosto de 1718), quedando de este modo España enfrentada a las cuatro principales potencias europeas.

[89] Como acabaron las hostilidades, pero no se había resuelto nada, los litigios pendientes se pospusieron para el Congreso de Cambrai, que nadie considera con seriedad, excepto España, lo que es demostrativo de la ineficacia de la diplomacia española.

[90] Cfr. A. Rodríguez Villa, «La embajada del barón de Ripperdá en Viena», 1725, *Boletín de la Real Academia de la Historia*, 1897, XXX; Ripperdá firmó cinco tratados: el de paz y amistad entre Carlos VI y Felipe V y el de alianza defensiva, ambos del 30 de abril de 1725; el de comercio y navegación de 1.° de mayo; el tratado de paz con el Imperio (7 de junio), y el tratado secreto de 5 de noviembre.

[91] Cfr. G. Mecenseffy, *Karls VI spanische Bundspolitik 1725-1729*, Dunsbruck, 1934.

[92] A. Bethencourt Massieu, *Patiño en la política internacional de Felipe V*, Valladolid, 1954.

cionario al servicio de la Corona, culmina con su elevación al cargo de ministro que sirvió hasta su muerte (3 de noviembre de 1736), desempeñando funciones diversas, integrando a ellas funcionarios preparados, creando, en definitiva, los primeros atisbos de organización del servicio administrativo oficial, el cual servía como fundamental escuela formativa y, sobre todo, para la adquisición de experiencia [93]. La creación de esta burocracia profesional produjo el antagonismo de la aristocracia, acostumbrada a ser en exclusiva proveedora de los puestos oficiales. Precisamente en la aparición de aquel importante grupo hemos de situar una de las coordenadas más importantes del cambio entre la política «dinástica» y la política «nacional, al que venimos haciendo referencia; uno de los primeros «burócratas» que sufrió los celos de la nobleza cortesana fue precisamente Patiño cuando, con motivo de la grave enfermedad de Felipe V, la nobleza de la corte trató de agruparse en torno al príncipe heredero. Pues bien, la dirección política de Patiño se apreció inmediatamente en la nueva orientación de la política exterior y la racionalización de la misma, en contraste rotundo con los impulsos pasionales «farnesianos». El abandono de la órbita austríaca, el dispositivo de seguridad mediterránea, el fin de las hostilidades con Francia y la aproximación comercial, buscando sin duda una inteligente cooperación, constituyeron los puntos más brillantes de la nueva política exterior «reconstruida» por Patiño y que sería continuada por sus más allegados colaboradores mediante una política realista, de enorme eficacia, en la que se tiene muy en cuenta la potencialidad comercial y las posibilidades estratégicas del gigantesco mundo americano.

El Tratado de Sevilla (9 de noviembre de 1729) previó una reunión de técnicos-comisarios hispano-ingleses para el estudio de los problemas comerciales americanos, celebrada en efecto en 1732 y prolongada, sin alcanzar ningún acuerdo coherente, durante dos años. Nos parece absolutamente insostenible la tesis del americanista francés Pierre Chaunu [94], según la cual se produce, con respecto a América, un pacto tácito, dejando a España las tareas administrativas y la explotación comercial a Inglaterra

---

[93] Como ejemplo basta citar los nombres de algunos de estos funcionarios «profesionales» incorporados por Patiño al servicio nacional: José del Campillo, Zenón de Somodevilla, José de la Quintana, etc.

[94] «Interpretation de l'Independance de l'Amerique latine», *Bulletin de la Faculté de Lettres de Strasbourg*, mayo, junio 1963.

y Francia, en razón a su poder naval y sus estructuras económicas. La existencia real de tal cesión de funciones, argumentada por el ilustre historiador francés, demuestra su escaso y desdeñoso conocimiento de la política española en esta época que, como ya se ha indicado anteriormente y ratificaremos ahora, vertebra una inteligente y muy oportuna política americana, en la que juega un papel básico, precisamente, el comercio y la comprensión anticipada de la estrategia atlántica característica del siglo XVIII; por otra parte, resulta enormemente optimista por parte de Chaunu tratar de convencer de «eficacia de las estructuras capitalistas francesas» que, como hemos visto en capítulo precedente, se caracteriza, por el contrario, por su absoluta ineficacia, como lo demostró su confrontación con Inglaterra en la guerra económica colonial del siglo XVIII. Las dos directrices españolas que predominaron con respecto a América —que se manifiestan de un modo permanente en los planteamientos de la diplomacia «nacional»— fueron, por el contrario, expresión de una tendencia de peculiarización y aprovechamiento del extenso continente hispánico transatlántico. En primer lugar, consolidación al máximo de la *seguridad* frente al asalto exterior; ello implicaba el desarrollo al máximo de las fortificaciones [95] y la creación de una fuerza naval poderosa, con la de su correspondiente infraestructura de astilleros, arsenales y bases; especialización de oficiales y fomento de la navegación mercante [96]. En segundo lugar, potenciación de los recursos económicos, mediante la mejora del sistema administrativo y la oferta de estímulos al comercio ultramarino, así como la implacable persecución contra el contrabando, para lo cual se utilizó el eficacísimo sistema de los corsarios [97]. Los acontecimientos europeos de la periferia (guerra de

---

[95] Es abundantísima la bibliografía española dedicada al estudio de las fortificaciones y su desarrollo en el siglo XVIII; basta destacar los nombres de Enrique Marco Dorta, *Cartagena de Indias. La ciudad y sus monumentos,* Sevilla, 1951; José Antonio Calderón Quijano, *Las fortificaciones en la Nueva España,* Sevilla, y Juan Manuel Zapatero, especialista que estudia la cuestión sobre el orden táctico en su importante monografía cit. *La guerra del Caribe en el siglo XVIII.*

[96] Vicente Rodríguez Casado, «La política del reformismo de los primeros Borbones en la Marina de guerra española», *Anuario de Estudios Americanos* XXV, Sevilla, 1968.

[97] La actuación de éstos y la imposibilidad de reducción de los mismos por parte de Inglaterra, llevó a la guerra de la Oreja de Jenkins, iniciada como consecuencia del descontento y la psicosis colectiva producida en Ingla-

sucesión de Polonia; guerra de la Pragmática, de Austria), produjeron un vacío considerable en la atención europea hacia América, y la configuración, por parte de España, de la política de aproximación «familiar» a Francia.

El 9 de julio de 1746 falleció Felipe V, iniciándose el reinado de Fernando VI (1746-1759) en el que jugaron un decisivo papel político José de Carvajal y Láncaster y Zenón de Somodevilla, después marqués de la Ensenada, defensores, junto con el rey, de lo que podríamos llamar un *pacifismo activo*, con el propósito fundamental de llevar a efecto la reconstrucción económica y militar de España, capaz de conseguir una eficaz intervención en los asuntos europeos, pero sobre todo, en la proyección atlántica, en la que se aprecia, como derivación del Tratado de Aquisgram, un tratado anglo-español de «compensaciones recíprocas», que debe considerarse como la liquidación de todas las diferencias entre España e Inglaterra y parecía inaugurar una nueva etapa en las relaciones entre ambas que, en el entusiasta optimismo de Carvajal, podría originarse grandes ventajas para España[98]; quizá tal complacencia del ministro hacia la posible «methuenización» de España sea el origen del considerable desenfoque histórico de Chaunu que señalamos anteriormente[99].

En esta época surge un tema de la mayor importancia en la caracterización de los nuevos tiempos, que consiste en la prolongada cuestión de *límites* con Portugal en América, cuyo origen se encuentra en el lejano tratado de Tordesillas[100] y en los escasos recursos técnicos y científicos para establecer la demarcación acordada; latente, desde entonces, la cuestión saltó al tapete diplomático, sin duda con el estímulo británico, en la enojosa cuestión de la colonia del Sacramento, manifestándose como un factor *estratégico* regional que tuvo su importancia vigente durante todo el siglo XVIII. En la época de Felipe V se intentó neutralizar la colonia con la fundación de San Felipe de Montevideo (1728),

terra por el fracaso de la Compañía del Mar del Sur. La guerra fue declarada por Inglaterra el 3 de noviembre de 1739. Apud. H. W. Temperley, «The causes of the war of Jenkins Ear», *Royal Historical Society*, 1909, y especialmente E. M. Andrews, «Anglo-french commercial rivalry 1700-1750», *American Historical Review*, XX, 1915.

[98] *Pensamientos* de D. José de Carvajal y Lancaster, mss. de la Biblioteca Nacional de Madrid, núm. 11.065, publicado por A. Bermejo de la Rica.

[99] Vid. nota 135.

[100] Vid. Florentino Pérez Embid, *Los descubrimientos en el Atlántico y la rivalidad castellano-portuguesa hasta el tratado de Tordesillas*, Sevilla, 1948.

por medio de la guerra (1735) y por la gestión diplomática con la mediación de Francia (1738 y 1741); todo ello sin resultado práctico alguno. Durante el reinado de Fernando VI la aproximación familiar entre ambas coronas creó una situación muy favorable para la solución del problema, aunque los intereses «nacionales» profundos se encontraban en abierta oposición. España aspiraba a la eliminación de toda competencia en el Río de la Plata y la permanente sospecha de contrabando efectuado desde la colonia; Portugal, a confirmar, por vía diplomática, las apropiaciones territoriales y, en última instancia, a replantear y si posible fuese derogar definitivamente el tratado de Tordesillas [101]; el tratado, llevado con gran sigilo, debido a la fuerza de los adversarios que al mismo tenía, se concluyó el 13 de enero de 1750; en su virtud, España recobraba la colonia del Sacramento, pero reconocía las ocupaciones efectuadas por los portugueses y les cedía, además, los territorios de las misiones jesuíticas guaraníes y el poblado de Santa Rosa en la misión de Mojos, en la orilla oriental del río Uruguay; las fronteras se delimitarían sobre el terreno por comisiones mixtas [102]; quizá lo más importante, desde el punto de vista estratégico, fue la neutralización de América establecida por los artículos 21 y 25; según dicho principio, aunque se declarase la guerra entre ambas Coronas, no afectaría a los súbditos americanos de ambas. El tratado tenía un talón de Aquiles, radicado en los muchos y muy poderosos intereses afectados que trataron por todos los medios a su alcance de impedir el cumplimiento, y la desaparición política o biológica de sus promotores (Azevedo Coutinho, sustituido por el marqués de Pombal; Carval, fallecido en 1754; la reina Doña Bárbara de

---

[101] Sobre la colonia del Sacramento existen, entre otras muchas, dos obras que representan respectivamente los puntos de vista español y portugués: Antonio Bermejo de la Rica, *La colonia del Sacramento. Su origen, desenvolvimiento y vicisitudes de su historia*, Madrid, 1920; Jonathas da Rego Monteiro, *A colonia da Sacramento, 1680-1777*, 2 vols., Porto Alegre, 1937. En cuanto a la gigantesca bibliografía sobre el tratado de límites de 1750, seleccionamos la importante obra de Guillermo Kratz, S. J., *El tratado hispano-portugués de límites de 1750 y sus consecuencias. Estudios sobre la abolición de la Compañía de Jesús*, Roma, 1954; en cuanto a los aspectos internacionales, es básica la obra de Camilo Barcia Trelles, *Doctrina Monroe y cooperación internacional*, Madrid, 1931; el punto de vista portugués en Jaime Cortesão, *Alexandre Gusmão e o tratado de Madrid (1750)*, Río de Janeiro, Instituto Rio Branco, 1951.
[102] Cfr. Demetrio Ramos, *El tratado de límites de 1750 y la expedición de Iturriaga al Orinoco*, Madrid, C. S. I. C., 1946.

Braganza, que murió en 1758), hizo que se paralizase toda la gestión posterior y al acceder al trono Carlos III expresó su propósito de cancelación del tratado [103]. No quiere esto decir que se extinguiese el problema; por el contrario resurgirá incontenible, creando una situación de crisis, precisamente en los años inmediatamente anteriores de la revolución norteamericana, siendo quizá uno de los primeros negocios diplomáticos con los que hubo de enfrentarse el conde de Floridablanca al acceder al poder, como veremos. En cualquier caso, la cuestión es sumamente explicativa de la importancia que en la política internacional adquiere la problemática de límites dentro de nueva configuración estratégica regional que ya se advierte, inconteniblemente, en aquellos momentos, de modo especial en la gigantesca área económica y política del Atlántico.

2. La política del «Pacto de Familia»

Carlos III llegó a España el 17 de octubre de 1759; en 1761 se afirmaba el Tercer Pacto de Familia, sin duda el más importante de los tratados de alianza suscritos por España en el siglo XVIII [104], configurándose como el eje del sistema de las relaciones internacionales, hasta que haga crisis en la doble coyuntura revolución norteamericana-revolución francesa. En nuestro criterio, la continuidad de la política «dinástica» y su sustitución por una política «nacional» ocurre, durante el reinado de Carlos III y se centra en el acceso al poder del conde de Floridablanca, donde hemos de situar la nueva orientación de la política internacional española; la extraordinaria confianza que en él depositó Carlos III, la influencia en la orientación política del Consejo de Castilla y el hecho de que, después de un largo período de que el timón de la política exterior estuviese en manos de extranjeros, recayesen ahora en un español, constituyen puntos suficientes de interés y de reflexión en la incidencia crítica de tal problemática.

Ya vimos la situación del conflicto anglo-francés cuando, al acceder al trono Carlos III, el ministro francés Choiseul trata a todo evento —ante la crítica circunstancia militar y financiera

---

[103] Convenio del Pardo, 12 de febrero de 1761.

[104] La obra más importante sobre este tema es la de Vicente Palacio Atard, *El Tercer Pacto de Familia*, Madrid, 1945, al cual seguimos fundamentalmente.

de Francia— de conseguir la ayuda y la alianza española. En la medida en que las consecuencias de la guerra en curso afectaban de un modo directo a América, Carlos III coincidía ostensiblemente con el proyecto de alianza francesa, ya que era predominante la atención del monarca por los asuntos americanos [105], si bien tratando de negociar antes que acudir al recurso supremo de la guerra. Lo prueba el hecho del envío del conde de Fuentes a Londres para gestionar las reclamaciones españolas. El fracaso de esta misión produce el envío del marqués de Grimaldi como embajador a Versalles, el cual, basándose en sus instrucciones, insinúa la elaboración de un pacto ofensivo-defensivo, lo que aprovecha inmediatamente Choiseul para proponer lo que habría de ser idea definitiva: elaboración de dos tratados, uno, un Pacto de Familia, con efectos posteriores a la paz; dos, una convención sobre lo que, en aquel instante, era cuestión problemática, con el doble compromiso de no firmar Francia la paz con Inglaterra sin incluir las reclamaciones españolas y el de entrar España en la guerra el 1 de mayo de 1762 si, en dicha fecha, no había concluido Inglaterra su paz con Francia [106]. No es necesario insistir sobre los sucesos que son perfectamente conocidos; sí, sin embargo, merece le pena llamar la atención sobre el declinar de la política del Pacto de Familia que una serie de tensiones atlánticas puso a prueba, en torno al año 1770, el instrumento diplomático a consecuencia de problemas atlánticos.

El problema se centró en la apropiación de Port-Egmont por los ingleses en las islas Malvinas, lo cual imponía un considerable riesgo de inseguridad para Buenos Aires, aparte de ser importante base para el paso al Pacífico por el cabo de Hornos. El gobierno de Madrid no vaciló y el ministro de Marina e Indias dio orden de expulsar a los británicos de las Malvinas (25 de febrero de 1768); la expedición naval al mando de Madariaga, que envió el capitán general de Buenos Aires, cumplió su objetivo en junio de 1770; ello produjo una tirante situación diplomática entre España e Inglaterra que, en noviembre del mismo año alcanzó una peligrosa tensión, lo que llevó a ambos litigantes a preparar lo que parecía inevitable: la guerra atlántica. España, en virtud del Pacto de Familia, solicitó la ayuda francesa, pero

---

[105] Cfr. Palacio Atard, *op. cit.*
[106] Vid., como punto de vista de particular interés, Z. E. Rashed, *The Peace of Paris (1763)*, Liverpool, 1951.

los políticos de Luis XV no estuvieron dispuestos a correr los riesgos de una guerra por un incidente entre España e Inglaterra, aconsejando a España que admitiese las reclamaciones y zanjara la cuestión. Tal repliegue obligó a España a restablecer la situación de hecho anterior a la expedición de Madariaga, sin que se reconociese derecho alguno en favor de los ingleses. Pero también resulta evidente que el repliegue francés produjo la crisis del Pacto de Familia, que fue un hecho definitivo con la caída política de sus dos autores, Choiseul, destituido el 24 de diciembre de 1770, y Grimaldi, en noviembre de 1776. Casi simultáneamente, campañas navales bajo la dirección de D. Pedro Cevallos producía la conquista de la colonia del Sacramento, en febrero de 1777.

3. La construcción de una política nacional

Se ha insistido mucho por los historiadores españoles, desde Danvila y Ferrer del Río, entre los «narrativistas», hasta los actuales Palacio Atard, Rodríguez Casado y Voltes Bou, en el papel directivo de la política española ejercido por el propio rey Carlos III que, como señalan las crónicas contemporáneas a su época, tenía dos pasiones: «la administración del Estado y la caza». Y resulta ello evidente hasta el año 1775, pero no tan claro a partir del indicado año en que, bien fatigado por los años, bien disgustado por los sinsabores que le ocasionaba el fracaso de su acto capital, el Pacto de Familia, sin abandonarlos, deja la iniciativa de la decisión política mucho más en sus ministros, muy en especial sobre algunos de ellos, en los que deposita toda su confianza. Quizá el que dispuso de su confianza en más alta medida fue don José Moñino, conde de Floridablanca, bajo cuya dirección se instrumenta una nueva política internacional, cuya clave fue la elaboración de un sistema de decisiones internacionales, no subordinado a Francia ni tampoco a Inglaterra. Ello no se producirá como un viraje brusco, sino como una evolución racional, bien medida en sus objetivos, equilibrada en sus supuestos, que proporcionó resultados importantes, que se vieron bruscamente acelerados y, en definitiva, quebrantados tanto por la revolución francesa como, sobre todo, por la reaparición de las motivaciones «dinásticas» y personalistas en la política española. Porque el soporte de todo el *posibilismo* de Floridablanca radicó en la confianza que en él depositó Carlos III y la inseguridad en que se desenvolvió con el nuevo rey Carlos IV que, en efecto, condujo inexorablemente a su caída política. La posición psicológica que Herr [107] califica como «pánico» de Floridablanca, que condujo a un viraje brusco en su política, debe ser considerado, más bien, como una última —aunque acelerada— fase en la evolución del cambio político que llevó a cabo desde el primer momento de su instalación en el poder, y que varió sustancialmente tanto los supuestos básicos como los objetivos de la política internacional española; en una primera fase tratará de ampliar los campos de operación diplomática, intensificando sus relaciones con las potencias de la Europa oriental: Rusia, Prusia y Turquía; simultáneamente, restablecimiento de la confianza con Portugal, lo cual llevaría implícito la apertura de una vía de aproximación a Inglaterra; al mismo tiempo, sin embargo, la cuestión internacional atlántica se ha complicado con lo que se convirtió en clave de toda la problemática internacional: la revolución de independencia de las colonias inglesas de América del Norte, muy en el núcleo mismo de la preocupación americana del rey Carlos III; ello obligó a Floridablanca a continuar una alianza con Francia, de cuya virtualidad y eficacia no estaba en absoluto convencido, de la que tampoco fue decidido partidario, pero que fue inteligentemente aprovechada para introducir en los usos diplomáticos un importante ingrediente, que consistió en el factor psicológico de indeterminación, que será analizado en su momento oportuno. Ahora se trata de estudiar el esquema básico de la estructura diplomática instrumentada por Floridablanca, lo que hace necesario proceder sistemáticamente.

En primer lugar, con respecto a Portugal, consideró de máxima importancia pasar de la política de confrontación y de agresión a una política de buena vecindad y de alineación de intereses comunes; la dimisión de Pombal inmediatamente después de la muerte de José I y todo ello con simultaneidad a la subida al poder de Floridablanca, hizo posible una rápida reestructuración de este sector de la política internacional española, mediante la conversación directa y sin intermediarios, que intentaba cubrir un triple objetivo:

---

[107] Herr, *op. cit.* nota 51, cap. VIII, págs. 197-221, ed. española, Madrid, Aguilar, 1971.

— Solucionar la cuestión de *límites en América.*
— Fundamentar la «amistad y unión».
— Firmar un convenio comercial.

El tratado preliminar de San Ildefonso del 1 de octubre de 1777, solucionaba la cuestión americana. El tratado de «Amistad, Garantía y Comercio» (El Pardo, 11 de marzo de 1778), cuyo objetivo era, según el propio Floridablanca, de altos vuelos políticos: ni más ni menos que «distraer a los portugueses de la dependencia de Inglaterra y debilitar a lo menos, ya que no romper de todo, los tenaces vínculos que estrechan a Portugal con la corte británica». En la gestión, pues, de la política portuguesa que considera Floridablanca como un antídoto diplomático a la diplomacia dependiendo de Methuen (1703), se trata de crear un entendimiento claramente atlántico de base comercial y de índole ibérica; resulta muy significativo el punto de vista de Floridablanca, que coincide plenamente con el de otros españoles de la época disconformes con la subordinación de la política española a la francesa [108] y trata, a todo evento, de conseguir la independencia de gestión, conforme al interés nacional; por ello, Floridablanca comunicó al gobierno francés el resultado de los tratados con Portugal, pero anunció previamente la iniciación del mismo; con extensa claridad lo dice al conde de Aranda, en carta del 3 de octubre de 1777: «evitaremos la ingerencia directa de ese gabinete en nuestros asuntos, (para que no) nos perturbe en el ajuste de conclusión de los dos tratados preliminares de alianza y de gobierno» [109].

[108] Así se expresa el conde de Aranda, en carta a Floridablanca (22 de marzo de 1777), al referirse a que la Corte de Francia «sólo es constante en abusar de la España cada día que se le antoja y en plantarla cada vez que le puede convenir mucho» (A. H. N. Estado, Leg. 4.072); podría pensarse que tal actitud antifrancesa de Aranda se debía a su empeño en conseguir la acción española contra Inglaterra; pues bien, después de concluida la crisis, en 17 de julio de 1784, escribirá a Floridablanca: «La Francia y todo lo francés son y serán nuestros enemigos capitales por los genios, por los intereses y aunque fuéramos dos hermanos reinando. La España y Francia son como el agua y el aceite que no pueden formar un cuerpo sino en un momento, bien batido uno con otro, pero en cesando se vuelven a reparar las dos especies. Con todas las demás naciones del mundo seríamos agua con vino, vinagre con zumo de limón, naranja, fresa, guindas, etc., que se incorporan; pero el francés, como el aceite más ligero y craso, siempre querría estar encima y tenernos debajo.» A. G. S. Estado, Leg. 4615.

[109] A. H. N., Estado, Leg. 4072. Francia accedió al tratado luso-español de 1778 por acta firmada en Madrid el 16 de julio de 1783.

La política oriental de Europa representa también un capítulo importante de la nueva opción que se abría a la política exterior española, en el sentido de crear unas directrices propias, sin acabar, por otra parte, de un modo brusco la tradicional alianza con Francia. Después de la renovación de esta alianza, con motivo de la guerra contra Inglaterra (1779), Floridablanca despliega una actividad diplomática creciente que busca —como en el caso de Portugal, que hemos examinado— abrir nuevos frentes de relación que descongestionen la estrecha y exclusiva vía de dependencia francesa; a ello responde el establecimiento de relaciones diplomáticas permanentes entre Berlín y Madrid, acordado en 1780, con inmediato intercambio de Embajadores; al margen de razones expuestas brillantemente por historiadores actuales [110], lo verdaderamente importante de esta decisión política hay que entenderlo en función del sistema imperante del equilibrio, como un contrapeso de distracción a la decidida política atlántica de España y, desde luego, al propósito de independencia en la acción diplomática con respecto a Francia e Inglaterra; en efecto, no parece ejerciese tanta influencia en la apertura de relaciones con Prusia ni «la gloria del ejército», ni la admiración por Federico de Prusia, aunque sí, de un modo indirecto, debamos considerar el ejército prusiano como un peso efectivo nada despreciable en la configuración del equilibrio continental. Entiendo que el movimiento en el ajedrez político europeo tiende a contar en Europa con un aliado cuya potencia militar de su ejército de tierra sirve de complemento a la potencia naval y colonial española; con vistas, además, a un importante mercado comercial; por último, la aproximación diplomática hispano-prusiana se esperaba contribuyera a *fijar* a Rusia, impidiendo su alianza con Inglaterra. Hay que pensar que todo este indiscutible éxito de Floridablanca se efectúa en función de la guerra contra Inglaterra de 1779 y que, a su vez, esta guerra es función de la revolución de las colonias norteamericanas, en cuya estela ha entrado España, pero no empujada por Francia, sino por sus propios intereses y por su propia decisión, como analizaremos en el momento oportuno.

Las mismas circunstancias —interés político, incremento de las posibilidades comerciales— influyeron en la decisión de Floridablanca de establecer relaciones diplomáticas con Constanti-

---

[110] Cfr. Sánchez Diana, «España y la política interior de Federico II de Prusia (1740-1786)», *Hispania*, XV, Madrid, 1955, págs. 191-230.

nopla, poniendo fin a las poco realistas posiciones heredadas del pasado y a todos los inconvenientes que viejas rencillas de carácter religioso y posiciones psico-religiosas de fuerte arraigo emocional impedían; del mismo modo que se iniciaron las relaciones con el Estado militarista prusiano de base religiosa protestante, casi simultáneamente se iniciaban con los ancestrales enemigos mediterráneos: los turcos. La puesta en marcha de la operación destinada a conseguir las plenas relaciones diplomáticas con la Sublime Puerta, que hiciese posible la consecución de una paz capaz de terminar los constantes inconvenientes que, para el comercio de Levante, suponía la permanente enemistad con el mundo musulmán [111]; el encargado de la misión fue Bouligny, comerciante de Sevilla, nacido en Alicante, de próxima ascendencia francesa, que se vio perjudicado en el desenvolvimiento de su instrucción tanto por el embajador francés, conde Saint-Priest, como del napolitano, conde Ludolf. El tratado fue firmado el 14 de septiembre de 1782, en Constantinopla, y, pese a la opinión contraria de Emilio Garrigues [112], debemos indicar el considerable acierto y las grandes posibilidades que abrió, sobre todo en el orden comercial y, por encima de todo, la importancia que tuvo como elemento de primera fuerza demostrativa sobre la independencia de criterio político y diplomático español con respecto a Francia que fue, sin dudarlo, el propósito último de Floridablanca, al tiempo que, como en Portugal y Prusia, abría un nuevo frente competitivo al comercio inglés en el Levante.

Como puede observarse en la rápida descripción de los puntos operativos creados por Floridablanca en su nueva concepción de la política internacional española, se efectúa un apoyo, en lo que se refiere a Europa, en las potencias «periféricas», como medio de contrarrestar la influencia característica durante todo el siglo de las que hemos llamado «centrales» [113], y se entraba abiertamente en los desplazamientos comerciales «a larga distancia», asegurando previamente los *flancos*, especialmente los mediterráneos, que podían tener algún significado en las regiones consideradas como mercados importantes para el comercio español. So-

---

[111] Cfr. Emilio Garrigues, *Un desliz diplomático: la paz hispano-turca*, Madrid, Revista de Occidente, 1962; la obra clásica sobre el tema es la de Manuel Conrotte, *España y los países musulmanes durante el ministerio de Floridablanca*, Madrid, 1909.

[112] *Op. cit.*, pág. 173.

[113] Vid. I), a), 2) y 3), págs. 31-36.

bre esta perspectiva hemos de comprender las coordenadas de la política nacional española en la época de Floridablanca, cuya coronación sería la misión del marqués del Campo a Londres, inmediatamente después de la paz de 1783, que giraba sobre los siguientes supuestos:

— Renovación de la amistad y correspondencia entre ambas Cortes [114].
— Concreción de los puntos para el tratado definitivo de paz.
— Arreglo del problema del corte de palo de tinte en la costa de Honduras [115].
— Convención comercial con Inglaterra, para lo cual le acompañaba el experimentado comerciante don Diego Gardoqui.
— Replanteamiento del caso de Gibraltar [116].

En esta política de revitalización de España en la política internacional no europea —en la que era plenamente consciente Floridablanca de que el país no se encontraba en disposición adecuada para acometer empresas de altos vuelos—, sino atlántica y americana, aunque contando con las mínimas exigencias de seguridad y autonomía en las decisiones, debe inscribirse como un elemento clave la orientación española en la coyuntura de la revolución norteamericana y la correspondiente guerra contra Inglaterra y en alineación con Francia. En los avatares del doble frente encontraremos los argumentos que consideramos definitivos para justificar la nueva política española de índole nacional y de desafío a la competencia comercial a larga distancia, así como respuesta a la nueva estrategia que se está delineando en esta época.

---

[114]   Instrucciones de Floridablanca a D. Bernardo del Campo, A. H. N., Estado, Leg. 3456, doc. núm. 32.
[115]   Instrucciones del Ministro de Indias a D. Bernardo del Campo. A. H. N., Estado, Leg. 4227.
[116]   La misión de Bernardo del Campo ha sido exhaustivamente estudiada por M. Hernández Sánchez-Barba, *op. cit.*, n. 30.

EL VALLE DEL MISSISSIPPI, ÁREA DE TENSIONES Y REGIÓN ESTRATÉGICA. LA HERENCIA EUROPEA DE LOS ESTADOS UNIDOS

La paz de 1763 puso fin a la guerra de los Siete Años, pero de ningún modo a la rivalidad de las potencias marítimas y coloniales. En las cortes europeas, en los salones de moda, en los círculos intelectuales se mantuvo la noción —trascendida a los historiadores actuales— de que, inevitablemente, las dos naciones borbónicas, en tiempo indeterminado, pero indefectiblemente, intentarían tomar la revancha contra Su Graciosa Majestad. En el caso de Francia, las razones eran considerables:

— El honor humillado en la guerra de los Siete Años promovía un sentimiento nacional favorable a la revancha [1].

— El comercio ultramarino, para tratar de conseguir la ecuación equilibrio de poder-equilibrio de comercio.

— Sostener, frente a la superioridad inglesa en los mares, las islas que aún permanecían bajo su soberanía en las Indias Occidentales.

Con respecto a España, mucho más serias; sin tener en cuenta «usurpaciones vergonzosas» que mencionaba Floridablanca a Aranda en despacho del 13 de enero de 1778 [2], la motivación fundamental era de orden estratégico: recuperar la posición regional

---

[1] Lavisse et Rambaud, *Histoire de France*, VIII, 411.

[2] Cit. por P. C. Phillips, *The West in the Diplomacy of the American Revolution*, New York, 1913.

de pleno dominio sobre el Golfo de Méjico que la paz de 1763 le había arrebatado. En efecto, el llamado modernamente «Mediterráneo americano», de ser un lago español bordeado por las posesiones del Caribe y la zona costera continental, se había visto interferido por la presencia inglesa que era una amenaza permanente contra la seguridad de su imperio americano, en su núcleo fundamental y neurálgico, en lo que se ha considerado «llaves» de la América central[3]. Los españoles, en posesión de la ribera occidental del río Mississippi, así como de la plaza de San Luis al norte y Nueva Orleans en la desembocadura, controlaban el trayecto final, pero tal dominio quedaba neutralizado por el que ejercían los británicos en la ribera opuesta, en las Floridas, con plazas fuertes en Mobila, Natchez, Panzacola; unido al indiscutible predominio marítimo que ejercían las naves inglesas, constituía un problema de gravedad e importancia para que, sin el recurso a histerismos colectivos acerca de la «gloria» y el «honor», desde un serio punto de vista político nacional, España tuviese importantes motivos para plantear la recuperación de su dominio estratégico en la región Caribe-Golfo de Méjico que en la época que nos ocupa se problematiza en torno al eje del Mississippi. Una frontera de tensa separación entre el imperio americano español, mercado altamente codiciado por los mercaderes ingleses, y el imperio británico, considerablemente reforzado como consecuencia de la guerra que acaba de concluir contra Francia, y en la que han obtenido ventajosas posiciones de índole táctica sobre las riberas del Mississippi. Así se desprende claramente de la correspondencia mantenida por el general Thomas Gage con el gabinete británico[4]; el 24 de octubre de 1765 el secretario de Estado, Coway, le escribe: «Pese a lo que indica acerca del fuerte que los franceses están construyendo en la boca del Missouri, lo que parece contradecir que piensen ceder Nueva Orleans a los españoles; sin embargo, de la información que tenemos se desprende que..., los españoles ya se hallan, o pronto se hallarán, en posesión de esa plaza; aunque no constituyan un vecino tan peligroso, sus inclinaciones, sin embargo, no les impedirá crearnos dificultades; Vd., por tanto, debe mantener la mirada vigilante sobre ellos, como lo hizo antes con los franceses; y más

[3] Zapatero, *La guerra del Caribe*, op. cit.
[4] *The Correspondance of General Thomas Gage with the Secretaires of State, 1763-1775*, Clarence E. Carter, ed., Yale, 1969, 2 vols.

aún teniendo en cuenta que aunque los españoles tomen posesión de esas tierras, los habitantes, en general, seguirán siendo los mismos franceses..., cuyo espíritu activo exige de nosotros la más estricta atención [5]. Resulta evidente la mayor preocupación británica con respecto a Francia y su despreocupación vigilante en lo que se refiere a los españoles; así tenía que ser ya que, no en vano, durante todo el siglo XVIII se ha mantenido la rivalidad económica y política más acusada; sin embargo, dentro de la misma correspondencia, encontramos un punto de vista mucho más específico cuando ya se ha iniciado la crisis revolucionaria de los colonos [6]: «Su Majestad aprueba en extremo su atención referente a las medidas tomadas por los españoles en Nueva Orleans. Toda información que obtenga de lo que pasa allí, o que tenga que ver con la navegación del Mississippi, los establecimientos de ambos lados del río en su curso superior en la zona de Illinois y el curso del comercio indio en aquellas y otras partes de América, será bien acogido por Su Majestad» [7]; los informes de Gage son particularmente interesantes en lo que se refiere al comercio, que eran las noticias esperadas con mayor interés por parte de los secretarios de Estado de Su Graciosa Majestad: «Respecto al comercio de Illinois, y en general del Mississippi, el provecho de Gran Bretaña se limita a lo que saca de la venta de sus productos manufacturados. Los franceses compran gran cantidad de nuestros comerciantes en Mobila y Pensacola para traficar con los indios y nuestras traficantes también envían fuertes cantidades a los indios; pero los cueros y pieles que los indios intercambian por estos productos manufacturados van a parar a Nueva Orleans, que es el centro comercial; se estima que los franceses exportaban anualmente pieles y cueros a Francia por valor de ochenta mil libras esterlinas. Así, pues, nuestro gobierno está perdiendo las tarifas derivadas de la importación, en Gran Bretaña, de todo este comercio de pieles que mantienen sus

---

[5] Ibidem. II, 27-29 (traducción).

[6] Las noticias de Gage se refieren a un cuadro colonial de subido color rosa de afecto y entendimiento entre españoles e ingleses. La realidad es la existencia de un profundo antagonismo, exacerbado por la falta de cualidades de gobierno de los gobernantes españoles, lo que condujo a una conspiración anti-española contra la cual procedió con una contundencia ejemplar O'Reilly. En otra información posterior confirma esta situación real del General Gage; *op. cit.*, Gage a Shelburne, Nueva York, 23-12-1766, I, 116.

[7] *Ibídem* Lord Shelburne al General Gage, Withehall, 13-9-1766, II, 46, cuyo texto traducimos.

propios súbditos; no veo en el presente cómo remediar este mal mientras los traficantes puedan recibir mayor ganancia por sus pieles en Nueva Orleans. Se podrían adoptar medidas que previniesen a los traficantes extranjeros remontar los ríos Ohío e Illinois y forzar a los nuestros a remontarlos, prohibiéndoles navegar el Mississippi al sur de la boca del Ohío. La primera medida hará que disminuya el comercio de los extranjeros con los indios, pero la segunda no dará gran resultado por la facilidad con que nuestros traficantes pueden lograr que sus pieles alcancen Nueva Orleans por medio de los franceses que viven en la ribera del Mississippi, opuesto al Illinois. Los comerciantes de estas colonias dicen que estarían de acuerdo en transportar sus productos Ohío abajo, pero no en volver con las pieles compradas usando la misma ruta, ya que pueden llegar al mar en menos tiempo y gasto usando la vía rápida del Mississippi; teniendo, además, alegan, barcos en Orleans que pueden transportar las pieles a Inglaterra»[8].

El problema, pues, para Inglaterra —es decir, para el comercio inglés— era la presencia de España en Nueva Orleans, y para solucionarlo se le ofrecían tres posibilidades:

— Conquista de Nueva Orleans.
— Emplazamiento de puestos tácticos que sustituyan la posición de Nueva Orleans.
— Apertura de una nueva ruta que permita prescindir absolutamente de Nueva Orleans.

De las tres el gobierno británico prefirió la tercera, de modo que la apertura del Iberville se convirtió en tema predominante de la correspondencia del general Gage, hasta que se comprobó su inviabilidad en el año 1769; parece que en esos momentos el gobierno inglés comenzó una acción militar, como se deduce del contenido de una carta de Gage a Hillsborough[9]: «El plan que su señoría desea sobre el estado de las obras y fortificaciones de Nueva Orleans aquí se le adjunta con otro documento conteniendo una lista de los fuertes españoles y franceses y de los establecimientos sobre el río Mississippi, desde el río Missouri al mar: y el número de tropas regulares y coloniales y los habi-

[8]   Gage a Shelburne, New York, 17 de enero 1767, *op. cit.*, I, 119.
[9]   New York, 6 de enero de 1769. *Correspondance...*, op. cit., I, 213.

tantes en cada uno de ellos. También el número de tropas y milicia que se estima pudieran reunir en la colonia en caso de emergencia» [10]; Gage insinuará poco después la solución más oportuna: «que Nueva Orleans sea añadida a las posesiones de Su Majestad» [11]; un comunicado *most secret*, recibido por Gage, le informa de la final determinación del gabinete británico de proceder a la conquista de Nueva Orleans [12]; resulta por demás interesante el despacho y su contenido: «El resultado de esta deliberación, en lo que a las operaciones ofensivas en América [13] se refiere, se ha resuelto iniciarlas con un *ataque sobre Nueva Orleans*... Es el deseo del Rey que Vd. se ponga al mando de la expedición en persona; y como será necesario el apoyo de una fuerza naval en ese lado del Golfo de México para prevenir la llegada de socorros antes y después de que comiencen las operaciones, se le ha dado orden al comandante en jefe del escuadrón de Jamaica que coopere con Vd. en esa importante empresa...»; en la misma orden se argumentan las ventajas que de la conquista de la plaza de Nueva Orleans se derivarían: «desde el punto de vista del comercio y de la seguridad del resto de las posesiones del Rey en Norteamérica han recibido espacio y explicación plena en el curso de nuestra correspondencia; y estas ventajas, unido a los informes de nuestro servicio de inteligencia, han sido la base de la decisión adoptada de acometer esta empresa; estos informes hablan del pequeño número de tropas dejadas en Louisiana por el general O'Reilly, o de la aversión que sienten los habitantes hacia el gobierno español; la gran debilidad de las defensas de Nueva Orleans y de la facilidad con que se supone podría llegarse a ella desde la Florida Occidental o desde los ríos Ohío o Mississippi» [14]; en dicha suspensión hubo de influir

[10] El plan a que se refiere en esta carta el General Gage era obra del Capitán Philip Pittman, titulado «The present State of the European Settlements on the Mississippi».
[11] Gage a Hillborough, New York, 10 de noviembre de 1770; *Correspondence*, I, 281.
[12] Hillborough a Gage, Whitehall, 2 de enero de 1771; *Correspondence*, I, páginas 222-23.
[13] Era el momento de crisis planteado por el choque en las islas Malvinas (Falkland en terminología británica) que había producido la fulminante acción de Madariaga, desde Buenos Aires, expulsando a los ingleses de Port Egmont.
[14] En despacho de 11 de enero de 1772, Hillsborough comunica a Gate que se había resuelto pacíficamente el problema de las Malvinas (Falkland, según los ingleses), por lo cual quedaba en suspenso el proyecto de conquista de Nueva Orleans.

III. — 8

una desagradable noticia transmitida pocos meses antes por Gage y que revela una extraña y poco conocida inclinación de los colonos ingleses de América del Norte: «La asamblea de la ciudad de Boston ha contestado muy secamente al mensaje del nuevo gobernador Hutchinson, sin felicitarle por su nombramiento, mostrando, además, muy poca inclinación a cooperar en medida alguna que se tomase contra España, si se hubiese declarado la guerra» [15].

El golpe y el casi contra-golpe Port-Egmont/Nueva Orleans, sirvió, ante todo, como oportuno aviso a España acerca de su comprometida situación en la Louisiana y, sobre todo, como revelación de la importancia estratégica y comercial del Valle del Mississippi, que Floridablanca entendió perfectamente y que, con toda claridad, expresó al embajador francés en España: «El conde de Floridablanca me ha dicho que preferiría la cesión de la mitad de América a la cesión de la Florida, debido a que no es posible salir del Golfo de Méjico sin tocar las costas de esta provincia» [16]; el Valle del Mississippi ofrecía, en efecto, posibilidades ilimitadas para el comercio y la fundación de establecimientos coloniales; con una extensión fabulosa, semejante casi a la de toda Europa, podría albergar una población gigantesca, que algunos hacían ascender a trescientos cincuenta millones [17]; la región fluvial, contando el río propiamente dicho con dos mil quinientas millas de recorrido, e incluyendo los afluentes, dieciseis mil de fácil navegación, constituía una región de altas posibilidades comerciales, de donde podrían ser extraídas riquezas infinitas; no es de extrañar el antagonismo hispano-inglés por su posesión, sin desdeñar a Francia, cuyos hijos habían quedado dispersos por toda la región y que alimentaba todavía una esperanza de renovación de «la grandeur»; muy pronto surgiría un competidor joven y empecinado: eliminada Inglaterra, los Estados Unidos emprenden la disputa con España mientras permanece Francia a la espera de obtener alguna ventaja en la región en litigio. Veamos cuáles son las incidencias políticas en torno a ella.

---

[15] Gage a Lord Barrington (Secretario de Guerra), New York, 6 de mayo de 1771; *Correspondence*, II, 575-76.

[16] Montmorin a Vergennes, 2 de febrero de 1778, en Phillips, *The West...*, op. cit., pág. 80.

[17] Cfr. F. A. Ogg, *The Opening of the Mississippi. A Struggle for Supremacy*, New York, 1904.

A) LOS OBJETIVOS DE FRANCIA

En el análisis de la actitud y conducta política de Francia respecto a Louisiana, con posterioridad a la cesión de los mismos a España, predomina una tesis simplista y absolutamente falsa que oscila entre dos polos: los que entienden la política francesa guiada por móviles egoístas que ocultan las verdaderas intenciones de reivindicación, con el menor mal posible y las máximas ventajas; aquellos otros que explican la política francesa guiada por sentimientos liberales o por la obligación estricta de cumplir, en favor de España, lo que se había firmado en tratados bilaterales; tal ingenuidad es fácil verla repetida, hasta extremos verdaderamente infantiles, en obras de investigación serias y documentadas, como cuando, por ejemplo, encontramos frases como ésta: «Aunque Vergennes estaba dispuesto a conceder mucho a la ambición de España, aún él no pedía nada para Francia»[18]. Quizá el análisis más profundo e interesante sobre la cuestión ha sido realizado por Corwin[19], el cual, por medio de un procedimiento eliminatorio de ambiciones altruistas, mercantiles o territoriales, alcanza la conclusión de que el propósito que animaba a Francia era conseguir y, posteriormente, mantener un equilibrio de poder favorable a ella; el inconveniente de la argumentación es que tal conclusión se convierte automáticamente en lo que se quiere demostrar y su excesiva racionalización impide a Corwin el análisis de todas las contradicciones que se operan en el curso de una gestión, de modo especial si se refiere al ámbito de la política internacional y si en la misma se interfieren, como es inevitable, posiciones personales y puntos de vista de nuevo cuño, en buena parte consecuencia de nuevas orientaciones promovidas como consecuencia de cambios internos de la situación. El problema, como indicó en su día el profesor Palacio Atard[20], radica en América; pero el nudo del problema radica en el hábil manejo, que se intentó por parte de los políticos franceses desde 1763, de mover la política colonial española al unísono de la suya propia[21]; ello fue posible durante la época del marqués de Gri-

---

[18] Paul C. Phillips, *The West...*, op. cit., págs. 168-69.
[19] Edward Corwin, *French policy and the American Alliance of 1778*, Princeton, 1916.
[20] V. Palacio Atard, *El Tercer Pacto de Familia*, op. cit.
[21] Renault, *Le Pacte de Famille et l'Amerique. La politique coloniale fran-*

maldi, pero cambió sustancialmente durante la etapa de gobierno del conde de Floridablanca; se trata de un cambio, al que ya nos hemos referido anteriormente, de nueva orientación de una directriz dinástica a otra que ya podemos llamar «nacional», en la que el mundo de intereses españoles queda trascendida por otra serie de motivaciones comprendidas y asimiladas por la minoría ilustrada española. Para comprender las motivaciones de la política francesa al respecto conviene examinar las instancias políticas que se centran en las dos grandes figuras de Choiseul y Vergennes.

1. *Las actitudes de Choiseul*

Etienne François, duque de Choiseul, ministro de Asuntos Exteriores, principal protagonista francés de la derrota de la guerra de los Siete Años, trató, por diversas vías, de que su nación recobrase el prestigio tan quebrantado. El prestigio habría que «jugarlo» entre una nación, aliada, que todavía poseía el mayor imperio mundial, pero especialmente americano, y otra, enemiga, vencedora, que lo estaba forjando con paso muy firme. No había dudas, la posibilidad competitiva, para Francia, radicaba en la reconstrucción de un imperio, sin el cual era muy difícil que hubiese «grandeur», sin el cual el comercio ultramarino tenía poco futuro. El pensamiento de Choiseul lo vemos muy claramente expresado en un despacho al embajador francés en Estocolmo, en plena época de la guerra de Siete Años (21 de marzo de 1759): «No nos engañemos. El verdadero equilibrio de poder reside en el comercio y en América» [22], y cuando recibe la noticia de la pérdida de Quebec la escribe a Ossun: «El equilibrio de poder ha sido destruido en América y en el presente poseemos solamente Santo Domingo allí. Francia, en el estado actual de la situación, no puede considerarse una potencia mercantil, o lo que es lo mismo, no puede considerarse potencia de primer orden» [23]; no puede ser más explícito con respecto a su pensamiento en torno al valor del comercio colonial para ser potencia de pri-

---

co-espagnole des 1760 à 1792, cit. por Jesús Pabón, *Franklin y Europa*, Madrid, Rialp, 1957.

[22] Apud. M. de Flassan, *Histoire générale et raisonné de la Diplomatie française depuis la Fondation de la Monarchie jusqu'à la Fin du Regne de Louis XVI*, Paris, 1811, 7 vols. Vol. VI, 160.

[23] M. de Flassan, *op. cit.*, VI, 279.

mer rango internacional. En su *Memoria* (febrero de 1765) expresó Choiseul los principios rectores de su política, netamente mercantilista:

— Robustecimiento del poder naval para salvaguardar el comercio francés.
— Debilitamiento de Inglaterra, que era el obstáculo más grave al desarrollo comercial de la nación francesa.
— Restablecimiento del equilibrio de poder «conducir con la más escrupulosa atención el sistema de alianza con España, considerando el poder de España como necesario a los intereses de Francia» [24].

En dicha política, como puede apreciarse, España era pieza clave, por doble motivo: como potencia europea y, sobre todo, por sus posesiones americanas, ya que América centra toda la atención, ya hemos visto, mercantilista, pero también política, de Choiseul, que expone en el citado documento sus puntos de vista al concluir: «Me resta hablarle a S. M. de las potencias marítimas. Inglaterra es el enemigo declarado de vuestro poder y de vuestra nación, y lo será siempre. Pasará mucho tiempo antes que se pueda llevar a cabo una paz duradera con esta nación que busca la supremacía en los cuatro cuadrantes del globo. Sólo la revolución que algún día ocurrirá en América, aunque nosotros probablemente no seremos testigos, llevará a Inglaterra a un estado de debilidad necesario para que Europa no tenga que sentir temor de ella nunca más» [25]; un año antes de escribir la *Memoria* a la que nos referimos había enviado Choiseul un agente para que le informase acerca de la situación en las colonias y la actitud de los colonos franceses respecto a Francia [26]. En efecto, el tema de la presencia de colonos franceses en los territorios de Louisiana parece que permite alimentar la reconstrucción de un «protectorado» francés, del que no quedaba excluida la idea de un fomento de la autonomía que, de paso, sirviese como ejem-

---

[24] Cit. por Soulange-Bodin, *La Diplomatie de Louis XV et le Pacte de Famille*, Paris, 1894, págs. 236-253.
[25] *Ibidem*, doc. cit. por Coulange-Dodin.
[26] Cfr. A. Phelps, *Louisiana. A record of Expansion*, New York, 1905, expresa cómo, en junio de 1802, Napoleón Bonaparte cursaba una orden tajante a su ministro de Marina para trazar un mapa de la costa de San Agustín a Méjico con una descripción pormenorizada de las regiones de Louisiana con datos relativos a su población y actividades económicas.

plo a imitar a los colonos ingleses en América del Norte [27]; el mismo punto de vista parece deducirse de los informes del agente de Choiseul, Pontleroy, y del enviado personal del ministro francés, barón de Kalb [28].

Las actitudes de Choiseul, por consiguiente, aunque no marcan una clara política de recuperación, por vía agresiva, del territorio de la Luisiana, mantiene vivo el sentimiento político francés hacia aquella región, especialmente por su alto valor estratégico de índole comercial sobre el Valle del Mississippi, y trata a todo evento de obtener una información que le permita aprovechar la menor oportunidad para lograr que Francia ponga pie en el territorio de América del Norte, concretamente en el área del Mississippi-Golfo de México, puesto que el área del Canadá se debía dar por definitivamente perdida. En este sentido sus bazas eran de índole indirecta:

— Utilizar el sistema de alianza establecido con España y, en la medida de lo posible, dirigir con habilidad las directrices de esta nación desde los despachos de la Corte francesa.

— Aprovechar —y en cuanto fuese posible, promover— los movimientos de descontento de los colonos británicos de América del Norte, fomentando una rebelión que ofreciese la gran oportunidad a Francia de conseguir sus propósitos.

2. Los métodos de Vergennes

Al acceder al trono de Francia Luis XVI, es nombrado ministro de Asuntos Exteriores Charles Gravier, conde de Vergennes, por quien sintió una gran admiración Benjamin Franklin [29]. Si los

---

[27] «Memoir de Poterat tendant à mettre la Louisiane sous le protectorat française.» Archives du Ministère des Affaires Etrangeres, Correspondance politique, Amerique II; el mismo sentido la memoria del conde Charles d'Estaing (10 de marzo de 1769).

[28] John de Kalb llegó a Filadelfia en 1768 con el propósito de informar sobre la posibilidad de un conflicto de las colonias contra Inglaterra. Vid. Frederick Kapp, *Life of John Kalb, Major General in the Revolutionary Army*, Stuttgart, 1882.

[29] La obra clásica sobre la estancia en Francia de Benjamín Franklin es la de Edward E. Hale, *Franklin in France*, Boston, 1887-1888, 2 vols., pero ha sido netamente superada por Bernard Fay, autor de una larga serie monográ-

puntos de vista políticos de Choiseul se efectúan bajo la sombra de la derrota francesa, lo que quizá otorgue sentido a sus puntos de vista y a sus aspiraciones, los de Vergennes tienen lugar cuando parece que, en efecto, las previsiones de los agentes e informantes de Choiseul van a cumplirse: en el momento en que los colonos de América del Norte se lanzan a la búsqueda de su independencia. Las *Reflexiones* de Vergennes y de su secretario Rayneval (1775-1776) suponen la definición de la política francesa ante el conflicto que se desarrollaba en América del Norte [30]; en tales reflexiones expresa, con respecto a España, la necesidad de desarraigar en ésta la objeción principal que se suponía iba a hacer: «A la objección de que, una vez libres e independientes, los americanos constituirían un peligro para las colonias francesas y las ricas posesiones de España en Suramérica, él contestó diciendo que, en primer lugar, se sentirían exhaustos por un considerable período de tiempo para pensar en atacar a sus vecinos; y que, además, lo más seguro era que se hiciesen una república, que como es bien sabido las repúblicas no son muy dadas a la conquista y, por tanto, ocupados en recoger los frutos de la paz, no iban a crear problemas a sus vecinos.» Argumentos, en verdad, poco convincentes y que parecen dar por sentado dos cosas, casi imposible de aceptar por su escaso contenido de argumentación: la paridad de posesiones francesas y españolas ante el posible peligro; la tesis de la escasa tendencia expansiva de las repúblicas. El sentido de tales afirmaciones alcanza su definitivo nivel cuando revela Vergennes la verdadera actitud con respecto a España: «... suponiendo que los colonos traspasasen los límites de las posesiones de España, de ahí *no se sigue que esto sea necesariamente perjudicial para Francia;* siempre que no se infrinjan, por supuesto, las obligaciones impuestas por el Pacto de Familia» [31]. En definitiva, recomienda prepararse para la guerra, inevitable, porque Inglaterra no dejaría de aprovechar la

---

fica sobre el tema, en la que destaca su *Benjamin Franklin*, Paris, Calmann-Levy, 1930-31, 3 vols. La obra, sin embargo, de mayor penetración sobre el personaje y su época se debe al historiador español Jesús Pabón y Suárez de Urbina, *Franklin y Europa*, Madrid, 1957.

[30] Vergennes a la Corte: «Refléxions sur la conduite qu'il convient a la France de tenir a l'egard des Colonies Angloisses», en Doniol, *op. cit.*, I, página 251.

[31] Refléxions, *ibidem.*, el subrayado es nuestro, obsérvese el enorme contrasentido de la segunda parte del texto, que Vergennes utiliza como atenuante.

oportunidad para tratar de apoderarse de las islas que le quedaron a Francia después del desastre de la guerra de los Siete Años; por todo ello resulta conveniente hacer causa común con los colonos; un dato le quedaba por comprobar: saber con exactitud hasta qué punto estaban decididos los colonos a llevar su actitud independiente hasta el final; cuál era, en realidad, la fuerza con que los habitantes de las colonias y territorios ingleses estaban decididos en la línea de su proyecto. A tal efecto envió Vergennes al agente Bonvouloir para que exprese la admiración de Francia por los colonos, le ofrezca el comercio francés y, sobre todo, con sagacidad, obtuviese información fehaciente sobre la verdadera intensidad del programa de independencia [32]; el informe del agente, recibido en París a principios de marzo de 1776, aclaró las dudas del ministro y fortaleció su punto de vista que se expresa en las directrices de su política, que se expresan en el nuevo memorial leído al gobierno [33], de enorme interés en este sentido, pues se trata de un programa de acción ya definida y que trata de atraer al mismo al monarca y vencer la resistencia, entre desdeñosa y racional, de su antagonista en el gabinete, Turgot. Vergennes basa su argumentación profunda en que la guerra en América sería muy beneficiosa a Francia y España porque agotaría tanto a la metrópoli como a las colonias; proponía un programa de actuación de ambas coronas borbónicas del siguiente tenor:

— Mantener al gobierno inglés en un estado de «falsa seguridad» con respecto a las intenciones de Francia y España.
— Proporcionar a los insurgentes ayuda secreta en forma de suministros militares y dinero.
— No adquirir obligaciones contractuales con los insurgentes hasta no obtener la independencia.
— Predominio del interés político en la aplicación del proyecto, tanto por parte de España como de Francia, «quedando en libertad de guiarse por las circunstancias en cuanto a cualquier acuerdo futuro».

---

[32] Instrucciones a Bonvouloir, en Guizot, *Histoire de France*, pág. 371.
[33] «Memoir des considerations sur l'affaires des Colonies anglois de l'Amerique», de Vergennes a la Corte francesa, en Doniol, *op. cit.*, I, 273-79.

El rey sanciona la línea política de Vergennes el 2 de mayo de 1776, lo cual hace perfectamente inútil todo el esfuerzo de Turgot para impedirlo, como resulta sumamente importante por su mayor aproximación al punto de vista español. En efecto, más que una ayuda directa, el ministro de Finanzas aboga por el incremento del tráfico comercial con las colonias, lo cual sería beneficioso para los colonos, como para Francia y España, en cuanto que vaticinaba el final de la era mercantilista y la extinción del monopolio comercial como consecuencia de la independencia de las colonias inglesas, a las que seguirán otras —indicando, al efecto, que «es importante que España se familiarice con esta idea»—, originándose así un nuevo principio de comercio abierto, de libre intercambio comercial entre las viejas y las nuevas naciones que se han de formar: «firmemente creo que todo país-madre se verá obligado a abandonar su imperio sobre las colonias, permitiendo una completa libertad de comerciar con todas las naciones y conformándose en compartir esa libertad con otros, preservar los lazos de amistad y hermandad con esas colonias» [34].

La enorme perspicacia de Turgot, más que en una política francesa de dominación territorial en América, que ya considera definitivamente extinguida, se centra en lo que, a todas luces, representa un cambio de orientación en la relación económica internacional y atlántica, del cual iba a obtener sus mejores logros Inglaterra. Considera abiertamente prematura la guerra contra Inglaterra, que se debía demorar hasta que fuese absolutamente inevitable y, en coincidencia con la Corte española para apurar todos los recursos que permitan retrasar la guerra, expresa sus serios temores de que «un ataque contra Inglaterra traería como consecuencia la reconciliación de ésta con las colonias», con la inevitable conclusión de que, una vez reconciliadas, ambas actuarían, de consuno, contra las colonias españolas, en lo cual se muestra Turgot totalmente de acuerdo con el argumento esgrimido por la Corte española para tratar de liberarse de la presión de Vergennes y no verse envuelta en la guerra.

El sistema económico que, como observa muy sagazmente Turgot, se encontraba en trance de transformación o, al menos, de readaptación, implicaba la interacción de poder nacional, influencia y respeto en el concurso de naciones y prestigio internacional, como partes de un todo, que se basaba precisamente en el co-

---

[34] Doniol, *op. cit.*, I, 281-82.

mercio, el cual dependía fundamentalmente de las colonias que tuviese cada nación y del control que pudiese ejercer para tratar de mantener la exclusiva del comercio con ellas[35]; se trataba de una teoría mantenida por algunos economistas españoles, como Uztariz[36], que afirmaba que poder nacional y prestigio internacional eran imposibles sin un comercio próspero, e incitaba a España para que desarrollara una capacidad productora que le permitiese la autonomía de acción; y en la misma línea abundaba Bernardo de Ulloa que predica la producción industrial para alcanzar el prestigio de otras naciones[37], viendo el advenimiento de una época de poder y prestigio español, si se corregía dicha deficiencia; esto era, precisamente, lo que de ninguna manera deseaban quienes procuraban mantener el monopolio manufacturero del comercio en América: «... esa Monarquía (la española) no tiene muchas de las ventajas que otras naciones gozan debido a la industria de sus habitantes y los productos que manufacturan; por consiguiente, no está en manos de los españoles monopolizar todas esas riquezas (de las Indias), y hagamos votos que nunca tengan como cabeza de la nación un príncipe que aspire a tales cosas»[38]. En tales condiciones, el término «equilibrio de poder» debe considerarse sinónimo de equilibrio comercial y expansión colonial, aunque el exceso de expansión de alguna de las naciones implicaba una amenaza potencial para el equilibrio en Europa que, en consecuencia, cada vez más dependía de aquel que se consiguiese establecer en Inglaterra. Era un axioma que la clave del equilibrio económico se encontraba en las posesiones españolas americanas. Por parte francesa: «Es universalmente aceptado que por el bien general de Europa es necesario que las tierras que los españoles poseen en América permanezcan en su

---

[35]   Vid. al respecto las ideas sustentadas por D. Pedro Rodríguez de Campomanes y que estudiamos anteriormente. Apud. II, b, págs. 93 y sigs.

[36]   Gerónimo de Uztariz, *Teoría y práctica del comercio y de marina...*, Madrid, 1742, y el estudio de A. Mounier, *Les faits et la doctrine économique d'Espagne sous Philiphe V: Gerónimo de Uztariz (1670-1732)*, Burdeos, 1919.

[37]   El interés despertado en Francia por las experiencias de los economistas españoles está explícito en la traducción de la obra de Bernardo de Ulloa, *Retablissement des manufactures et du commerce d'Espagne*, Madrid, 1740, y la obra crítica de Henri de Bérindoague, *Le mercantilisme en Espagne*, Paris, 1929, el cual da una lista de obras españolas de economía escritas en el s. XVIII, importante, pese a sus errores.

[38]   William Cobbet, *Parliamentary History of England from The Norman Conquest...*, X, London, 1806-1820, 172.

poder y que ninguna nación, por tanto, se entrometa en sus dominios. Los franceses, los ingleses y los holandeses no podrían tolerar que ninguna de ellas, respectivamente, se apoderase de ninguna parte de ellas (los territorios) con exclusión de las otras» [39]; por parte británica y expresión del duque de Newcastle: «Siempre se ha considerado esto como necesario para prevenir que ninguna nación de Europa se haga demasiado rica y poderosa en perjuicio de las demás; preservar el derecho exclusivo de navegación y comercio de las colonias españolas con la madre patria y viceversa, a los mismos españoles, fue resultado no tanto de la política de España como de la rivalidad de las naciones de Europa entre ellas» [40].

Desde la paz de París (1763) tendió a mantener el equilibrio colonial, una vez conseguida la eliminación de Francia. Esta se inspira, a través del pensamiento de Versalles, al restablecimiento del equilibrio, que rebajaría la influencia británica, permitiéndole entonces aumentar su prestigio en Europa. En la instrumentación de una influencia «indirecta», los móviles de Vergennes se encaminaban a lo que pudiéramos llamar el equilibrio «contrarrestador», jugando a tales efectos con España, los futuros Estados Unidos e Inglaterra. En sus instrucciones a Bonvouloir insiste particularmente en que persuada a los colonos que Francia no tienen ningún interés en Canadá, lo cual no quiere decir que esté dispuesto a permitir la expansión de éstos en dicho territorio; apréciese en el siguiente texto: «Los enviados del Congreso le han propuesto al rey una operación conjunta que ayude a los americanos a conquistar el Canadá, Nueva Escocia y las Floridas... Pero el rey considera que la posesión de estos tres territorios, o por lo menos el Canadá, por parte de Inglaterra, será un elemento de preocupación y ansiedad en los americanos, que les hará sentir más la necesidad de una alianza y amistad con el rey, elemento éste indispensable que no va en su interés remover» [41]; en el mismo sentido escribe el embajador en Madrid, Montmorin, indicando que era «importante que los ingleses permaneciesen siendo sueños del Canadá y de la Nueva Escocia; así mantendrán vivos los recelos de esta nación que de otro modo

---

[39] «Plan de negotiation sur les Affaires entre l'Espagne et l'Anglaterre (1739)», *Memoirs et Documents*, Anglaterre, IX, fols. III - 120.

[40] Cobbet, *op. cit., ibídem*.

[41] «Instrucciones de Vergennes a Gerard», enviado a Filadelfia, 29 de marzo de 1778.

podían dirigirse a otra parte, y les hará sentir la necesidad de tener seguridad, aliados y protectores» [42]; en definitiva, Vergennes seguía la orientación de Choiseul, tratando de aprovechar al máximo cualquier circunstancia para debilitar el poder de Inglaterra en el continente americano.

Pero al propio tiempo pesaba fuertemente en el ánimo de Vergennes la posibilidad de un excesivo encumbramiento o fortalecimiento de España, tema que le producía fuertes aprensiones; razón fundamental por la cual ejerce una política de apoyo «interesado» según las conveniencias del momento. Esto lo veremos muy claramente en la cuestión de la tensión hispano-portuguesa, que hacía pensar, a mediados de 1776, en la guerra entre ambas naciones [43]; cuando recibe noticias de su embajador en Madrid acerca de la situación adopta una política conciliatoria y aconseja a Ossun que «trate de contener los efectos del resentimiento de Carlos III», pues desea ganar tiempo para que «vuelvan los pescadores en aguas de Terranova» [44]; existía una razón de fondo que movía a Vergennes a conciliar y retardar la acción guerrera de España contra Portugal, que consistía en evitar que, a costa de rebajar el poder inglés, se produjese el súbito incremento del español apoderándose de Portugal, lo cual era contrario al *Systeme de Conservation*, como también, en su criterio, al mantenimiento del debido equilibrio dentro del Pacto de Familia [45]. Todo ello, sin embargo, cambia en el criterio de Vergennes en el momento mismo en que se le despeja una incógnita: la decisión de los colonos norteamericanos; en efecto, en la reunión de gobierno celebrada en Marly el 7 de julio de 1776, incita al rey de Francia a secundar y apoyar a España en su pleito contra Portugal [46]. ¿Qué ha ocurrido? Sencillamente, la llegada a Francia del primer agente del Congreso norteamericano, Silas Dean, con instrucciones dadas el 3 de marzo de 1776, demuestra incontrovertiblemente que las colonias se hallaban en rebeldía abierta contra Inglaterra y que, desde luego, aspiraban a declararse independientes, deseando saber «la posición de Francia... si reconocería a las colonias, si recibiría a sus embajadores,

---

[42]   Vergennes a Montmorin, 30-X-1778, Doniol, *op. cit.*, III, 561.

[43]   Apud., págs. 101 y sigs., relativo a la política internacional del conde de Floridablanca.

[44]   Vergennes a Assun, 8 de julio 1776, Doniol, *op. cit.*, I, 540.

[45]   Corwin, *op. cit.*, pág. 82.

[46]   Doniol, *op. cit.*, 527-28, y Corwin, *op. cit.*, pág. 83.

si estaría dispuesta a firmar un tratado de alianza comercial o defensivo... en el caso de que se vieran obligadas a declararse independendientes» [47]; la sugerencia de una alianza con Francia producía el momento tan esperado por Francia de tratar de devolver a Inglaterra la humillación sufrida en la guerra de los Siete Años. De ahí el cambio súbito con respecto a la política de enfrentamiento de España con Portugal.

El 13 de agosto de 1776 recibe la noticia de que las colonias se habían declarado independientes [48] e inmediatamente prepara un denso mamorial para presentarlo al rey y al gabinete presidido por el conde de Maurepas [49], en que usaba todas sus armas dialécticas para convencerles a adoptar inmediatamente el camino de la guerra, en apoyo de España contra Portugal. Pero el mismo día que llegaba a París la respuesta de Grimaldi aceptando el programa de Vergennes, Garnier remite desde Londres la noticia del descalabro sufrido por los colonos en Long Island [50] y, prudentemente, se abstiene de ingresar en una aventura bélica cuyos resultados iniciales se presentaban bajo tan negros augurios y, una vez más, sacrifica a España, que le proporciona, precisamente, el motivo: «rechazar el plan español de conquista de Portugal» [51]; es entonces cuando, como veremos, el embajador español en París, conde de Aranda, comienza a reaccionar en sus despachos al ministro de Estado, marqués de Grimaldi, respecto a las verdaderas intenciones de Francia. Incluso Vergennes amonesta severamente a la Corte española, advirtiendo que «se sabe donde comienza la guerra, pero no dónde y cómo puede terminar» [52]; sin duda, también se le acabó pronto a Vergennes el «juego» con los intereses españoles respecto a Portugal cuando, extinguida en España y en Portugal la generación belicista, accede al poder el conde de Floridablanca, quien al acelerar los trámites para un arreglo con Portugal de las cuestiones de límites pendientes y,

---

[47] Francis Wharton (ed.), *The revolutionary Diplomatic Correspondance of the United States*, Washington, 1889, 6 vols.; «Instruments del Committee of Secret Correspondence a Silas Dean»; II, 78-80.

[48] Garnier a Vergennes, Doniol, *op. cit.*, I, 561.

[49] «Considerations sur le parti qu'il convient à la France de prendre vis a vis de l'Anglaterre dans le circonstance actuelle», 31 de agosto de 1776, Doniol, *op. cit.*, I, 567-77.

[50] Edmund S. Morgan, *The Birth of the Republic, 1763-1789*, University of Chicago Press, 1956.

[51] Corwin, *op. cit.*, pág. 85.

[52] 26 de abril de 1777, Doniol, *op. cit.*, II, 271.

en su programa de reordenación diplomática de la política internacional, firma el tratado de San Ildefonso (1 de octubre de 1777), obligando a borrar de la agenda de Vergennes la posibilidad de utilización del mismo para sus intenciones anti-británicas.

B) LOS COLONOS NORTEAMERICANOS Y EL VALLE DEL MISSISSIPI: INTERESES EN CONFLICTO

Las dos casas borbónicas disponen de un conocimiento bastante aproximado de las intenciones de los colonos norteamericanos en lo que se refiere a sus reivindicaciones territoriales, a través del tratado de alianza que firman con Francia el 6 de febrero de 1778, en cuyo artículo quinto se establece la siguiente «reserva» de alta indeterminación: «Si los Estados Unidos considerasen necesario tratar de reducir el poder británico que quede en las partes norteñas de América, o de las islas Bermudas, esas tierras o islas, en caso de tener éxito, formarán parte de la confederación o dependerán de los dichos Estados Unidos»; por su parte, Francia renuncia a «cualquier parte del continente que, con anterioridad al tratado de París de 1763 o en virtud de dicho tratado, se reconocían como propiedad de la Corona de Gran Bretaña o de los Estados Unidos, llamados en aquel entonces Colonias Británicas, o que en el presente están o han estado últimamente bajo el poder del Rey y la Corona de Gran Bretaña». En consecuencia —queda claro— renuncia a cualquier territorio que tuviese alguna vinculación, pasada o presente, con la corona británica; pero no existe ningún compromiso en lo que se refiere a las «anteriores» posesiones francesas que, en aquel presente, se encontraban bajo soberanía española. Puede argumentarse, por quienes no ven en los procesos históricos más que el *dato* del momento, que siendo «aliada» España no tenía razón de figurar en dicha tratado; pero hay que hacer constar, primero, que el tratado fue redactado por la diplomacia francesa y que significó mucho para los colonos que no se encontraban, ciertamente, en disposición de pedir demasiadas cosas; segundo, que en aquel momento de la firma por Francia del tratado o acuerdo, la diplomacia española estaba todavía en trance de decidir cuál habría de ser su definitiva postura, pero, en todo caso, por parte de los colonos, se trataba por todos los medios de conseguir su ayuda participativa en el conflicto. El punto de vista francés, a juzgar por los datos de que disponemos, radica en crear un equilibrio entre «las gigantescas demandas de España»[53] y los Estados Unidos, ya que «Nous ne desirons pas a beaucoup pres que la nouvelle republique qui s'eleve demeure maitresse exclusive de tout ce inmense continent»[54]; es decir, se trataba de evitar una expansión territorial y una adquisición de derechos de sus aliados, que quedaban fuera de equilibrio y ofrecía la oportunidad a Francia para cuando las circunsancias lo aconsejasen.

El objetivo, pues, de Francia es procurar que la Louisiana, con Nueva Orleans, continuase bajo dominio español hasta que Francia consiguiese recuperarlas, alcanzando el valle del Mississippi y la otra Louisiana, la oriental, que era el Oeste para los franceses[55]. Por ello el reconocimiento que Francia hiciese a conquistas o reivindicaciones territoriales de los colonos estaba supeditado a ciertas condiciones; en el tratado suscrito con los norteamericanos nunca se menciona ni la Louisiana ni el Valle del Mississippi. En virtud de un proyecto de tratado, el Congreso norteamericano proponía al rey de Francia una alianza si Francia se comprometía a renunciar a cualquier proyecto de adquisición en cualquier parte de Norteamérica que los Estados Unidos reivindicasen[56]; sin embargo, el Congreso ofrecía seguridades a España respecto a sus otras posesiones[57]; de modo gradual se afirma en el pensamiento de los norteamericanos la distinción entre los territorios de las colonias propiamente dichas y los otros que habían sido dominios de la Corona inglesa, pero que ahora consideran suyos y, en consecuencia, los reivindican. Cuando el 27 de septiembre de 1776 son nombrados los comisarios que representan al Congreso en Europa[58], un comité designado para escribir sus instrucciones informará sobre ellas al Congreso, expresando

---

[53] «Memoria de Vergennes al Rey», 5-12, 1778, Doniol, *op. cit.*, III, 588-90.

[54] Vergennes a Montmorin, 30 de octubre de 1778, Doniol, *op. cit.*, III, 561.

[55] En 1778 los límites de los Estados Unidos, según un oficial francés, eran: al Norte, Canadá, y al Oeste, también el Canadá, que se extendía hasta el Mississippi. Apud. Phillip, *op. cit.*, pág. 60, según Archives de la Marine, B4, 144, 23.

[56] *Journals of the Continental Congress*, Washington, 1904-1928 (G. Hunt y W. C. Ford, ed.), 34 vols., V, 770.

[57] *Ibídem*, V, 816.

[58] Benjamin Franklin, Silas Dean, que ya estaba en Europa, y Arthur Lee, por renuncia de Thomas Jefferson que fue el elegido por el Congreso. Sobre esta misión vid. especialmente la inteligente narrativa del historiador español Jesús Pabón, *Franklin y Europa*, op. cit.

la conveniencia de una alianza con España, ofreciéndole a cambio ayuda para apoderarse de Pensacola, aunque con la contrapartida de libre uso de tal puerto para los norteamericanos y la navegación del Mississippi[59]; en el ánimo de los comisarios del Congreso en Europa está perfectamente delineado el objetivo al que tienen que tender: «Las trece Colonias Unidas, conocidas ahora como los Trece Estados Unidos de Norteamérica, serán reconocidas por Francia y España y tratadas como Estados independientes y como a tales se les garantizará la posesión de toda aquella parte del continente de Norteamérica que, según el último tratado de paz, habían sido cedidas y confirmadas como posesión de la Gran Bretaña»[60]; pero esto es lo que el impulsivo y eminentemente simpático, el gigantesco Silas Deane, interpreta; el Comité del Congreso que les intruye es mucho más cauto y prudente en sus planteamientos y así despacha a los comisarios en París, con fecha 30 de diciembre de 1776, del siguiente modo: «Después de madura reflexión de todas las circunstancias, el Congreso estima una declaración de ayuda por parte de Francia y España indispensable para asegurar la independencia de los Estados Unidos, que les autoriza para hacer a Francia y a España las ofertas que crean necesarias para prevenir más retrasos en cosa que se juzga ser tan esencial para el bien nacional de Norte América. Vuestra sabiduría, no dudamos, os guiará en hacer estas ofertas, de modo que se procure lo que se desea concediendo menos aún, si es posible, de lo que ahora ofrecemos; pero esto último no a costa de un retraso que pueda poner en peligro el fin que perseguimos[61].

El 23 de diciembre de 1776, los comisarios recibidos por Vergennes, presentan formalmente el esquema del tratado ofertado por los Estados Unidos; alianza e integración de los intereses de las tres naciones (Francia, España y Estados Unidos); oferta a Francia y España de la amistad y comercio de los Estados Unidos; garantía a ambas de todas sus posesiones en las Indias Occidentales, así como las que adquieran del enemigo[62]. Al comentar,

---

[59]   Journal of the Continental Congress, cit., VI, 1.057.

[60]   Silas Deane a John Jay, París, 3 de diciembre de 1776, Wharton, op. cit., II, 215.

[61]   Committee of Secret Correspondance, Wharton, op. cit., II, 240.

[62]   Ningún historiador se ha fijado en la ambigüedad del término «Indias Occidentales» que, para los anglosajones se reduce a la región insular del Caribe-Antillas, sin alcanzar el continente. El término «West Indies» se presta

en sus escritos al *Comité de correspondencia secreta,* la buena acogida que les dispensó Vergennes y el embajador de España en París, conde de Aranda[63], no se encuentran en disposición de informar que la actitud del poder central español no está absolutamente identificada con el entusiasmo de Vergennes, ya que las ambiciones territoriales de los colonos se encuentran en abierto conflicto con los intereses de España, fundamentados en derechos considerados de plena legitimidad. En efecto, en el proyecto de reivindicaciones territoriales de los colonos aparece bien pronto el Oeste, cuya concepción geográfica para los norteamericanos difería mucho de la que tenían los franceses[64]; así lo vemos en las disquisiciones financieras de Silas Deane acerca de la posibilidad de obtener créditos y trata de encontrar garantías: «Primero —escribe— se debe disponer de un terreno en las partes más fértiles de unas tres mil millas cuadradas que se adquieran por medio de compra de los nativos de la zona ribereña del Mississippi o del Ohío, que se adjudicará a los Estados Unidos para usar como colateral en préstamos que solicite. Segundo, todo aquel que preste dinero se asegurará una cantidad de acres correspondientes a la cantidad prestada, no admitiendo suscripciones que no asciendan a la cifra de mil o mil doscientos francos»[65]; la aceptación por parte de Francia de este plan se pone de manifiesto en la entrevista mantenida con Vergennes el 12 de diciembre de 1777, en la que el ministro francés se limitó a argüir que las pretensiones de la colonia de Virginia, basadas en los derechos concedidos por la Corona inglesa, crearían un conflicto con las reclamaciones de España sobre California; a lo cual adujeron los comisarios norteamericanos que, según el tratado de 1763, el límite de las colonias hacia ese lado se había establecido en el Mississippi, lo que indicaba, a su juicio, que no existía intromisión por parte de los Estados Unidos; lo cual «se admitió como solución válida de la cuestión»[66]; el historiador Corwin insiste en que tanto Francia como España reconocieron como válidas tales pretensiones de límites hasta el Mississippi,

---

inevitablemente a confusión, aunque no puede afirmarse nada sobre la intencionalidad de su uso.

[63] Wharton, *op. cit.,* II, 244-248.

[64] Vid. nota 212.

[65] Deane al Comité, París, 1 de diciembre de 1776, Wharton, *op. cit.,* II, 204-207, y Deane a Gerard, 18 de marzo de 1777, Corwin, *op. cit.,* pág. 239.

[66] Corwin, *op. cit.,* pág. 240.

basándose en un comunicado del embajador francés en Madrid, Montmorin a Vergennes, según el cual el conde de Floridablanca había declarado que el Mississippi «era un límite o frontera visible y lo suficientemente definida entre las posesiones españolas y el territorio de los Estados Unidos» [67]; la verdadera intención de Floridablanca no es de aceptación, sino de abierta oposición al expansionismo norteamericano, entendiendo —debido a la excelente información cartográfica de que disponía, contrariamente a los franceses— que el límite no era el Mississippi como tal río, sino en cuanto cuenca fluvial, por consiguiente, el Valle del Mississippi; de ello dejará constancia al enviado español Juan Miralles, que se encuentra en Filadelfia ya en julio de 1778, presentando la posición española en orden a una táctica para la posible guerra: que Francia conquiste Canadá y España todo lo que se había perdido en el Tratado de 1763 [68].

La cuestión, pues, el conflicto de intereses, en realidad, se planteó abiertamente cuando Franklin propuso a Aranda la navegación libre del Mississippi, de acuerdo con las instrucciones que tenía del Comité del Congreso: «Si S. C. M. se une a los Estados Unidos en la guerra contra Gran Bretaña, ellos ayudarán a España a conquistar la villa de Pensacola; a condición de que los habitantes de los Estados Unidos disfruten de la libre navegación del Mississippi y el uso del puerto de Pensacola» [69]; verdaderamente la contrapartida ofrecida por Franklin a tan vital concesión como era la libre navegación del Mississippi era diminuta, sobre todo como cuando veremos la conquista de Pensacola no representó, en las operaciones guerreras iniciadas en 1779, más que una simple acción de valor personal. Debe pensarse, pues, que los comisarios americanos estaban convencidos del papel político secundario que España jugaba en el concierto familiar francés, pensando que, puesto que Francia había aceptado la cuestión, España no tendría más remedio que seguirla dócilmente. Estaba completamente equivocado; el pensamiento de Floridablanca difería radicalmente del de Vergennes, tanto en lo que se refiere a la aceptación de los límites pretendidos por los colonos norteamericanos para obtener la salida al Golfo de México, cuan-

---

[67]   Montmorin a Vergennes, 10 de abril de 1778, Doniol, *op. cit.*, II, 22; se refiere a la conversación mantenida con Floridablanca en el mes de marzo.

[68]   Doniol, *op. cit.*, III, 293-94 (Gerard a Vergennes, 25 de julio de 1778).

[69]   Franklin a Aranda, 7 de abril de 1777, Wharton, II, 304.

to en lo que a la guerra contra Inglaterra; existía un muy diferente punto de vista motivador entre Francia, movida por Vergennes, y España, bajo la dirección de Floridablanca; para este último, la cuestión representaba un peligro inmediato en la geografía; para Vergennes, se trataba, simplemente, de reconstruir «la grandeur» de su nación, a costa de quien fuese, es decir, un propósito a ultranza, en el cual entraba como clave secular los proyectos del Congreso de los Estados Unidos, con vista a un futuro utilitario; por ello escribirá a su agente Gerard, el 26 de octubre de 1778 [70]: «No sé las intenciones de la corte de Madrid sobre este particular. Pero juzgo de la posición geográfica de estos lugares, que los americanos insistirán en la libertad de navegación del Mississippi a causa de los establecimientos que se proponen levantar a lo largo del Ohío y le aseguro que me asombraría que nadie tratara de rehusarles esto... Vd. se halla en posición de obtener la información necesaria de los americanos o del señor Miralles; y si es tal que justifique la negativa de España, debe preparar a los americanos a que acepten esto. En caso contrario, debe prevalecer sobre el agente español... poniendo las cosas de modo que no encuentren dificultad en conceder a los americanos el consentimiento que ellos no van a dejar de solicitar»; queda claro en este texto la parcialidad e inclinación de Vergennes por la posición de los colonos, ya que todo queda subordinado a que *nadie trate de rehusarles esto*, mientras la condicional de que obtenga *información necesaria de los americanos* («o del señor Miralles») constituye de suyo una cesión al plenipotenciario en Filadelfia de que actúe en función de la información de la que, a todas luces, carecía Vergennes; prueba evidente de la independencia de criterio seguido en la cuestión por parte de España. Lo que ocurrió fue que las simpatías de Gerard se inclinaban hacia España, sobre todo al apreciar «de visu» el peligro potencial que representaban aquellos colonos radicalizados en su posición revolucionaria y rebelde, y que, pese a sus protestas de amistad y alianza, no le merecían ninguna confianza; en consecuencia, usando de la libertad de acción que en sus instrucciones le había concedido Vergennes, toma decididamente el partido de España y prepara a los norteamericanos a que acepten el hecho de que no encontrarán ninguna facilidad en la obtención del derecho pretendido de libre navegación en

---

[70] Doniol, *op. cit.*, III, 569-70.

el Mississippi y territorios adyacentes y así lo expresa claramente al Congreso en dos ocasiones: «Los Estados Unidos no tienen derecho a las posesiones del monarca inglés, que no tuviese España también, desde el momento en que se viese envuelta en la guerra contra Inglaterra; su derecho (el de los colonos norteamericanos) estaba restringido a los territorios que poseían las colonias como colonias inglesas; al admitir las demandas de establecimientos esparcidos aquí y allá aislados, había ido en contra de los principios de justicia y equidad que habían inspirado la Revolución... el rey (de Francia) no prolongaría la guerra ni un solo día sólo para que ellos pudieran procurarse las posesiones que ansiaban; que tales beneficios eran absolutamente ajenos a los principios de la alianza y, especialmente, a los de la política de los Estados Unidos hacia España, lo mismo que a los intereses de esta potencia; nunca lograrían establecer lazos de amistad con España en tanto esta nación tuviese razones tan válidas para sentir desconfianza» [71], y, con posterioridad, en comunicación escrita al Congreso en 17 de marzo de 1779, insistiría con duras palabras respecto de que «... nuevos retrasos levantasen sospechas, y confirmasen lo que en Europa se rumoreaba de una división de opiniones y sentimientos en el Congreso, reformanzo así la esperanza que el enemigo sigue teniendo de fomentar esta discordia doméstica y, a la vez, atizar la desconfianza entre los aliados, tratando de pactar cada uno de los Estados separadamente para, así, atraparlos uno a uno en la marcha de su credulidad, eliminando también el apoyo mutuo que se prestan como resultado de su unión. Es, además, de sobra sabido que la condición primera de la corte de Londres sería que los Estados Unidos renunciasen a su alianza con Francia, para formar una coalición ofensiva y contener el comercio en América... la gloria y el interés requieren prevenir que se fortalezca esta opinión, que más que nada contribuiría a mantener la falsa esperanza y obstinación del enemigo común» [72].

Los puntos de vista de Gerard son reveladores de lo que su directa información de lo que está ocurriendo en el Congreso le alarma considerablemente: la actividad de los agentes británi-

---

[71] Gerard a Vergennes, 28 de enero de 1779, Corwin, *op. cit.*, págs. 252-53. Vid. también Adolphe Circourt, *Histoire de la Alliance et de l'Action Commune de la France et l'Amerique*, III, Paris, 1781, 3 vols., págs. 264-65.

[72] Wharton, *op. cit.*, III, 86.

cos y la formación en el seno del Congreso de una facción anti-
francesa que, se rumoreaba, estaba dispuesta a negociar con los
ingleses. Filadelfia, pues, durante unos tensos meses constituyó
el escenario principal de la negociación con España y Francia,
respectivamente representadas por Miralles y Gerard. De lo apuntado anteriormente se deduce la existencia de un tercer factor
que lo constituye el Congreso; ¿cuáles son los supuestos internos
que marcan y delinean el conflicto de intereses con respecto a
España? Para contestar correctamente es necesario estudiar in-
ternamente la institución representativa-ejecutiva de los nacientes
Estados Unidos: el Congreso. En la coyuntura de la independencia, y en relación con las tres naciones europeas con las que se
dirimía tan vital cuestión para el futuro político, se habían configurado claramente dos grupos que forcejean por conseguir el
control de la decisión congresal: el «Junto», grupo anti-español, y
los «Amigos de la Alianza», partidarios de conseguir la alianza
con Francia y España, antes que cualquier pacto con Inglaterra,
razón por la cual se les conocía también con el sobrenombre de
«patriotas»; por otra parte, existía un fuerte porcentaje de miembros que no respondían a ningún tipo de interés nacional, sino
pura y exclusivamente a los estatales y particulares. En dicho
ambiente se forjan los supuestos esenciales acerca del futuro
político de la nación que, en primer lugar, se decide que fuese
república [73] aristócrata o popular, polarizándose las dos tendencias en litigio en torno a Hamilton y Jefferson y confundiéndose
bien pronto con los temas de «virtud» y «expansión»; los que
defendían un concepto «elitista» de gobierno predicaban una nación no demasiado extensa, que se asentase firmemente sobre
una buena administración; los jeffersonianos deseaban un país
de dilatados horizontes territoriales, porque adivinaban que, en
la extensión, habría que someterse a menores y más difusos sistemas de control. Al grupo de Hamilton no les atraía la idea de
constituir una nación sobre bases agrarias, pues ello suponía una
nación extensa; se mostraba partidario de una nación económicamente basada en el comercio, dotada de uno poder ejecutivo
fuerte en manos de los que se beneficiaban fundamentalmente del
sistema. Por su parte, Jefferson y sus seguidores se sentían atraí-
dos por las teorías políticas de Montesquieu, viendo en el con-

---

[73] G. Stourzh, *Alexander Hamilton and the idea of Republican Government*,
Stanford, 1970.

cepto de virtud basada en la sobriedad un impedimento para el desenvolvimiento sin límites de los poderosos o «monócratas» como los denominaba Jefferson; en definitiva, partidarios de un sistema agrícola, donde la riqueza pudiera ser disfrutada por todos, descansando el poder en la voluntad del pueblo que debería manifestarse por medio del sufragio público[74]. Si para Hamilton el Estado debía ser un organismo capaz de garantizar el disfrute de las riquezas y salvaguardar la propiedad, su antagonista opinaba que «los hombres constituyen sociedades para proteger su propiedad, por ello entendía... que el gobierno existía... para garantizar el derecho de todo hombre a la libertad desde que nace»[75]; en la afirmación de su fe política, Jefferson estima que «el gobierno republicano es capaz de extenderse sobre una superficie más grande del país que ninguna otra forma de gobierno»[76]. Como dice Truslow[77], «Hamilton vio mejor que Jefferson los resortes que mueven los hombres y los motivos que les impulsan a actuar. Tenía una opinión mucho menos elevada de la naturaleza humana que Jefferson, en lo cual llevaba razón. Jefferson, con más claridad que Hamilton, vio los ideales que anhelaban los americanos, aunque en la práctica no estuviesen a nivel de ellos. Hamilton era un cínico; Jefferson un optimista. Hamilton creía en la herencia; Jefferson en el espacio vital. Hamilton era del parecer que la naturaleza humana nunca podía cambiar; Jefferson que, bajo ciertas condiciones, podía mejorar. Hamilton creía que América nunca podría ser gobernada excepto por los viejos métodos de Europa, de corrupción y provecho personal; Jefferson, que había observado de cerca dichos métodos, creía que América tenía una oportunidad única en la historia mundial de desarrollar un sistema mejor.»

En torno a tales conceptos encontrados se discute la futura orientación del país; si triunfa el supuesto hamiltoniano, está claro que el porvenir nacional se encontraba en el mar; si predominaba el segundo, en el territorio, en las tierras del Oeste, inagotable posibilidad para el desarrollo agrario. Naturalmente, los debates en torno a la expansión afectaban de modo considera-

---

[74] Stourzh, op. cit., y J. Truslow, *The Living Jefferson*, New York, 1936.

[75] W. D. Grampp, «A examination of Jefferson's economics», *T. Jefferson, a Profile*, M. O. Peterson (ed.), 1967.

[76] *The Works of Thomas Jefferson*, Paul L. Ford, Federal ed., 12 vols., New York and London, 1904, X, pág. 24.

[77] Truslow, op. cit., pág. 211.

ble a los vecinos, sobre todo España, cuyos intereses, seguridad territorial y destino histórico podían verse profundamente afectados por las decisiones finales adoptadas en el Congreso, sobre cuya facción mercantilista trataron lógicamente de influir Miralles y el plenipotenciario francés Gerard, con ánimo de contrarrestar el expansionismo jeffersoniano e impedir —caso de Gerard— que triunfase, para no comprometer la alianza de España con Francia frente a Inglaterra, ya que, en efecto, en el Congreso de los Estados Unidos, durante algunos años, se desarrolla una polémica cuyas implicaciones tuvieron evidente repercusión entre los bastidores diplomáticos del mundo entero.

Evidentemente —y ello como consecuencia directa de los resultados del Tratado de 1763 y, en especial, la vinculación de las tierras adquiridas por Inglaterra a la Corona— el interés por el Oeste era general, tanto por el «partido» del Junto como por parte de sus rivales los mercantilistas hamiltonianos, estrechamente ligada al poderoso financiero Robert Morris que, «en medio de los desastres de la nación, poseía una fortuna de ocho millones»[78]. La diferencia única consistía en que para unos, además de tierras de especulación, era, sobre todo, de anexión, mientras que para los hamiltonianos era, sobre todo, espacio mercantil[79]. Todos estos elementos deben ser muy tenidos en consideración para calibrar, con exactitud, tanto la conducta de Miralles con respecto al Congreso, cuanto, sobre todo, a la inteligente política instrumentada desde Madrid por el conde de Floridablanca.

Existía, por otra parte, un factor nada despreciable en el interior del Congreso y en torno a tales luchas intestinas, que estaba representado por la posibilidad de desunión y separatismo entre los diversos Estados que formaban la precaria unión y que, además, nos sitúa en presencia de un fenómeno de diversidad de objetivos y libertad de acción, altamente desvinculada del débil organismo de autoridad que era el Congreso, hacia el cual sentía más bien desconfianza y, en muchas ocasiones, abierta hostilidad. No puede afirmarse que existiese en el seno del Congreso unanimidad de opinión ni respecto a la expansión por el Oeste ni con respecto a su aspiración de acceso al Valle del

---

[78] Brissot de Warwille, *New travels in the United States, 1778*, London, 1794.
[79] Cfr. T. P. Abernethy, *Western Lands and the American Revolution*, New York, 1959, pág. 216.

Mississippi; en rigor puede decirse que la mayor confusión predominaba y que, en torno al eje cronológico de 1778, el peligro de la disolución interna del país gravitaba con mayor fuerza que el mismo desenvolvimiento de la guerra contra Inglaterra.

La actividad desenvuelta por el plenipotenciario francés y el enviado oficioso español ante el Congreso se encauzó en conseguir provechoso partido de todos los conflictos internos del Congreso; la residencia de Gerard se convirtió en palenque de entrevistas políticas y reuniones sociales, en una de las cuales el plenipotenciario francés sugirió al representante de Nueva York, Morris, la conveniencia de garantizar a España la posesión de Pensacola, San Agustín y Mobile, con la exclusividad de navegación en el Mississippi, lo cual, argumentaba Gerard, despejaría los recelos que la Corte española sentía sobre los grandes contingentes de tropas británicas concentradas allí; Morris estaba de acuerdo en que los límites de la república eran ya suficientemente extensos; que si España controlaba el río, desde las proximidades del Ohío hasta la desembocadura, ello era apropiado para los intereses norteamericanos, pero se mostraba temeroso de que la población que expansionaba hacia el Oeste, conforme se alejase de los centros de poder se independizaría de éstos y podría constituir un elemento perturbador en las relaciones con España; estimaba que las Floridas podían ser cedidas a España mediante una compensación económica. Al hacerle Gerard la observación de que eran muchos los que en el Congreso mantenían los derechos de navegación en el río Mississippi, añadiendo que consideraba muy difícil que cedieran en ello, se mostró de acuerdo Morris, aunque matizando que, además de considerarlo muchos derecho imprescriptible de los Estados Unidos, «existían poderosos intereses privados empeñados en mantener dichos derechos» [80].

En otra ocasión, con motivo de una cena ofrecida por Miralles a Jay con motivo de su nombramiento como presidente del Congreso, aprovecha Gerard para insinuar a algunos representantes la conveniencia de trazar «una línea permanente de separación entre las posesiones españolas y las suyas», con objeto de demostrar la inexistencia de expansionismo, lo cual causaría excelente efecto y buena acogida, tanto en España como en Europa, donde

---

[80] Gerard a Vergennes, 20 de octubre de 1778, Doniol, *op. cit.*, II, páginas 72-73.

se temía que los Estados Unidos reivindicasen la tradición británica; muy hábilmente, sin embargo, «me abstuve de nombrar el Mississippi y la cuestión de la navegación a lo largo de su curso, y de la adquisición de los derechos a esta navegación por parte de España... por ser esta cuestión que debe tratarse con el mayor sigilo y habilidad» [81]; el silencio en torno al Mississippi llevaba la cuestión del límite a la zona del Oeste y el Noroeste, donde existían ciertos intereses particulares que impulsarían a establecer los límites nacionales por iniciativa del Congreso [82]. Poco a poco la acción concertada de Miralles y Gerard iba ganando terreno en el Congreso, llegándose incluso a romper el silencio que se había mantenido con respecto al Mississippi: «La mayoría reacciona favorablemente a mis insinuaciones, algunos desean encontrar una fórmula intermedia, otros opinan que los derechos a la navegación en el Mississippi son irrenunciables. Los dos últimos grupos basan su posición en los intereses que han surgido como consecuencia de los núcleos de población constituidos en el Ohio hacia el río Illinois, en las tierras de Natchez y en la Florida oriental. Alegan que no pueden abandonar a sus compatriotas que se han constituido en parte del cuerpo nacional y solicitan ser admitidos en la Confederación americana. Yo les indiqué que, en cuestiones de tal importancia, no debían verse restringidos por consideraciones de carácter personal... sin examinar previamente, si ello redundaba en el beneficio general de la República» [83]; poco después Gerard habla ante el Congreso en pleno en favor de España: «Su Majestad Católica es demasiado grande y generoso para desear adquisición de territorio alguno..., que era la seguridad de sus fronteras y la prevención de posibles altercados con sus vecinos, lo que le preocupaba..., que la posesión de Pensacola y la exclusiva navegación del Mississippi únicamente podía satisfacer este objeto» [84]. Algunos meses antes Vergennes cursa instrucciones a Gerard acerca de la mediación en el conflicto ofrecida por España, solicitando que pidiese al

---

[81]   Cfr. A. Circourt, *op. cit.*, núm. 228, III, págs. 260-63.

[82]   Gérard da noticias muy exactas acerca de la aproximación de J. Jay a los puntos de vista españoles, especialmente en lo que se refiere a la contención de la expansión de Virginia hacia el Oeste, sino también hacia el Mississippi. Sin embargo, al ser nombrado representante de U.S.A. ante la Corte de España cambió absolutamente de punto de vista, como veremos.

[83]   Gérard a Vergennes, 28 de enero 1779.

[84]   *Ibídem*, 17 de febrero de 1779, Doniol, *op. cit.*, IV, págs. 110-114.

Congreso cuáles eran las condiciones para la paz, indicando Vergennes: «Sería conveniente que el ultimatum del Congreso incluyese la renuncia del Canadá y la Nueva Escocia, o por lo menos del Canadá y los bancos pesqueros a lo largo de la costa de Terranova; segundo: el abandono en favor de España de las Floridas o partes de estas colonias que satisfagan los deseos de España» [85]. Como puede observarse, no sólo omite Vergennes el tema del Mississippi, sino que admite que el Valle del Mississippi es propiedad de los colonos, puesto que de ellas depende el satisfacer los deseos de España, dándoles o negándoles esas partes; las instrucciones llegaron demasiado tarde para impedir la formal petición de Gerard ante el Congreso.

En todo caso, en el Congreso comienza a operarse un núcleo de opinión en torno a la problemática planteada por Gerard: los representantes de Virginia y Carolina del Norte se mostraban partidarios de limitar las concesiones a España; pero la mayoría se muestra inclinada a hacerlo, ya que en esos momentos (febrero de 1779) resulta fundamental el reconocimiento por España y la correspondiente alianza; aflora una corriente de opinión acerca de la ineludible necesidad de la navegación en el Mississippi, en cuanto elemento civilizador regional; también pedían contar con un almacén o factoría en la desembocadura, al que añadían el favor de disponer de un puerto en el Mediterráneo [86]; sin embargo, una corriente de opinión dirigida por los Estados de Nueva Inglaterra hasta Nueva Escocia polarizan una actitud antifrancesa como consecuencia de los bancos pesqueros y la febril actividad francesa en torno a tan importante elemento económico; en sus informes a Vergennes, Gerard recoge la postura congresal y advierte del propósito profundo que la anima: «... algunos acariciaban la idea de producir una ruptura entre Francia y España, pero mi propia opinión era que, si los americanos tenían la audacia de empujar a S. M. a la necesidad de tener que escoger entre los dos, su decisión no sería favorable a los Estados Unidos; y de que con gran sentimiento veía que aquellos encargados de velar por el bien de los americanos confundían los asuntos nacionales con sus propios intereses locales y partidistas, como si todo el

---

[85] Instrucciones de Vergennes a Gerard, 26 de octubre de 1778, Doniol, III, páginas 569-70.

[86] Gerard a Vergennes, 14 de julio de 1779, Doniol, op. cit., IV, páginas 114-115.

mundo se hubiera de inclinar y ceder a sus mudables decisiones... que, con toda certeza, el rey no estaba dispuesto a consumir los recursos de su reino... para que unos cuantos propietarios de barcos de Nueva Inglaterra añadieran un pequeño aumento a sus fortunas» [87].

Todos los esfuerzos de Miralles y Gerard resultaron inútiles; el representante francés se retira, aconsejando a Vergennes que, como «mejor manera de salvar a América de su locura, y a pesar de ella misma, (debía) el rey concluir una paz con Inglaterra, siguiendo las líneas generales de la alianza»; no ha sido una batalla infructuosa, ya que el Congreso, presionado por los representantes francés y español, no tiene más remedio que definir su postura en lo que se refiere a política exterior y, a tales efectos, constituyó un comité especial especializado en política exterior, una de cuyas primeras actividades se consagraron a establecer las condiciones que se consideraban básicas para una eventual paz. El comité estuvo compuesto por representantes de cada uno de los sectores geográficos correspondientes a cada sector político: Samuel Adams (Massachussets), Gouvernor Morris (New York), Witherspoon (New Jersey), Smith (Virginia) y Burke (North Carolina); y recomendó como ultimátum, el 23 de febrero de 1779, los siguientes términos [88]:

— Que los límites de los Estados Unidos se reconozcan y ratifiquen como sigue: al norte por las antiguas fronteras del Canadá en la forma mantenida por Gran Bretaña, yendo de Nueva Escocia al lago Nipissing; de ahí a lo largo de una línea hacia el oeste a la parte orriental del Mississippi siguiendo la línea establecida entre Massachussets y Nueva Escocia; al sur por la frontera establecida entre Georgia y la Florida oriental y occidental, y al oeste por el río Mississippi.
— Que la navegación del río Mississippi se reconozca y ratifique como absolutamente libre para su uso por los súbditos de los Estados Unidos en la parte sur hasta los límites de los dichos Estados Unidos.

---

[87] Gerard a Vergennes, 14 de julio de 1779, Doniol, *op. cit.*, IV, páginas 177-181.

[88] «Actas del Congreso referentes a las condiciones de pacificación, en particular en lo concerniente al Mississippi y los bancos pesqueros», *Journals of the Continental Congress*, cit. (ed. Hunt y Ford), XIII, págs. 241-243.

— Que se permita comerciar libremente a los súbditos de los Estados Unidos y hacer uso de un puerto o puertos en el Mississippi al sur de la frontera de los dichos Estados.

Según este ultimátum, la soberanía de la nueva nación se extendía a todo el territorio desde los Grandes Lagos hasta la Florida; ello significa que no se hacía a España ninguna o muy pequeña concesión[89], y ello, además, porque «son de la opinión de que Su Majestad Católica se halla dispuesta a entrar en alianza con los Estados Unidos». Tan irreductible posición llevaría consigo el fracaso de la misión Jay en España, que analizaremos posteriormente. Está claro que el comité del Congreso no tiene para nada en cuenta los intereses de las naciones europeas aliadas —Francia— o cuya alianza se pretendía —España—; sólo los de los Estados del sur, obsesionados con la idea de posesión del Valle del Mississippi y la libre navegación del río; y los del norte, igualmente pendientes de la conquista e integración de Nueva Escocia, para obtener los derechos de pesca en los bancos de Terranova.

Tras varios días de intensos debates, el 17 de marzo de 1779 el Congreso acuerda:

— Abandonar la reivindicación propuesta por los Estados del Norte sobre Nueva Escocia, ya que la mayoría no está dispuesto a alargar la guerra y aumentar los sacrificios por ello.
— No se acepta, por mayoría, incluir como ultimatum la cuestión de la navegación del Mississippi[90].

Ni los representantes de la Nueva Inglaterra (Adams) ni los del sur (Lee) se mostraban muy dispuestos a aceptar ambas decisiones del Congreso y, como consecuencia de su firme propósito, la temperatura política del Congreso aumenta hasta extremos de hablarse de la posibilidad de una guerra civil si no se accede a las demandas reivindicativas de territorios; así indicaba Jay a

---

[89] En el documento citado en la nota 245 quedaba como tema de negociación («mutual exchange or compensation») que si la Gran Bretaña cede a los Estados Unidos de América las Floridas, «los mismos las cederán a España por una compensación adecuada». *Ibídem*.

[90] *Journals of the Continental Congress*, op. cit., XIII, págs. 339-341.

Gerard, pidiéndole flexibilidad en su táctica política de presión sobre el Congreso [91]; mientras tanto, el grupo del Junto cierra filas y prepara la batalla para la sesión de agosto en el Congreso [92]; es importante seguir paso a paso la marcha de la votación de mociones y enmiendas. McKean y Morris presentaron la siguiente *moción:*

> «Que si, contrario a los humanos deseos de los Estados Unidos, la Gran Bretaña persistiese obstinada en proseguir la injusta guerra del presente, al ministro plenipotenciario de los Estados Unidos se le den poderes e instrucciones de consultar, preparar y concluir con los ministros de las Cristiana y Católica Majestad un tratado o tratados ofensivos y defensivos, introduciendo en el tratado ofensivo, sin embargo, por parte de los Estados Unidos, un artículo o artículos al objeto de adquirir Canadá, Nueva Escocia, las Islas de Bermuda y el disfrute y pleno reconocimiento de los Estados Unidos a los bancos pesqueros» [93].

Inmediatamente Mr. Mathews y Mr. Burke presentan una moción para introducir «Las Floridas», después de la palabra «Bermuda», que se aprueba; Mr. Smith, secundado por Mr. Burke, moción sucesiva: que después de «las Floridas» se añadiesen las de «libre navegación del río Mississippi»; que, igualmente, es aceptada; el 14 de agosto, sin embargo, y por recomendación del comité nombrado para redactar los términos de la paz, el Congreso aceptó su recomendación de que sólo fuese establecida como condición «sine qua non» la de la independencia; también dispone el Congreso que la frontera norte se estableciera en el lago Nipissing; la del sur, a lo largo del borde de Florida y la oeste desde el paralelo 31° de latitud norte hacia el río Mississippi [94];

---

[91] Gérard a Vergennes, 14 de julio de 1779, Doniol, *op. cit.*, IV, páginas 177-181.

[92] Celebrada el 5 de agosto de 1779. Cfr. Wharton, *op. cit.*, págs. 274-276. «Actas del Congreso referentes a las condiciones de pacificación, en particular a lo concerniente al Mississippi y los Bancos Pesqueros», *Journal of the Continental Congress*, op. cit., XIV, págs. 958-961.

[93] La moción la presentan McKean y Morris, en cuanto miembros del comité designado para elaborar las instrucciones para el plenipotenciario que represente a los Estados Unidos en las posibles conversaciones de paz.

[94] *Journals of the Continental Congress*, op. cit. «Actas del Congreso del 14 de agosto de 1779».

el 7 de septiembre, por orden de Vergennes, Gerard anuncia al presidente del Congreso: «Señor: la decisión de España es pública. Su embajador ha abandonado Londres el 18 de este mes. Sus fuerzas han iniciado la marcha para unirse a las nuestras. Una vez se efectúe esto infligirán a Inglaterra un fuerte golpe suficiente para obligarla a reconocer la independencia de América... parece que ha enviado (se refiere a Inglaterra) dos emisarios al Congreso con la oferta de una tregua, e incluso la autoridad de retirar todas las fuerzas militares inglesas de América si ésta decide abandonar nuestra alianza y separarse de nosotros. No puedo imaginar que tal traición pueda cruzar por la mente del Congreso; pero si por amor a la paz así fuera, debe de reflexionar lo siguiente para deshechar tal pensamiento. Tan pronto Inglaterra esté segura de esta defección puede arreglar sus cuestiones con nosotros y no habrá razón que justifique una negativa por nuestra parte. Entonces ella se lanzará sobre América con toda la fuerza de su poder, y ninguna nación de Europa después se interesará en un país que nació al mundo usando de la más baja cobardía de que un gobierno puede ser culpable» [95].

Tan duras palabras, dirigidas al Congreso, son demostrativas, ante todo, de la fuerza alcanzada en el mismo por el partido antifrancés, que encauza las reivindicaciones de Nueva Escocia, Canadá y bancos pesqueros, que afectaban muy especialmente a Francia; por otra parte, prueba contundente que, caso de producirse la aceptación del pacto del Congreso con Inglaterra, propuesto por los enviados de ésta, supondría un rudo golpe a la política mantenida por Vergennes y su doble objetivo: hundir a Inglaterra y mantener la reserva de las zonas de influencia francesa en el norte del nuevo país. Veamos cuáles fueron las reacciones del Congreso respecto a los temas en litigio. En la reunión del 9 de septiembre de 1779 [96], una propuesta de los representantes Dickinson y Mathews se plantea en los siguientes términos: «Que el plenipotenciario que se espera enviar a la corte española, si Su Majestad Católica está dispuesto a formar un tratado o tratados

---

[95] Despacho de Gérard a Vergennes, dando cuenta de su comunicación al Congreso, 29 de junio de 1779, Warthon, *op. cit.*, III, pág. 310.

[96] «Actas del Congreso referentes a las condiciones de pacificación en particular a lo concerniente al Mississippi y los Bancos Pesqueros, del 9 de septiembre de 1779», *Journal of the Continental Congress*, op. cit., XV, página 1.804.

de alianza, asegure a los Estados Canadá, Nueva Escocia, Bermudas y las Floridas, cuando se conquisten, el pleno derecho y uso de pesca en los bancos de Terranova y también la libre navegación del Mississippi hasta el mar; pero, si Su Majestad Católica insistente que se le cedan las Floridas y en la exclusiva navegación del río Mississippi desde el paralelo 31° de latitud norte a la desembocadura, en este caso que el plenipotenciario americano asienta a la garantía mutua de lo siguiente: Las Floridas y la navegación mencionada para España, y Canadá, Nueva Escocia, Bermudas y los bancos pesqueros, a estos Estados con algún puerto o puertos en el dicho río al sur del citado paralelo»; es decir, el Congreso, en caso de que España rechazara la primera propuesta inserta en el contenido de la moción Dickinson-Mathews, prefería sacrificar los intereses de los Estados del sur, defendiendo a ultranza los del norte. Otra moción, sin embargo, la Huntington-Smith, no menciona ninguna distinción entre norte y sur, ateniéndose, en consecuencia, al punto de vista acordado en la sesión del 14 de agosto; por último, en la sesión del 17 de septiembre, quedó acordado «Que si Su Majestad Católica accede a los dichos tratados y, en unión de Francia y los Estados Unidos de América, continúa la presente guerra contra Gran Bretaña con el propósito expresado en los tratados mencionados, que no se le presentarán obstáculos a que se asegure las Floridas. Por el contrario, si obtuviera las Floridas de la Gran Bretaña, estos Estados Unidos la garantizarán eso mismo a Su Majestad Católica; siempre que los Estados Unidos disfruten de la navegación del río Mississippi desde y hasta el mar». En la sesión del 25 de septiembre fue designado plenipotenciario en España John Jay, a quien se le extienden inmediatamente las instrucciones que se caracterizan por su alta exigencia de España con las menores concesiones posibles por parte de los Estados Unidos. Sobre tales supuestos, la misión Jay está condenada al fracaso; así lo reconoce expresamente; así lo reconoce explícitamente el historiador norteamericano Samuel Bemis cuando, al analizar el contenido de las instrucciones de Jay, concluye: «Era natural que los gobernantes españoles desconfiaran de los representantes de aquellas colonias republicanas rebeldes que pedían no sólo el reconocimiento de su independencia, subsidios económicos y una alianza militar, sino, también, el reconocimiento por parte de España del derecho de navegar el Mississippi hasta el mar, como los súbditos británicos lo habían hecho antes de la guerra anglo-española y, además, que el mismo río fuese aceptado como frontera del Oeste»[97].

C) EL CAMBIO DE ACTITUD FRANCESA

Cuando el plenipotenciario francés Gerard, enfermo y cansado de las intrigas en el Congreso de los representantes de los diversos Estados, que defendían más que intereses nacionales los de los particulares de ellos, e incluso individuales, es relevado de su cargo, le sustituye Chevalier de La Luzerne; es entonces cuando Vergennes, mejor informado de la situación y sintiendo mayor confianza en los informes que le proporcionaba La Luzerne, reorienta la política francesa hacia objetivos más realistas, de acuerdo con los principios políticos que le guían, así como también como consecuencia de la falta de confianza que los manejos internos de las facciones del Congreso le habían proporcionado. Esta desconfianza hacia los colonos que, ya en esta nueva etapa, llegará a llamarles «insurgentes», no es nueva en Vergennes, aunque permanecía oculta; en 1778, refiriéndose a ello, le escribe a Montmorin, «empiezo a tener una opinión menos elevada de su firmeza, porque la que tenía en sus talentos, su visión de las cosas y patriotismo se debilita a medida que se me informa mejor»[98]; su punto de vista —que más arriba hemos tenido oportunidad de comentar— queda perfectamente explícito en el siguiente texto: «Nosotros exigimos la independencia sólo para los trece Estados de América que han formado la Unión, sin incluir en ellos ninguna de las otras posesiones inglesas que no han tomado parte en la insurrección. No deseamos —lejos de tal— que la nueva República se convierta para siempre en señora exclusiva de todo ese inmenso continente. Como en ese caso sería autosuficiente, las otras naciones pronto tendrían que doblegarse a ella, ya que, pudiendo arreglárselas sin ellas, les impondría las más severas condiciones... es importante que los ingleses continúen siendo los dueños de Canadá y Nueva Escocia; de ese modo se mantendrán vivos los recelos que sienten hacia esa nación... y, a la vez, ten-

---

[97] *The American Secretaires of State and their diplomacy*, New York, 1907, 2 vols. *The Diplomacy of the American Revolution*, New York, 1935.

[98] Vergennes a Montmorin, 2 de noviembre de 1778, Circourt, *op. cit.*, III, página 311.

drán necesidad de alguien que les ofrezca seguridades, de aliados y protectores en otras partes» [99]. Está claro que la alusión a Canadá y Nueva Escocia —si tenemos en cuenta está dirigida a su embajador en Madrid— se hace como una oferta de seguridad a España de que Francia carece de intenciones de volver a ocupar aquellas regiones que había perdido, aunque tampoco estaba dispuesta a permitir que se la apropiasen los Estados Unidos, como en absoluto consentiría en la proximidad de los comerciantes norteamericanos a los bancos pesqueros; en tal sentido no le costaba gran esfuerzo satisfacer los paralelos y equivalentes deseos de España con respecto a las regiones del sur; por eso no duda en escribir a Montomorin, en su despacho del 2 de noviembre: «Puedes asegurarle (a España) que, en lo que a nosotros concierne, no hallará obstáculo en su deseo de que Canadá y Nueva Escocia permanezcan en manos de Inglaterra. Si estas dos vastas provincias permanecen en poder de Inglaterra, y España recobra la parte de la Florida occidental que le conviene, esto será freno suficiente que prevenga a los americanos para tratar de ser vecinos peligrosos y excesivamente emprendedores» [100]. Existía, por consiguiente, una raíz profunda de antagonismo o quizá desprecio que, a partir de la comprobación de las tensiones promovidas por los distintos grupos del Congreso y, sobre todo, del partido anti-francés, sobre el cual le ha informado extensamente Gerard, se convierte en desconfianza radical, lo cual, unido a la mejor información de que dispone, promueve una nueva actitud política que, ante todo y en primer lugar, encontramos en las instrucciones entregadas al nuevo plenipotenciario ante el Congreso, La Luzerne.

«España, habiéndose unido a nuestra causa en la guerra y defendiendo —al menos indirectamente— la causa americana..., convendría al Congreso... regular, de una vez, en manera que satisfaga a ese poder, las varias cuestiones que la afectan. Yo sé de tres: la primera tiene que ver con las fronteras de los Estados Unidos hacia el Oeste; la segunda, con la navegación del Mississippi; la tercera, con las Floridas... Con respecto a la navegación del Mississippi, es cosa probada que los americanos no tienen derecho a él, puesto que, en el momento en que las hostilidades

---

[99] Vergennes a Montmorin, 30 de octubre de 1778, Circourt, *op. cit.*, III, página 310.
[100] Doc. cit. n. 255.

se rompieron y la Revolución comenzó, los límites de los trece Estados no llegaban al río y sería absurdo que reclamaran para sí los derechos de Inglaterra, es decir, de un poder cuya autoridad rechazan. Es propio y necesario que el Congreso, pues, sea categóricamente explícito sobre este particular y que declare que los Estados Unidos no presentará demanda alguna, o pretensión de ninguna clase, a la navegación del Mississippi y se contentará con solicitar de la graciosa magnanimidad del Rey de España aquello que sus intereses le permitan concederles... En cuanto a las Floridas, bajo ningún pretexto pertenecen a los Estados Unidos» [101]. Puede apreciarse en el texto de estas instrucciones relativas a la defensa de posición española que, en realidad, Francia no reconoce, con respecto a los territorios cuya soberanía defiende España, otro derecho que el británico, que se encuentra a punto de extinguirse; por lo que se refiere a España, no argumenta ningún tipo de derecho, solamente hace mención a la «bonne volonté du Roi d'Espagne», pero en absoluto define cuáles puedan ser los derechos que le asistan en justicia; la exclusión de los derechos de los Estados Unidos tampoco implicaban la contrapartida de la admisión de los de España; puede observarse cómo Vergennes, cuando podría hablar de derechos, emplea el término de «cuestiones que la afectan»; jamás emplea el término adecuado cuando se refiere a las reivindicaciones españolas en relación con las demandas de los Estados Unidos. No deja, sin embargo, de ser curioso que Vergennes, que en 1778 consideraba «gigantescas» las demandas de España [102], refiriéndose «a la parte de la Florida occidental que le conviene», en las instrucciones a La Luzerne no adjetive para nada la referencia a las Floridas, río Mississippi y su navegación, y las tierras que van desde el límite de las colonias al río, o sea, los Valles del Aalabama, el Cumberland y el Tennessee; en definitiva, el Oeste o, en términos de mayor vulgarización, el Valle del Mississippi, entendiendo por tal la cuenca fluvial del río y los adyacentes de sus tributarios. ¿A qué se debe tan considerable cambio en el ánimo de Vergennes, todavía mucho más explícito en 1782, cuando se están preparando las negociaciones de la paz para alcanzar su final definitivo? La misma

---

[101] Instrucciones de Vergennes a La Luzerne, 18 de julio de 1779, Circourt, *op. cit.*, III, pág. 266.
[102] Informe de Vergennes al Rey, 5 de diciembre de 1778, Doniol, *op. cit.*, III, págs. 588-590.

pregunta lleva implícita la respuesta, pero a mayor abundamiento vamos a seguir las líneas maestras de un informe preparado por el Ministerio francés de Asuntos Exteriores y que, en consecuencia, debe expresar las ideas maestras de Vergennes [103]. Insiste en la «importancia vital» de reducir la extensión de la nueva nación (rodeando las posesiones de los insurgentes de naciones capaces de, mutuamente, apoyarse contra sus empresas. Otrosí, parece ser indispensable que Inglaterra sacrifique la débil colonia de Georgia y que las fronteras occidentales de las colonias unidas se demarquen en ese territorio, de modo que el territorio de España dé fin ahí también». Es la primera vez que se reconoce un territorio a España, dentro de la idea matriz de conseguir un *equilibrio* de poderes en América; pero ¿cómo lo considera el *Informe?* Como un sacrificio: «Es claro deducir de esto que damos por concedida a España la Florida en su totalidad. Este sacrificio probará ser indispensable. Para asegurar la solidez de la paz futura creemos que es absolutamente necesario remover a los ingleses de esta parte del Continente...» [104].

El conde de Floridablanca presionaba al máximo para conseguir los mejores resultados de la entrada en guerra de España contra Inglaterra y, como es natural, aprovechaba la desesperada situación en que, en aquellos momentos, se encontraba Francia, de la cual informa Vergennes al rey: «Es un hecho que Su Majestad, por sí solo, no puede mantener esta contienda con Inglaterra de igual a igual y que la guerra prolongada indebidamente supondría la ruina del tesoro y el comercio de Su Majestad... de lo cual se deduce que todo aconseja que arriesguemos algo para atraer a este aliado al grado de unión con nosotros deseado. Yo no oculto, señor, que las esperanzas y pretensiones de España son gigantescas, pero es necesario considerar que el tiempo que uno emplearía en oponerse a ellas sería una pérdida en ese concierto de actividades que deseamos establecer, que por nosotros nunca se llevaría a cabo demasiado pronto» [105]. La urgencia deseada tan ardientemente por Vergennes no se va a producir hasta que Floridablanca consiguiese el reconocimiento por parte de Francia de aquellos puntos en que consideraba imprescindible el apo-

---

[103] Escrito, según el historiador norteamericano Bancroft, entre el 30 de mayo y el 15 de junio de 1782; en Circourt, *op. cit.,* III, págs. 30-34.

[104] *Ibídem.*

[105] Informe, cit., n. 259.

yo de su aliada; Vergennes ya estaba convencido de que «de España no se obtenía nada a título gratuito; de ella directamente sabemos que desea ciertas ventajas y concesiones de los Estados Unidos, y lo mismo de nosotros, y no podemos oponernos» [106]. No tuvo más remedio que establecer con España el tratado de Aranjuez (1779), con lo cual Francia pierde la iniciativa y no tiene más remedio que doblegarse a secundar los objetivos del inteligente ministro español, como veremos en su momento oportuno.

[106] Vergennes a Montmorin, Doniol, *op. cit.*, III, págs. 670-672.

LA ÉPOCA A PLAZO HISTÓRICO CORTO: EL SISTEMA POLÍTICO ESPAÑOL Y LA COYUNTURA REVOLUCIONARIA COLONIAL NORTEAMERICANA, 1773-1783

En la primera parte de la presente investigación hemos tratado de presentar las tendencias históricas de plazo largo, con objeto de establecer los supuestos de permanencia de los problemas profundos que condicionan las alternativas del cambio. En tal sentido —y recapitulando— se ha examinado el triple ámbito que es necesario conocer para comprender el mecanismo de la nueva política española que, esencialmente con motivo de la revolución norteamericana, configura una «política nacional» de índole regional atlántica y de condición «estratégica», como no podía por menos, cuyo motor fue el conde de Floridablanca, y que, por una parte, pretende *disminuir* la excesiva influencia francesa, reforzada desde la firma del Tercer Pacto de Familia, y por otra, conseguir la autonomía de *decisión* y la consistencia del poder negociador con el refrendo de un peso militar importante. La médula de esta nueva política radicó, precisamente, en la importancia estratégica y económica del Valle del Mississippi, que debe ser, por consiguiente, considerado como el tercero de los ámbitos políticos y económicos que se analizan en esta primera parte que mencionamos y cuya estructura interna presenta el siguiente esquema:

1. *Análisis de la guerra económica anglo-francesa*, que abarca, con distintas fases, todo el siglo XVIII y que se caracteriza fundamentalmente por la aparición del comercio a larga distancia, de donde deriva una larga serie de consecuencias, entre las cuales podemos destacar:

— Importancia de la pesquería de Terranova, tanto como factor económico cuanto elemento de entrenamiento marinero.
— Inicio del colonialismo y —con la revolución norteamericana— del proyecto de descolonización cuya importancia para España fue decisiva; y en el que

debe situarse la inevitable bifurcación de intereses hispano-franceses, de índole tan diferente.

— Inevitable cambio de estructuras políticas en Europa: Estados «centrales» y Estados «periféricos»; y de estructuras sociales, con predominio de la burguesía, oposición de la aristocracia. Defensa del Estado por medio del sistema del «despotismo ilustrado».

2. *Situación de España*, que trata de integrar la condición del ámbito español en la estructura atlántica universal del siglo XVIII, y en la cual quedan destacados los siguientes caracteres:

— Estabilidad del «régimen» incluso contando con la aparición de una oposición, que insinúa la germinación de unos partidos políticos todavía vinculados a personas, ideologías o grupos sociales.

— Cambio de orientación en el pensamiento político, radicado principalmente en el Consejo de Castilla.

— Reorientación de la política internacional, que se reviste de unos cimientos «nacionales», antes que «dinásticos», tratando de instrumentar una nueva posición en el «equilibrio» europeo y, sobre todo, una fuerte posición estratégica atlántica.

— Toma de conciencia del desarrollo intelectual de la sociedad ilustrada hispanoamericana, cuya madurez exige la adopción de una nueva política, en la que resulta imprescindible encontrar una salida a la alianza dinástica con Francia, para adquirir o recuperar la capacidad de decisión.

3. *El Valle del Mississippi*, configurado como zona de tensión y de conflicto, tanto en el sentido político como, sobre todo, en el económico y que representa, al mismo tiempo, zona de litigio de reivindicaciones europeas, como zona de contención estratégica y, por último, de expansión de intereses económicos y políticos de los Estados Unidos, en especial de algunos de sus Estados componentes y, sobre todo, de determinadas facciones comerciales y financieras.

Sobre este gran cuadro de amplio plazo temporal, a través del cual es posible aproximarnos a los núcleos fundamentales de interés de las potencias europeas, así como a la aparición de nuevas tendencias que se interfieren con los de éstas, representados por la aparición de los intereses de los nacientes Estados Unidos, se inserta ahora, necesariamente, el análisis de un plazo histórico corto, decenal, el que va desde 1773 hasta 1783, es decir, desde el nombramiento del conde de Aranda como embajador de España en París hasta la firma del Tratado de Versalles de 1783, en cuyo transcurso, de alta intensidad, se produce el nacimiento de los Estados Unidos, que se caracteriza por su alta vitalidad nacional, por la ruptura del sistema de equilibrio atlántico, por el necesario e inevitable choque de intereses con España, que debe tomar posiciones para prevenir el futuro y, en definitiva, producir un cambio de orientación en plazos de tiempo muy cortos, si quiere hacer frente, con ciertas garantías de éxito, a la nueva situación con que se encuentra en el conflictivo mundo americano. Por consiguiente, en esta segunda parte, el *ritmo histórico* que se toma como medida es infinitamente diferente del que hemos empleado en la primera parte. La idea, tan extendida, de que esta época se encuentra ya perfectamente estudiada es absolutamente falsa; podemos decir que se encuentra *cuantitativamente* acumulada en importantes colecciones documentales y diplomáticas francesas; históricamente *problematizada* por algunos historiadores norteamericanos; *planteada*, siguiendo la veta de la «ayuda», fruto del pensamiento historiográfico francés, por algunos historiadores españoles. Pero, como tuvimos oportunidad de poner de manifiesto en la Introducción[1], resulta absolutamente imprescindible efectuar un análisis conjunto que permita comprobar la existencia de un pensamiento político español propio, independizado en su capacidad de decisión de los puntos de vista franceses, movido por intereses nacionales y que adopta actitudes constructivas acordes con aquellos intereses, ante el fenómeno político más importante del siglo XVIII: la independencia de los Estados Unidos. En él existen dos motivaciones temporales que proporcionan tan importante relieve al acontecimiento; en primer lugar, con respecto al pasado, ya que la rebelión colonial implica una repercusión —dentro del área anglosajona— del movimiento político e ideológico inglés del siglo XVII; del mismo modo que la revolución

---

[1] Apud., Introducción, págs. 7-10.

francesa, posteriormente, producirá un eco colonial en la revolución negra de Santo Domingo, quedándose ahí detenida la influencia del modelo latino en la América española; pero, en segundo lugar, y en ello radica, sobre todo, su considerable importancia, la revolución de independencia de los Estados Unidos tiene una vertiente hacia el futuro, que radica en que debe ser considerada como el inicio de la mentalidad *descolonizadora* [2], donde quizá radique el fundamento más profundo de la actitud antieuropea de los Estados Unidos. Desde tal punto de vista —y teniendo siempre en cuenta, como es natural, la diferente masa de intereses españoles y franceses en la cuestión americana— hemos de considerar como absolutamente genial la tendencia del conde de Floridablanca a producir la recuperación de la decisión española en la política internacional, la instrumentación de una nueva doctrina, cuyas últimas consecuencias no podemos atisbar debido, en primer lugar, a la muerte de Carlos III en 1788; en segundo lugar, al inicio de la revolución francesa y su paroxismo social e ideológico. Esto es, precisamente, lo que consideramos debe ser estudiado ahora a través del acontecimiento pormenorizado, del tiempo relampagueante de superficie, de epidermis histórica. Por ello, como decíamos, el ritmo histórico de esta segunda parte cambia sustancialmente respecto a la primera; ahora tenemos que seguir el pulso de la *negociación*, extrayendo de él todas las consecuencias que nos permitan comprobar los supuestos operativos de lo que bien pudiera considerarse el nacimiento de una política española peculiar y adversativa —en el sentido de oposición conflictiva internacional— con respecto a América y al Atlántico, todo ello en el centro de una situación de doble vertiente: un movimiento revolucionario de índole ideológico, político y económico, y un choque bélico en que se dirimen las áreas de intereses comerciales y políticos de España, Francia, Inglaterra y Estados Unidos. Nosotros vamos a referirnos, por medio del análisis de la cotidianidad negociadora, a la posición española. Entendemos que ello debe ser planteado en cuatro momentos concretos:

1. *París como centro de negociación* (1773-1778).
2. *Madrid como eje de iniciativa* (1777-1780).
3. *Filadelfia como núcleo de impulso* (1779-1782).
4. *La negociación de la paz* (1781-1783).

---

[2] Vid., con respecto al fenómeno descolonizador en el mundo contemporáneo, la excelente síntesis de Jean-Louis Miège, *Expansion européenne et decolonisation de 1870 à nous jours*, Paris, P. U. F., 1973.

I

PARÍS COMO CENTRO DE NEGOCIACIÓN

En el desenvolvimiento del espíritu europeo del siglo XVIII predominaron dos notas distintivas y características: el espíritu intelectual de superioridad sobre el resto del mundo y la permanente intercomunicación viajera entre sus ciudadanos que visitaban incansablemente sus ciudades, sus gabinetes de historia natural, los monumentos, las bibliotecas, los teatros, las academias; visitaban los talleres de pintores y escultores, coleccionaban objetos. Algunas capitales eran particularmente atractivas: París, donde cada cual podía sentirse libre, acogedora, de agradables habitantes, cita de europeos que convergían en sus hoteles, en sus salones, era la luz por antonomasia; Venecia, ciudad de placeres, de seducción y encanto; Roma y su Semana Santa; Nápoles y su primavera encantada; Viena, al tiempo germánica y latina, puerta del Oriente; en la periferia de Europa, ciudades envueltas en las más extrañas nieblas de leyenda, casi exóticas para el modo de pensar, para los supuestos dictados por la moda de las grandes ciudades emporio del pensamiento, dictadoras de las costumbres; las relaciones del incipiente turismo, tanto las directas como las intelectuales, tanto las esotéricas como las exoticistas, tanto las de impresiones viajeras como las derivadas de traducciones, hicieron necesario nuclear el campo de las relaciones y de las visitas, se hizo preciso jerarquizar, introducir en la misma valores capaces de situar exactamente el módulo de la realidad, el modelo de la medida; en definitiva, un máximo de autoridad simultáneamente intelectual, político, literario y de costumbres. En la estela de la gloria que irradió Francia durante el reinado de

Luis XIV parecía que esta nación era quien podía desempeñar tan elevada función, tanto por su fuerza política como por su potencia militar, su tradición cultural, incluso su demografía, por el esplendor de sus intelectuales; todo representaba el brillo de la modernidad y de la innovación. Mantenía la supremacía literaria heredada, casi todos los pueblos se miraban en ella como en un espejo; muchos se consideraban retrasados cuando la conocían; todos deseaban imitarla o, al menos, salvar el escalón que les separaba de ella; entonces, claro es, procedían a su imitación. El idioma francés —puro, claro, refinado— se había convertido en lenguaje intelectual y diplomático por axioma; cuando se escribían documentos de repercusión supra-nacional se empleaba el francés. En 1784 la Academia de Berlín convocaba como tema para premio aquel que respondiese a las siguientes cuestiones: «¿Qué ha hecho de la lengua francesa la lengua universal de Europa? ¿Por qué merece tal prerrogativa? ¿Puede pensarse que la conserve?» El predominio de la lengua señalaba la hegemonía intelectual de Francia. Si esto era en lo intelectual, no resultaba menos evidente en lo social. Francia presentaba al mundo europeo un modelo inimitable: París era como un precioso salón —en otras ocasiones un no menos precioso «boudoir»— donde se podía hablar, escuchar, brillar; vivir en París significaba la imposibilidad de abandonarla, y si se hacía se tenía la sensación de haber perdido un paraíso. Entonces, a toda costa, en otras ciudades importaban las cosas, los hombres y las mujares de París. Las modistas de la «rue Saint-Honoré», las muñecas vestidas a la última moda de París; sombreros, zapatos; los cómicos, artistas de toda clase, cocineros, profesionales del baile. París era el centro de exportación de las ideas, de las costumbres, de las modas, de las ideas. Francia era el país que daba, cuya lengua ofrecía a los pueblos un medio de comunicación culto y elegante, cuya literatura entusiasmaba, cuyas ideas deslumbraban; en definitiva, quien dictaba el orden espiritual e intelectual europeo. Tal supuesto, semejante influencia, no dejará de crear suspicacias, rechazos, animosidades, antagonismos que el nacionalismo cultural condujo, en ocasiones, a situaciones verdaderamente encarnizadas, que se acrecienta con la competencia londinense, que trasciende al terreno de la política, que toma carta de ciudadanía en las polémicas de signo parlamentario, que se convierte, en definitiva, en factor arraigado de antagonismo político e ideológico; surgen *anglomanías*, *galofobias* que, en última instancia, configuran los límites de un modo de pensar político, por supuesto, en fundamento profundo de ideologías, de modo de ser, de actitudes y de posturas. En el sistema del equilibrio europeo, en la balanza racional de la distribución de poderes políticos y militares, ejerció todo este ambiente su influencia y su densificación. París fue uno de los ejes principales de la política, de la diplomacia, del sentimiento y de la razón, que influyó de un modo positivo en la configuración de una mentalidad europea, a menudo unida o confundida con «lo francés», e incluso con «lo parisino». No es de extrañar —sobre todo dada la estrecha unión dinástica y familiar creada por el Pacto de Familia entre las coronas borbónicas española y francesa— que junto con el dictado de la moda, de las costumbres, de las ideas, existiese el dictado de la política, de la orientación de la misma. Tampoco tiene nada de particular que, dadas las reacciones contradictorias, las «fobias» y las «filias» se produjesen entre aquellos que llevaban la orientación de la política al campo de la acción, antagonismos y contradicciones, que se aprecian en el campo de los afrancesados y de los tradicionalistas.

A) LA EMBAJADA DEL CONDE DE ARANDA A PARÍS

En San Ildefonso, a 12 de agosto de 1773, está fechada la instrucción particular que se entrega al conde de Aranda para el desempeño del importantísimo puesto de Embajador de S. M. el Rey de España ante el Cristianísimo Rey de Francia [1]; tal cargo lo desempeñó el noble aragonés durante toda la negociación, promovida con motivo del fenómeno revolucionario de los colonos norteamericanos, durante el cual París se convirtió en el foco de las negociaciones, pues allí acudieron los comisionados del Congreso de los Estados Unidos para, después de la declaración de Independencia (4 de julio de 1776), gestionar los apoyos económicos y militares que les eran necesarios para proyectar el futuro de la guerra en que se habían enzarzado con Inglaterra. Especial significado tuvo este importante político en la negociación del asunto de la revolución americana, por lo cual parece importante

---

[1] «Instrucción de lo que vos Dn. Pedro Pablo, conde de Aranda, etc., etc., debereis observar para vuestro mejor desempeño en la embaxada de Paris a que os he destinado por la experiencia que tengo de vuestro talento y la confianza que me merece vuestra persona.» (A. H. N., Estado, Leg. 3457, Caja 2.)

detenernos algunos instantes para destacar ciertos aspectos de su personalidad y algunos rasgos de su vinculación con los negocios políticos españoles.

1. *El Conde de Aranda*

Aunque no es propósito de esta investigación el estudio detenido y pormenorizado de las personalidades que intervienen como actores en el desarrollo de la negociación, en el caso del conde de Aranda conviene establecer algunas precisiones ya que, según hemos apuntado precedentemente, fue uno de los ejes claves de la misma y porque, en todo caso, su ideología y puntos de vista, así como la alta representación que tuvo en la política española, requieren algunas precisiones en torno a su gestión. La Embajada de España en París se había convertido ya, en la época del predecesor del conde de Aranda, conde de Fuentes, en uno de los más brillantes focos de vida social[2]. Cuando el conde de Aranda llegó a París le ha precedido su fama como militar y, sobre todo, por la brillante operación de expulsión de los jesuitas de los extensos reinos españoles; Voltaire ya le ha alabado «por haber cortado las uñas a la Inquisición». Muy pronto fue acogido en las casas nobles de Francia —Madame de Beauvau, la princesa de Lamballe, duquesa de Rohan—, el lujo que despliega en la embajada le granjea la admiración de los parisinos[3] y la admiración se acrecienta con sus aventuras amorosas con la bailarina de la Opera, Mlle. Lolotte, la provocativa Mlle. Morin y con muchas otras; sus carrozas suntuosas atraían todas las miradas y a sus invitaciones acuden los más selectos invitados, que en algunas ocasiones alcanzan la cifra de cuarenta cubiertos. Su característica terquedad constituyó un serio obstáculo para conseguir la plena confianza de Vergennes, quien nunca consiguió la plena aceptación de sus puntos de vista por parte del embajador español. El cual, por el contrario, mantuvo excelentes relaciones con los enciclopedistas, especialmente con Voltaire, aunque carecemos de noticias concretas de relaciones con otros como el abate Raynal, D'Alembert, Rousseau.

El conde de Aranda era un militar que se había acreditado por su inteligencia y espíritu de decisión en la campaña de Portu-

---

[2] Alfred Morel-Fatio, *Etudes sur l'Espagne*, Paris, E. Champion, 1888-1925, 2.ª serie, págs. 131 y sigs.

[3] Andre Morize, *L'apologie du luxe au XVIIIᵉ siècle*, Paris, H. Didier, 1909.

gal de 1762. A comienzos de abril de 1766 llega a Madrid, recién concluidos los sucesos del «motín de Esquilache»; su espíritu de familiaridad, en ocasiones ruda y campechana, le granjeó la confianza y el aprecio popular, creando una aureola de prestigio que produjo su nombramiento como presidente del Consejo de Castilla, poderoso órgano de reforma, desde donde persigue con toda energía a los instigadores del desorden y donde monta la magna operación de expulsión de los jesuitas, pero sus diferencias con el marqués de Grimaldi le llevan a solicitar el nombramiento como embajador en París, que recibe en 1773, según vimos, desempeñándolo hasta el año 1785; cuando se produjo la destitución del conde de Floridablanca como primer secretario de Estado (28 de febrero de 1792), el conde de Aranda fue designado por Carlos IV para ocupar dicho puesto, el de mayor importancia política. Desde dicho puesto el conde de Aranda cambió radicalmente el rumbo político de su predecesor. A petición expresa suya, el rey abolió la Junta Suprema de Estado y resucitó el Consejo de Estado que se reunía bajo la presidencia del rey, siendo Aranda nombrado decano; éste relajó la política de clausura de España con respecto a Francia, si bien muy pronto se vio obligado apresuradamente a regresar a la posición de Floridablanca, con motivo del recrudecimiento de la violencia revolucionaria. El 15 de noviembre de 1792 Aranda fue destituido de su cargo de primer secretario de Estado y sustituido por Manuel Godoy; conserva el puesto de decano del Consejo de Estado y cuando en él atacó duramente la política bélica de Godoy, éste convenció fácilmente al rey para que lo destituyese el mismo día (14 de marzo de 1794) y lo desterrase a Jaén, lo cual significó el final de su vida política. Murió el 9 de enero de 1798.

Una de las cuestiones más controvertidas en lo que se refiere a la ideología y carácter del conde de Aranda radica en sus actitudes religiosas, lo cual, por otra parte, le sitúa plenamente dentro del proceso de secularización que caracterizó la crítica de la Iglesia en algunos de los destacados políticos del reinado de Carlos III bajo el propósito inspirador del regalismo. Con toda evidencia, Aranda adoptó muchas de las ideas filosóficas de moda y fue gran amigo de los placeres mundanos [4], como también pue-

---

[4] Vid. Jacques Casanova de Seingalt, *Memoires...*, nueva edición de R. de Vèze, vols. X (1931) y XI (1933), contienen el viaje de Casanova a España en 1767-1768, cuya exactitud es puesta de relieve por Morel-Fatio, *op. cit.*

den encontrarse en su prolífica correspondencia numerosos rasgos reveladores de una considerable proclividad hacia las mujeres[5], así como un fuerte desdén irónico contra la superstición religiosa del pueblo; las alabanzas que de él formuló Voltaire y el hecho de que «purgó a España en un solo día de todos los jesuitas»[6], fueron motivos más que suficientes para que ocupase el primer puesto en todas las listas de libertinos y fuese considerado como un impío, «quizá el único verdadero impío» entre sus contemporáneos[7]. De tal supuesto, a la abierta acusación de pertenecer a la masonería, sólo existe un paso, que fue efectivamente el factor motivador de una abundante literatura que afortunadamente ha sido, últimamente, analizada y desmitificada en una importante investigación reciente[8] en librería. Las conclusiones elaboradas por Ferrer Benimeli despejan considerablemente las deformaciones que sobre tal tema es frecuente encontrar en historiadores del siglo XIX y del siglo XX. Así, por ejemplo, queda despejada la pretendida masonería del rey Carlos III y de sus principales ministros, aunque a nosotros nos interesa de modo especial las que se refieren a la pretendida acusación de masonería que, al ser promotor de la expulsión de los jesuitas, recayó inexorablemente sobre el conde de Aranda. Aunque seguimos fundamentalmente las líneas principales de la magistral investigación del referido investigador, remitimos a ella considerándola como una de las más importantes monografías históricas publicadas en los últimos tiempos dentro del movimiento de renovación de temas y métodos que se aprecian en la actual historiografía española[9].

---

[5] Vid. Duquesa de Berwick y de Alba, *Documentos escogidos del archivo de la Casa de Alba*, Madrid, 1891, pág. 543.

[6] Casanova de Seingalt, *Memoirs...*, op. cit., Vol. X, pág. 274.

[7] Morel-Fatio, *op. cit.*, pág. 142.

[8] José A. Ferrer Benimeli, *La masonería española en el siglo XVIII*, Madrid, Siglo XXI, ed., 1974.

[9] Al mismo Ferrer Benimeli debemos reputarlo hoy como uno de los más importantes especialistas sobre el conde de Aranda. Apud. Ferrer Benimeli, *El conde de Aranda y el frente aragonés en la guerra contra la Convención (1793-95)*, Zaragoza, Universidad, 1965; *Sucedió en Graus hace doscientos años. Notas sobre Aranda y la expulsión de los jesuitas*, Zaragoza, Universidad, 1968; *El Conde de Aranda primer Secretario de Estado*, Zaragoza, Universidad, 1969; «El destierro del Conde de Aranda (1794) según los despachos del embajador de Austria», *Revista Hispania*, XXX (1970), págs. 69-146; *El Conde de Aranda y su defensa de España. Refutación del «Viaje de Fígaro a España»*, Madrid- Zaragoza, Universidad, 1972.

La cuestión de la iniciación de Aranda a la masonería fue planteada en primera instancia en 1874 por Vicente de la Fuente, aunque sin atreverse a tomar partido concreto sobre el particular [10]; poco después, ciertas informaciones dirigidas por el Grande Oriente de España al mundo masón, planteó la cuestión del grado alcanzado por Aranda en los círculos de la masonería española y la preeminencia fundamental que pudiese haber alcanzado en la misma, así como el momento cronológico en que se produjo su inserción en los mecanismos de la organización masónica española. Se señala el año 1767 como el de su plena integración, apoyándose para ello, la mayoría de los autores, en la coincidencia con la expulsión de los jesuitas, lo que se considera como mérito suficiente para acceder incluso a la suprema categoría de Gran Maestre en España. Como señala Ferrer Benimeli, lo que ocurre es que la logia «Tres flores de lys», más conocida por *la Matritense*, única logia española, si se hace abstracción de las inglesas de Menorca y de Gibraltar, que figuraba en las listas oficiales de la Gran Logia de Inglaterra, fue borrada de esas listas precisamente el 27 de enero de 1768, así como otras dieciocho logias extranjeras, debido a la desconexión de la misma con la central británica, a la cual no se habían remitido nuevas listas de socios desde el año 1729. Otras inexactitudes han sido sistemáticamente criticadas por el investigador que venimos citando, concluyendo que todas las noticias dadas hasta ahora sobre la afiliación del conde de Aranda a la masonería, no solamente se caracterizan por la ausencia total de pruebas, sino, sobre todo, porque no ofrecen ni un mínimo de certeza, pues son todas ellas confusas, contradictorias y, en muchas ocasiones, perfectamente falsas.

Ello no pretende, sin embargo, suponer una perfecta ortodoxia en la base del pensamiento religioso del conde de Aranda; pero tales suposiciones de su pretendida filiación a la masonería son indicativas del ambiente de secularización y de reforma que se vivía en la España ilustrada de la segunda mitad del siglo XVIII,

---

[10] Algunos historiadores actuales, en base a interpretaciones de frases, se permiten tomar partido sin más, por ejemplo, Carlos Seco, «Godoy, el hombre y el político», estudio preliminar a *Memorias de Godoy*, en Biblioteca de Autores Españoles, t. 88, Madrid, 1956, pág. XXVII, interpreta una frase de Muriel *(Historia de Carlos IV*, Madrid, 1893) donde para nada se cita a la masonería, concluyendo, sin más, que Godoy echó en cara a su antagonista, conde de Aranda, su vinculación a la masonería.

como tan brillantemente puso de relieve Sarrailh [11] en su importante obra. Ya hemos visto en páginas anteriores [12] cómo la Ilustración española se caracterizó por el choque de dos tendencias perfectamente características de una época de polémica intelectual; en el núcleo mismo de ese choque se encuentra inserto el problema religioso y, a su vez, en él y derivado de él la cuestión de la secularización, uno de los componentes fundamentales del mundo contemporáneo [13]. Este hecho fundamental ha sido comprendido y descrito por uno de los especialistas máximos en su estudio [14] como «secularización de la historia» que, si inicialmente parte de objetivos políticos con propósito de adquisición de bienes materiales eclesiásticos, inmediatamente, como consecuencia de las razones aducidas para justificar tal expropiación —derecho natural, regalías, reforma agraria— producen el ingreso de la cuestión en el campo de las ideas, de los principios y de las actitudes. El racionalismo de la Ilustración y su inicial expresión deísta en el campo de la religión tuvieron sus antecedentes en la aspiración renacentista de una religión dentro de los límites de la humanidad. Sin embargo, en el siglo XVIII todos los problemas que todavía discurrían por cauces religioso-teológicos cambian de dirección y acentúan los factores secularizadores [15]. En efecto, en tal época, al mismo tiempo que se abandona la doctrina del pecado original dentro del ámbito de la teodicea deísta, se establece un riguroso cerco a la revelación y a lo sobrenatural. Ni la filosofía del «common sense» de Voltaire ni los primeros avances experimentales de las ciencias pudieron explicar satisfactoriamente el problema del mal; observa Cassirer que tal cuestión sólo encontró una posibilidad en la doctrina de Rousseau que, «con su distinción entre *homme naturel* y *homme artificiel*, explica el mal sin necesidad de basarse en el pecado original... Su teoría ético-política coloca la responsabilidad en un lugar donde nunca, antes de él, había sido buscada; su auténtica significación histórica y su valor sistemático consisten en haber creado

---

[11]   Jean Sarrailh, *op. cit.*, en español la tercera parte, «Panorama del pensamiento nuevo», págs. 413 y sigs.

[12]   Primera parte, II, 2 y 3.

[13]   Cfr. Félix Iguacen Glaría, *Secularización y mundo contemporáneo*, Madrid, 1973.

[14]   Larry Shiner, *The Secularization of History. An introduction to the Theology of F. Gogarten*, New York, 1966.

[15]   Cfr. Ernst Cassirer, *Filosofía de la Ilustración*, México, F. C. E., 1950.

un nuevo sujeto de *imputación* que no es el hombre individual, sino la *sociedad humana*»[16]. Por consiguiente, esta nueva teodicea extrajo el problema de la metafísica y lo situó en el centro de la ética y de la política. Aquí radica el punto cardinal de la polémica de la Ilustración que, en su tendencia hacia una propia autonomía dentro del ámbito de una teodicea, contrastaba rotundamente con el otro proceso paralelo doctrinal que no podía abandonar su doctrina básica sobre el pecado original; con ello se abrían amplios espacios de antagonismo de importantes aspectos doctrinales de la fe cristiana; los mismos aspectos se encuentran en torno al gran tema de la tolerancia, que no era para los ilustrados sinónimo de indiferentismo, sino vía para encontrar los fundamentos de una religión natural. Una posición intermedia en tal cuestión radica precisamente en el escepticismo[17], que los más destacados autores del movimiento ideológico de la Ilustración consideran como una lucha por la autonomía, un intento de asimilación de los dos pasados heredados, el cristiano y el pagano, «con el fin de confrontar uno y otro y asegurar su independencia»[18], pero en cualquier caso, y esto es lo decisivo en la cuestión, la convicción de los ilustrados se enfrentó, conscientemente, con las normas y los valores cristianos tradicionales que legitimaban globalmente la cultura social de la época; en tal choque debemos situar los elementos configuradores de la revolución social que caracteriza la época en la que se sitúa nuestra investigación; pero también en tal problematicidad hemos de situar las coordenadas explicativas fundamentales del personaje que ahora nos ocupa, el conde de Aranda, delimitando así la difusa y poco convincente acusación de masonería, a la que nos referíamos. Sí, en cambio, cabe situarlo claramente entre el pequeño grupo de ilustrados españoles que critican a la Iglesia[19] y que configuran su propia ética política completamente fuera de toda resonancia religiosa. Tales notas tienen la importancia de facilitarnos el acceso al personaje, a su intimidad psíquica, lo cual tendrá su importancia evidente y manifiesta, como tendremos oportunidad de comprobar a través del análisis de su correspondencia y de su

---

[16] Cassirer, *op. cit.*, págs. 163-180.
[17] Pierre Naville, *D'Holbach et la philosophie scientifique au XVIIIe siècle*, Paris, Gallimard, 1967, y Peter Gay, *The Enlightenment. An Interpretation. The Rise of Modern Paganism*, New York, Vintage Broks, 1966.
[18] P. Gay, *op. cit.*
[19] Jean Sarrailh, *op. cit.*, 3.ª parte, capítulos VII y VIII.

pensamiento, en sus actitudes características en la negociación con los revolucionarios sociales que fueron los colonos norteamericanos, quizá la representación del «hombre natural» de Rousseau.

2.   Las instrucciones para el desempeño de la Embajada

Como representante de la tendencia hacia la decisión autonómica, ¿cuáles fueron las instancias instructivas que recibió el conde de Aranda para el desempeño de su embajada en París? Asombra examinar analíticamente su contenido [20] en el que no encontramos una mínima iniciativa política como orientación de una gestión diplomática que habría de realizarse en un punto neurálgico de la política europea. Todo el documento manifiesta una directriz anodina, de absoluta vinculación con el inmediato pasado del Pacto de Familia; «la perfecta alianza e íntima unión que felizmente subsiste entre las dos potencias de España y Francia... es y será siempre la base de nuestras negociaciones políticas»; a tales efectos, junto con la instrucción para el desempeño de su cargo, se le entrega al conde de Aranda un ejemplar del Pacto de Familia; por consiguiente, toda la gestión de embajada queda subordinada a los principios firmados doce años antes, en los cuales, por consiguiente, no se aprecia ninguna evolución ni cambio de la política europea de España. Todavía más: se le encarga muy especialmente al conde de Aranda no mantenga «asunto reservado para aquel Monarca; antes comprehendo que están tan esencialmente ligados entre sí los intereses de nuestras dos Naciones que sería dañoso a ambas cualquiera sistema que no estubiese fundado en la unión más íntima». Toda la primera parte de las instrucciones están dedicadas a orientar al embajador acerca de la situación interna de la Corte francesa, con un tono paternalista de índole dinástica, reveladora de la persistencia de tales cuestiones en la base de la relación política; cuando se instruye al embajador sobre los asuntos problemáticos pendientes entre ambas cortes, éstos se reducen a los tres siguientes:

— El comercio de barcos españoles en puertos franceses y de los barcos franceses en los puertos españoles, regulado por medio de convenio formal en 1768, que ha sido quebrantado por «los empleados en las Aduanas y

---

[20]   Vid. nota 1.

los Arrendadores generales en la Francia», con grave perjuicio para los súbditos españoles; «esta conducta es tanto más notable quanto no cesó la Francia de haber instancias para que se firmase la convención y quanto es ella la principal interesada en su observancia por el más crecido número de navíos suyos que comercian en estos Reinos» [21]. El secretario de Estado, marqués de Grimaldi, inspirador de las instrucciones, no tiene el menor inconveniente en hacer pública expresión de su falta de vigor nacional, cuando encomienda al embajador el arreglo de la disputa, con dejación de todo derecho: «... me conformaré con cualquier partido que elija (el Ministerio de Versalles): esto es, de anular la convención, de variarla, de entenderla literalmente o de interpretar sus artículos».

— Arreglo de límites en los Pirineos; asunto prolijo y enojoso y escasamente adelantado, ya que «el Ministerio de Francia, inducido por sus fronterizos que tienen particular interés en oscurecer la verdad desentendiéndose no menos de los derechos de mi corona que de los peculiares de mis vasallos, se aleja en quantas Memorias ha presentado, del ajuste que apetecemos; al paso que por nuestra parte se pone en evidencia la razón que nos asiste»; a pesar de lo cual, se adopta una posición conformista, pues se concluye: «debo persuadirme que no llegará a verificarse el deseado ajuste».

— Cuestión de los límites en la isla de Santo Domingo, que debería estar ya concluido «a no haberse suscitado ciertas dudas sobre varias usurpaciones y establecimientos hechos por vasallos franceses en territorio perteneciente a mi Dominio».

Como puede apreciarse, los asuntos diplomáticos y políticos entre ambas naciones son más bien consulares, carecen, desde luego, de entidad y son superficiales, pero al mismo tiempo constituyen importantes indicativos del bondadoso deseo español de no plantear cuestiones espinosas con su aliada y vecina y, al mismo tiempo, desconocer la reiterada posición de quebranto de las leyes establecidas entre ambos países, por parte de los súbditos

---

[21] Instrucción... (al conde de Aranda), doc. cit.

franceses, tanto en la cuestión del comercio mutuo como, sobre todo, en lo que se refiere a la de fronteras y límites. La tercera parte de las instrucciones que venimos comentando son, sin duda, las de mayor interés, ya que se refieren a problemas políticos de conexión europea y que, por consiguiente, pueden significar la toma de posición respecto a problemas que afecten la estabilidad del régimen español en el mundo europeo:

> *Inglaterra:* «nunca hemos vivido en tan buena correspondencia», pero ello no quiere decir que, «conociendo la constitución inglesa», se recele en cualquier momento alguna novedad «contra la paz que felizmente disfrutamos»; tal referencia a la característica política británica, tan distinta del régimen español, debemos considerarla del mayor interés y, sobre todo, el supuesto de prevención que expresan las instrucciones: «no dejaré de poner en estado respetable mi Marina, mi Exército, mis plazas de Europa y América y todos los demás ramos relativos a la defensa de mis Reinos», como expresivos de un alerta ante la contingencia de que un cambio interno de rumbo político en Inglaterra produjese una nueva confrontación de poderes, que no había de limitarse a Europa, sino también al ámbito americano; no se aprecia, sin embargo, ninguna matización que permita sospechar ninguna alteración profunda en los sectores coloniales británicos en América; de tal cuestión no se menciona absolutamente ningún rasgo, a pesar de que, como veremos, los hechos que ya están ocurriendo en el continente norteamericano, y las noticias que están llegando a la Corte por medio de los representantes diplomáticos en Londres, ya parecería oportuno poner sobre aviso al embajador en París, sobre todo si se tiene en cuenta que en las mismas instrucciones, cuando se hace mención de la paz armada para una eventual confrontación con Inglaterra, se hace énfasis en que se debe procurar conseguir una idéntica actitud en el ministerio francés, lo cual prefigura la alianza con Francia en caso de producirse la ocurrencia.

No menor importancia tienen las advertencias que en las instrucciones a Aranda se le hacen con respecto a la «revolución sueca» [22], no tanto en el sentido de que extreme

---

[22] En Suecia el *Riksdag*, constituido por los representantes de los cuatro

la vigilancia por si ello podía producir algún cambio en el equilibrio, sino, sobre todo, porque se efectúa una previsión de que, en el caso de que tal ocurriese, se originaría una situación delicada para España, pues «no pudiendo menos la Francia de sostener a su aliado el Monarca Sueco: resultaba de tan críticas circunstancias que si los socorros franceses eran en dinero no serían suficientes, y si en esquadras o en tropas de tierras conboyadas por algunos navíos de línea causarían celos a la Inglaterra y yo debería sacar la cara por el Rei mi primo. En efecto, hemos llegado a tener varias explicaciones sobre este punto con el Ministerio de Londres y nos hemos convencido de que a pesar de sus intenciones pacíficas se habría suscitado una guerra marítima *(que es la que con mayor cuidado debemos precaber)*, si por auxiliar a la Suecia o por qualquier otro motivo político salían de los Puertos de España o de Francia algunas esquadras»[23].

Rusia. En las instrucciones[24] se considera de semejante naturaleza la problemática relacional con Rusia, cuya «actual Emperatriz es una Princesa llena de ideas ambiciosas y de proyectos vastísimos, como lo ha acreditado desde el punto que subió al Trono», entre dichos proyectos el de apoderarse de Constantinopla es considerado como de extrema gravedad y obsérvese cuál es la razón, según las instrucciones que venimos citando: «... si una potencia tan poderosa hiciese esta importante adquisición... no po-

---

estamentos (nobleza, clero, burguesía y campesinado), estaba, hasta el final de la «era de la libertad», en 1772, dominado por los aristócratas. Inspirándose en el modelo francés de 1771 (Maupeou, Terray y D'Aiguillon, que suprimió los parlamentos y reformó el sistema fiscal, el rey de Suecia Gustavo III impuso en 1772 una Constitución que disminuía considerablemente los poderes del Riksdag, es decir, de la aristocracia. (Cfr. J. Godechot, *Les revolutions*, op. cit.)

[23] Como puede apreciarse, el Secretario de Estado, marqués de Grimaldi, se sitúa, en lo que se refiere a la alianza con Francia, en la posición de prevenir al máximo una confrontación con Inglaterra, dominada sobre todo por el temor a una guerra naval; se separan, claramente, los auxilios financieros de los militares. Se trata —y en ello encontramos la importancia señalada— de un caso similar al que muy pronto ocurrirá con motivo del tratado firmado por Prusia con los colonos americanos rebeldes en 1778. Sirva, pues, de contraste entre la orientación política dinástica de Grimaldi y la nacional de Floridablanca.

[24] Doc. y loc. cit.

dríamos contar con la tranquilidad de Europa... En tal caso la Francia perdería el vantaxoso comercio que hace en las escalas de Levante y por consequencia perdería también la consideración y el respeto con que está mirada en el Mediterráneo y en el Archipiélago. Este golpe herriría asimismo a la España: si no directamente en su comercio a lo menos en el punto de la representación que hoi tiene azia estas partes». El paternalismo pro-francés que tal frase revela y que incluso hace anteponer los intereses de Francia a los posibles perjuicios españoles, no constituye de suyo el problema al que se refieren las instrucciones y que inmediatamente se ponen de manifiesto —y es precisamente en dicha coincidencia donde se establece la vinculación con el problema sueco—, pues «Sería empresa fácil destruir las fuerzas navales que tiene la Zarina por dichos mares si tubiésemos únicamente que luchar con ella. Pero está de por medio la Inglaterra y ésta ha declarado abiertamente que no permitirá ataque por mar ninguna Potencia a la Rusia en defensa del Turco... con todo nos ata la citada declaración inglesa porque *por mucho que nos interese la suerte del Turco y la subsistencia de la actual constitución de Europa, más nos importa al Rei Crist[mo] y a mí la conservación de nuestras respectivas posesiones en las quatro partes del mundo*». Predomina, pues, claramente lo vemos, el temor a una confrontación naval contra Inglaterra, que se considera, por parte del principal responsable de la política exterior española, marqués de Grimaldi, como la oportunidad para la destrucción del poder naval español y, en inevitable consecuencia, la pérdida de todas las provincias, reinos y colonias extendidos en el área atlántica principalmente. Obsérvese, pues, la paralizante política de inhibición que, con respecto a Inglaterra, gravita pesadamente en la política exterior española y que trasciende, incluso, a procurar advertir al embajador en París, para que, a todo evento, lleve al ánimo y convencimiento de los gobernantes franceses tal idea.

En resumen, como podemos apreciar a través de la instrucción diplomático-política entregada al conde de Aranda, la política exterior española se encuentra en ese momento —1773— en la estela del Pacto de Familia; aunque en la instrucción se hace una larga mención a los profundos antagonismos que existen en la corte real francesa, no se tienen para nada en cuenta los distintos bandos políticos que fluctúan en el magma de la política cortesana francesa, en especial el que se había creado en torno al depuesto (1770) duque de Choiseul; los nuevos fulgores de los filósofos que aparecen en la corte francesa, que dictan sus nuevas orientaciones filosóficas; en todo caso, demasiado estrecho dogal político es el que tales instrucciones suponen para un hombre que, como el conde de Aranda, es la encarnación del que aspira a una autonomía de acción. Explosiva, respecto a su profundo odio y antagonismo con Inglaterra, el miedo que hacia tal potencia y su poder naval se exterioriza, sin pudor alguno, en la instrucción que se le entrega. Asistiremos, como vamos a ver inmediatamente, a un constante desbordamiento de los límites y fronteras que la instrucción le impone. Por otra parte, además, muy pronto, prácticamente en el momento de la instalación del conde de Aranda en la embajada, se producirá la muerte del rey Luis XV y el acceso al trono del delfín Luis XVI, con el consiguiente cambio de equipo y de orientación política entre sus colaboradores más inmediatos. También inmediatamente aparecerán por París los primeros emisarios del Congreso norteamericano; los asuntos con Portugal —de lo que, como vimos, no se hacía la menor mención en las instrucciones— alcanzan un punto de gran conflictividad. De poco le sirvió a Aranda la instrucción de Grimaldi; a nosotros, sin embargo, nos ha servido de un modo eminente para comprobar la escasa densidad de contenido del pensamiento político español en el momento en que se escribe; para apreciar hasta qué punto continúa el predominio de los intereses dinásticos sobre los nacionales, casi podríamos afirmar la inexistencia total de tales intereses en los supuestos configuradores de la política española; nos ha servido para comprobar el servilismo de la alianza con Francia; el temor paralizante que existe en orden a una posible conflagración bélica, especialmente de índole naval, contra Inglaterra; vimos la ausencia de contenidos vitales en las argumentaciones políticas; se trata de una ideología vacía, sin fuerza, decadente; parece que España se conforma con una posición de segundo rango en el concierto político europeo y, lo que es aún más grave, que no tiene intención de encontrar la posibilidad de superar tan angosta posición.

B) LA REVOLUCIÓN NORTEAMERICANA

Con el exclusivo propósito de «situar» en el tiempo los acontecimientos que constituyen el proceso —por otra parte perfectamente conocido— de la independencia norteamericana, procedemos en el presente párrafo a establecer las líneas maestras del indicado proceso, que acabarían por confluir en París en torno al año 1778.

El final de la guerra de los Siete Años —cuyo significado hemos tenido ocasión de glosar anteriormente [25]—, dentro de su triunfalismo, supuso para Inglaterra una seria acumulación de problemas que desbordaban el moderado interés con que había hecho frente al régimen interno de las colonias y que produjeron una marginación por su parte de los problemas sociales y políticos para ocuparse, tan sólo, de los de índole económica. Al día siguiente de la firma de la paz de París, una importante serie de interrogantes se iniciaban para los políticos ingleses: ¿cómo se podría integrar a las antiguas comunidades francesas —con las cuales habían mantenido los colonos británicos una prolongada tensión e incluso lucha— en la regionalidad colonial británica? ¿Cómo se encontraría una solución a los problemas territoriales, desmesuradamente incrementados? ¿Qué política habría que adoptar con respecto a los problemas fronterizos tanto indígenas [26] como españoles? De todos ellos el que alcanzaba una mayor problematicidad era, precisamente, el referido a la cuestión territorial, pues el incremento del espacio disponible implicaba la necesidad de producir un cambio, susil, pero de enormes repercusiones, que consistió en el abandono de una mentalidad colonial de ámbito reducido, a una mentalidad imperialista, sobre todo, porque la coexistencia de comunidades francesas en el interior del territorio aconsejaba proceder a una restricción de las «libertades», sin por ello rebajar la presión económica. Por su parte, en las colonias británicas se había constituido un importante grupo de gentes, formadas en las tradiciones ideológicas británicas,

---

[25] Primera parte, I, C., págs. 49 y sigs.
[26] El desencadenamiento del formidable ataque de los indios *ottawa* dirigido por Pontiac, en 1763, produjo el incendio y la asolación de la frontera desde el Niágara hasta Virginia; murieron multitud de familias colonizadoras e hizo precisa la enérgica intervención del ejército británico. Vid. S. G. Fisher, *The Struggle for American Independence*, Filadelfia, 1908, 2 vols.

que disponían de un fuerte impulso comercial y productor, en el que se alineaban los planteamientos del sur y los burgueses del norte, así como importantes grupos medios, políticamente conscientes, cuya variedad de procedencia nacional y los impulsos ideológicos que les llevaron hasta allí, huyendo de las presiones políticas, sociales y religiosas europeas, les convertía en acérrimos defensores de la libertad de acción, así como la búsqueda de los métodos más adecuados para conseguirlo. Por otra parte, la cuestión fronteriza —que bien pudiera ya considerarse la «cuestión del Oeste»—, cuya solución fue acometida por el gobierno británico con carácter eminentemente defensivo. Finalmente, la guerra de los Siete Años había incrementado de un modo considerable la deuda nacional británica; el establecimiento de fortalezas defensivas, en la frontera, los aumentaba todavía más; era preciso proceder a una reforma financiera colonial, que fue la obra de Grenville, quien presentó al Parlamento una serie de *bills*, que comenzaron inmediatamente a producir reacciones en cadena. El primero de tales actos estuvo encarnado en la Ley de Ingresos (1764), cuyo preámbulo proporcionó, sin duda, la dialéctica de la contestación colonial: «... es evidente que han de establecerse nuevas disposiciones y reglas para aumentar los ingresos de este reino»; «... es justo y necesario que se eleven los impuestos... para sufragar gastos de defensa, protección y seguridad»; inmediatamente abogados, como Samuel Adams, esgrimieron los argumentos decisivos: ¿cómo admitir la existencia de impuestos para producir aumento de ingresos a la Corona sin que existiese representación parlamentaria? La siguiente medida financiera de Grenville —la Ley del Timbre de 22 de marzo de 1765— galvanizó la opinión colonial en torno a la decisiva argumentación de Adams y produjo, en el verano del mismo año, una disminución considerable —unas seiscientas mil libras— en el comercio colonial con Gran Bretaña; igualmente se produjeron manifestaciones callejeras, asaltos y violencias; pero, sobre todo, hizo posible la formación de una oposición cuyos objetivos apuntaban hacia horizontes constitucionales propios; las oleadas de oposición fueron de tal naturaleza que el Parlamento inglés consideró prudente la retirada de la Ley, a propuesta del gabinete Rockingham. La semilla estaba ya lanzada y el proceso se convertirá en incontenible.

A la caída de Rockingham, el rey Jorge III llamó al anciano William Pitt, el cual se rodeó de políticos deseosos de alcanzar una preeminencia de primera fila en la política inglesa; el ministro de Hacienda, Townshend, aprovechando la escasa salud del conde de Chatham, que le impedía seguir de cerca la dirección de la política, concibió un plan de enorme audacia: reducir el impuesto sobre las tierras del 25 por 100 al 15 por 100 y compensar el déficit resultante reduciendo puestos militares e incrementando los ingresos por medio de gravámenes de entrada en las colonias de productos de exportación británicos; las leyes de Townshend fueron tres: en la primera se establecía un impuesto sobre el vidrio, el papel, el té y las pinturas procedentes de Inglaterra a las colonias; la segunda, una comisión para la aplicación de las leyes de comercio; la tercera suspendió la legislatura de New York por negarse a abastecer las tropas británicas. Un aristócrata rural de Pennsylvania, John Dickinson, publicó sus *Letters of a Pennsylvania farmer* (1768) donde quedaba jurídicamente demostrada la diferencia entre impuestos para la regulación del comercio y aquellos otros cuyo objetivo era procurar ingresos a la Corona; las importaciones se redujeron de modo considerable y paralelo a la reducción de exportaciones, en Boston, Filadelfia y New York, produciéndose una reversión hacia la autarquía económica; así surgieron nuevas industrias coloniales, reduciéndose, incluso, la importación de negros esclavos, lo cual produjo la ruina de algunos de los más acreditados negreros británicos. El 5 de marzo de 1770 sonaron los primeros disparos en Boston, perdiendo la vida tres ciudadanos. El gabinete de lord North suprimió todos los gravámenes de Townshend, excepto el impuesto sobre el té, que fue rebajado en 1773, cuando la ley específica que regía su comercio estableció una devolución total de los derechos de importación.

Simultáneamente, el cierre del Oeste hubo de producir entre los colonos un ambiente de enorme tensión. La Línea de Proclamación (1763), cuyo propósito era establecer gobiernos en las tierras del Oeste que habían pertenecido a Francia, clausuró dichas tierras para los comerciantes de pieles y a los especuladores de tierras; el gobierno británico concedió grandes extensiones de tierras a comerciantes y terratenientes residentes en la metrópoli, quedando el comercio de pieles monopolizado por el Estado, lo cual supuso pérdidas considerables para comerciantes, financieros y terratenientes y, por otra parte, cerraba muchas posibilidades para los sectores medios y bajos de la población, cuyas esperanzas se concentraban en la explotación de las posibilidades del Oeste.

En tales condiciones, un nuevo incidente en Boston (16 de diciembre de 1773) marcó la medida que hizo ya iniciar la vía de la violencia. La Compañía de Indias Orientales, al borde de la ruina, obtuvo el monopolio del té que se exportaba a las colonias y decidió vender el producto en exclusiva a través de sus agentes, lo cual eliminó a los comerciantes independientes. Ello produjo una cadena de reacciones de muy diversa índole: en Charleston el té fue desembarcado pero no vendido; Filadelfia y New York rechazaron los cargamentos; en Boston fueron arrojados los fardos al agua. Tal actitud provocó, a su vez, la indignación del Parlamento británico, quien decretó el cierre del puerto hasta que se pagase el valor de la mercancía destruida, el cambio de la forma de gobierno en Massachussets y el traslado a Inglaterra de los culpables para ser juzgados; se trata de las *Leyes Intolerables*, que señalan ya la intransigencia de las posturas. El Parlamento inglés, al confundir una cuestión de orden público con un tema teórico de soberanía, aceptó el desafío de los colonos y produjo la fuerte unidad de éstas, convencidos de que no podían reivindicar soberanía alguna sobre los territorios que ocupaban, en tanto ciudadanos británicos. En consecuencia, los colonos tuvieron que instrumentar sus propios caminos y descubrir en el sistema imperial las bases del orden federal: la distribución de poderes entre diversos gobiernos. El Congreso intercolonial, reunido en Filadelfia en 1774, fue convocado precisamente con este propósito, para presionar sobre Inglaterra y obtener una serie de concesiones que, sobre todo, procurasen descongestionar la presión mercantilista. Los principales hitos argumentales fueron: discusión de las *Resoluciones* de Suffolk, en las que se pedía el repudio de las Leyes Intolerables por proceder de «una administración corrompida para esclavizar a América»; el *Plan de Unión* de Joseph Galloway, que no se tomó en consideración; medidas de represalia contra las Leyes Intolerables: restricción de importaciones, exportaciones y consumo; por último, se aprobó el *Memorial de Derechos* y una *Petición* al Rey. También se aprobó la *Asociación*, en cuya virtud se creaban una red de comités urbanos, puertos y condados, cuya misión era vigilar el cumplimiento de todos los acuerdos tomados en el Congreso. El 10 de marzo de 1775 se reunió en Filadelfia el segundo Congreso continental, cuya actitud quedó puesta de manifiesto en la *Declaración de las causas y necesidad de empuñar las armas*, designando a George Washington como comandante en jefe de las fuerzas armadas coloniales; no quiere ello decir que la guerra estuviese unánimemente decidida por los congresistas; en la *Declaración*, que redactan Jefferson y Dickinson, se afirma: «No pretendemos deshacer la unión que durante tanto tiempo y tan felizmente ha existido entre nosotros. La necesidad no nos ha inducido todavía a tomar tan desesperada medida ni a provocar a ninguna otra nación a guerra contra ellos...» No existía, en verdad, una irreductible univocidad hacia el camino de la guerra para alcanzar la independencia; se ejercía la táctica de la presión, a través de la expresión de la más íntima unidad y decidida posición comunitaria de alcanzar el acuerdo; en 1776 la publicación del *Common Sense*, de Thomas Payne, supuso la articulación que movió el ánimo de todos los norteamericanos hacia la independencia; en dicha obra, que alcanzó una considerable difusión, se vulgarizaban todos los conceptos relativos a los derechos naturales, se atacaba despiadadamente a la monarquía, al sistema constitucional británico y al imperio, ofreciéndose a los colonos una alternativa: continuar bajo la tiranía del rey, sometidos a una administración corrompida, o gozar de la libertad como república independiente. El paso definitivo se produjo el 4 de julio de 1776, fecha de la *Declaración de Independencia*, que señala la definitiva ruptura de las colonias con Inglaterra y el inmediato comienzo de hostilidades.

C) LA PREOCUPACIÓN ESPAÑOLA POR LOS ACONTECIMIENTOS DE AMERICA: LA BÚSQUEDA DE INFORMACIÓN PARA LA ELABORACIÓN DE CRITERIOS

La tensión colonial ya es un hecho, como vimos, desde finales de diciembre de 1773, alcanza una primera cota de confrontación guerrera en la operación de castigo emprendida por el general inglés Gage, en abril de 1775, contra los reductos de Concord y Lexington, el inmediato segundo Congreso continental (mayo de 1775) y la reunión del tercer Congreso (junio de 1776), en que se proclamó la independencia (4 de julio de 1776). Es frecuente que los historiadores especializados en la época exalten la repercusión que los acontecimientos coloniales tuvieron en Europa, pero al estudiar tal repercusión lo hacen con un amplio margen de confusión cronológica; es decir, manejan conceptos, ideas y hechos sin una debida depuración temporal, como una generalidad activa en la que resulta corriente la mezcla confusa de ocurrencias que se han manifestado o motivado en muy diferentes momentos cronológicos. También resulta muy frecuente, por parte de tales historiadores, olvidar absolutamente la existencia de España; ello representa la expresión externa de un profundo sentimiento de inadecuación con respecto a la realidad. No puede pensarse que en la época en que se producen los acontecimientos a que nos venimos refiriendo las corrientes informativas se producían con la rapidez y precisión a las que hoy estamos acostumbrados, sino todo lo contrario, el conocimiento de los hechos se producía con retraso, con imprecisión, frecuente deformación y una constante contradicción; tampoco es válido creer —o afirmar, mediante el sistema de ignorar— que España, la nación con mayores intereses americanos, pudo quedarse al margen de la repercusión inicial en Europa de los acontecimientos ocurridos en las colonias británicas; existió una importante y múltiple repercusión a nivel oficial y a nivel privado, pero en los dos primeros años de los acontecimientos, es decir, 1775 y 1776, la que se produjo a nivel oficial, estuvo condicionada por dos cuestiones de muy diversa índole: la estrecha unión con Francia que impedía toda decisión, si no era posterior a la francesa; la crisis interna del gobierno español, hasta su reorganización, en 1776, es la segunda cuestión que imprime, junto con la primera, una característica falta de agresividad a la política oficial española. Pero ello no supone la peregrina idea de una inexistencia total de reacción española ante aquellos acontecimientos ultramarinos que, de un modo tan directo, afectaban los intereses americanistas españoles; ya en abril de 1774, el conde de Aranda sostenía conversaciones con el embajador británico en París, lord Stormont, sobre el tema colonial, de la cual deducía Aranda el propósito inglés de quitar importancia a la situación, considerada como promovida por adversarios del equipo gubernamental inglés [27]; tres fueron los núcleos a través de los cuales obtuvo el gobierno español información sobre los acontecimientos: Londres, París y los propios territorios americanos bajo soberanía española. Otra cosa completamente distinta es que tales informaciones promoviesen la efectividad de una decisión política, para la cual el marqués de Grimaldi no se encontraba ni dispuesto ni capacitado.

---

[27] Despacho de Aranda a Grimaldi, París, 20 de abril de 1774. Archivo General de Simancas, Estado, Leg. 4593.

1. *La información, vía Londres*

Francisco de Escarano ocupaba, por enfermedad del embajador titular, príncipe de Masserano, el puesto de encargado de negocios español en Londres y a través suyo se reciben las primeras impresiones del conflicto colonial británico, así como el temor de que la cuestión envolviese a España, pues, «con motivo de las disensiones de América, hay allí más tropas que las que regularmente suele aver» [28]. Los despachos de la embajada en Londres, a partir de este momento, como tendremos oportunidad de comprobar, se caracterizan, en esencia, por su sentido informativo que, sobre los acontecimientos en América, consigue obtener en la opinión pública, del Parlamento, de los ministros británicos; en todo caso, puede observarse un propósito de frenar las posibles tendencias oficiales españolas de proclividad hacia la guerra, en abierto contraste —según veremos— de las opiniones del conde de Aranda, desde París, abiertamente belicistas y en absoluta oposición a Inglaterra.

Desde comienzos del año 1775 se produce en Inglaterra una profunda división de opinión que se manifiesta, por parte de los comerciantes de Londres, elevando una petición a la Cámara de los Comunes en que se expone el perjuicio que se les ocasionaría a ellos y a Inglaterra en general caso de no revocar las leyes contra Boston [29]; el 1 de febrero, William Pitt presentó en la Cámara de los Lores un decreto para atajar los disturbios y asegurar la autoridad británica en las colonias, que fue rechazada por 68 votos contra 32 [30]; lord North, en una larga intervención en los Comunes, demostró que la conducta de los colonos se encontraba plenamente incursa en la calificación de rebelión que, además, consideraba como altamente peligrosa, proponiendo, en consecuencia, el bloqueo económico de Boston para impedir todo tipo de comercio, excepto el de Inglaterra e Irlanda; la cámara aprobó la proposición del gabinete por 269 votos contra 106 [31]; a través de tales datos puede apreciarse que, aproximadamente un tercio

---

[28] Despacho de Escarano a Grimaldi, Londres, 30 de agosto de 1774, A. G. S., Estado, Leg. 4595.

[29] Escarano a Grimaldi, Londres, 13 de enero de 1775, A. H. N., Estado, Leg. 4280, Caja 2.

[30] Escarano a Grimaldi, Londres, 3 de febrero de 1775, A. H. N., Estado, Leg. 4280, Caja 2.

[31] *Ibídem*, doc. y loc. cit.

de la cámara alta y otro tanto de la baja, están tratando de impedir la radicalización del conflicto; su argumento principal consiste, según comunica Escarano le ha indicado lord Rochford en conversación privada, en que «estamos seguros de que la España y la Francia meditaban valerse de los alborotos de América para atacar los estados de la Inglaterra en aquella parte del mundo»[32]; en marzo, con motivo del regreso a Filadelfia del Dr. Benjamin Franklin, se recelaba un incremento del espíritu de resistencia que se apreciaba cada vez más intensamente en los colonos; como dice Escarano, «Los que conocen a fondo las Colonias inglesas de América temen vaya aumentando el fuego que allí se ha encendido, y que no puede apagarle el Ministerio quando quiera»[33]; en mayo de 1775 regresó a Londres el príncipe de Masserano para ocupar su alto puesto, e insiste en el encono que va adquiriendo la situación colonial; «me han dicho estos Ministros que tal vez se esparcirá alguna sangre. Les he manifestado que sería muy sensible... porque sería un mal ejemplo para nuestras Colonias una guerra civil en las inglesas»[34].

Repentinamente, desde la atalaya informativa que era Londres, recogió el embajador una alarmante maniobra que afectaba directamente a Francia y España. La crítica situación que los acontecimientos coloniales están produciendo, según indica el príncipe de Masserano a Grimaldi[35], colocan al gobierno en la necesidad de tomar una decisión sobre la alternativa: o enviar el número suficiente de tropas para aplastar la rebelión o reconociliarse con ellos; ambos, sin embargo, pueden tener las peores consecuencias: el primer partido supone, inevitablemente, el incremento considerable de los gastos «sin una certidumbre de salir con el intento»; si se les hacen propuestas de reconciliación habría de ser en condiciones tan ventajosas que equivaldrían a una casi total independencia, sobre todo solicitarán el libre comercio con todas las naciones, lo cual está prohibido por el Acta de Navegación, y si se les permitiera ello redundaría en perjuicio de las manufacturas británicas. El temor que expresa Masserano radica en la po-

---

[32] Doc. y loc cit.

[33] Escarano a Grimaldi, Londres, 21 de marzo de 1775, A. H. N., Estado, Leg. 4280, Caja 2.

[34] Masserano a Grimaldi, Londres, 30 de mayo de 1775, A. H. N., Estado, Leg. 4280, Caja 1.

[35] Masserano a Grimaldi, Londres, 11 de agosto de 1775, A. H. N., Estado, Leg. 4280, Caja 1.

sibilidad casi segura del acceso al gobierno de William Pitt, conde de Chatham, «que es mui verosímil encuentre modo de reconciliar las Colonias con la Madre Patria y si para ello se ve obligado a concederles ventajas contrarias a este comercio, y que grite la Nación es mui capaz de acallarla haciendo la guerra a España y a la Francia»[36]; la voz de alarma se apoyaba en el precedente ocurrido en la Inglaterra de 1757, cuando el mismo William Pitt supo encauzar la agresividad nacional iniciando la guerra de los Siete Años; desde entonces, un sentimiento profundo radicaba en la opinión pública británica, pues «es raro el que no está poseído de la manía de creer que es el único modo de enriquecer este país acordándose con demasiada frecuencia de nuestras desgracias en la última guerra»[37]; por si era poco, el secretario de Estado, lord Rochford, le había indicado a Masserano que no falta quien, en el Consejo del rey, opinaba que «para componer las diferencias con América no havía otro remedio que romper con la España y la Francia, añadiéndole veía con sentimiento que cada día iva ganando terreno esta opinión»[38]; termina el príncipe de Masserano su alarmada información haciendo una exposición sobre las fuerzas armadas británicas en América —catorce mil hombres y cincuenta y siete embarcaciones de guerra— en crecimiento alarmante. «No puede ocultarse a la penetración de S. M. que, compuestas de un modo o de otro las disputas con las Colonias, o perdidas éstas, puede ocurrir al Ministerio inglés la idea de servirse de sus armas contra nosotros en aquellos dominios... No digo que esto suceda, pero la prudencia exige prever los males»[39].

La guerra posible con los ingleses, prudentemente anunciada por Masserano, produjo inmediatamente una considerable alarma del marqués de Grimaldi y, sobre todo, un temor que será en adelante muy difícil de desarraigar, específicamente basado en circunstancias anteriores, sin llegar, ciertamente, a perfilar un criterio que, en base a las circunstancias del momento, permitiese examinar racionalmente los condicionamientos del momento. En este sentido, un largo despacho de Grimaldi al conde de Aranda[40] nos sitúa, con exactitud, en el profundo desconcierto del

---

[36]   *Ibídem*, doc. y loc. cit.
[37]   *Ibídem*, doc. y loc. cit.
[38]   *Ibídem*, doc. y loc. cit.
[39]   *Ibídem*, doc. y loc. cit.
[40]   Despacho de Grimaldi a Aranda, San Ildefonso, 15 de septiembre de 1775, A. H. N., Estado, Leg. 4068.

gobierno español. La premisa fundamental, condicionante de todo el texto, resulta sumamente instructiva: «Para que la Inglaterra rompa con nosotros basta que aquella Corte crea convenirle. Su espíritu ambicioso, su sistema de gobierno, y la idea generalmente recibida allí de ser éste el medio de enriquecerse, la tienen siempre dispuesta a abrazar este partido. Agregando a ello sus actuales desavenencias con las colonias y el grande embarazo de no hallar modo de cortarlas con honor, es muy natural que quiera tantear este arbitrio, ya sea para despertar la codicia de los americanos y atraerlos de nuevo a su obediencia, o bien para resarcirse a nuestras costas de las pérdidas que tenga con ellos. Así, pues, debemos temer la guerra y prepararnos a ella con la posible actividad.»

Quiere esto decir que, desde el primer instante y en base a un rumor y el temor reverencial de que William Pitt en el gobierno reanude el camino de la agresicidad colonial que había producido otrora la guerra de los Siete Años, la primera posición y reacción política española respecto al problema colonial norteamericano no enfocaba la cuestión ni problematizaba sus contenidos de un modo específico hacia la regionalidad hemisférica americana, sino con respecto a Europa, en abierta subordinación a la problemática francesa, y con una clara y paralizante expresión de temor hacia Inglaterra. Resulta claro que la situación de 1775 es completamente diferente de la de 1757; es evidente que la competencia comercial francesa a Inglaterra de este último año resultaba incomparable con la inexistente competencia comercial española en 1775; nada de esto se tiene en cuenta por parte de los responsables de la política exterior española; la posibilidad de la guerra con Inglaterra se constituye en el único problema de seriedad con el que deben enfrentarse, según entienden. Veamos cuáles son los argumentos que Grimaldi utiliza para prevenirla. Ante todo opina que no será tan inmediata mientras exista el conflicto británico con sus colonias, creyendo que «sólo en el otoño del 76 estaría la Inglaterra en disposición de dirixir sus fuerzas contra nosotros desengañada ya de que eran infructuosos contra las Colonias» [41]; resulta verdaderamente increíble la inconsistencia del pensamiento de Grimaldi, ya que con la firmeza con que estima que «hasta el citado otoño no serán atacadas las posesiones españolas de Indias por las armas británicas» y teniendo en cuenta, como ha afirmado, que el ataque contra España no

---

[41] *Ibídem*, doc. y loc. cit.

puede ser simultáneo con el mantenimiento del conflicto con los colonos, la posición debería estar perfectamente clara: la política española debía consistir en provocar por todos los medios a su alcance la exacerbación del conflicto colonial; por el contrario, lo que se hace es mantener una posición defensiva y quedar a la espera de cualquier índole de iniciativa por parte de Inglaterra. El príncipe de Masserano, por su parte, también hizo partícipe a Aranda de sus temores [42] y demuestra, en despacho a Grimaldi, el inteligente punto de vista al que hacíamos mención inmediatamente: «No puede dejar de convenirnos que dure mucho esta guerra civil, y que en ella se arruinen los americanos sin lograr su fin de quedar independientes y que se destruya la Gran Bretaña con los gastos que deberá hacer para reducirlos a su deber» [43]; es el primero que aprecia la importancia de semejante táctica y que refrenda, señalando el esfuerzo que está haciendo el gobierno para revocar las leyes coloniales «sin que sea contra el honor de esta Corona»; en este orden de cosas, también anuncia Masserano el envío de tres comisarios a las colonias con plenos poderes para tratar con «los que quieran sugetarse a la razón» [44]. Todos estos temores quedaron despejados a finales del año 1775, en que el secretario de Estado, lord Rochford, sugería a Masserano «en tono amistoso y como puro pensamiento suyo» a que se pusiesen de acuerdo «las potencias de España, Francia e Inglaterra (para) ajustar un tratado por el cual se aseguren mutuamente las posesiones que cada una de ellas goza en América» [45]. Esta importante iniciativa europeísta de lord Rochford, que revela una política de *manos libres* para poder enfrentar con tranquilidad el problema colonial, fue, en principio, acogida con interés por parte de Grimaldi, quien opinaba debía meditarse muy profundamente por ambas cortes borbónicas [46]; el dictamen opuesto del ministerio francés [47] fue suficiente para que el interés inicial del secretario

---

[42] Masserano a Aranda, Londres, 20 de octubre de 1775, A. H. N., Estado, Leg. 2862.

[43] Masserano a Grimaldi, Londres, 24 de noviembre de 1775, A. H. N., Estado, Leg. 4280, Caja 1.

[44] *Ibídem*, loc. y doc. cit.

[45] Grimaldi a Masserano, San Lorenzo el Real, 29 de noviembre de 1775, A. H. N., Estado, Leg. 4068.

[46] Grimaldi a Aranda, San Lorenzo, 29 de noviembre de 1775, A. G. S., Estado, Leg. 4559.

[47] Aranda a Grimaldi, París, 8 de diciembre de 1775, A. G. S., Estado, Leg. 4602.

de Estado se trocase en desconfianza, abandonando imediatamente una posibilidad de acuerdo que imprimiese una plataforma de «statu quo» con Inglaterra en el área americana; la escasa consistencia política de Grimaldi hizo que aceptase en todo las resoluciones que, sobre el caso, arbitraron los políticos franceses [48]; «No es creíble que jamás pueda el Gavinete Británico entrar en tal ajuste; pero aun suponiendo que lo hiciese en algún momento de apuro o de ceguedad es evidente que después ni querría ni podría cumplirlo: de suerte que tales empeños nos serían gravosos sin compensarlos con ninguna ventaja» [49]. Aceptada la tesis francesa, de nuevo España perdió la iniciativa, tan importante en la política y mucho más en los años de intensidad diplomática que estamos estudiando. Continuaba operando el miedo a una confrontación con Inglaterra, en el que insistía constantemente Masserano, hasta el punto de que tal actitud constituye, de suyo, el núcleo de información recibido por Grimaldi de la representación española en Londres: desconfianza y temor a una confrontación naval; lo verdaderamente curioso de esta posición consiste, pues, en que el peso del pasado, de la experiencia de las relaciones diplomáticas con Inglaterra, opera y condiciona la realidad política del momento, que ninguno de los ministros españoles de la época supieron entender; en consecuencia, tan paralizantes supuestos jugaban en favor de las tesis y aspiraciones francesas que estaban encaminadas, no solamente a la recuperación del «honneur», que llevase a «la grandeur», sino en la medida de lo posible al definitivo hundimiento colonial de Inglaterra.

2. París: impulsos bélicos

El segundo centro de información de que podía disponerse para formar criterio que promoviese una decisión política era la capital francesa, donde el embajador español, conde de Aranda, diferenciaba completamente su actitud del príncipe de Masserano, embajador en Londres. El conde de Aranda respiraba belicosidad por todos sus poros y no disimulaba su profundo antagonismo con Inglaterra, ni sus deseos de producir por todos los medios a su alcance una decisión de acción guerrera; coincidía,

---

[48] Grimaldi a Masserano, El Pardo, 15 de enero de 1776, A. H. N., Estado, Leg. 4281, Caja 1.

[49] *Ibídem*, doc. y loc. cit.

pues, de un modo pleno, con los objetivos del ministerio francés, planificando en conversacciones y junta con los ministros franceses el modo de atacar el poderío inglés y destruirlo. Para él la vecindad de los ingleses en América resulta de extrema gravedad y debe ser prevenida: «Incluso a V. E. una noticia que me ha dado una persona de la mayor graduación que las tiene directamente de la Luisiana respecto de los establecimientos ingleses que confrontan con ella y río Mississippi. De esta vecindad es bien creíble que nos resulten un día u otro rompimientos de cabeza y si la Florida no sigue la suerte de las otras Colonias, también es regular que la Inglaterra fomente quanto depende de ella para conservar su pie dentro del Golfo de México con los presidios que le cedimos en la última paz» [50].

Lógicamente, la mente militar del conde de Aranda le lleva a examinar el problema del peligro inglés, con exactitud, en una regionalidad fronteriza en América cuyo valor comercial y estratégico es de primera magnitud. Así podemos valorar la brillantez de su pensamiento cuando, en la contestación que remite a Grimaldi cuando éste solicitó de él ideas preventivas respecto a una posible acción guerrera de Inglaterra contra España [51]. «Es cierto que si discurrimos sobre intenciones de nuestros enemigos, que no les ocurran, serán inútiles qualesquiera reflexiones que hagamos; será una injusticia también el concepto malo que de ellos formemos; será un tiempo perdido y serán unos gastos hechos al aire, los que sin más fundamentos que nuestras sombras se consumiesen en preparativos. Pero como estamos ciertos de que son nuestros enemigos naturales, y tan acostumbrados a tratos semejantes que no debemos prometernos otros, cabe no ser inútiles las reflexiones, ni hacerles injusticias en los recelos; y por consiguiente exigir la prudencia; el no perder tiempo, ni detenerse en la consideración de aventurar las expensas y premeditar bien los casos posibles» [52]; tras señalar, pues, el carácter de *enemigos naturales*, si bien abogando por un análisis realista de cuáles pudiesen ser sus sistemas de acción, para prevenirlos, aunque sin temores ni «sombras», pasa el conde de Aranda a explicar su criterio y puntos de vista de los distintos *supuestos* que pudieran constituir

---

[50]   Aranda a Grimaldi, París, 21 de julio de 1775, A. H. N., Estado, Leg. 3883, Exp. 6.
[51]   Aranda a Gribaldi, París, 12 de abril de 1776, A. H. N., Estado, Leg. 4224.
[52]   *Ibídem*, doc. y loc. cit.

las líneas posibles de acción británicas contra España: en el caso
de «una final suerte que tuviesen los empeños de la Inglaterra
con sus Colonias de América», sean éstos favorables o adversos,
parece al conde de Aranda que las miras y objetivos de Inglaterra podrían fijarse fundamentalmente en la Luisiana y en la isla
de Santo Domingo:

> *Luisiana*, por su contigüidad con la Florida, «que hasta
> ahora no sabemos haya tomado parte en la insurrección de
> las demás colonias, ni hay apariencia de que lo haga, por-
> que no encierra en sí bastante población, ni substancia
> para levantar también la cabeza».

— Florida tiene *puertos* en sus costas capaces de recibir cualquier fuerza marítima, alguno dentro del golfo, y pasado el canal de la Bahama, por ejemplo
Panzacola; otros en el mar abierto de la misma costa de donde «se huviesen de retirar», como San
Agustín.

— Las embarcaciones de guerra que tenía Inglaterra en
América son todas de los menores buques, «circunstancia que facilita el acceso a qualquier puerto».

— Si los ingleses se reuniesen en Florida podrían inva-
dir Louisiana por mar o por tierra; tal ocupación
«no presenta en la ocasión el menor obstáculo».

— «La posición de la Florida y la Louisiana unidas,
de un clima templado y buenos terrenos, con la proximidad del Reino de México para sus ideas sucesivas y con la ventaja de unos despoblados interme-
dios, que imposibilitarían, por su enorme extensión,
el uso de las fuerzas de tierra de México; son calidades mui seductivas para que ésta pudiera ser una
de las ideas proporcionadas a llenar las medidas de
la enemitad inglesa: figurándose compensar su pérdida si la huviese hecho; o asegurar la posesión de
sus antiguas colonias, si las subyugase, cogiéndolas
por la espalda...» [53].

Isla de Santo Domingo, «indefensa e irresistible a un
cuerpo de fuerzas de tierra» que podrían provenir de las

---

[53] *Ibídem*, doc. y loc cit.

colonias; es un país de excelente clima en todas las estaciones, de alta productividad, con buenas bahías abandonadas en la costa del norte (Manzanilla, Monte Christi, Samana), de navegación abierta y natural desde las colonias y «se puede decir al paso para el regreso a Europa»[54], su conquista podría ser rapidísima y cuando la noticia llegase a Europa podrían estar ya los ingleses señoreando toda la isla. «Yo soi el primero que dudaría formasse la Inglaterra semejante empresa desde Europa; pero recelo que la concurrencia de sus fuerzas con motivo de las Colonias pueda presentarle el objeto de la Isla de Santo Domingo en este caso como una tentación, y una cosa a la mano sin obstáculo y de las maiores consecuencias»[55]. Dada esta facilidad de conquista y posesión, ¿cuáles podrían ser las consecuencias?:

— Su riqueza es de gran importancia para el comercio.
— Su posición estratégica la convertiría en «el maior padrastro de las posesiones españolas».
— Francia no tiene «en el día» más que el comercio de Santo Domingo bien establecido (ochenta millones de libras anuales).
— Sería una excelente base naval para Inglaterra.

Opina, pues, el conde de Aranda que un posible golpe de mano por sorpresa de los ingleses tendría como objetivos los dos señalados fundándose, sobre todo, en la indefensión en que se encuentra; en cambio La Habana y Puerto Rico, por sus fortificaciones, constituyen puntos de disuasión, pues en su conquista «son necesarios otros requisitos que el remanente de las guerras de las Colonias». El criterio de Aranda hacia Inglaterra es de absoluta desconfianza, pero no de temor, sino que aboga por una preparación intensiva que proporcione una capacidad de respuesta rápida y fuerte —«una guerra activa e implacable»— cuyos resultados pudiesen recompensar «con réditos el insulto voluntariamente cometido»[56].

Poco después el embajador exponía su punto de vista político en unas no menos importantes reflexiones en que comenta, a su

---

[54] *Ibídem*, doc. y loc. cit.
[55] *Ibídem*, doc. y loc. cit.
[56] *Ibídem*, doc. y loc cit.

juicio, cuál puede ser la postura española de aprovechar al máximo la situación de insurgencia de las colonias inglesas [57]: «... puestas ya las cosas en la crisis presente [58], parece que *deberíamos desear el mal éxito de los ingleses;* porque si verdaderamente lo tienen, quedarán de pronto muy debilitados; y no es reparable el golpe de semejante pérdida en su constitución marítima y comercial, que son las dos alas con que hasta ahora se hallaba por todas partes con tanta rapidez y poder. Puestos ya en este caso, concibo que huviera sido mui conveniente haber *ayudado a las Colonias bajo mano y por los términos indirectos de que hay muchos posibles,* para que huviesen podido resistir con más firmeza los esfuerzos que les van a caer encima» [59]. La sutileza del conde de Aranda en la elaboración de su pensamiento con respecto a la posibilidad que se le ofrecía a España de aprovechar al máximo la delicada situación de Inglaterra, se encuentra, por una parte, en estrecha vinculación con su característica belicosidad y animosidad abierta contra Inglaterra; por otra, en conjunción casi perfecta con el pensamiento político de los ministros franceses, que muy pronto, por otra parte, su intuición e inteligente penetración habrá de descubrir con posiciones falseadas con respecto a España.

3. *Actividad informativa del Ministerio de Indias*

El 5 de febrero de 1776 murió el baylío Julián de Arriaga, que ocupaba en el gobierno el puesto de ministro de Marina e Indias [60]; con tal motivo se llevó a cabo una mínima reforma ministerial, separándose las secretarías de despacho de Marina, a cuyo frente se puso al marqués González de Castejón, y la de Indias, para la que fue designado el marqués de Sonora, José de Gálvez [61], hombre clave en la creación de una nueva dimensión

---

[57] Aranda a Grimaldi, París, 3 de mayo de 1776, A. G. S., Estado, Leg. 4602.

[58] En esta fecha ya hacía un año que se había celebrado el segundo Congreso Continental y se estaba en vísperas de celebrarse el tercero, en el cual se dio la *Declaración de Independencia.*

[59] Aranda a Grimaldi, doc. y loc. cit., n. 322.

[60] La composición del gobierno español, en este momento, era la siguiente: Secretaría de Estado y la de Gracia y Justicia (marqués de Grimaldi); Secretaría de Hacienda (Múzquiz); Secretaría de Guerra (conde de Ricla), y la de Marina e Indias (Julián de Arriaga). Vid. Rafael Altamira, *Historia de España y de la civilización española,* vol. IV, Barcelona, 1913-1914, 4 vols., pág. 162.

[61] Cfr. Mario Hernández Sánchez-Barba, *La última expansión de España en América,* Madrid, Instituto de Estudios Políticos, 1957.

de la política americana española, quien inmediatamente instrumentó una real orden al gobernador de La Habana para que fuesen enviados agentes a Pensacola, Florida, Jamaica y otras colonias británicas con objeto de obtener información directa de la guerra mantenida contra Inglaterra y de cuáles pudiesen ser las intenciones con respecto a posibles acuerdos [62]; en su virtud fueron enviados: a las colonias sublevadas, Eduardo de Miguel; al Guarico (Jamaica), Antonio Raffelin; a la Florida, Luciano Herrero. En las instrucciones dadas a Eduardo de Miguel se le indicaba que debería llegar a las costas de las colonias inglesas simulando arribada forzosa, procurando a todo evento llegar a Filadelfia para recoger cuantas noticias pudiese acerca de las desavenencias entre colonos y la corona británica; la comisión no alcanzó éxito, pues el barco en que navegaba el emisario fue apresado por una fragata inglesa; posteriormente, en agosto de 1776, ordenaba el ministro de Indias al gobernador de La Habana el envío de otros dos, uno al escenario de la lucha y el otro a Filadelfia, que era el objetivo de mayor consistencia, ya que en el foco de la insurrección se entendía era donde mayor y más precisa información podría recopilarse sobre la situación del problema, sobre todo las posibilidades que existían de arreglo entre colonias y metrópoli; también se remitía copia de tal orden a la Louisiana a D. Bernardo de Gálvez, sobrino del ministro y futuro conde de Gálvez, que habría de ser figura militar y política preeminente en la acción del golfo de México, como veremos; en su caso, se le encargaba la comisión de una empresa semejante a persona designada por él para que, en el interior de la Louisiana pudiese informarse sobre el estado y situación de los asuntos pendientes entre colonos e Inglaterra [63]. Aunque todos estos intentos no estuvieron presididos por el éxito, nos permite apreciar, en primer lugar, la importancia que en estos momentos tiene la posibilidad del acceso directo a informaciones proporcionadas directamente en el escenario de la confrontación colonial; a través de tal red se recibe la primera llamada de atención, que procede de Charles Lee, dirigida a José Gálvez, quien se presenta como segundo comandante territorial y comandante en jefe de la llamada «división

[62] Archivo General de Indias, Papeles procedentes de la Isla de Cuba, Leg. 1227.

[63] Despacho de José de Gálvez a Bernardo de Gálvez, Madrid, 16 de julio de 1776, A. G. I., Papeles procedentes de la Isla de Cuba, Leg. 174.

meridional» que comprende las provincias de Virginia, las dos Carolinas, Georgia y de «todo el país que se extiende hasta el Mississippi» [64]. Expone Lee el propósito que les anima en su empresa contra Inglaterra, pero que les faltan los medios necesarios para sostener la guerra; muy difícil de obtener auxilios por mar, pues todos los puertos se encuentran bloqueados por la armada británica. «Vista tal dificultad y conociendo la generosidad de los españoles» solicitan la prestación de la ayuda para llevar a buen fin su propósito, ofreciendo el establecimiento de un comercio sistemático con las Trece Provincias Unidas, que podría efectuarse del modo más simple e inmediato; igualmente opina Lee que las preferencias de España, políticamente hablando, deben estar en apoyar la independencia de las colonias, pues ello sería mucho menos peligroso que la fuerza de Inglaterra en América; «puede pensar V. E. que las colonias independientes se convertirán en un vecino peligroso por su fuerza, pero debe considerar, Señor, que será imposible durante mucho tiempo que se encuentren en situación de contar con una flota en situación de inquietar a ninguna potencia». También se hace mención en la misiva al decidido propósito de las colonias de concluir lo comenzado hasta alcanzar la independencia, considerando que ello representa un punto del mayor interés e importancia para España, ya que «la Gran Bretaña, unida a la América, será mucho más peligrosa para España que el peligro que puede suponer cada una de ellas separada de la otra». En definitiva, tales testimonios le inclinan a pensar que, no sólo la humanidad y la generosidad, sino también el interés y el honor, determinará a España a facilitar a los colonos los artículos que les faltan: fusiles, uniformes y medicinas, especialmente la quinina» [65]; muy pronto también llegará a los despachos ministeriales la Declaración de Independencia de 4 de julio de 1776 [66]. Escasos, pues, pero contundentes los datos informativos recibidos del continente americano.

---

[64] Traducción de la Carta del General Carlos Lee enviada por D. José de Gálvez; Williamsburg, mayo de 1776, A. H. N., Estado, Leg. 4224.

[65] *Ibídem*, doc. y loc cit.

[66] «Declaración de los representantes de los Estados Unidos de América, juntos en su Congreso General», A. H. N., Estado, Leg. 2862.

D) CONTRADICCIONES EN LA FORMULACIÓN DE UN CRITERIO POLÍTICO

Resulta un hecho evidente y que ya hemos tenido ocasión de comprobar en diversas ocasiones, la estrecha vinculación de la Corte española a la francesa; puede afirmarse que no existe iniciativa política en el equipo que preside Grimaldi y, en consecuencia, todas sus decisiones quedan subordinadas a las que previamente adopte el gobierno francés. Todavía resulta más grave la cuestión desde el momento en que el propio conde de Aranda pudo comprobar lo incierto de la directriz política francesa e incluso las frecuentes contradicciones que en ella se apreciaba a la orden de formular un criterio político. Tan pronto predominaba el pacifismo en el tono del conde de Vergennes, como adopta seriamente una postura altamente belicista. En tales condiciones resultaba extremadamente difícil, digámoslo claramente, la adopción de un criterio político. Pero, en todo caso, lo que de ninguna manera puede adoptarse es una clara posición con respecto al nudo del problema, que estaba, sin duda ninguna, en el ámbito americano. Francia interpretaba la rebelión como una ocasión muy propicia para disminuir el poderío británico y en dicha estela arrastraba a la política española, cuyo nervio hubiese estado mucho mejor afincado en un decidido propósito —si es que era posible prever un resultado favorable para los colonos— de pactar con ellos; pero ello, al mismo tiempo, significaba el peligro moral del ejemplo que ello pudiese significar para las provincias y reinos españoles americanos. Se trataba de un serio y arduo problema político de múltiples facetas; los que conducían el timón de la decisión política ni estaban capacitados para resolverlo ni disponían de los resortes eficaces para imprimir un giro considerable al planteamiento de la cuestión.

El primer inconveniente para la eficacia política era, precisamente, las contradicciones que surgían en los gabinetes de la especulación política; dos fueron, sobre todo, los temas en torno a los cuales se formó la opinión política: uno a todas luces prematuro, que es el de la declaración de guerra a Inglaterra; el otro, demasiado involucrado con el primero, el de la ayuda a los colonos insurgentes. A su vez, el tema de la guerra contra Inglaterra, promocionado absolutamente por Francia [67], en una línea que tiene

---

[67] Vid. Parte primera, III, a) «Los objetivos de Francia», págs. 139 y sigs.

dos vertientes: la correspondiente a la época de Choiseul y la que configuró la época de Vergennes. Esta es, precisamente, la razón que, a nuestro entender —desde el punto de vista político—, delinea la capital francesa como eje de negociación, con absoluto predominio de los intereses franceses, mientras los españoles quedan subordinados y sin contenidos propios, sin una valoración de índole nacional, hasta el punto de arriesgar la opinión, que contrastaremos precisamente en estos dos temas de la *guerra* y de la *ayuda*, de que hasta finales del año 1776 España carece absolutamente de un criterio político.

EL TEMA DE LA AYUDA.—El 7 de junio de 1776 el embajador en París, conde de Aranda, transmite a Madrid [68], en pliego reservado y secreto, con encargo expreso del mayor sigilo: «que haviendo considerado ser ya tiempo de facilitar a los insurgentes de América aquellos auxilios que se pudiesen prestar sin descubrir la mano, ni los conductos: avía obtenido de este Soberano un millón de libras tornesas de las quales remitía la mitad en moneda efectiva». El procedimiento arbitrado para ello consistía en comprar en Inglaterra monedas de oro de Portugal, las más estimadas en América del Norte, y se enviaban al Cap, en la isla de Santo Domingo, donde persona de toda confianza ofrecería la cantidad a las colonias como préstamo pagadero en efectos comerciales; al margen de esto, «se hacía la vista gorda» con respecto al acopio de armas y municiones efectuados por emisarios de las colonias, así como al comercio efectuado por diversos comerciantes franceses; en algunos lugares de Francia se hacían fundiciones para construir cañones con destino a las colonias. Iniciado, pues, el procedimiento de ayuda, Vergennes, por y a través del conde de Aranda, apura a Grimaldi, pues «*estando ya empeñados con tesón era menester contribuir, para que recíprocamente se debilitasen los Ingleses para quedar destruidos, y los Colonos para ponerlos a la sazón en los principios de su independencia*» [69]. Muy pocos días después se ponían a disposición del embajador de España en París cuatro millones de reales de vellón, «para que pueda desempeñar con ellos un encargo del real servicio que de orden de S. M. se le hace por el Excmo. Sr. marqués de Grimal-

---

[68] Reservado de Aranda a Grimaldi, París, 7 de junio de 1776, A. H. N., Estado, Leg. 4072, Caja 1.

[69] *Ibídem*, doc. y loc. cit.

di» [70]. En tal sentido, pues, la actitud española es de ayuda inmediata y equivalente a la de Francia, un millón de libras tornesas; el sigilo se hace tal como había recomendado Vergennes, hasta el punto que Grimaldi ni siquiera hizo indicación expresa al ministro de Hacienda del objeto al que se destinaban los cuatro millones de reales de vellón [71] de que se hizo cargo la tesorería francesa [72], extendiendo un recibo el propio Vergennes, quien encargaba a Caron de Beaumarchais «para la maniobra de remitir los efectos y socorros que se expresan» [73], mediante la creación de una compañía cuyo objetivo concreto sería el del socorro y transmisión a los insurgentes de toda clase de ayuda. Quede con ello indicado el tema, que ya no nos ocupará específicamente, de la ayuda financiera, armas y pertrechos a los colonos rebeldes. No solamente es un tema ya debidamente estudiado [74], sino que carece absolutamente de importancia para nuestra investigación, según quedó asentado en la Introducción metodológica.

EL TEMA DE LA GUERRA.—En cambio reviste una importancia de considerable magnitud el tema relativo a la guerra contra Inglaterra, cuya fase se encuentra totalmente vinculada al problema y la tensión con Portugal con motivo de las cuestiones fronterizas americanas ya mencionadas. Defendemos el punto de vista que tal tema —el de la guerra contra Inglaterra— fue planteado e iniciado prematuramente, lo cual, dada la importancia que el mismo encierra, hubo de levantar inmediatamente la suspicacia de Inglaterra y, en todo caso, una atmósfera psicológica de gran tensión que produjo, cuando menos, una actitud de preparación preventiva, de desconfianza e incluso de intencionalidad estratégica para responder a cualquier contingencia, por parte de Inglaterra, que, en consecuencia, adoptó muy pronto una actitud beligerante con respecto a España, situándola en una posición paralela y dependiente de Francia. Ello es cierto, como ya se ha

---

[70] El marqués de Zambrano a D. Francisco Ventura Llovera, Madrid, 24 de junio de 1776, A. H. N., Estado, Leg. 4072, Caja 1.
[71] Grimaldi a Aranda, Madrid, 27 de junio de 1776, A. H. N., Estado, Leg. 4072, Caja 1.
[72] Aranda a Grimaldi, París, 8 de agosto de 1776, A. H. N., Estado, Leg. 4072, Caja 1.
[73] Aranda a Grimaldi, París, 10 de octubre de 1776, A. H. N., Estado, Leg. 4072, Caja 1.
[74] Juan F. Yela Utrilla, *España ante la independencia de los Estados Unidos*, Lérida, 1925, 2 vols.

indicado hasta finales de 1776, pero no lo fue con posterioridad a la subida al poder del conde de Floridablanca; los políticos ingleses no captaron tal cambio de actitud y, en consecuencia, durante toda la época inicial de Floridablanca, hasta la ruptura de relaciones y declaración de guerra subsiguiente, continuó predominando el supuesto operativo característico del antagonismo hispano-inglés. Por tal razón afirmamos —y ahora lo vamos a ver con datos— que el tema de la guerra contra Inglaterra se inició con excesiva premura en los medios políticos españoles y muy especialmente por parte del belicoso conde de Aranda desde París. Por las razones apuntadas, también resulta claro que tal tema se configuró como condicionante de las relaciones con Inglaterra y coartó la capacidad de iniciativa política del conde de Floridablanca cuando llegó su momento de actuar, lo que se verá en el capítulo siguiente.

El conde de Vergennes, quien llevaba la iniciativa en dicho tema bélico, tenía que encontrar un motivo que produjese y provocase una decidida voluntad española de desencadenar la contienda, lo que favorecía positivamente sus propósitos, en orden a crear una situación de guerra contra Inglaterra, así como en el embajador conde de Aranda contaba con uno de los más convencidos anglófobos que podían arrastrar e influir en la voluntad del rey y de sus ministros. El motivo, estimaba Vergennes, podía radicar «en los insultos cometidos por las armas portuguesas en la América meridional, a pesar de las reiteradas amistosas protestas con que la corte de Lisboa ha estado por tanto tiempo abusando de la tolerancia del Rey»[75]; pero en esta misma carta de Grimaldi a Aranda se hace constar que en despacho dirigido por Vergennes a Ossun, embajador francés en Madrid, al comentar los últimos incidentes registrados en la América meridional por los portugueses, opina que ello ya no puede considerarse como disputa de límites, sino de un «objeto tan grave y esencial como el honor y el decoro de la Monarquía»; indicando que «qualquiera partido que el Rey haya tomado debe llevarse a efecto con suma celeridad, porque de ello dependerá el buen éxito»[76]. Por su parte, el conde de Aranda, excelente conocedor táctico de Portugal, se interesaba profundamente en tal cuestión y, en su

---

[75] Grimaldi a Aranda, San Ildefonso, 27 de julio de 1776, A. H. N., Estado, Leg. 2841, Caja 1.

[76] *Ibídem*, doc. y loc cit.

despacho del 8 de agosto de 1776[77], adjuntaba unas amplias reflexiones sobre el rompimiento con Portugal y un detenido estudio de planificación militar de la invasión del indicado país, lo que venía a sumarse a su anterior memoria sobre Irlanda[78] como un supuesto ofensivo de gran envergadura contra Inglaterra; con Vergennes pasó revista a los posibles auxilios marítimos que en dicha coyuntura hipotética pudiese tener Gran Bretaña, eliminando sucesivamente a Holanda —porque le convenía mantener su neutralidad para alcanzar mayores beneficios en el comercio—, a Dinamarca —que consideraban no quererse comprometer «por recelo de las fuerzas de Suecia»— y a Rusia —porque su reciente guerra contra Turquía le impedía un nuevo esfuerzo y tampoco estaría muy dispuesta a enfrentarse con España y Francia[79].

En septiembre de 1776 presentó Vergennes una *memoria* sobre el tema al rey y al consejo de ministros[80], cuya copia le fue entregada posteriormente a Aranda para que la remitiese a Madrid[81], el cual efectivamente la remite, pero acompañada de una importante serie de observaciones sobre el particular que son del más alto interés político. La *memoria* de Vergennes constituye una larga serie de argumentaciones en torno al análisis de la situación de antagonismo entre Inglaterra y Francia, en la que se considera a la primera «enemiga hereditaria» de la segunda y se analiza la inmejorable oportunidad que se ofrece para proporcionar un castigo capaz de «vengar las injusticias y perfidias desde hace tiempo efectuadas», de las cuales hace una larga enumeración. El plan que presenta Vergennes radica en atacar a Portugal, «que nunca podrá ser abandonado por Inglaterra», obligándola a dividir sus fuerzas que, por otra parte, se encuentran fuertemente concentradas en América con motivo de la insurrección de las colonias —donde considera concentra setenta buques de guerra y cuatrocientos de transporte—, donde no existe ninguna apariencia de reconciliación, puesto que acaban de declarar su independencia, lo que no podría aceptar la orgullosa Gran

---

[77]   Aranda a Grimaldi, París, 8 de agosto de 1776, A. H. N., Estado, Leg. 2841, Caja 1.

[78]   Aranda a Grimaldi, París, 10 de febrero de 1776, A. H. N., Estado, Leg. 4168.

[79]   Aranda a Grimaldi, despacho citado en n. 342.

[80]   Copia de la memoria del conde de Vergennes de 3 de septiembre de 1776, A. H. N., Estado, Leg. 4072, Caja 1.

[81]   Despacho de Aranda a Grimaldi, París, 7 de septiembre de 1776, A. H. N., Estado, Leg. 4072, Caja 1.

Bretaña; ¿podría encontrar apoyo en el continente europeo?; del análisis de las potencias en orden a sus relaciones diplomáticas y políticas con Francia concluye que no; pero, en todo caso, si es que la situación y poderío de Francia pudiese suscitar cualquier tipo de preocupación por parte de las potencias europeas y «si la guerra se considera inevitable y necesaria, ¿por qué no podría ser desencadenada por España?». Esta potencia no tiene menor interés ni menos motivos ni razones que Francia para desencadenarla: el ataque contra Portugal puede considerarse como indispensable para producir un desencadenamiento de la guerra, siendo seguro que Inglaterra aceptase el desafío. «España, por su menor importancia en el continente, producirá menos inquietud entre las potencias y, en consecuencia, menos fuerza en limitar sus progresos, mientras Francia, mostrándose entonces como mera auxiliar, sólo representaría el papel de una potencia fiel a sus tratados y compromisos.»

La *memoria* de Vergennes fue remitida a Madrid por el conde de Aranda, quien, como decíamos antes, en su despacho de remisión hacía una importante serie de observaciones. El día 3 de septiembre, en la audiencia de embajadores, el conde de Vergennes indicó a Aranda su deseo de que leyese la *memoria* presentada al rey de Francia en el último consejo; «puso en mis manos el mismo original, que leí enteramente, y preguntándole me explicase su intención para el uso que yo podría hacer de aquella confianza me respondió tenerme ya prevenida una copia, pues S. M. avía querido se comunicase al Rey su tío»[82]. Pero, «al darme el traslado adjunto, reparé que éste abultaba mucho menos que el original» y así lo observó el embajador español; «me confirmó ser la misma, con la diferencia de haver omitido varias particularidades que eran respectivas sólo a la Francia». «Como yo avía leído con la mayor aplicación el original, recapacité luego sus especies para confrontar después la disminución; y apenas volví a París me puse a ello y apunté las circunstancias siguientes:

> — «Que consiguiendo en esta ocasión abatir la potencia marítima inglesa, sería el maior objeto de la Francia suceder a la Corona Británica en ella para dar la ley a todo el mundo.

---

[82] *Ibídem*, doc. y loc. cit.

III. — 13

— Que el comercio de Levante quedaría privativo de la Francia, y separados los ingleses de él daría un lucro superiormente más considerable.

— Que siendo también interesante a la Francia el comercio de la India Oriental, era menester destruir la marina Inglesa en la sazón presente, a causa de que la carta, o concesión que tenía su compañía, terminaba en 1780, por cuyo motivo dicha Compañía cometía extorsiones en aquel país, a fin de amontonar riquezas, que sus habitantes no podían sufrirla, y era éste el momento de ganarlos, para echar de allí con facilidad, y los auxilios de los diferentes Príncipes confinantes, a los Ingleses. Porque el Govierno Británico tenía explicado ya que fenecida la gracia se aplicaría a la Corona aquellos establecimientos, y remediaría los abusos que ahora se cometían para asegurárselos más.

— Que importaba ganar la voluntad de las Colonias Americanas, contribuyendo a minorar las fuerzas de la Metrópoli, para atraher desde el principio su comercio a los Puertos de Francia, y de éstos cargar para aquéllas; pues como en el día están escasas de mil cosas de que la Francia abunda, sobre resultar una pronta ganancia, quedaría desde su principio arraigada la mutua correspondencia, y en lo sucesivo bastaría conservar cuidadosamente aquellos ramos más subsistentes, que el genio de esta nación, y su actividad para enriquecerse, sabrían fomentar.

— Que si se entablase bien la harmonía de ambas, sería duradera, porque los estados de ambas no tenían proximidad que originase rompimientos ni pretensiones; y sólo la Francia en sus Islas de América una escala qual convenía para el comercio con las Colonias.

— Que para adquirir Francia en toda Europa la preponderancia de sus influjos, no avía otro remedio más seguro que el abatimiento de los ingleses; porque entonces la Francia montada en el pie de ser la más fuerte en el mar, y tanto por tierra quanto qualquier otro, daría el tono a todos manejándose con la discreción de hazerse cortejar, no contraher alianzas que le atasen las manos y echarse al lado que hubiese de salir mejor en cada ocasión.»

La vanidad de Vergennes le inclinó, sin duda, a permitir al conde de Aranda que leyese la memoria íntegra y «dijo mui bien Mr. de Vergennes que en la copia suprimía los particulares relativos a Francia». «Es menester hacerle justicia, de que sus miras son políticas y que hace bien de pensar así para esta Monarquía; pues cada uno pide para su santo. Y yo tengo por fortuna este accidente, *pues nos descubre las máximas con que naturalmente procederá el Ministerio francés, aunque se mudase.*» Observa el conde de Aranda el radical cambio de orientación francesa y que un gran interés «la conduce ya a sacarla de la inacción en que vivía», pero también tiene oportunidad de aclarar que «está acalorada con sus ideas»: la *memoria* de Vergennes «propone que España saque la cara, y ella se ofrece a hacer el resto como auxiliar». Ahora, indica Aranda, conocidos todos los extremos del escrito de Vergennes, «forme la España el proiecto para sí; aproveche en la parte que le convenga la buena disposición de su aliado; engánchelo y condúzcalo a sus fines sin que se perciba; descúbrale unos y ocúltele otros, preparando a éstos la cama con disimulo: en inteligencia de que si se descuida y no saca su partido aprovechando de los medios que jugarán para el lucro de la Francia; quando ésta se halle en su altura, comprenderá a la España en la regla general de los otros»[83].

La respuesta de Grimaldi tardó en producirse, pero debido a la gravedad del asunto resultó aconsejable oír la opinión de los componentes del gabinete[84], la cual no aportó ninguna caracterización espectacular en lo que se refiere al procedimiento arbitrado por Vergennes para desencadenar la guerra. Grimaldi estimaba necesario un mayor conocimiento de las fuerzas de España y las de Francia; el marqués González de Castejón era abiertamente partidario de la guerra; el ministro de Hacienda, absolutamente contrario hasta que se conociese el resultado de la expedición a Buenos Aires; el conde de Ricla era también partidario de la guerra al cabo de los seis meses de preparación; José de Gálvez, ministro de Indias, estimaba la conveniencia de la guerra, pero no en Europa, sino en América, y solicitaba la iniciación de «una inteligencia *indirecta y oculta* con los colonos americanos, animándolos a su vigorosa resistencia, esperanzándolos con la di-

---

[83] *Ibídem*, doc. y loc. cit.
[84] Emitidos por Grimaldi, González de Castejón, Múzquiz, Ricla y Gálvez en San Ildefonso el 28 de septiembre de 1776, A. G. S., Estado, Leg. 4604.

versión de fuerzas de Inglaterra. El 8 de octubre firma Grimaldi el despacho para Aranda en que se produce la primera —más bien diríamos particular, puesto que es de Estado— respuesta española a la *memoria* de Vergennes, que se resume del siguiente modo:

— La guerra será justa a todas luces, sea contra ingleses o portugueses.

— Inevitable, a más tardar, en el momento final de la guerra colonial.

— Iniciada durante la guerra colonial, puede suponerse una gran superioridad sobre Inglaterra.

— «España adoptará el partido que mejor parezca a la Francia.»

— El éxito de las colonias es inicierto y, en consecuencia, debe serlo el momento de «declararnos».

— La guerra colonial es presumible debilite cada vez más a Inglaterra.

— El honor de España respecto a Portugal quedará vindicado con la operación en marcha de Buenos Aires.

— No siendo, «en el presente», de necesidad, sino de elección, conviene antes establecer el perfecto estado de defensa y preparación.

— Es impensable la invasión de Portugal, «que sólo podría hacerse con un objeto determinado».

— El mayor riesgo que aventura España en la guerra debido a sus vastas y ricas posesiones en las Indias [85].

La respuesta de Grimaldi, interpretada desde muy diversas posiciones y puntos de vista, encierra una evidente táctica dilatoria, pero no aporta sustancialmente nuevo punto de vista, al menos ninguno que pueda considerarse *originalmente* español, al planteamiento del problema. Nos afirmamos, desde luego, en nuestra idea de que tal supuesto —el de la guerra contra Inglaterra, lanzando a España como ariete contra Portugal, para que Francia extrajese, tal como inteligentemente aducía el conde de Aranda, los mejores logros— ha sido planteado prematuramente en la inopinada reacción belicista del conde de Vergennes, sobre todo

---

[85]   Grimaldi a Aranda, San Ildefonso, 8 de octubre de 1776, A. H. N., Estado, Leg. 4168.

«por la frialdad con que antecedentemente se avía explicado, no prometía el calor que ahora manifiesta»[86]. No deja de llamar la atención del despierto conde de Aranda la contradicción que un nuevo cambio de actitud repentina de Vergennes produciría a cualquiera: en septiembre «instiga a España para que se resuelva y propone a España que rompa... en noviembre contextando a la España, que le responde a lo dicho...; desentendiéndose de aver sido la propia Francia la autora de lo que trata, procura enfriar la idea, ya son tropiezos lo que antes eran facilidades, ya son medias palabras lo que primero fueron ofertas a boca llena». En efecto, convocado el embajador conde de Aranda a una reunión con el gabinete francés —Maurepas, Vergennes, Sartine y St. Germain—, en la cual se pudo apreciar una frialdad glacial con respecto a la cuestión que la producía y que era, precisamente, la belicosa *memoria* de Vergennes con la consiguiente respuesta del marqués de Grimaldi. Los ministros franceses opinaban que la posición española era fría y que, en ningún caso, Francia podía aceptar que España retuviese las conquistas efectuadas a Portugal (lo cual nadie había planteado), pero fue lo suficiente «para recoger las belas que había desplegado en la primera memoria: y de auxiliar el más dependiente que se avía constituido en ella, volver a principal para en caso necesario hacer uso de la España a su conveniencia y fines»[87]. Estas y otras no menos difusas razones convencen a Aranda que —por las razones que fuesen— Francia frenaba la belicista posición que revela la *memoria* de Vergennes y pretendía seguir la línea de continuar ayudando a las colonias insurgentes, renunciando a la guerra contra Inglaterra. ¿Se trataba este cambio de una simulada maniobra política con objeto de conseguir otra meta? Si pensamos que la famosa *memoria* de Vergennes ocupó al gobierno español y a su embajador en París de un modo pleno, «dada la importancia y gravedad del asunto», durante cuatro largos meses; y tal pérdida de tiempo, importantísima en la decisión política, se verificaba como consecuencia y en la estela del impacto producido por la Declaración de Independencia del 4 de julio de 1776, conocida en París a finales del mes de agosto, parece claro que se había conseguido por parte del gobierno francés su objetivo

---

[86] Aranda a Grimaldi, Fontainebleau, 9 de noviembre de 1776, A. H. N., Estado, Leg. 2841, Caja 1.
[87] Aranda a Grimaldi, doc. y loc. cit.

clave: distraer a España de la posibilidad de una negociación directa con los Estados Unidos.

En efecto, en diciembre de 1776 llegaban los primeros comisionados oficiales del Congreso de los Estados Unidos a París, mientras continuaban expidiéndose *respuestas* de España a la *memoria* de Vergennes [88], en la cual se hacía, sobre todo, un balance de las posibilidades ofensivas por mar y tierra de España y el propósito de convencer a Francia del peligro que encerraba el incremento del armamento británico, que no correspondía, se estimaba, «necesario en modo alguno para su guerra actual con las Colonias» y, en consecuencia, se consideraba existía un diferente objeto de suma entidad que, se creía, consistía en la preparación de un ataque contra las posesiones españolas en América «en el momento que juzgue más favorable a sus intereses» [89]. Sobre España continuaba pesando gravosamente la falta de información, la falta de decisión política y el miedo a la inseguridad en que se encontraban las posesiones americanas; pero también pesaba, agudamente, la estrecha dependencia con la política francesa y la falta de discernimiento político por parte del marqués de Grimaldi ante las continuas advertencias del embajador conde de Aranda. Este iniciará una formidable ofensiva contra el ministro, cuya retirada ya estaba decidida a finales del año 1776 y su sustitución por el conde de Floridablanca, inmediatamente conocida por Vergennes, quien hacía augurios para que el nuevo ministro continuase la misma política de unión entre ambas Cortes, aprovechando la oportunidad para opinar resultaba muy peligrosa la política de ir por delante de Inglaterra. Una nueva etapa política se avecinaba, pero ya se había iniciado la negociación directa con los emisarios coloniales.

E) LOS EMISARIOS NORTEAMERICANOS EN PARÍS

En las condiciones extremadamente indeterminadas y confusas desde el punto de vista político que acabamos de analizar, en la que no existe otro interlocutor que la relación diplomática y la pura especulación personal y en la que, sobre todo, destaca

---

[88] Respuesta de la España a la Memoria del Excmo. Sr. Conde de Vergennes, El Pardo, 27 de enero de 1777, A. H. N., Estado, Leg. 4072, Caja 1.

[89] *Ibídem*, doc. y loc. cit.

la profunda falta de información y, en consecuencia, la falta de criterios políticos, se produce el acontecimiento fundamental que está representado por la designación que el Congreso de los Estados Unidos —soberano por voluntad, pero en situación extremadamente débil para sostenerla— hace de unos emisarios que son oficiales, desde la voluntad propia, pero oficiosos para los Estados europeos. Tales emisarios tienen como objetivo fundamental desarrollar el «plan de 1776», elaborado por los congresistas durante el indicado año, en su aspecto diplomático: tratados de amistad y de comercio y su correspondiente negociación. El 26 de septiembre fueron designados los tres representantes: Thomas Jefferson —que por enfermedad de su mujer no pudo viajar a Europa, siendo sustituido por Arthur Lee—, Silas Deane —que se encontraba ya en París en julio de 1776 y que con anterioridad se había entrevistado con Arthur Lee en Londres— y el único que en aquella ocasión, y con motivo único de cumplimiento de la misión que le encomendó el Congreso, viajaba a Europa, Benjamin Franklin [90].

En él coincidían una larga serie de circunstancias para convertirle en el embajador ideal que podía haber elegido el Congreso de los Estados Unidos para representarle en Francia. Ya había estado en dos ocasiones anteriores en Francia, donde había suscitado una gran admiración, tomando contacto con los círculos científicos, intelectuales de la capital francesa, donde tenía excelentes amigos y había suscitado una profunda admiración por las demostraciones de su invento, el pararrayos, recibiendo la entusiasta felicitación del rey Luis XV, abriéndosele las puertas de la Academia de Ciencias e incluso viéndose honrado con la traducción de sus obras en París en 1773. El prestigio, pues, de que gozaba en la capital francesa constituía el mejor aval para su designación como representante, junto con Deane y Lee, que ya se encontraban en Europa, de los nacientes Estados Unidos para la negociación de los tratados de alianza y de comercio con Francia y España. A tal efecto embarcó Franklin, acompañado de dos de sus nietos, en el *sloop* armado «Reprisal», cuya navegación duró hasta el 29 de noviembre, fecha en que ancló en la

---

[90] Aparte de las obras de Bernard Fay consagradas a Franklin y que ya han sido citadas, nos parece de justicia destacar el pequeño, aunque muy importante, estudio de Jesús Pabón y Suárez de Urbina, *Franklin y Europa (1776-1785)*, Madrid, Rialp, 1957, que consideramos el más penetrante sobre la personalidad del emisario norteamericano.

bahía de Quiberon; en una barca de pesca desembarcó Franklin, acompañado de sus nietos, en el pueblo de Auray, el 3 de diciembre de 1776, y el 7 llegó a Nantes, donde permaneció ocho días, emprendiendo el viaje a París el 15 de diciembre, donde en Versalles se encontró con Deane, comenzando inmediatamente su misión. Inmediatamente se reflejaba la llegada de Franklin en Londres: «... Mucho efecto ase aquí la llegada a París de ese legislador del Congreso de Filadelfia el Doctor Franklin, los fondos públicos baxaron algo luego que se supo su desembarco, y cada hombre entendido discurre aquí diferentemente sobre su arrivo; los unos que han venido para tratar con la Francia, los otros para capitular desde paraje seguro con esta Corte y otros para librarse de las discordias que apresen augmentarse entre los Geffes de aquel Congreso» [91]; el 28 de diciembre el conde de Aranda solicitaba de Vergennes información acerca de las ideas de Franklin que, esa misma mañana, había visitado ya al ministro francés [92], percibiendo ya Aranda las primeras ambigüedades por parte de Vergennes; pese a ello pronto quedó concertada una entrevista que se efectuó el sábado 4 de enero de 1777 [93] y cuyo prontuario es el siguiente:

— Estaba preparado el papel de proposición para España, a falta de confrontar la copia.
— Que era idéntico al presentado a Francia.
— Que estaba autorizado por el Congreso para tratar con cada corte, según sus respectivos intereses.
— Que por la firma de tratados querían conocer las potencias que deseaban la amistad de los Estados Unidos.
— Que los auxilios recibidos hasta el momento habían sido efectuados por medio de una compañía.
— Que lo más necesario para ellos eran cañones y buques de guerra, en especial para realizar el corso.
— Que para presentar a España sus propuestas directamente, si era necesario, pasaría uno de sus compañeros a Madrid.

---

[91]   Masserano a Aranda, Londres, 20 de diciembre de 1776, A. H. N., Estado, Leg. 2862.

[92]   Papel del conde de Aranda al de Vergennes, París, 28 de diciembre de 1776, con la respuesta adjunta de éste, de la misma fecha, A. H. N., Estado, Leg. 2841, Caja 2.

[93]   Conversación con el Dr. Franklin y Arthur Lee el sábado 4 de enero de 1777, A. H. N., Estado, Leg. 2841, Caja 2.

— Que en estos momentos no practicaban comercio alguno con los dominios españoles en América.

El 8 de enero tuvo lugar una nueva reunión de Aranda con los
emisarios, que le entregaron una *memoria* sobre el estado de las
colonias, los dieciséis artículos de confederación y unión perpetua
de los Estados y de un decreto del Congreso sobre armamento [94],
pero en cambio se excusaba Franklin por no poderle presentar
todavía la propuesta separada sobre amistad y comercio con
España.

Pero lo que importa destacar ahora es que la llegada de los
emisarios norteamericanos a París produjo, sobre todo, una es-
pecie de reverdecimiento del tema de la guerra contra Inglaterra
en los niveles políticos y diplomáticos europeos directamente
interesados en la cuestión. Sobre ello versaba la *Memoire ou plan
des mesures a concerter avec l'Espagne contre les entreprises
que'on peut supposer a l'Angleterre* [95], leída por Vergennes al conde de Aranda, pero que —dada la condición precaria del ministro
Grimaldi, ya dimisionario— era enviada al embajador francés
Ossun para que la comunicase confidencialmente a los ministros
españoles invitándoles a dar su opinión; también, por su parte,
el conde de Aranda había elaborado una memoria, leída a Vergennes y a Maurepas, respectivamente, el 31 de diciembre de
1776 y el 1 de enero de 1777, que constituía una detenida recopilación de razones en favor de la decisión de la guerra contra
Inglaterra. Lo cual parece abonar el hecho de que la llegada de
los emisarios norteamericanos colocó sobre el tapete político el
tema de la guerra con Inglaterra que había sido marginado por
Francia, como vimos, sin duda cuando Vergennes tuvo noticias
ciertas del próximo arribo a Francia de los emisarios, y a la espera de poder conocer directamente cuáles eran sus propuestas.
Ahora que se conocían éstas se reconstruye inmediatamente por
parte de Francia la tendencia, aunque entendía Aranda adoptando
una táctica absolutamente inviable y poco eficaz, ya que dejaba
la iniciativa de la acción a Inglaterra, conformándose Francia y
España a una actitud dilatoria cuya máxima aspiración consistía
en socavar, mediante la ayuda a los colonos rebeldes, la potencia-

---

[94] A. H. N., Estado, Leg. 3884.
[95] Remitida por Aranda, París, 4 de enero de 1777, A. G. S., Estado,
Leg. 4609.

lidad británica. En consecuencia, Aranda, ante las inconsecuencias de los puntos de vista franceses, en los que adivinaba un propósito de extraer las máximas ventajas comerciales de los nacientes Estados Unidos, sin que España adelantase «un dedo», entendía que lo conveniente era salir, junto con Francia, «como actora», contra Inglaterra, ya que de este modo España se encontraría en igualdad de situación para obtener lo que desease «sin sombra de Francia», lo cual no habría de suceder en el caso de que Inglaterra acometiese a Francia, viéndose entonces obligada España a auxiliarla como simple aliado. En tal sentido instrumentó el embajador español unas importantes reflexiones sobre las primeras propuestas de los emisarios norteamericanos y las implicaciones políticas que la actitud adoptada en consecuencia podría originar [96].

«Proponen los americanos solamente la buena amistad y comercio recíproco; pero si es suficiente para la Francia, no sería adaptable a la España, sin limitar que se entienda sólo y estrechamente con su Reino de Europa, porque si la concesión se extendiese también a sus dominios de América quedaría perdido el comercio nacional» [97]; por lo que refiere al ámbito americano, Aranda estimaba que España iba a quedar «mano a mano con otra Potencia sola en todo lo que es tierra firme de la América Septentrional», que además cuenta con una territorialidad estable sobre la cual había ya invocado el «nombre patrio» de América, con dos millones y medio de habitantes descendientes de europeos. Entiende, pues, que a España le interesa sobremanera asegurarse su dominio mediante un tratado solemne «y cogiendo en el momento de sus urgencias con el mérito de sacarlo de ellas». Desde el punto de vista del interés español y caso de haber radicado en su elección, ¿resulta o no interesante el levantamiento de las colonias? Sin duda, afirma Aranda, hubiese habido muchas razones para dudarlo, pues es muy diferente tener por vecino un Estado «en propiedad» o que sólo fuesen provincias de una Corona distante. Por todo ello, acertadamente, Aranda considera la necesidad de establecer un Tratado en toda regla que estableciese la relación en el futuro, cubriendo todas las posibles contingencias de la correspondencia derivada de la vecindad; lo que desde

---

[96] «Reflexiones sobre las conversaciones de Aranda con Vergennes», Aranda a Grimaldi, París, 13 de enero de 1777, A. H. N., Estado, Leg. 2841, Caja 2.
[97] Aranda a Grimaldi, doc. y loc. cit.

luego considera insuficiente, raquítico y completamente inútil es el auxilio secreto e insuficiente: «el tiempo se pasaría y nada se habría asegurado de importancia». Por consiguiente se inclina el conde de Aranda por un apoyo declarado y decidido, pero ello implica la ruptura con Inglaterra.

Tal ruptura ¿puede considerarse conveniente en el momento en que la plantea el conde de Aranda?:

- Como consecuencia de la insurgencia norteamericana, Inglaterra ha experimentado una considerable reducción de sus efectivos humanos disponibles para la guerra, de sus recursos económicos y de su comercio marítimo.

- Preocupación fundamental de España debe ser no «quedarse con dos enemigos naturales en estado ambos de turvarla»; y tal consideración la tienen: las colonias no habiendo asegurado por Tratado su buena vecindad y correspondencia e Inglaterra en el momento en que se restableciese de su empresa en América, aún disminuida en un tercio de su capacidad. Si se consiguiese destruir a Inglaterra, España conseguiría tener un enemigo natural menos.

Todo ello depende de una sola operación, afirma el conde de Aranda: declarar la guerra a Inglaterra, ofreciendo abiertamente a las colonias su puesta en ejecución; en su virtud:

- Se obtendría el apoyo y la confianza entusiasta de los colonos.
- Se verían los ingleses obligados a disminuir sus esfuerzos contra los insurgentes.
- Quedaría el comercio británico totalmente destruido.
- Aumentarían los gastos que «desubstancian» a Inglaterra [98].

Por su parte, Francia se sentía dominada por la idea de que iba a ganar infinitamente con «la sola independencia de las colonias», entendiendo que, en su virtud, todo el comercio de ellas va a recalar en aquélla [99]; «pero ya se va conociendo que lo ver-

---

[98] *Ibídem*, doc. y loc. cit.
[99] Aranda a Grimaldi, París, 13 de enero de 1777, A. H. N., Estado, Leg. 2841, Caja 2.

dadero sería aniquilar la Inglaterra para siempre... sobre todo cuando en siglos no se presentará ocasión semejante a la actual para reducir la Inglaterra por los ahogos en que se ha metido» [100]. Entiende el conde de Aranda que Francia no desea que España experimente pérdidas en una posible confrontación, pues las tales podrían significar ganancias para otra potencia, «pero tampoco quiere, ni querrá, que la España adelante un dedo, porque se le suba a mayores, ni se le resista a sus órdenes y al usufructo que de ella tira tan considerablemente. Descubre que los tiempos iluminan, los parentescos se alejan, los desengaños se multiplican, el interés de cada monarquía es su obligación y que la España discurrirá como qualquier otra. El tenerla, pues, el pie encima es el preservativo de todo, y la máxima de la Francia, y esta verdad ruego al Rei como fiel vasallo suio que la tenga presente para los partidos que hubiere de tomar» [101].

1.   *Enero de 1777: la primera posición gubernamental española ante los emisarios norteamericanos*

El mes de enero de 1777 alcanza al problema político, al que venimos haciendo referencia, una considerable aceleración y un alto nivel de exigencia respecto a la definición de la posición española respecto al problema de la revolución colonial norteamericana. Difícil momento porque la gravedad de los asuntos sobre los que había que definirse era importante y el ministro principal, marqués de Grimaldi, aunque continuaba ejerciendo el cargo, ya prácticamente no lo era; además era imprescindible e ineludible la definición de la posición española, pues la urgencia del caso estaba, como muy bien reflexionaba Aranda, en la oportunidad de la ocasión. Los puntos sobre los cuales debía producirse la respuesta eran los siguientes:

— Proposición de los emisarios norteamericanos.
— Proposición del conde de Aranda.
— *Memoria* de Vergennes de finales de diciembre de 1776.

El consejo de ministros se reunió a finales del mes de enero de 1777 y cada uno de sus componentes emitió dictamen del

---

[100]   *Ibídem*, doc. y loc. cit.
[101]   *Ibídem*, doc. y loc. cit.

1 al 3 de febrero, que en síntesis son del siguiente tenor: GRI-MALDI [102] estima que aceptar las propuestas de los emisarios y del conde de Aranda significa, desde luego, entrar en guerra contra Inglaterra; la cuestión de si convenía o no anticiparse, estimaba no podía hacerse porque el embajador en París no había dado noticia alguna acerca de lo que, al respecto, pensaban cada uno de los ministros de la Corte gala. Considera que los colonos no podrían resistir la fuerza de las armas británicas y que, por consiguiente, sería una locura «empeñarnos descubiertamente» en la ayuda de las colonias. «*No parece, pues que convenga tomar otro partido con las Colonias actualmente que el que se ha adoptado por la Francia; esto es de entretenerla en la esperanza que cabe se decidan las dos Cortes a la guerra con Englaterra...*»; existe, pues, una concordancia absoluta de su pensamiento con el del ministro francés. MUZQUIZ [103] opina que la independencia de los Estados Unidos se encuentra en embrión y carece de raíces como para considerarla establecida; tal incertidumbre exige prudencia suma. Su criterio coincide plenamente con el de Vergennes, rechazando las razones dadas por Aranda. Propone se oferte a Inglaterra un desarme, y caso de que se rechace se promueva una alianza en toda regla con los colonos, entendiéndose como falta de sinceridad definitiva por parte de Inglaterra el rechazo de aquella propuesta, lo que dejaría puertas abiertas para firmar el tratado con los colonos. GALVEZ [104] considera que el Congreso norteamericano no ofrece las suficientes garantías de solidez necesarias para establecer acuerdos con ellos y sólo cuentan como elemento de seguridad para su suerte futura el apoyo de las dos Casas de Borbón, manifestado mediante una guerra contra Inglaterra que distrajese, en Europa, la necesaria atención de Inglaterra en sofocar la revuelta de sus colonos en América. Entiende que lo que deben hacer ambas monarquías es prepararse para precaver el ataque de Inglaterra. Sólo debe iniciarse la negociación con las colonias sublevadas en el caso de que Inglaterra ataque previamente. Se adhiere, pues, al pensamiento del gobierno francés. EL MARQUES GONZALEZ DE CASTEJON [105] manifiesta su profundo desacuerdo con la propuesta del conde de Aranda, pues «creo que debemos ser los últimos de Europa a reconocer Poten-

---

[102] El Pardo, 1 de febrero de 1777, A. H. N., Estado, Leg. 3884.
[103] El Pardo, 2 de febrero de 1777, A. H. N., Estado, Leg. 3884.
[104] El Pardo, 2 de febrero de 1777, A. H. N., Estado, Leg. 3884.
[105] El Pardo, 3 de febrero de 1777, A. H. N., Estado, Leg. 3884.

cia alguna en América, independiente y soberana»; su punto de vista coincide, en lo que a táctica se refiere, con el expresado por el gobinete francés. Por último, el conde de RICLA [106] estima que lo importante era, de acuerdo con Francia, dar sólo esperanzas a las Colonias de ayuda, haciéndolo así, pero sin que trascienda al público, y reforzar con tropas de líneas, españolas y francesas, algún punto del Caribe, sea el Guarico, Campeche, La Habana o Veracruz, como prevención a un posible ataque británico y, en caso de oportunidad, ayuda directa a las colonias. Tal dictamen considera no se opone a la propuesta del conde de Aranda, sino que se ajusta al indicado por éste de firmar tratado de alianza con los colonos, sólo que se produce una reserva del momento en que conviene.

Resulta, pues, que unánimemente el consejo de Ministros se opone al parecer del conde de Aranda y se adhiere al de Vergennes. Así se aprecia en la respuesta dada con anterioridad a los dictámenes de los ministros y, como consecuencia de la reunión tenida a finales de enero, a la *memoria* de Vergennes [107], que se considera como un paradigma de prudencia y discernimiento, nucleado en torno a dos máximas:

— Atacar a los ingleses mientras se desarrolla su guerra americana, ni respondería a «la acreditada rectitud de dichos soberanos», ni lo aconseja la buena política, ya que se debe aspirar a limitar la guerra, si llegase a ser indispensable, a una guerra marítima, en la que al no ser España y Francia los agresores, faltase a Inglaterra el auxilio de sus aliados.
— Preparación intensiva con carácter disuasorio o de adecuada contestación; organización sistemática, en tal sentido, de las fuerzas de mar y tierra hispano-francesas.

A estos dos principios o máximas añade España una tercera: se debe estimular y socorrer a los colonos para que puedan llevar a cabo sus proyectos y dilatar lo más posible su guerra con la metrópoli. En lo que se refiere a la preparación para la guerra, se expone cuáles son las fuerzas navales y terrestres de las que

---

[106]   El Pardo, 3 de febrero de 1777, A. H. N., Estado, Leg. 3884.
[107]   «Respuesta de la España a la Memoria del Excmo. Sr. Conde de Vergennes, El Pardo, 27 de enero de 1777, A. H. N., Estado, Leg. 4072, Caja 1.

puede disponer España y se opina que las escuadras española y francesa deben operar unidas y en bloque, estableciendo como base el Guarico, como posición más ventajosa para acudir a todas partes donde fuese necesario. También acepta España el encargo diplomático hecho por Francia de mantener neutral a Rusia, aunque «como no tiene España ofertas directas que hacer a la Zarina en recompensa de su neutralidad ni cabe en puntos de comercio concederle más que a otras naciones, únicamente puede reducirse nuestra negociación a manejo y raciocinios para persuadir a aquella Potencia que no la conviene entrar en empeños» [108].

Grimaldi, en un largo despacho a Aranda [109], le expone los resultados de la primera posición oficial española —del gobierno español que, no olvidemos, que en estos momentos se encontraba en crisis como consecuencia del ya decidido relevo de Grimaldi— sobre los asuntos del día —tratado con las colonias y guerra contra Inglaterra— que se encontraban, por otra parte, tan íntimamente unidos entre sí que resultaba difícil, o más bien imposible, decidir sobre uno sin involucrar al otro. Como vimos, el conde de Aranda había propuesto, con enorme audacia —según algunos de sus más eminentes contemporáneos y biógrafos—, y llevado, sobre todo, de su indisimulable anglofobia, la firma de un tratado directo con los insurgentes norteamericanos, lo cual hubiese producido el triple efecto de: tomar la iniciativa respecto a Francia, quebrantar el poderío británico y precaver el futuro de las relaciones españolas con el Estado independiente y soberano de América. Ninguno de los ministros españoles fue capaz de apreciar la importancia política de tales puntos de vista; ahora se aprecia perfectamente en la respuesta que el marqués de Grimaldi dirigió al embajador en París: «... qualquier tratado hecho en el día con el Congreso Americano trahería muchos daños a las dos Naciones y a los colonos ninguna ventaja... Si el tratado permanecía secreto y las obligaciones recíprocas se entendían sólo para quando las Colonias hubiesen solemnizado su independencia, sería un Tratado inútil e inmaduro. Si contenía obligaciones para el momento actual, buen cuidado tendrían los Americanos de publicarlo, poniendo en descubierto a la España y Francia, pues al cavo así lo exigiría su propio interés, tanto para acobardar a la Inglate-

---

[108] *Ibídem*, doc. y loc. cit.
[109] Grimaldi a Aranda, El Pardo, 4 de febrero de 1777, A. H. N., Estado, Leg. 4072.

rra como para mantener en unión y en vigor a sus propios habitantes» [110]; argüía, además, Grimaldi, «... el Rey, nuestro Señor, que posehe en la India dominios tan vastos e importantes, tendría siempre gran reparo en hacer un tratado formal con unas Provincias que hasta ahora sólo están miradas como reveldes... es demasiado arriesgado el ejemplo de una rebelión, para que S. M. se ponga a apoyarla a cara descubierta». Por último, las propuestas hechas por los emisarios norteamericanos, «son por sí solas inadmisibles. ¿Qué exigen de nosotros? Que los ayudemos en un todo y nos declaremos a su favor por medio de un tratado solemne. ¿Qué ofrecen a cambio? Mantenerse neutros, si entramos en guerra con Gran Bretaña. Piden, por otro lado, la entrada franca en nuestros puertos... y ofrecen la admisión en los suyos...; pero declaran positivamente que la Francia no deberá pensar en la recuperación de los países que las armas británicas la usurparon en la América septentrional». Por consiguiente, y con respecto a los términos en que convendrá contestar a los emisarios norteamericanos, «es la voluntad de S. M. que V. E. se ponga de acuerdo con ese Ministerio, para que observen igualdad en sus discursos y respuestas; llevando adelante la máxima de no soltar prenda (sobre todo por escrito) que pueda comprometer a los dos Monarcas, y de entretener a esos agentes con buenas esperanzas por si en lo sucesivo se juzgase del caso contraher empeños más formales que los envíos que ya se están haciendo disimuladamente para poner a los Colonos en estado de defenderse» [111]. En definitiva, la primera postura oficial española con respecto a los Estados Unidos se ajusta estrictamente a la francesa, se interfiere con el problema europeo que no se separa del propiamente americano y resulta de corto alcance en la instrumentación de una política propiamente española, tal como clamaba el conde de Aranda y según llevará a cabo el conde de Floridablanca, una vez instalado en su puesto rector de la política española.

2. El emisario Arthur Lee en España

Aunque el Congreso de los Estados Unidos había decidido pasase a España como su delegado y emisario el Dr. Franklin [112],

[110] *Ibídem*, doc. y loc. cit.
[111] *Ibídem*, doc. y loc. cit.
[112] Credencial en favor de B. Franklin, designándole emisario ante la Corte de España, Filadelfia, 2 de enero de 1777, A. H. N., Estado, Leg. 3884.

por su cuenta, y antes de recibir tal comunicado del Congreso, los emisarios residentes en París decidieron enviar a España a Arthur Lee para tratar directamente con el gobierno de Su Majestad Católica [113], lo cual fue «motivo de disgusto para el Rei», no sólo porque la negociación con ellos se llevaba conjuntamente entre España y Francia, sino también porque en Madrid sería fácilmente descubierta la presencia de Lee y «podrán resultar fuertes reconvenciones de parte del embajador de Inglaterra»; por dicha razón, y aprovechando la visita a Madrid del comerciante bilbaíno Diego de Gardoqui, éste, por indicación de Grimaldi, escribe a Arthur Lee citándole en Vitoria, donde trataría con el marqués de Grimaldi las cuestiones por las cuales se dirigía a España [114]. Continúa operando, como se puede apreciar, una considerable dosis de miedo hacia las reacciones de Inglaterra por parte del ministro de Estado marqués de Grimaldi, ya a punto de dejar su puesto y que, sin embargo, desea todavía llevar directamente la gestión con el emisario norteamericano, aunque fuera de Madrid. La reunión tuvo lugar en Burgos, el 4 de marzo, y en ella Lee presentó a Grimaldi un memorial [115] en el cual consideraba oportuno aclarar la situación de la contienda entre Gran Bretaña y América, pues no había sido correctamente entendida; en dos campañas sucesivas los colonos habían repelido a Inglaterra en una resistencia en que su falta de medios había sido compensada por «su ardor, su indignación y entusiasmo»; a la vista del incremento que Inglaterra hacía para domeñarlos, ofrecía «su amistad y comercio», que habían retirado a su antigua metrópoli, a España y Francia. En consecuencia, ofrecen a la consideración de ambos monarcas, si deseaban, desde luego, establecer una alianza o esperar a la próxima campaña. Considera que la neutralidad de España y Francia resulta altamente favorable para Inglaterra que, al quedar con las manos libres, puede actuar con toda su potencialidad contra los colonos y, en consecuencia, trata de inclinar la decisión de ambas a adoptar una actitud beligerante dado, sobre todo, el momento propicio en que «la Gran Bretaña se ve tan sumamente oprimida por las

---

[113] Grimaldi a Aranda, El Pardo, 13 de febrero de 1777, A. H. N., Estado, Leg. 3883.

[114] Diego Gerdoqui a Arthur Lee, Madrid, 17th February 1777, A. H. N., Estado, Leg. 3883.

[115] Burgos, March 4th 1777, autógrafo de A. Lee, con traducción, A. H. N., Estado, Leg. 3883.

que alguna vez fueron sus colonias... el aditamento de Francia y España haría que la América preponderase y se separase de la Inglaterra para siempre» y con ello la importante fuente comercial que las mismas representan para su desarrollo y crecimiento. Grimaldi trató por todos los medios de convencer a Lee de que prescindiese de su viaje a Madrid, lo cual no estuvo muy dispuesto a aceptar, dirigiendo un nuevo memorial a Grimaldi [116], en el cual hacía las siguientes reflexiones:

— Estando comisionado en España, su regreso a París podría interpretarse como un abandono que la Corte de España hacía a las colonias, negándose a recibir a su visitante; ello causaría un pésimo efecto al Congreso y al mundo entero, con notorio perjuicio para la causa de los colonos.

— No puede comprender la ley ni razón de que el embajador británico pueda permitirse prohibir a la Corte española la recepción de un Diputado del Congreso.

— Que para facilitar más la posición española consideraba lo más conveniente su relación directa en Madrid con el gobierno de S. M. C.

— Solicita, sobre todo, disponibilidad de fondos para continuar la contienda, lo cual podría verificarse a través de La Haya y el Sr. Roger le Grand, de Amsterdam.

— Solicita esperar la respuesta en Burgos o en Vitoria y no en Bayona —como le había sugerido Grimaldi—, pues «está persuadido yncurriría en el más alto desagrado de sus constituyentes, si saliere de España sin una respuesta definitiva a los efectos de su comisión» [117].

Consiguió Grimaldi convencer a «este Hombre, que Aranda nos ha encajado aquí y que tanto nos embaraza» [118], para que esperase la respuesta de la Corte en Vitoria, sin acercarse a Madrid. Floridablanca expresaba a Grimaldi la aprobación del rey por su gestión con Arthur Lee y le indique se retire a París, donde sabrá directamente del embajador, conde de Aranda, todo lo

---

[116] Burgos, March 5th 1777, autógrafo de A. Lee, con traducción, A. H. N., Estado, Leg. 3883.

[117] *Ibídem*, doc. y loc. cit.

[118] Grimaldi a Floridablanca, Burgos, 5 de marzo de 1777, A. H. N., Estado, Leg. 3883.

que pueda convenir a sus designios y seguridad de ellos. El rey había resuelto un nuevo socorro de quinientas mil libras tornesas [119] y se haría todo lo preciso y conveniente para actuar adecuadamente en el negocio de los americanos. Está claro que, en estos momentos en que tan recientemente el conde de Floridablanca ha tomado el timón de los negocios exteriores españoles, carece todavía de un criterio o de cualquier juicio de valor capaz de contrastar un punto de vista específico con respecto al tema del día. La actitud de cautela del gobierno español se pone de manifiesto en alto grado en la ocasión de la llegada a España de Arthur Lee. Pero no debe olvidarse el reciente cambio operado en la dirección de los negocios políticos españoles.

F) FLORIDABLANCA AL FRENTE DEL ESTADO

La gestión del marqués de Grimaldi con el emisario norteamericano Arthur Lee cerraba la gestión política del italiano al frente de la dirección de la política exterior de España y abría la del antiguo fiscal del Consejo de Castilla don José Moñino, conde de Floridablanca, que en el momento de su nombramiento desempeñaba con extraordinario éxito la difícil y compleja embajada ante la Santa Sede. El 23 de enero de 1777 desembarcaba Floridablanca en Antibes, poniéndose inmediatamente en camino para España, donde se presentaba al rey el 19 de febrero. Muy pronto el nuevo ministro redactaba una memoria que, en parte, debe considerarse como su más genuino e inicial pensamiento acerca de los negocios que quedaban a su cargo [120]; entendía Floridablanca que en lo que se refiere a Portugal existía un paralelismo muy acusado con la actuación de Francia y España respecto a los insurgentes: «los Ingleses dicen que tenemos razón, pero vajo mano van oficiales de mar para las embarcaciones portuguesas en el Brasil, consejos y tal vez auxilios»; un nuevo punto de vista político se aprecia ya, de entrada, en la visión de Floridablanca: los negocios de España con Portugal dependían de la marcha que efectuase Inglaterra en su lucha contra los

---

[119] Floridablanca a Grimaldi, El Pardo, 10 de marzo de 1777, A. H. N., Estado, Leg. 3883.

[120] Dictamen del conde de Floridablanca sobre los actuales negocios políticos de Europa, particularmente de los que interesan a España, y medidas que ésta debe tomar, marzo de 1777, A. H. N., Estado, Leg. 4199.

colonos rebeldes; también se aprecia un mayor pragmatismo: «todos nuestros aparatos y prevenciones deben tener por objeto aprovecharnos en América del embarazo actual de los Ingleses con sus Colonias y de sus resultas». ¿Cuál puede ser el mayor provecho que España puede extraer de tal confrontación? Sin duda, expulsar a los ingleses de la Florida y, por consiguiente, del Golfo de México, destruyendo sus establecimientos de Campeche, Mosquitos, etc.; es decir, estratégicamente el problema se *americaniza* y en dicho ámbito se sitúa como punto clave y neurálgico el golfo de México; en caso de conquista, opina sería importante conservarlo como depósito, de modo que permitiese la negociación. Es partidario de la preparación a fondo como preventivo para la guerra, pero en América, ya que estándolo «podremos preservarnos de insultos y aun de guerra». Apunta también la idea de la mediación que, en efecto, como veremos, habrá de configurarse como nota característica de su actividad política.

1.   *La primavera de 1777*

El primer despacho de Floridablanca al conde de Aranda [121] constituye un balance sobre la postura francesa y los puntos de acuerdo con la española. Coinciden en el hecho de preparar la guerra de modo que pueda realizarse con todo vigor cuando llegue el caso, sin limitarse a una guerra puramente defensiva; también lo hacen en sostener a todo evento a las colonias norteamericanas; las fuerzas marítimas deben actuar en escuadras de gran número de buques y a tal efecto resulta oportuno la elaboración de un memorándum de acción, para su conocimiento pormenorizado por parte de almirantes y oficiales franceses y españoles; la colocación de un cuerpo conjunto de tropas francesas y españolas en Santo Domingo. En lo que se refiere a las conversaciones con Vergennes, advierte Floridablanca a Aranda que «conviene ganar tiempo en llevar a efecto las medidas ya resueltas y que las operaciones de las dos Cortes sean conformes y bien combinadas» [122]; por su parte, el conde de Aranda transmite a Floridablanca su punto de vista sobre la posición de Francia en la negociación: está firmemente convencido que las colonias obtendrán

---

[121]   Floridablanca a Aranda, El Pardo, 5 de marzo de 1777, A. H. N., Estado, Leg. 4072, Caja 1.

[122]   *Ibídem,* doc. y loc. cit.

su independencia y confía en monopolizar todo el comercio de
las mismas que, junto con el comercio turco, configuran sus dos
objetivos principales, «y la España que nunca sea más que un
auxiliar dependiente sin humos de levantar la voz: cuenta con
ella contra los ingleses cuando la convenga, y por eso mira a
éstos con menos sombra de la que nos importaría» [123]. La posición de Aranda en este importante despacho a Floridablanca es
de advertencia a la falta de sinceridad de Francia: «La inconstancia de esta Corte no tiene igual; quiso mover a nuestra Corte
con una memoria y después mudó de parecer; ella ha propuesto
la distribución de fuerzas y ya opina diferentemente, siendo sólo
constante en abusar de España cada día que se le antoja y en
plantarla cada vez que le puede convenir mucho... Por todos los
pasages referidos juzgará la penetración de V. E. el modo de pensar de esta Corte, y lo hará con más inteligencia que yo que,
como estoy a la vista de las diarias beleidades, puedo estar más
conmovido de ellas. Todas las memorias de esta Corte están muy
bien parladas, llenas de cumplimientos a la nuestra, de elogio
a su ministerio; pero su verbosidad no encubren bastante sus
ideas para que dejen de penetrarse» [124].

Por su parte, en el mismo mes de marzo de 1777, los emisarios
norteamericanos escriben al conde de Vergennes indicando que
les acaban de llegar nuevas instrucciones del Congreso respecto
a la negociación *con Francia* [125]; en tal comunicación se afirma el
decidido y firme propósito de continuar los esfuerzos contra Inglaterra hasta alcanzar la independencia; también se expresa que
no desea el Congreso que «por los únicos intereses de la América se encienda una guerra nueva entre la Francia y la Inglaterra, cuya duración y progresos serían muy inciertos»; pero si
por cualquier circunstancia se decidiese Francia a emprender la
guerra contra Gran Bretaña, el Congreso autoriza a sus representantes en París para ofrecer a Francia, además de las generales comerciales ya ofrecidas, las siguientes:

— Que las fuerzas unidas francesas y norteamericanas em-
    prendan la conquista del Canadá, Nueva Escocia, Terra-

---

[123]   Aranda a Floridablanca, París, 22 de marzo de 1777, A. H. N., Estado,
Leg. 4072, Caja 1.

[124]   *Ibídem*, doc. y loc. cit.

[125]   A. H. N., Estado, Leg. 4072, Caja 1.

nova, San Juan, las Floridas, las Bermudas, islas de Bahama y demás que posea Inglaterra.
— Que para Francia la mitad de las pescas de Terranova, con todas las islas del comercio del azúcar, y lo restante a los Estados Unidos; además de quedar libre y recíproco el comercio entre unas y otras posesiones para los navíos americanos, franceses y *españoles* (es la primera vez que se menciona a España en las nuevas proposiciones.
— Resuelta la conquista de las islas del azúcar, los Estados Unidos cooperarán en su conquista.
— «Si entrase la España en estas ideas y declarase también la guerra a la Gran Bretaña, ofrece, asimismo, por su parte, el Congreso, declararla a Portugal y continuarla hasta que se verifique la conquista total de aquel Reyno para agregarlo al dominio español.»
— No se concluirá paz alguna sin mutuo consentimiento de todos.

En la contestación de Floridablanca al conde de Aranda ya se percibe claramente el nuevo cariz político con que Floridablanca aprecia la política francesa y los virajes de Vergennes; en los acuerdos entre ambas Cortes «quedaron por decidir algunos puntos más pertenecientes al modo que a la substancia, porque el Gabinete del Rey Chrmo. y el de S. M. presentaban respectivamente algunas dudas». España accedió a disminuir el número de buques en un departamento y aumentarlos en otro; a distribuir sus fuerzas en la frontera con Portugal; destinar a América las tropas que Francia estimaba oportuno; prestar toda clase de auxilios a los buques que Francia situaría en diversos puertos y condescender con otros muchos cambios que el gabinete francés consideraba oportunos y convenientes. Con todo ello, pensaba el rey español, «hubiésemos llegado al momento de estar acordes en todo... Pero ahora vemos que se habrá perdido el tiempo y el fruto de nuestras reflexiones sobre la calidad y número de nuestros respectivos envíos a América, si venimos a la decisión de que no se haga, justamente quando deberían estar ya navegando algunos o los más acia su destino». Fácilmente deshace Floridablanca, con hechos bien concretos demostrativos de que las propuestas españolas no se han encaminado, hasta el momento, a la entrada en guerra contra Inglaterra. Para asegurar la paz —ob-

jetivo primordial de la monarquía española, indica Floridablanca— es para lo que se han hecho preparativos y armamentos,
«porque en asunto de tal gravedad no basta querer evitar un
daño, es menester hallarse en estado de conseguirlo». Es muy
acertado tener fuerzas preparadas en Europa, «pero éstas solas
no alcanzan a precaver los golpes que puedan dar las armas
enemigas en las posesiones distantes; son precisamente éstas,
por su importancia y riqueza, así como por la falta de recursos
propios, las que deben ponerse a cubierto de posibles contingencias; es necesario poner aquellas regiones en «estado tan respetable que quite a la Inglaterra toda tentación para aquella parte».
Por otra parte, fuese cual fuese la suerte del empeño que actualmente dirime Inglaterra contra sus colonias, tanto Francia como
España deben tener parte en las deliberaciones finales. «¿Y cómo
lo conseguirían? ¿Con fuerzas prontas en Europa? No, por cierto:
las necesitarán en América mismo y allí serán de infinito peso
para qualquier evento.» Floridablanca, pues, separa sustancialmente el espacio americano, con una mayor e infinita importancia estratégica, del europeo: «Es absolutamente indispensable el
envío de fuerzas de mar y tierra a la América si queremos evitar
la guerra y estar en observación prevenida y prudente para ello.»
Creía Floridablanca que el peso de sus razonamientos serviría
para que el gabinete francés, comprendiéndolo así, los adoptase
como propios, pero en todo caso, «*no pudiendo S. M. abandonar
a la congetura y al simple raciocinio la "seguridad" de sus posesiones de América, o las fortunas de sus vasallos, llevará adelante
el propósito de ponerlas, con prudencia y sin avisos de agresión, a
cubierto de todo insulto hasta donde alcancen sus propios arvi-
trios*» [126]. Resulta evidente, con la primavera climatológica, España ha iniciado su primavera política manteniendo sus propios
puntos de vista políticos, sus peculiaridades de índole negociadora, con París o sin él. Una política nacional augura ya un
nervio y una estrategia acorde con sus propios intereses y con sus
puntos de vista nacionales. El tema de la *seguridad*, en relación
con los espacios estratégicos, anuncia ya una modernidad de pensamiento político que habrá de tener una honda repercusión en
los supuestos de la negociación de lo que continúa configurado
—y aún lo será más intensamente— tema principal de la misma:
la revolución de los colonos norteamericanos; con Floridablanca,

---

[126] *Ibídem*, doc. y loc. cit.

el tema de la guerra queda relegado a un segundo plano en su apreciación política; en él predomina con mayor intensidad el de la seguridad, que se encuentra precisamente en América. A ello responde el apresurado e inteligente acuerdo de paz y límites con Portugal, al que califica Aranda, en carta privada a Masserano, como «golpe fino» [127]. Desde tal supuesto de interés nacional, cobra otro significado el tema de la ayuda a los colonos norteamericanos radicados en París, lo cual no quiere decir que debamos considerarlo como definitivo. En tal sentido, la prudencia política de Floridablanca se ceñía especialmente: «no pueden pretender exorvitancias por nuestra parte quando ellos ciñen todas sus ofertas a puras generalidades de ningún valor o consecuencia» [128].

2. *El verano de 1777: Francia proclive a la guerra*

Una serie de circunstancias coincide en el verano de 1777, determinantes de un cambio de actitud francesa muy proclive a la radicalización de sus relaciones con Inglaterra. «Observo palabras sueltas en estos Ministros que me persuaden hallarse persuadidos de que la guerra con Inglaterra es inevitable» [129], anunciaba el conde de Aranda, al tiempo que mencionaba la decisión de Francia de enviar fuerzas a Santo Domingo. Al comentar la noticia, Floridablanca se lamentaba de que, dos meses antes, Francia se había opuesto terminantemente a tal envío y que ahora, sin variar las circunstancias, adoptaba unilateralmente la decisión de hacerlo [130]. Sin embargo, como hemos visto inmediatamente antes, España ha recuperado su decisión política; Floridablanca ha iniciado una peculiaridad de reserva diplomática en los asuntos que lo requerían, incluida la aliada familiar que era Francia y, con respecto a Inglaterra, remitía unas importantes instrucciones al embajador, príncipe de Masserano [131], sobre cuáles debían ser las principales informaciones que le convenía conocer,

---

[127] Aranda a Masserano, París, 21 de junio de 1777, A. H. N., Estado, Leg. 2862.

[128] Floridablanca a Aranda, Aranjuez, 3 de junio de 1777, A. H. N., Estado, Leg. 4072, Caja 1.

[129] Aranda a Floridablanca, París, 22 de junio de 1777, A. G. S., Estado, Leg. 4611.

[130] Floridablanca a Aranda, Madrid, 19 de julio de 1777, A. H. N., Estado, Leg. 4072.

[131] Reservada de Floridablanca a Masserano, Madrid, 7 de julio de 1777, A. H. N., Estado, Leg. 4199.

recomendándole el máximo secreto de cuanto le prevenía, precisamente para que, producido el acontecimiento, supiese el embajador en Londres proceder adecuadamente, pues los resultados de la guerra de Inglaterra con sus colonias, aun «quando no sean decisivas para los beligerantes, pueden serlo para el sistema que convenga que adoptemos nosotros». Por otra parte, aunque los expertos aseguraban que la suerte de la guerra continuaría siendo desfavorable a Inglaterra, en cualquier momento podría cambiar y era necesario estar prevenido respecto a cualquiera de las posibilidades que se pudieran suscitar. El cuadro de tales posibilidades que presenta Floridablanca al embajador en Londres es el siguiente: si las noticias que llegan son favorables a Inglaterra, conviene ponderar que no son suficientes para establecer sólidamente la sujeción de las colonias por tres razones (la situación material de ellas, el empobrecimiento de los colonos y la esperanza que puedan tener de una ruptura extranjera); esta última razón es la más importante y, por consiguiente, debe sugerirse entablar negociación con las potencias que pudieran romper con Inglaterra para que mediasen con las colonias para establecer un acuerdo de paz. Podría aconsejar fuese España la mediadora. «Entre estas reflexiones podría V. E. hacer como más principal la que mira al interés de la misma Inglaterra. En el supuesto de que el comercio es el que ha enriquecido a esa Nación y el que puede mantener su crédito y felicidad les hará V. E. observar la decadencia que ha tenido con cada guerra, siendo una exaltación momentánea el fruto de todas las ventaxas que se han figurado en sus guerras y conquistas... El genio inglés es inventivo, profundo, laborioso, tenaz en sus empresas y capaz de llevar a la mayor perfección quanto intentare. Con estas calidades es imposible que en el seno de la paz deje de hacer los progresos de comercio que ha hecho en otros tiempos y que dándole lugar de respirar no se adelante tanto o más que qualquiera otra Nación. La Francia ha conocido que su pérdida del Canadá le ha sido más útil que una conquista grandiosa y brillante. Sólo resta que la Francia conozca también que la única guerra que le conviene con la Inglaterra es la del ingenio y el arte. El francés, lleno de caprichos, reconocía con ellos, sus modas y sus apariencias, ganar el dinero de las otras Naciones. Pero el inglés, fecundo también en ideas más sólidas, más constantes y más feliz en la perfección de ellas, podrá adquirir con más seguridad y duración el imperio del comercio.» Por lo que se refiere a España, Inglaterra «no tiene en qué pensar sino en su población, agricultura y comercio de su América, del qual han de recoger gran parte del fruto las demás Naciones y especialmente la inglesa, según el adelantamiento que diere a sus géneros e industrias» [132]. A Inglaterra le conviene, pues, con respecto a España, cuidarla más que destruirla; contribuir a que sus límites estén bien guardados, proporcionando seguridad y confianza: «Sobre este punto de confines se pueden arreglar algunas cosas en América y ser como el premio de qualquiera mediación que se obtuviese de la España para sosegar la presente guerra.»

En el caso de que los acontecimientos de la campaña fuesen favorables a las armas coloniales —continúa instruyendo Floridablanca a Masserano— «obrarán con mayor fuerza los discursos y reflexiones que llevo hechas», añadiendo los riesgos que supondrán no solicitar la intervención mediadora de España y Francia para concluir la guerra con los menores inconvenientes para ambos beligerantes. Dos advertencias a Masserano revelan el carácter político del planteamiento hecho por Floridablanca:

— «Nunca dirá V. E. que tiene orden de echar estas especies, podrá insinuar que se atreve a hablar de ellas por conocer las pacíficas intenciones del Rei y las mías.»
— «No es menester que V. E. se dé por entendido con el embajador de Francia de estas prevenciones.»

Y una última precisión: «aunque no se espera mucho fruto de esta negociación servirá a lo menos para *descubrir* cómo piensa esa Corte en qualquiera de los casos... relativamente a nosotros y a romper o continuar la paz» [133]. La admirable precisión de Floridablanca nos revela, ante todo, su deseo de adquirir la iniciativa política para España, sin que pese en la decisión los intereses franceses; en segundo término es indicativa de la postura pacifista, tendente a la mediación en el conflicto entre colonias e Inglaterra, preferible por la negociación antes que por la guerra; por último, revela un realismo político completamente inédito entre los políticos españoles de la época, más acostumbrados a seguir la iniciativa francesa que a adoptar criterios y actitudes concordantes con los intereses políticos nacionales.

---

[132]   *Ibídem*, doc. y loc. cit.
[133]   *Ibídem*, doc. y loc. cit.

Sin embargo, como quedó indicado anteriormente, en el verano de 1777 se inicia un nuevo cambio de actitud en la caprichosa actitud de Vergennes, cuyo punto de partida fue un nuevo *memorándum* en el que, al apreciar que todo avanzaba hacia la solución de la crisis colonial y dado que España y Francia debían jugar un papel en ella, la Corte francesa deseaba conocer el dictamen del rey de España y sus ministros [134]. La nueva *memoria* centraba su atención en dos puntos muy específicos:

— ¿Era o no indiferente a España y Francia que las colonias obtuviesen su independencia o quedasen bajo dominio británico?
— ¿Era o no interesante que España y Francia estuviesen presentes en las negociaciones de la paz?

En opinión de la Corte francesa era más digno abandonar a los colonos a su suerte que continuar dándoles unos auxilios a todas luces insuficientes; se insistía en la idea de que Inglaterra, una vez concluida su guerra colonial, la emprendería contra España y Francia, lo cual significa que Francia consideraba la necesidad de potenciar al máximo la ayuda a los insurgentes mediante la entrada en la guerra de Francia y España [135]. También se lanzaba la idea de enviar emisarios que se entendiesen de un modo directo con el Congreso y, desde luego, la firma de un tratado de alianza ofensiva. Por consiguiente, no puede darse un mayor antagonismo entre la *nueva* posición belicista de Francia y la pacifista y mediadora que instrumentaba el conde de Floridablanca. Precisamente la memoria francesa sirve como contrapunto para conocer, con mayor profundidad, los puntos de vista políticos del primer ministro español. El 8 de agosto escribe al embajador, conde de Aranda, advirtiéndole que «arregle sus discursos a aquel concepto (se refiere a la memoria transmitida a Vergennes) para que todos caminemos de acuerdo, en la inteligencia de que según vayan variando las circunstancias o estrechando los lances se acelerarán o variarán también aquí nuestras providencias» [136]; el

---

[134] Oficio de Vergennes a Aranda, Versalles, 26 de julio de 1777, A. H. N., Estado, Leg. 4199.
[135] Memoria de la Corte de Francia en 23 de julio de 1777, A. G. S., Estado, Leg. 4611.
[136] Floridablanca a Aranda, San Ildefonso, 8 de agosto de 1777, A. H. N., Estado, Leg. 4072, Caja 2.

mismo día firma también una atenta carta a Vergennes [137] con la que le remitía la extensa memoria, perfectamente estructurada en treinta y seis puntos, que pueden dividirse en dos partes: una primera, adversativa con respecto a la posición francesa; una segunda positiva, que revela el punto de vista español, y al cual vamos a referirnos brevemente.

Entiende Floridablanca que todos los esfuerzos deben dirigirse a convencer a los colonos que no deben suscribir ningún arreglo con Inglaterra si no es con la garantía de España y de Francia; si Inglaterra no se mostraba dispuesta a aceptar dicha garantía, debía persuadirse a los colonos que se trataba de una trampa para dejarlos solos, pues a Inglaterra le resultaría mucho más fácil dominar a sus colonias que hacer la guerra a España y a Francia. Conviene continuar el auxilio a las colonias y los preparativos para una eventual guerra, para lo cual lo importante es *ganar tiempo* y utilizar al máximo las artes del diálogo y la convención, mientras se observa y espía todo movimiento en los puertos británicos que permita pensar en la preparación de alguna expedición de envergadura. «Una alianza solicitada por medio de nuestros emisarios al Congreso, antes de la independencia, pudiera no parecer decente, justa ni útil. Para ella estarían y han estado prontos los diputados de los colonos que hay en París, pero no han ofrecido hasta ahora partidos que merezcan aprecio alguno. Es más honesto, es más decoroso y de iguales o mayores consecuencias, ofrecer una garantía y una protección que atará a los colonos por la vía del interés y de la necesidad de asegurarse bien en sus Tratados de las asechanzas de la Metrópoli; sin quitarles la livertad de ajustarse ni funestarlos con el temor de que, aliados con nosotros, se prepara una nueva guerra cuyo término deben ignorar» [138]. Por un instante pareció que las dos naciones del Pacto de Familia habían alcanzado una cota de unanimidad de pensamiento, pues Vergennes comunicaba al conde de Aranda que preparaba, a su vez, una nueva memoria en contestación a la de Floridablanca, que pareció contar con el beneplácito del ministro de Estado francés. Pero el otoño, y sobre todo la urgencia de la situación colonial, produjo una radical transformación en la indicada conjunción.

---

[137] Floridablanca a Vergennes, adjuntándole la memoria respuesta española a la de la Corte francesa, San Ildefonso, 8 de agosto de 1777, A. H. N., Estado, Leg. 4072, Caja 2.

[138] *Ibídem*, doc. y loc. cit.

G) NUEVOS APREMIOS COLONIALES, FORTUNA GUERRERA Y
ALIANZA CON FRANCIA

Una serie de acontecimientos señalan y marcan decisivamente los meses otoñales de 1777, promoviendo posiciones de alta variabilidad en los supuestos y decisiones políticas. En primer lugar, en el mes de septiembre de 1777 los emisarios norteamericanos en París decidieron ejercer una nueva presión sobre España y Francia, presentando un nuevo escrito a ambas naciones en el que insistían en sus peticiones de ayuda económica, en pertrechos, armas y barcos [139]; al contestar Floridablanca la nueva petición de los emisarios, hace recuento de los socorros, crecidos y continuados, que se les han facilitado por parte de España, en efectivo y en letras, así como el envío desde Bilbao de varios navíos cargados de mercancías y, por supuesto, indirectamente, la considerable ayuda supuesta por el constante armamento marítimo que hace España, que «en el día, hallándonos en plena paz, tiene la España armados completamente ciento y trece buques de todas clases y algunos más en estado de armarse al instante, y la Inglaterra que no lo ignora deja de emplear contra los Colonos lo más florido de sus fuerzas navales» [140]. La prudencia exige mantener secreto el apoyo, sin establecer pactos ya que «nuestro interés exige obrar con secreto y cautela, y a ellos, el suyo, les prescrive hacer alarde del apoyo y la protección que encuentran»; por consiguiente, tal operación «*se ha de seguir principalmente en París, y por fortuna el Ministerio de S. M. Chrma., sagaz e ilustrado, lo desempeñará perfectamente*» [141]. Mantiene, pues, firmemente su política el conde de Floridablanca: negociación de la ayuda en París, ganar tiempo para permitir una preparación adecuada para la guerra, desencadenada en el momento oportuno.

En tales condiciones, una noticia favorable a las armas norteamericanas produjo una enorme sensación en París. El general inglés Burgoyne había capitulado con todo su ejército el 14 de octubre de 1777, en Saratoga, frente al general norteamericano Gates. Es el primer gran éxito de la guerra de la independencia, que

---

[139] Franklin, Deane y Lee, París, septiembre de 1777, A. H. N., Estado, Leg. 4072, Caja 2.

[140] «Sobre los departamentos americanos», San Lorenzo el Real, 17 de octubre de 1777, A. H. N., Estado, Leg. 3884, Exp. 3.

[141] *Ibídem*, doc. y loc. cit.

elevó considerablemente su moral, convenciéndolos de que podían vencer; su bravura suscita la mayor admiración y aparecen como dignos de toda ayuda. En París se produjo un estallido de entusiasmo cuando llega la noticia, que comunica el conde de Aranda a su gobierno el 5 de diciembre. Tres días después, al acudir a Versalles el embajador español encontró que los emisarios norteamericanos acababan de pasar una nueva y perentoria memoria al conde de Vergennes, en la cual se instaba a la adopción de una resolución definitiva sobre el tratado de alianza con los colonos insurgentes. Efectivamente el conde de Aranda anuncia que «esta Corte ha formado concepto de haber llegado el momento preciso de tomar partido; teniendo presente que las Colonias concluyen su campaña con ventajas que no se aguardaban, y si acabasen de desprenderse por sí solas sería muy dudoso el convenir bien con ellas; que la Inglaterra está en un aprieto que la reducirá al sacrificio de reconocer la independencia, por conseguir siquiera una amistad en lugar de aumentarse un enemigo para lo sucesivo...»[142]; en aquel momento de crispación, Vergennes encarga a Aranda la urgencia de conocer las intenciones del Rey Católico; el embajador insinúa «cerrar sin pérdida de tiempo el tratado de alianza con las Colonias».

Sin embargo, Floridablanca no pierde la calma y conserva su extraordinaria serenidad. «El Rei conoce la importancia del momento, pero como la tenía prevista no le ha causado sorpresa alguna. Ha sido S. M. constante en sus medidas y no ha perdido tiempo en enviar emisarios a las colonias y preparar otros medios de frustrar a sus enemigos sus golpes y negociaciones...; y así procediendo con la franqueza ofrecida dice el Rei que no puede por ahora persuadirse a que este momento sea más preciso y urgente que lo que quatro meses ha y que para esto se ha de considerar el estado y disposiciones actuales de los Americanos y el de la Nación inglesa»[143]. La capitulación de Burgoyne, tiene como contrapartida el confinamiento de Washington en Valley Forge y la pérdida de Filadelfia por parte de los colonos. Lo importante de tal equilibrio y de la inyección de moral supuesta por la victoria de Saratoga es «que en este momento no hai que temer que se acobarden ni entreguen al arbitrio de la Metrópoli,

---

[142]   Aranda a Floridablanca, París, 13 de diciembre de 1777, A. H. N., Estado, Leg. 3884, Exp. 3.
[143]   Floridablanca a Aranda, 23 de diciembre de 1777, A. H. N., Estado, Leg. 4072, Caja 2.

ni se acomoden sin condiciones de absoluta libertad y otras mui ventajosas» [144]; en tal situación Floridablanca expone como punto nuclear de su pensamiento, es cuando menos debe manifestarse ninguna actitud beligerante contra Inglaterra, pues en tal caso se apresuraría ésta a «humillar su soberbia y pedir la paz a sus Colonias bajo qualquiera condiciones y partidos». Frente a la tendencia francesa de firmar tratado de alianza con los colonos, España expresa claramente su punto de vista político absolutamente contrario a la firma de un tratado que iría contra la dignidad del rey, pero ofrece en cambio un socorro pecuniario abundante, que no bajaría, en principio, de tres millones de reales, con una segunda entrega del doble. Opta, pues, España por esperar para observar el partido que toma Inglaterra para, con claridad «decidirnos sin tropelía» [145]; tal decisión era comunicada en un brevísimo despacho al embajador francés conde de Montmorin [146]. Francia ya tenía decidida la alianza con las colonias y entraba abiertamente en la alianza con ellos, como veremos en el capítulo inmediato.

---

[144]   *Ibídem*, doc. y loc. cit.
[145]   *Ibídem*, doc. y loc. cit.
[146]   Floridablanca a Montmorin, Palacio, 23 de diciembre de 1777, A. H. N., Estado, Leg. 3884, Exp. 3.

II

MADRID, EJE DE INICIATIVA Y DE DECISIÓN

A) EL DESACUERDO HISPANO-FRANCÉS

El 4 de enero de 1778 ni el embajador español en París ni el ministro español de Estado habían recibido contestación alguna a los puntos de vista que Floridablanca expuso en su largo despacho a Aranda de 23 de diciembre[1] del año 1777. El 8 de enero se remitía al embajador en Madrid, conde de Montmorin, una larga memoria[2] cuyo objeto principal consistía en conseguir del gobierno español una declaración explícita, adoptando la posición francesa en lo que se refiere a la decisión, ya firme, de concluir un tratado con los emisarios norteamericanos, que constaría de dos partes: una, sobre paz, amistad y comercio; otra, sobre la guerra que habría de producirse como consecuencia del pacto anterior; en esta segunda parte se incluía el reconocimiento de la independencia de los Estados Unidos, una acción solidaria para el ajuste de la paz y la garantía para las posesiones españolas y francesas en América. Al acoso, exigente y perentorio, de Francia, contestaba Floridablanca a Aranda con dos cartas: una *ostensible*, es decir, para comunicar íntegramente al gabinete francés, en la cual se planteaban dieciséis cuestiones que se consideraban de importancia para la definitiva decisión; la otra, *reservada*, tie-

---

[1] Esta demora la atribuye Aranda a que, con motivo del nombramiento del marqués de Ossun como consejero de Estado, deseaba el rey conocer el dictamen del ex-embajador en Madrid, Aranda a Floridablanca, París, 5 de enero de 1778, A. H. N., Estado, Leg. 4199.

[2] Versalles, 8 de enero de 1778, A. H. N., Estado, Leg. 3884.

ne un valor político excepcional. Con toda evidencia las dieciséis cuestiones[3] cumplen la función de *columna de humo política* hábilmente empleada por Floridablanca como tangente a la exigencia imperativa de la memoria francesa del 8 de enero. Lo que resulta importante es la reservada[4], sobre la cual vamos a analizar su contenido.

Al hacer referencia a su despacho del 23 de diciembre de 1777, Floridablanca advierte a Aranda que el objetivo primordial de aquel despacho, tal como nosotros apuntamos, «estaba escrito con la mira de que se trasladase a ese Ministerio *y que sirviese en algún término (para) moderar su fogosidad incauta precipitación*». Ahora, en la reservada que comentamos, hace expresa indicación de «la gran cautela con que debemos gobernarnos en los *empeños a que quiera arrastrarnos el Gavinete francés, alucinado siempre con las primeras ideas que le ocupan*». En lo que se refiere a la alianza con los colonos norteamericanos, el ministerio francés ha actuado —sentencia Floridablanca— con un evidente abuso de confianza y un ofensivo paternalismo político con respecto a España, pues «hacer una alianza con las Colonias —paso tan serio y decisivo— debió consultarse con la España antes de comprometerse con los Diputados. ¿Pero cuál ha sido en este lance el manejo del Gavinete francés? Llamar a dichos Diputados, enterarles de la resolución ya tomada del Rei Cristianísimo y añadir que se *participaba* a S. M. Católica por los vínculos de parentesco y amistad: de suerte que además de meternos en empeños que tal vez no nos acomodarían, ha intentado esa Corte llevarse todo el mérito de nuestra condescendencia, si la teníamos, o echar sobre nosotros el odio y desconfianza de los Americanos, si no entrábamos desde luego en el proyecto»[5]; al menos tal actitud francesa puede calificarse de *inconsiderada;* por otra parte, la idea de establecer la alianza y mantenerla oculta hasta que se creyese oportuno comenzar las hostilidades es algo impracticable; los mismos diputados norteamericanos se hubiesen encargado de extenderla a los cuatro vientos: «Del ningún secreto que han guardado hasta ahora los Diputados residentes en París en

---

[3] No las enumeramos por encontrarse explicitadas al pie de la letra en Yela Utrilla, *op. cit.,* págs. 279-284; entendemos, además, que carecen absolutamente de importancia política y sólo pretenden ganar tiempo.
[4] Reservada de Floridablanca a Aranda, El Pardo, 13 de enero de 1778, A. H. N., Estado, Leg. 3884, Exp. 3.
[5] *Ibídem,* doc. y loc. cit.

todos sus manejos anteriores a pesar del verdadero interés que les resultaba de no indisponerse con las Cortes de España y Francia en su incierta situación, y de la altanería de que llenarían sus pechos viendo reconocida la independencia y formada la alianza por dos tan grandes Potencias, debemos adquirir el estudio con que esos mismos diputados harían alarde de su triunfo.» Si eso hacían los diputados, ¿qué no haría el Congreso para afirmar internacionalmente su posición? Argumentaban los franceses que el mismo abuso harían los diputados y el Congreso de los socorros en dinero y efectos, pero Floridablanca calibra muy bien la diferencia entre tal tipo de ayuda, realizada por comerciantes particulares, por más que estuviesen bajo la protección gubernamental, y un tratado público, cuyas consecuencias podían ser peligrosas «y aun indecentes» para las dos Cortes. Es necesario saber cómo piensan los «Diputados principales del Congreso», es imprescindible conocer los datos informativos que, sin duda, comenzarán a enviar los emisarios destinados ante el Congreso, sobre todo para establecer una plataforma de seguridad respecto a la perseverancia de las colonias y a la firmeza de su constitución; sin ello, entiende Floridablanca que «todo es precipitado e inmaturo... imprudente, y nacido de una agitación intempestiva por la fermentación del Ministerio... cuyos efectos debe discernir el hombre de Estado, analizando y conociendo el corazón humano...»[6].

Respecto al tema de la guerra inevitable y si podría eludir o retrasar algún tiempo, frente a la opinión del ministerio francés, que las últimas victorias norteamericanas habían producido un estado de agitación en todas las clases sociales inglesas, lo que llevaría al gobierno a reconocer la independencia, a ajustar con los colonos un tratado de comercio en exclusiva y a aliarse para hacer la guerra a la Casa de Borbón; opina Floridablanca de muy distinto modo:

— Los debates parlamentarios acreditan bien que no existe ninguna determinación sobre ello; en las discusiones se encuentran siempre gran cantidad de inconvenientes y, sobre todo, impera la idea de mantener el decoro de la Corona.

— Si los colonos norteamericanos no han pactado ni siquiera en su época dudosa y vacilante, ni aun a pesar

---

[6] *Ibídem*, doc. y loc. cit.

de las instrucciones que llevó el general Howe, ¿«cómo aora, estando tan victoriosos y viéndose solicitados por la misma Metrópoli, desistirán de una independencia absoluta y de un comercio libre quando es el punto que más esencialmente les interesa»?

— Los colonos norteamericanos, después de terminada su guerra, ¿estarán en disposición de iniciar otra contra la Casa de Borbón, aliados de Inglaterra?

«Colígese de lo que llevo dicho que asta ahora no está determinada la Corona Británica a abandonar su gloria ni su honor, pidiendo vilmente la paz a sus mismos vasallos sublevamos con total desprecio de su soberanía y de sus intereses... tampoco se hallan dispuestas las colonias a terminar la querella sin conseguir los fines que el Congreso se ha propuesto.» No se hacía ilusiones Floridablanca sobre un honrado proceder de Inglaterra que pudiese traducirse en una acción premeditada contra la Casa de Borbón: «... poseída de orgullo y de perfidia, es mui capaz de cometer semejante atentado sin verdadero motivo ni pretexto aparente. Pero será preciso confesar que en sus actuales embarazos no es caso tan verosímil como lo sería si efectivamente nosotros la precipitásemos a ello». Por ello entiende Floridablanca que lo prudente es que «se empeñe más y más en sus actuales disturbios en vez de distraerla de ellos». En definitiva, difiere profundamente con el ministerio francés en cuanto entiende, contra la opinión de éste, que «*no estamos en el momento crítico*» para iniciar la guerra.

En segundo lugar, ¿conviene a España la guerra? Ante todo, España, por sus posesiones americanas, arriesga en la guerra infinitamente más que Francia; por ello sus precauciones tienen que ser mucho mayores. Un posible golpe británico afectaría, sobre todo, a alguna parte del dominio español; «de suerte que las pérdidas las sufriríamos nosotros, y la Francia lograría, entre tanto, los frutos de su corso, juntamente con la introducción de su comercio, lícito o ilícito, en todos los Países de Amigos y Enemigos». ¿Cuáles son, pues, las ventajas que se podrían ofrecer a España a cambio de tanto riesgo: ni conquista por aquellas regiones, ni tampoco la extensión de su comercio a territorio ajeno, cuando en las extensas posesiones propias «hai campo abierto en que saciarse con menos inconvenientes». Si por «precipitar a nuestro enemigo en mayores males nos acarreamos a nosotros

mismos los que van indicados (y esto voluntariamente), será obrar
con mui mala política y contra los propios designios». Estimaba
el gobierno francés que la alianza produciría la imposibilidad de
la reconciliación de las colonias con Inglaterra; sobre ello estima
Floridablanca que hay mucho que reflexionar, pues «si los colonos
han podido por sí solos traher a la Metrópoli a tal grado de abatimiento que ella les pida la paz y les ofrezca la Independencia,
¿para qué necesita de nuestra alianza? Logrado su objeto completamente, ¿por qué han de desear mayores males a la Inglaterra?».
Durante mucho tiempo el gabinete de Versalles ha manifestado
«la mayor repugnancia a tomar parte directa en los negocios de
los Americanos, ponderando quanto no convenía distraher a la
Inglaterra de su ciega obstinación». Durante mucho tiempo España ha estado empeñada en poner en perfecto estado de defensa las plazas americanas para precaver futuras operaciones, pero
«las representaciones de esa Corte y su inconstante modo de opinar nos lo han frustrado»[7].

«A pesar de los vínculos que unen a la España y a la Francia,
*son diversos en el momento actual los intereses de ambas Po-
tencias»:*

— España tiene que poner en situación sus vastos dominios americanos con las fuerzas proporcionadas y com-
petentes, mientras Francia «ha enviado ya las tropas
que han creído suficientes para la seguridad de sus
islas».

— El comercio español no se encuentra en disposición de
extenderse a América del Norte. Francia se «ha abierto
ya allí un inmenso comercio que les promete inmensas
riquezas de qualquier modo que se ajusten las colonias».

— España tiene que poner en estado de defensa su imperio previamente a la declaración de guerra, pues iniciada ésta fácilmente podrían ser bloqueados sus puertos
peninsulares haciendo imposible la operación; Francia,
desde el momento de la declaración, pondría todo su
esfuerzo en «poblar el mar de Corsarios con la satisfacción de que quantos daños hiciese al Comercio Inglés
resultaban absolutos privativamente en benificio suyo».

---

[7] *Ibídem*, doc. y loc. cit.

— En «proporción de la repugnancia con que el Rei nuestro Sr. entrará en la guerra, será su tesón y su empeño en no concluirla sino con gloria y con ventaja efectivas... Pero ¿quién podrá contar con iguales sentimientos de parte del Gavinete francés? ¿Quién asegurará que al primer golpe desgraciado no se dejará éste arrastrar de su veleidad e inconsecuencia natural para meditar un ajuste separado... sobre todo si en los puntos de comercio que le interesen halla ya su quenta?».

Desajuste de intereses, diferentes espacios estratégicos, distintos horizontes comerciales, disímiles supuestos militares y navales y, predominando sobre todo ello: evidente falta de confianza en los métodos y formas de actuaciones del gabinete francés: «Basta reflexionar sobre el método que ha seguido en este mismo trato reciente con los Americanos y sus representaciones para desconfiar de quanto pueda hacer en lo sucesivo. Por no haberse fijado desde el principio en un sistema, malo o bueno, y seguídolo con constancia, puede decirse con verdad que se ha hecho esa Corte la irrisión de Europa»[8].

B) LOS DICTÁMENES DE EL PARDO

El 22 de enero de 1778 se reunió en El Pardo la Junta de Secretarios de Despacho con el rey Carlos III, con objeto de dictaminar, en equipo, sobre la situación creada con motivo del tratado de alianza y comercio suscrito por Francia con el Congreso norteamericano. Por la importancia del tema tratado y, sobre todo, por significar reflexiones personales y, en la medida en que se desenvolvió, el criterio oficial del rey y gobierno de España con respecto al tema de la independencia y revolución norteamericana, resulta conveniente detenernos en ellos, a pesar de ser muy conocidos, para tratar de establecer el mundo de reacciones y de modos de pensar que tales dictámenes implican. En dicha junta fue leída una *apuntación*[9] que sirviese de memorándum para el enfoque del dictamen solicitado. Los puntos que lo constituían son, en extracto, los siguientes:

---

[8] *Ibídem*, doc. y loc. cit.
[9] Apuntación hecha para leer en la junta de Sres. Ministros el día 22 de enero de 1778, A. H. N., Estado, Leg. 3884, Exp. 3.

— Desde el comienzo de la revolución norteamericana, España y Francia observaron atentamente sus ocurrencias, teniendo ambas el objeto de que Inglaterra se fuese destruyendo poco a poco y quedase en la necesidad de reconocer la independencia de sus colonias.

— La acumulación de fuerzas británicas en América produjo el temor de alguna acción contra la Casa de Borbón, en especial contra los dominios españoles, para aprovechar las fuerzas allí situadas y recuperar su prestigio interior.

— Para precaver tal posibilidad, España y Francia han tenido muchas explicaciones para arbitrar los medios de precaver aquella posibilidad, pero, por lo general, «todo ha quedado sin decisión o, por parte francesa, sin ejecución», pese a que se hubiese convenido.

— Francia se ha limitado a mandar una escuadra y tropas a la isla de Santo Domingo, aunque pronto cambió de decisión, so pretexto de una aparente ruptura entre turcos y rusos. El argumento francés, ante la instancia española, consistió en decir que «nuestros preparativos y medidas serían armas para la Corte de Londres, dándola pretextos para atacarnos efectivamente» [10]; también, en abril de 1777, indicaba a su embajador, marqués de Ossun, que el lamentable estado de sus rentas, el atraso de su Marina y de sus arsenales, no le permitían adoptar una posición bélica.

— Tal posición francesa obligó a España a cambiar todos sus preparativos, consecuencia de lo cual es que «nos hallamos actualmente sin las fuerzas de fensa correspondientes en los Mares de América».

— Simultáneamente Francia ha mantenido la negociación con el Congreso y los emisarios de éste en París con una falta absoluta de moderación y circunspección; aunque con constantes cambios de actitud: «unas veces con demasiado calor descubiertamente en beneficio de las Colonias y otras se prestaba a condescendencias poco decorosas a la menos quexa o insinuación del Gavinete Británico».

---

[10] *Ibídem*, doc. y loc. cit.

- En esta situación se recibió, a finales de diciembre, un extraordinario de París con la propuesta de hacer inmediatamente una alianza o pacto con las Colonias, para evitar que Inglaterra se ajustase con ellas, lo que supondría —criterio francés— grave perjuicio para los intereses de la Casa de Borbón.
- Fundándolo en la urgencia del momento, Francia resolvió firmar unilateralmente con los colonos la precipitada alianza.

El conde de Floridablanca [11] entiende que el tratado entre Francia y el Congreso está ya hecho y permanece desconocido para España, por lo cual, antes de explicar España sus intenciones y resolución, pide *reciamente* que necesita conocer los términos del acuerdo, con expresión individual de los tratos, promesas o artículos que configuren su contenido, así como las reservas que se hayan podido hacer en favor de España. Respecto a la conducta que debe seguir España, el primer secretario de Estado opina que los movimientos de Francia producirán motivos justos de ruptura a Inglaterra, e incluso para desquitarse de los actos franceses, mediante un golpe de mano; «si la Corte de Londres nos cree unidos con los franceses para todo lo que éstos hacen, puede disponer que aquel golpe descargue sobre nosotros, contra quienes les será siempre más útil». Por ello considera muy oportuno prevenir toda contingencia, siendo el primer cuidado evitar que la Flota que navega desde México pueda caer en manos de los ingleses, aconsejando o bien su reclusión en el puerto de La Habana, hasta obtener seguridades de Inglaterra, o bien que salgan de La Habana en grupos pequeños y protegidos por todos los barcos de guerra allí disponibles, saliendo a su encuentro una escuadra española para su protección; igualmente resulta importante dar aviso a la escuadra de Buenos Aires para que esté precavida en su viaje de regreso a la península, una vez cumplida allá su misión. Conviene también reforzar la guarnición de La Habana y San Juan para acudir desde ellos a donde convenga y quizá intentar algo en Penzacola y otras plazas de la Florida, si se inicia la guerra. Todas estas disposiciones de Guerra y Marina entiende pueden dictarlas con el suficiente acierto y presteza los

---

[11] Dictamen del Sr. Conde de Floridablanca, El Pardo, 22 de enero de 1778, A. H. N., Estado, Leg. 4199.

ministros correspondientes a dichos ramos. La acción exterior, «que es lo que más inmediatamente toca a mi Ministerio», opina Floridablanca que a toda costa debe procurarse evitar la guerra, que podría suponer una prolongada serie de irreparables desgracias, sin esperanza de vigoroso auxilio de «nuestros aliados». Precisamente, en vista de los «desengaños que he tenido del ningún sistema y de la inconstancia» de éstos, expresa Floridablanca cómo se ha esforzado en instrumentar un nuevo sistema de relación exterior y «puedo asegurar que los ingleses estaban más que dispuestos a la buena armonía con nosotros, y aun con la Francia, si ésta, con sus imprudentes movimientos y con la insaciable codicia que tiene de aprovecharse del Comercio universal del Mundo, no hubiese dado motivo a las sospechas y designios de la Inglaterra» [12]; aprovecha la oportunidad para expresar también sus temores de si sería oportuno que Francia se apoderase del comercio y poder marítimo y aun del terrestre de esta parte de Europa y «que viniésemos a sufrir un yugo o una esclavitud sin límites, cuando aora apenas podemos tolerar el modo con que se mostraba». En definitiva, Floridablanca opina que debe ser mantenida la paz o, en todo caso, una *neutralidad moralmente segura*, por estar probado que, en el momento en que dictamina, las circunstancias no son favorables para España.

Don José de Gálvez [13], ministro de Indias, opina que Francia, al adoptar la arriesgada alianza con los colonos, había arriesgado la alianza con España, sacrificándola a su objetivo supremo que consiste en apoderarse del comercio universal. Si no sólo bastase tal elección, todavía tiene el rey de España otras muy poderosas razones para no dejarse arrastrar a la guerra tras la huella de Francia, que entiende son: informarse pormenorizadamente de las condiciones en que Francia ha estipulado su alianza y esperar la llegada de los caudales de la Flota de Nueva España. Entiende, por lo que se refiere a Inglaterra, que es mucho más difícil el dictamen, pues es de temer que «la tempestad formada en el Gavinete de Versailles (aunque) deviéndola sufrir la Francia es bien posible que los mayores daños de ella los experimentemos en España»; si hasta el momento ambas naciones han actuado

---

[12] *Ibídem*, doc. y loc. cit.

[13] Dictamen de D. Joseph de Gálvez sobre la situación de la España mediante el ajuste que se tenía por cierto había concluido la Francia con los Estados Unidos de América, El Pardo, 23 de enero de 1778, A. H. N., Estado, Leg. 4199.

al unísono, y así ha sido expresado reiteradamente, ¿cómo va a pensar el ministerio británico «se haya separado repentinamente la de París, sin noticia ni anunencia de la de Madrid»? El punto de discordia, iniciado por Francia, justifica plenamente «que cada uno mire como principal y único objeto sus particulares intereses, y más si no son convinables con los de su Aliado». Todo el esfuerzo —dadas las circunstancias— debe encauzarse a convencer a los ingleses de la sinceridad de España, al considerarse marginada por Francia y haber procedido a la alianza con los colonos sublevados, sin previa aceptación por parte de España. No se muestra optimista en que Inglaterra acepte como verdadera tal escisión y, como considera la guerra inevitable, propone reforzar las dotaciones defensivas de Puerto Rico, La Habana y Nueva España y que se prevenga a todos los virreyes y gobernadores de América del riesgo de la guerra para que no envíen caudales y se dispongan a la defensa.

El marqués González de Castejón [14], ministro de Marina, opina que el momento elegido por Francia para anunciar su tratado de alianza con los insurgentes es el más intempestivo para empeñarse España en él. Se muestra sumamente preocupado por la suerte de la Flota de Nueva España, pues de todos los motivos que pudiesen urdir los ingleses «para su interés, su crédito i enerviar su Nación, es la de interceptar nuestra Flota». Opina, en consecuencia, que se debe ordenar a la Flota detenerse en La Habana, «poner mui tierra adentro el tesoro, i no aventurarse, si hai tiempo, a traerlo con tales premisas de aventurarlo, asta ver más claro» y, entonces, embarcar los caudales en barcos aislados e irlos trasladando a España. Idéntica política de prudencia aconseja respecto a los navíos de Buenos Aires.

El ministro de Hacienda, Miguel Muzquiz [15], considera de tal gravedad la alianza establecida por Francia con los colonos norteamericanos, que por sí sola debe considerarse una ruptura de la alianza con España: «nos dan una prueba de que se embarazan poco con nuestros intereses para seguir sus ideas poco digeridas, olvidándose de que quando no puedan sostenerlas no tienen otro recurso que los auxilios de España para salir de sus embarazos». El rey no debe aprobar de ninguna manera el proceder de Francia

---

[14] Dictamen del Sr. Marqués González de Castejón sobre la situación de España..., El Pardo, 23 de enero de 1778, A. H. N., Estado, Leg. 4199.

[15] Dictamen del Sr. D. Miguel Múzquiz sobre la situación de España..., El Pardo, 24 de enero de 1778, A. H. N., Estado, Leg. 4199.

y debe tratarse de ganar tiempo para que pueda llegar la Flota
de Nueva España y los navíos de Buenos Aires. Cree que no
deben detenerse ni un solo instante ambas escuadras, regresando
cuanto antes a la península.

El conde de Ricla[16], ministro de la guerra, opina, en primer
lugar, que debe mantenerse a ultranza la paz y neutralidad, hasta
tanto la Flota se encuentre a salvo de regreso en España; estima
que España se encuentra preparada para la guerra en sus territorios europeos y de la América septentrional, siendo únicamente necesario el acopio de víveres y de municiones en las plazas. Debe prepararse una expedición a Puerto Rico o Santo Domingo, donde conviniese, para actuar tanto a la defensiva como
a la ofensiva. Una vez dispuesto todo el aparato de acción guerrero, se pregunta el conde de Ricla cuál debía ser el partido al
que se inclinase España. Si es el de la accesión con Francia,
debía ser con la condición de que los colonos garantizasen las
posesiones españolas de América septentrional; que ayudasen a
España a la conquista de la Florida para que «quedando por
nosotros se logre poseher enteramente toda la costa del Golfo
Mexicano; digo enteramente porque el pequeño establecimiento
inglés de los Mosquitos ni es de consideración ni viene ahora al
asunto»; si se conserva la neutralidad con Inglaterra, también
debería estipularse garantizase las posesiones españolas en América, aunque esto lo considera sumamente difícil; el inconveniente
que tiene tal neutralidad es «que los colonos, como es tan natural y regular, logren ser en tiempo breve una Potencia libre e
independiente mayormente ayudados de la Francia, nos vamos a
acarrear un enemigo tan fuerte y poderoso, con una marina ya
respetable y que aunque no sea sino con el fin de hechar los
ingleses del Continente han de conquistar la Florida metiéndose
en el Golfo Mexicano, y por consiguiente a la Raya del Reino de
México; cuyas consequencias pueden ser bien funestas mayormente si se considera el partido de Livertad con que se establece este
nuevo Govierno Republicano»[17]. El conde de Ricla, pues, a la vista de sus argumentaciones, es de opinión que «en estando en
la disposición competente devemos unirnos con la Francia y colonos, y hazer igualmente la guerra a la Inglaterra».

---

[16] Dictamen del Conde de Ricla, El Pardo, 25 de enero de 1778, A. H. N.,
Estado, Leg. 4199.

[17] *Ibidem*, doc. y loc. cit.

El conde de Ricla, pues, es la única voz disidente en el consejo de ministros y en los dictámenes de El Pardo; el único miembro del consejo inmediato del rey que sustenta la misma opinión que el embajador en París, conde de Aranda, quien se muestra decidido partidario de la alianza con los norteamericanos en reflexión que «no es violenta; es mui natural. Yo venero el último despacho de V. E. en el que se manifiestan las intenciones del Rey N. S., su sabio concepto, sus justos reparos, sus embargos del día; todo es para mí una ley inviolable, un precepto el más rígido para mi conducta y explicaciones. Pero como en los asuntos políticos cada día se cruzan circunstancias que los varían de un instante a otro; dispénseme benignidad de S. M. que le exponga el momentáneo actual estado de la Inglaterra y Colonias. Créolo también de mi obligación por el destino en que me hallo, por la proporción de estar instruido de los pasos que median y por la crisis en que la enfermedad de este asunto va a resolverse con saludables o perstíferas consecuencias para lo sucesivo». Teme el conde de Aranda [18] que Inglaterra se preste a la independencia total de las colonias, en cuyo caso «el negocio está hecho porque las colonias nada más pueden desear». El objetivo de España debe radicar en producir la separación, antes que facilitar la unión; y como la guerra la considera inevitable, considera del caso «el ir por delante a la Inglaterra ofreciéndosela sin ocultarle una triple alianza y la protección declarada a las Colonias».

El 25 de enero de 1778 un breve despacho de Floridablanca a Vergennes [19] trasladaba al ministerio francés el acuerdo del gobierno español, recabando noticias concretas sobre el contenido de la alianza suscrita por Francia con los colonos norteamericanos. Muy pronto remitiría Aranda los textos de los tratados de alianza y de comercio; el primero es de mayor contenido político y, en su virtud, se establecía un acuerdo defensivo de causa común contra Inglaterra, comprometiéndose Francia a mantener eficazmente la libertad y la independencia absoluta e ilimitada de los Estados Unidos en materia política y comercial; las dos partes contratantes se comprometían a mantener el esfuerzo contra

---

[18]   «Ideas sobre la necesidad de declararse por las colonias y contra los ingleses; daños que podrían resultar de dar lugar a que se compusiesen entre sí», 2 de enero de 1778, A. H. N., Estado, Leg. 4224.

[19]   El Pardo, 25 de enero de 1778, A. H. N., Estado, Leg. 4199.

su común enemigo con el fin de conseguir lo que se proponían. Francia renunciaba a las Bermudas y a otra cualquier parte de la América septentrional que antes del tratado de 1763 o en virtud de él hubiesen pertenecido a la Gran Bretaña, pero si Francia juzgaba a propósito atacar alguna de las islas del golfo de México o próximas a él en poder de Inglaterra, en caso de éxito, quedarían bajo la soberanía de la Corona francesa. Ninguna de ambas partes podrían suscribir paz por separado y, en todo caso, nunca sin haber logrado alcanzar la independencia plena de los Estados Unidos; por último se establece una mutua garantía: de respeto por parte de los Estados Unidos de todas las posesiones francesas en América, así como las que pueda adquirir como consecuencia de un futuro tratado; Francia, por su parte, la independencia absoluta e ilimitada de los Estados Unidos. La ceremonia de la firma tuvo efecto el 6 de febrero de 1778. El encargado de negocios español ante la Corte de Londres, Escarano, daba cuenta a Floridablanca de una importante sesión en la Cámara de los Comunes [20], en la cual lord North, en un largo discurso de dos horas, expuso la situación actual de la guerra colonial y la necesidad de un cambio de política, significado por un tránsito de los medios violentos a los suaves, en cuya virtud se preparaba un *bill* de reconciliación cuyos más importantes extremos eran: ofrecer seguridades de que no se les iba a imponer más tasas, revocación de los que consideraban perjudiciales dados a partir de 1763 y el pasó de cinco comisarios con mayores poderes de los que habían sido dados al general Howe y a su hermano y autorización para tratar con el Congreso como si fuese un cuerpo legal, con las Asambleas provinciales y con el general Washington y otros oficiales que fuesen designados por las colonias juntas o separadas; estos comisarios publicarían, apenas desembarcasen, una suspensión de hostilidades hasta el mes de junio de 1779, restableciendo las colonias en su primitiva constitución, permitiéndoles nombrar gobernadores y continuando la negociación, aun en el caso de que pidiesen hacerla como Estados independientes. Expresa Escarano cómo ambos partidos «se unieron para decir a gritos que deseaban la paz»; Charles Fox, muy irónicamente, dio la enhorabuena a North «por haver concurrido al fin con el dictamen de los antiministeriales; añadiendo que creía llegasen tarde

---

[20] Escarano a Floridablanca, Londres, 19 de febrero de 1778, A. H. N., Estado, Leg. 4268, Caja 1.

sus proposiciones a las Colonias, pues se le havía asegurado acababan de firmar sus agentes en París un tratado con el qual las reconocía el Rey Cristianísimo por un Estado libre e independiente». Al comunicar tales noticias que parecían preludiar una paz británica con los colonos sublevados, afirmaba, sin embargo, Escarano: «No me parece traernos cuenta el partido que acaba de tomar esta Potencia de reconciliarse sin reparar en nada con los Americanos ni que debamos desear acepten la meditada suspensión de hostilidades hasta junio del 79, pues en estos doce o catorce meses cobrará nuevas fuerzas la Inglaterra para hacerlos mucho daño, quando no logre subyugarlos» [21]. La noticia tramitada por Escarano era importante para Floridablanca, pues le proporcionaba disponer de un tiempo precioso —los doce o catorce meses que se suponían límites de plazo para la comisión enviada a negociar con los colonos— para adaptar la política española de acuerdo con sus intereses, pero no con los de Francia, a la situación. Entiende Floridablanca que la comunicación hecha por Francia a Inglaterra de la alianza firmada con los colonos rebeldes puede tener tres motivos:

— Desconcertar, cortar o retrasar las medidas británicas para reconciliarse con las colonias.
— Debilitar el crédito ministerial británico para que no pueda disponer de los créditos que necesite.
— Facilitar que lleguen a los norteamericanos los avisos de las disposiciones de Francia, con objeto de que se resistan a las sugerencias metropolitanas de paz [22].

En todo caso, la alianza de Francia con los colonos, el propósito británico de abrir una nueva y más eficaz negociación de paz, supone, como se ha indicado, un interesante paréntesis en el proceso de la decisión, que le servirá de plataforma de preparación para la instrumentación de una decisión política. Todo el resto del año 1778 se encuentra repleto por esta función, en la cual encontramos dos variables: la insistencia del conde de Aranda, desde París; la táctica dilatoria del conde de Floridablanca, desde Madrid.

---

[21]   *Ibídem*, doc. y loc. cit.
[22]   Floridablanca a Aranda, El Pardo, 24 de marzo de 1778, A. H. N., Estado, Leg. 4199.

1. *El empecinamiento de Aranda*

El conde de Vergennes, en la audiencia con el de Aranda el
24 de marzo de 1778 [23], expresó a éste que temía que Inglaterra,
bien enterada de la resistencia de España a su ingreso en la guerra por el inconveniente de la Flota, procuraría ganarse a la Corte
de Madrid con algunas ofertas que produjese su enfriamiento en
lo que se refiere a tomar partido en la cuestión; a ello le respondió Aranda «que no debía imaginarse la Inglaterra que por sola su
buena cara entibiaría los pensamientos amigables de la España
para con la Francia» [24], ante cuya respuesta Vergennes indicó al
embajador español que Inglaterra nunca podría dar voluntariamente a España lo que ésta tenía fácilmente al alcance de su
mano; y al preguntar Aranda qué era ello respondió el ministro
francés que Jamaica, «desguarnecida actualmente, siendo en manos
de ella una posición para el contravando, causaba a España muchos agravios; y si no quedase a la Inglaterra ya no aparecería
más un inglés por aquellas partes»; poco después, al hablar con
Maurepas, éste insistió a Aranda sobre el mismo tema de Jamaica,
insistiendo en que podría aprovechar España las fuerzas que tenía en el Golfo de México para atacar Jamaica y ofreciendo incluso las que tenía Francia en Santo Domingo; el enorme interés
de Maurepas le hizo insistir sobre Aranda, encargándole muy fuertemente lo comunicase a Madrid, de lo cual se excusó el embajador
indicándole sería mucho más oportuno lo comunicase a través
del embajador en Madrid por ser una idea de ellos. Al transmitir
la noticia Aranda como advertencia a Floridablanca que le iba a
ser comunicada oficialmente, aprovecha la oportunidad para expresar, una vez más, su opinión política. No cree que Inglaterra
pudiese ofrecer a España nada importante y «consequentemente
por frioleras no desistiría España de las miras que antes huviese
formado, ni de las aplicaciones que ya tiene hechas para proteger el desprendimiento de las Colonias, aviéndolas ayudado para
ello». El interés de España, de cara al futuro, entiende el conde
de Aranda, consiste en aliarse con los Estados Unidos, por ser
una potencia «que ha de llegar a ser formidable» y con la que
únicamente se «ha de confrontar; que nunca perdonarían una

[23] Aranda a Floridablanca, París, 26 de marzo de 1778, A. H. N., Estado,
Leg. 4199.
[24] *Ibídem*, doc. y loc. cit.

buelta de espaldas semejante; y que sólo un principio bien arreglado de amistad puede hacérnosla menos temible y aun garante de lo demás que tenemos»[25]. Avisa que Francia despacha una armada a América al mando de Estaing y como emisario cerca del Congreso a Gerard.

Pocos días después[26], al comentar la postura de neutralidad que deduce como nuevo rumbo de la política española, estima que de ella se producirán tres consecuencias:

— Beneficio para Inglaterra, «por el embarazo de menos que tendrá».
— Falta de agradecimiento de las Colonias.
— Perjuicio para Francia.

«Si las tres reflexiones no se pueden volver contra la España sería sin duda el golpe político más bien dado.» Pero ¿recompensará Inglaterra este servicio tan esencial con la devolución de las plazas usurpadas (Jamaica, Gibraltar, Mahón, Florida), con la retirada de los lugares en donde se han establecido (Mosquitos, Campeche, Honduras)? ¿Con el arreglo de su comercio, por los derechos que se pagan sin reciprocidad? «No se quiera tanto, sino alguna parte de lo dicho solamente.»

Si España establece un acuerdo con Inglaterra no dejará ésta de exigir que cesen los auxilios españoles a las colonias; ¿podrá el Rey de España faltar a ello? ¿Con los antecedentes contraídos, podrá Su Majestad abandonarlos? Por último, si al quedar Francia sola frente a Inglaterra ésta abatiese el poder marítimo de aquélla y redujese después a las colonias, ¿podría prometerse España contrarrestar por mar ni por tierra uno o dos *enemigos naturales* tan poderosos? Otro gran cúmulo de preguntas se hace el conde de Aranda para criticar la postura neutral adoptada por España, a las que añade otras dudas respectivas a un supuesto desprestigio que producirá ante el mundo lo que considera abandono de una alianza tradicional con Francia. «Estoy mui lejos de disuadir al Rey ni a sus ministros de que obren con cautela respecto a la Francia, no por la voluntad de este soberano, que considero muy inclinado al Rey su tío, sino por el sistema de su Gavinete, opuesto siempre a las ventajas de los otros; y creo haver

[25] *Ibídem*, doc. y loc. cit.
[26] Aranda a Floridablanca, París, 4 de abril de 1778, A. H. N., Estado, Leg. 3884, Exp. 3.

dado durante mi Embajada bastantes pruebas de este modo mío de pensar, por lo que me considero libre de que se me juzgue parcial; pero en el día me pesaría que se malograse una ocasión de rehacer la España, al mismo tiempo que abatiría a su más temible enemigo, juntándose dos victorias en una y haciéndose servir de la Francia por lo que tantas veces ha hecho ella con la España» [27]. Las reflexiones de Aranda insisten sobre el fondo de la cuestión y apuntan a advertir el peligro que supone quedar enfrentada España y las colonias anglosajonas: «Todo vendrá a parar al fin que la España y las Colonias quedarán mano a mano para lo sucesivo: si en buena armonía, tendrá la España menos cuidados; y si en mala, no serán pequeños. Si la España en la América se forma un enemigo más, y en Europa se distrae de un amigo, aunque no cordial, pero útil para muchas cosas bien conducido como reserva; es el punto del día que me parece merecer la atención para las consecuencias» [28].

2. El fabianismo de Floridablanca

Por su parte, el conde de Floridablanca persiste en su actitud dilatoria, que considera la más adecuada para constituir un criterio eficaz de acción política, cuando considere oportuno el momento de dicha acción. Así lo indica claramente en despacho a Aranda [29]: «S. M. desearía poder combinar desde ahora, con las obligaciones de Rey y de Padre de sus Pueblos, los sentimientos de amor y ternura que abriga y fomenta en su corazón acia el Rey Cristianísimo su sobrino; pero le parece *demasiado presto* para poder satisfacer todo lo que pregunta, o pide, después de haberle dejado en livertad de obrar y de tomar su partido...» El acuerdo, pues, de mutua libertad, en que ambas Cortes quedan por la decisión unilateral de Francia al firmar su alianza con las colonias rebeldes, implica que el rey de Francia «obrará consiguientemente a ello, *sin comprometer a S. M. en nada*». Al conde de Aranda, a propósito de su insistencia acerca de la desacertada neutralidad, muy secamente le dice Floridablanca que el Rey le manda decirle: «que todos los inconvenientes son menores que el dejar el Rey de ser Soberano y (se) constituiese súbdito de

---

[27] *Ibídem*, doc. y loc. cit.
[28] *Ibídem*, doc. y loc. cit.
[29] Floridablanca a Aranda, El Pardo, 9 de abril de 1778, A. H. N., Estado, Leg, 4199.

otro para los asuntos esenciales de la paz y de la guerra». Todas las ventajas que insinuaba Aranda se basaban en un supuesto único: que Francia apoyase calurosamente a España; «*lo que no habiendo hecho jamás, aun quando lo ha ofrecido, mal debiéramos esperarlo ahora que nos ha declarado firmemente no importarle nada nuestros intereses, y sí sólo la independencia de las Colonias; de las repetidas experiencias anteriores debemos colegir seríamos abandonados en el punto en que esa Corte le conviniese, logrados ya sus objetivos*» [30]. La dura posición de Floridablanca se completa cuando, al contestar Aranda acerca de la indicación hecha por Vergennes de servirse de Escarano para comunicarse París con Londres, le hace expresa indicación contraria: «No halla S. M. conveniente en que se comuniquen a ese Ministerio las noticias que de Escarano (lleguen) sobre los sucesos y disposiciones de la Inglaterra... desea S. M. que de modo ninguno se comprometa a aquel Encargado de Negocios con comisiones... opiniéndose tal vez al sistema de prudencia y de moderación que por nuestra parte se halla adoptado» [31].

La dura posición de Floridablanca, su decidido propósito de independizar la política española de la francesa, su profunda desconfianza hacia el ministerio francés, queda perfectamente clara en los párrafos transcritos de su correspondencia con el embajador en París. Existe otra vertiente en esta nueva política, que consiste en la afirmación de una neutralidad española con respecto a Inglaterra, que queda igualmente nítida en las instrucciones redactadas para el nuevo embajador en Londres, don Francisco Suárez de Góngora, marqués de Almodóvar [32]. En ellas se le recomienda que, a su paso por París, las comunique al conde de Aranda, pero en ningún caso a ministro del rey cristianísimo. «Aunque el amor propio padezca un poco con el recelo de que aquellos que no nos ven entrar en materia crean que es cortedad de talento o falta de instrucción, queda mui compensada esta mortificación con las ventajas que traherá consigo la reserva y el recato, mayormente con los Ministros de otra Corte en materia

---

[30] *Ibídem*, doc. y loc. cit.
[31] *Ibídem*, doc. y loc. cit.
[32] La embajada de Londres quedó vacante por fallecimiento del príncipe de Masserano, con cuyo motivo se hizo cargo como Encargado de Negocios D. Francisco de Escarano, hasta el nombramiento del marqués de Almodóvar. Las Instrucciones, Aranjuez, 29 de mayo de 1778, A. H. N., Estado, Leg. 3456, Caja 1.

y circunstancias tan críticas.» El espíritu de la instrucción consiste en *suavizar* cuanto sea posible la irritación británica respecto a Francia, hacer expresión de las pocas ventajas de una guerra y buscar la menor oportunidad para que se solicite la mediación española. Los ministros ingleses, se advierte a Almodóvar, tratarán por todos los medios de debilitar la unión de España con Francia, respecto a cuya táctica se le previene al nuevo embajador que debe tener presentes dos principios: *primero*, que España hará cuanto esté en su mano para aumentar y estrechar la amistad con Inglaterra, siempre que exista la debida correspondencia; *segundo*, todo debe ser sin perjuicio de la amistad y vínculos que unen a España y Francia en aquello que «justa y honestamente estuviésemos obligados». Sobre ambos ejes debe girar la negociación del nuevo embajador español en Londres, así como en la expresión constante del floreciente estado y situación de la marina española, la excelente economía y el orden y buen sistema de la administración: «a cuyo fin tendréis presente que actualmente están armados cerca de cinquenta Navíos de línea, mucho mayor número de Fragatas y otros Buques de guerra, pudiendo hacerse todavía un considerable aumento de los primeros y no pequeño de los segundos» [33].

Se trata —afirma la citada Instrucción— de un argumento de fuerza para, desde él, «mostrar la maravilla que os causa haber sabido que el Ministerio Británico ha hecho por segunda mano grandes ofertas de adquisiciones y restituciones a la Francia, en el tiempo mismo en que la daba agrias quejas por el favor y auxilio que suministraba a las Colonias; *y que hasta* ahora no haya pensado en asegurarse de la España por un medio sólido y de recíproco interés» [34]; en definitiva, se solicita igualdad de trato, reciprocidad de servicio político, alternativa de semejanza en el interés, de modo que con firmeza y autoridad se percate la Corte de Londres de que, por más que existiese un tratado de vinculación de España con Francia, ello no implicaba, inevitable y perdurablemente, un ajuste servil de la política nacional española, pues en cualquier caso puede «*resucitarse la idea de los agravios que sufre la España, y de la posibilidad y aun la facilidad de repararlos*». De tal modo, al tiempo que se pone de relieve la irregular conducta política de la diplomacia británica con respecto

---

[33] Instrucciones, doc. y loc. cit.
[34] *Ibídem*, doc. y loc. cit.

a España, se entiende que el nuevo embajador español ante aquella Corte podría estar en disposición de descubrir «qué es lo que Inglaterra haría por nosotros y con qué firmeza y seguridad sería a trueque de asegurarse de nuestra indiferencia y aun de conseguir que ayudásemos a sacarla con decoro, por medio de una vigorosa mediación, de su inminente y peligrosa guerra con la Francia y con sus Colonias»[35]. En definitiva, pues, la carta que deseaba jugar —lógicamente comprendiéndola en toda su extensión— Floridablanca con la embajada de Almodóvar, era ofrecer la *mediación*, lo cual, entendía, significaba una valoración del papel y la importancia de España, salvaguardando su última decisión en lo que se refiere al conflicto americano, en el cual se involucran directos intereses españoles, al cabal conocimiento de la respuesta británica a la propuesta de mediación española. En definitiva, la misión de Almodóvar se inspiraba, fundamentalmente, en lo que muy poco tiempo antes había escrito, como resumen de la actitud española, Floridablanca a D. Francisco Escarano, encargado de negocios en Londres: «ni queremos la guerra ni la tememos»[36], posición evidentemente apreciada por el ministerio inglés, sobre todo en cuanto se refiere a la decisión española de no secundar, ni acceder inmediatamente, el tratado ofensivo suscrito por Francia con las colonias británicas rebeldes. La idea de la mediación —como potenciación y peculiaridad del papel de España en el conflicto— surgió, precisamente, en la entrevista mantenida con Escarano y lord Weymouth, a petición de éste, el 4 de abril de 1778[37]; en dicha entrevista, lord Weymouth insinuaba, incluso, una alianza con España, según expresamente indica Escarano: «con tono pathético y aire humilde, me dijo poco más o menos estas palabras: "¿Qué podemos hacer por la España que no haríamos en estas circunstancias? La Inglaterra ha sido antigua aliada de la España y nos lisongeamos que nos mira como a sus amigos. Si pudiésemos hacer hoy una alianza, para unirnos siempre más y más, nos creeríamos felices, pues no anhelamos sino su amistad" ... Temían que nuestro Pacto de Familia nos embolviese en una guerra, pero que nos suplicaba no considerásemos a la Inglaterra como agresora en esta ocasión, pues cierta-

---

[35] *Ibídem*, doc. y loc. cit.

[36] Despacho de Floridablanca a Escarano, El Pardo, 24 de marzo de 1778, A. H. N., Estado, Leg. 4199.

[37] Despacho de Escarano a Floridablanca, Londres, 8 de abril de 1778, A. H. N., Estado, Leg. 4199.

mente no lo avía sido. Diome a entender bien claro que sería
una gran prueba para la Inglaterra de nuestras intenciones la de
desarmar, pero que comprendía que no era propuesta que pudiese hacerse en el día... Bolvió después a sus protestas de desear
la paz, diciéndome que si la España pudiese contribuir a que
fuese general lo celebraría» [38]. Así, pues, la idea de la mediación
que inmediatamente germinó en la mente de Floridablanca, marca el punto de inflexión del cambio y de la independencia de la
postura política española con respecto a la francesa, supone el
inicio de una tentativa diplomática que abrió —aun en el caso de
una guerra, según quedó demostrado cuando ocurrió el caso—
canales de comunicación y de posibilidad diplomáticos y produjo
una cierta desvinculación del cauce París-conde de Aranda con
el ministerio de Estado español, todo lo cual se une y adquiere
solidez con el nombramiento de Almodóvar como nuevo embajador en Londres. Ello significa la apertura de una nueva vía que,
sin embargo, con gran prudencia política, el conde de Floridablanca pretendió se ejercitase con absoluta prudencia. Para ello instrumenta una táctica fabiana, de profundo sentido psicológico, en
sus efectos diplomáticos, pero que, de modo especial, asegurase
para España la seguridad máxima en el desarrollo de la misma;
ello se efectúa a costa de los puntos de vista y las intenciones
del embajador español, conde de Aranda, de abierta anglofobia y
—aunque con profundas reservas— partidario de la alianza con
Francia y la inmediata accesión de España al tratado con los colonos norteamericanos rebeldes. Existe, pues, una doble posición
que Floridablanca condujo de un modo admirable:

— Tratar de establecer, con absoluta seguridad, los límites y actitudes de Inglaterra en orden a consolidar una
  preeminencia internacional de España, mediante la
  aceptación de una mediación.
— No quebrantar de un modo excesivo la alianza tradicional y *pactada* con Francia.

Así se aprecia en la correspondencia intercambiada durante
el año 1778 entre Floridablanca y Aranda, en cuyos detalles no
es necesario entrar pormenorizadamente, excepto en aquellos aspectos que sirvan para iluminar semejante dicotomía diplomática.

---

[38] *Ibídem*, doc. y loc. cit.

Aranda se queja del retraimiento que observa en la Corte francesa, que se considera abandonado por España, hasta el punto de que «se enmudece el Ministerio conmigo; yo le huyo también por no entrar en discursos que me comprometan a desviarme en la menor cosa de las intenciones del Rey» [39]; en consecuencia, sólo puede informar por conjeturas que Francia pretendía comenzar su ruptura con Inglaterra, instrumentando una táctica de entretenimiento que produjese a los británicos una imposibilidad de mantener una guerra en doble frente, y presionar, en consecuencia, a solicitar la paz, en la que Francia pretendía obtener:

— El reconocimiento de la independencia de las Trece Colonias.
— Libre disponibilidad de Dunkerque.
— Participación efectiva en la pesca de Terranova.
— Reposición del comercio de acuerdo con los supuestos de Utrecht.
— Terminar con las «vejaciones» que en la India oriental causan los ingleses a los franceses.
— Lo mismo para la costa de África.

Todo ello quedaría subordinado al primer punto, aunque «me parece que el ánimo de esta Corte no sea el de sostener que los nuevos Estados Unidos carguen con lo restante de las provincias septentrionales, sino reducirse a las trece confederadas desde su principio; circunstancias que pueden contribuir a que la de Londres se allane por salvar y asegurarse una parte, evitando el desdoro de perder todo el Continente de América» [40]. Opina el embajador español en París que Inglaterra se vería muy comprometida para atender a una tan considerable apertura de frentes, mientras que «esta Corte no necesita más que la voluntad; su inmensa población, su espíritu emprendedor, su riqueza intrínseca dan para todo»; únicamente, pensaba Aranda, había estado remisa Francia a la hora de lanzar un golpe que hubiese sido definitivo, y acelerado, mediante una invasión, que hubiese terminado rápidamente con la resistencia británica. En su contestación a Aranda, el conde de Floridablanca explaya una soberana lección

---

[39] Despacho de Aranda a Floridablanca, París, 4 de agosto de 1778, A. H. N., Estado, Leg. 4199 (copia en A. H. N., Estado, Leg. 3884, Exp. 3, doc. 9).
[40] *Ibídem*, doc. y loc. cit.

de sentido político[41], recordándole, en primer lugar, el acreditado conocimiento que el mismo embajador tenía —y había denunciado reiteradamente— de que el objeto de Francia había sido «hacer su paz quanto antes pudiere por mirar ya logrados sus principales intereses», precisamente tal conducta, afirma Floridablanca, «*ha sido la verdadera causa de que el Rei declare sus verdaderas intenciones, por no exponerse a quedar abandonado y sin recompensa alguna en la ocasión más crítica*». Pero todavía ratifica la justicia que asiste a España en su actitud, y es mucho más explícito y contundente cuando en un párrafo de denso contenido hace expresa indicación crítica de estupor ante el hecho de que el ministerio de Versalles asegurase que España no había especificado sus miras y sus deseos: «En 13 de enero de este año, quando ya la Francia estaba consentida en la guerra y en firmar su Tratado con los Diputados, como lo hizo en 6 de febrero siguiente, expresé a V. E. lo siguiente: "Para quando llegue la época de la publicación o declaración de la guerra es igualmente preciso tener pensado lo que hemos de hacer y qué plan de guerra seguiremos que sea útil a las dos Naciones y que conserve o aumente, si es posible, la gloria de sus armas. La Francia podrá indicar los objetivos que tiene para combinarlos con los nuestros y formar gradualmente la escala de las operaciones. La interrupción o extinción del comercio inglés puede ser un objeto de la mayor importancia para esa Nación y este fruto lo saca sólo con el acto de romper y hacer durar la guerra; pero para nosotros es de ninguna utilidad tal interrupción, no pudiendo jamás disfrutar o competir en las ventajas del comercio con la Inglaterra y con la misma Francia. Puede también esa potencia pensar en la conquista de las Islas Inglesas o en la mayor firmeza o libertad de su pesca en Terranova". *La España por sí sola no tiene otros objetos que recobrar las usurpaciones vergonzosas de Gibraltar y Menorca y arrojar del Seno Mexicano, Bahía de Honduras y Costa de Campeche unos vecinos que incomodan infinito.*» No cabe duda, afirma Floridablanca, que los intereses de España estaban perfectamente explicados y, sin embargo, por su cuenta y sin previa comunicación, Francia firmó el tratado de alianza con los colonos norteamericanos y, con su actitud, quedó explícito que «el Gavinete francés no deseaba sinceramente que hiciésemos tales adqui-

---

[41] Despacho de Floridablanca a Aranda, San Ildefonso, 25 de agosto de 1778, A. H. N., Estado, Leg. 3884, Exp. 3.

siciones»[42]; si quedan dudas, «escribió en aquella ocasión a su embaxador que eran exorbitantes las costas a que aspirábamos»[43]; «si ese Ministerio afecta que tiene por misteriosos nuestros armamentos es seguramente un artificio suyo: pues bien manifiesto está que sin ellos no habríamos podido recoger tranquilamente nuestras Flotas y expediciones ni hacer respetar nuestro Pavellón... Si esa Corte está resentida le falta razón para ello y mayor la tiene el Rei para estarlo: pues son mui frecuentes las esperiencias que acreditan se quiere tratar al Rei como a una Potencia subalterna y dependiente en todo»; en todo caso, afirma Floridablanca, si Francia ajusta su paz cuando le convenga, «juzga el Rei más útil y decoroso quedarse sin romper, aunque sólo consiga haber asegurado sus Flotas y expediciones; preservado sus Dominios; fomentado su industria, felicidad interior y comercio de América, el qual empieza a florecer extraordinariamente con la paz y con las providencias que se van tomando, y, en suma, *gobernarse por sí solo sin sujección a otros Gavinetes*, además de evitar el resentimiento de la Inglaterra, cuya Potencia guardaría su venganza para tiempos más oportunos»[44].

Por consiguiente, la postura de España, por expresión de su primer portavoz político, no puede estar más clara: se reserva su soberanía y libertad de acción política, expresando su deseo de mediar o entrar en la guerra, pero bien claramente en provecho de sus propios intereses nacionales y de ninguna manera arrastrada —en inferioridad de situación— por un pacto que la misma Francia se había encargado de incumplir e incluso despreciar. Para Floridablanca está perfectamente claro, como se ha podido apreciar, la importancia que para España tiene el área regional del Caribe y, dentro de él, de modo especial, el golfo de México que, como veremos más adelante, será, en efecto, el núcleo fundamental de sus intereses en relación con su política americana. Cuando llegue ese momento quedará señalada la hora de la intervención; mientras tanto, la política de Floridablanca consiste, precisamente, en intentar levantar la consideración política internacional de España mediante su conversión en mediadora del conflicto, mientras continúa aceleradamente sus preparativos para que sus posibilidades de acción alcancen el límite que se conside-

---

[42]   *Ibídem*, doc. y loc. cit.
[43]   *Ibídem*, doc. y loc. cit.
[44]   *Ibídem*, doc. y loc. cit.

ra imprescindible. Por consiguiente, la posición de España queda perfectamente delineada como consecuencia de la decisión francesa de adoptar su propia política sin contar previamente con la aceptación española. Sin duda, el gabinete francés, convencido de lo que durante tantos años había sido norma en las relaciones internas de la Casa de Borbón, no valoró con exactitud el posible cambio en la iniciativa que produjo la entrada en el gobierno del conde de Floridablanca. Sin embargo, no parece puede afirmarse una firme posición en el pensamiento político de éste respecto a un cambio radical de orientación relativo a Francia. Los acontecimientos y las maniobras políticas posteriores nos lo confirmarán precisamente, sobre todo en lo que se refiere a la entrada de España en la guerra, el convenio de Aranjuez y la misión Jay en España, a las que hemos de referirnos con posterioridad. Lo que ocurre —y es lo que interesa destacar ahora aquí— es que el acontecimiento que produce una contracción en la política de alianza y subordinación de España a la política de Francia fue, precisamente, el movimiento de independencia de los Estados Unidos, y en él el núcleo neurálgico de la actitud política española, como también hemos de tener oportunidad de estudiar, se centró específicamente en el Valle del Mississippi, en el cual existe una confrontación conflictiva de intereses entre España y Francia; ocurre, sin embargo, que ambos núcleos de confrontación conflictiva se conectan en tiempos distintos: para Francia consistía en una reivindicación del pasado, que pondría en relación el Valle del Mississippi con su posible conexión con las colonias francesas del Canadá y un posible acuerdo con Inglaterra para producir un equilibrio americano; para España el problema radicaba en un tiempo futuro, y en tal caso era un problema político de prevención, para el cual era necesario instrumentar los medios que permitiesen enfrentarse con garantías a ese futuro. De ahí la genialidad política de Floridablanca al decidir no romper, pero sí mitigar, los lazos diplomáticos-familiares con Francia, que permitiese una soltura en la configuración de las líneas políticas y económicas de la acción española en la indicada área regional del Mississippi. Podríamos decir, en resumen, que entendemos la posición de *mediación* formulada por Floridablanca como la expresión de una independencia de criterio con respecto a Francia y una posibilidad de exploración sistemática del criterio británico en relación con una eventual seguridad mutua en el hemisferio septentrional de América. Y, en efecto, ya en el verano de 1778 circulan en la Secretaría de Estado algunas minutas que centran su atención en la necesidad de establecer un sólido aprovechamiento de la región del Mississippi, instrumentando una política acorde con la realidad regional, como más adecuado método para asegurar las posesiones que España tenía en la región.

Efectivamente, una minuta de la Secretaría de Estado, en el año 1778, implica una reflexión acerca de los procedimientos más adecuados para *asegurar* las posesiones españolas en las inmediaciones del río Mississippi [45] contra las tentativas de la «República Americana» de usurparlas e introducirse en los reinos de Nuevo León y de Nueva España; los medios que se señalan son, precisamente, los británicos: fomentar entre los indios de la frontera un comercio lucrativo que, sobre todo, asegurase la confianza y amistad «de aquellos bárbaros, reduciéndolos voluntariamente al estado de gentes civilizadas y útiles y adquiriendo su amor a tal grado que se hicieran amigos de sus amigos y enemigos de sus enemigos» [46]; otra minuta reservada del conde de Floridablanca [47] advertía la conveniencia de que los gobernadores de Louisiana y de La Habana comisionen «una o más personas» que, internándose en las colonias americanas insurgentes, ejerciesen una labor de información y muy concretamente de espionaje, que permitiese conocer la marcha de la guerra y los estados de opinión, tanto en el campo insurgente como en el realista; resulta por demás interesante conocer qué tipo de información interesaba al jefe de la diplomacia española: el estado de la guerra y sus variaciones; las ventajas y puntos de vista que de ella consideran los distintos partidos; la disposición y entereza con que los colonos se encuentran dispuestos a seguirla y hasta qué punto y límite, si pu-

---

[45]   A. H. N., Estado, Leg. 3885, exp. 17.

[46]   *Ibídem*, doc. y loc. cit., se señalan los medios empleados por los ingleses: 1) nombramiento de 3 superintendentes cuya misión sería hacer desaparecer todo motivo de queja que tuviesen los indios; 2) dar posesión a los indios de todas sus tierras y castigar a todos aquellos ingleses que ofendiesen a los indios, declarándolos libres e independientes; 3) establecimiento de un pacto con los caciques o jefes de mormones; 4) asegurarles la libertad y seguridad; 5) acuerdo para que ambas partes levantasen casas comerciales; 6) monopolio de comercio; 7) trato directo de los caciques con el propio Rey, a efectos de renovación de sus amistades.

[47]   A. H. N., Estado, Leg. 3885, Exp. 17 «Papeles reservados y secretos con respecto a los Estados Unidos en esta época». Del Sr. Conde de Floridablanca. Colonias Americanas.

diera advertirse; cualquier designio perjudicial para España y sus Indias que pudiera sorprender. Desde el punto de vista de la política exterior interesaba, sobre todo, cualquier dato que permitiese sospechar un ajuste entre colonos y realistas y debían aprovechar «todas las ocasiones que se les presentaren para sugerir que los insurgentes, qualquier ajuste que hicieren sin la protección de Grandes Potencias, estaría expuesto a ser quebrantado y a producir funestas consecuencias a las Colonias» [48]; igualmente resultaba absolutamente importante cualquier noticia relacionada con propósitos advertidos entre los insurgentes para efectuar expediciones contra las posesiones españolas. La importancia de tal comisión se deduce de la última advertencia de Floridablanca: «s les facilitarán todos los auxilios que necesitaren, y el dinero y crédito que hubieren menester, sin reparar en perjudiciales economías». Pero al margen de tal interés e importancia asignada para la indicada comisión, que en efecto sería encargada por el ministro de Indias a los gobernadores territoriales indicados y que muy pronto habrá de adquirir una típica característica informativa militar en estado de guerra, nos importa subrayar el interés y la atención que, con respecto a su propuesta de *mediación* instrumenta Floridablanca, sin duda para alcanzar las metas que en su momento apuntamos, pero que de ninguna manera descuida cualquier aspecto ni resquicio que le permita equivocarse por carencia de información, puesto que la indicada mediación —que si fracasara conduciría, como veremos, de un modo inevitable a la guerra contra Inglaterra— se apoya básicamente en el triángulo Londres-París-América, en el último de los cuales —vértice de extraordinaria complicación e importancia para España— se centra verdaderamente el interés político español y, sobre todo, la posibilidad de dar un tono preferencial español a la negociación que, en caso de fracaso de la mediación, habría que iniciar inmediatamente con los colonos norteamericanos y que debía estar precedida de una convención con Francia, como en efecto así fue y tendremos oportunidad de estudiar.

El designio, pues, de Floridablanca constituye un panorama de tremenda complejidad y nos sitúa en presencia de una verdadera motivación de interés diplomático y político que habría, ante todo, de procurar la relevancia del peso de España en el concierto mundial; en segundo lugar, establecía una preferencia

---

[48] *Ibídem*, doc. y loc. cit.

muy clara por la conciliación y la paz, antes que por la guerra, a la que, sin embargo, no se temía, pero siempre y cuando los esfuerzos y los inconvenientes que de ella se desprendiesen supusiesen un servicio a los intereses españoles, y, por último, proclamaba muy abiertamente la orientación americanista y atlántica-americana de la política nacional. En la larga y pormenorizada carta del embajador conde de Aranda al primer secretario de Estado conde de Floridablanca, el primero acaba por convenir, no con absoluta claridad pero sí con noble convencimiento, de la razón profunda que asistía a Floridablanca sobre la firmeza de su propósito de que España tuviese, con respecto a Francia, la necesaria y fundamental independencia de criterio en orden a la defensa más conveniente de sus intereses [49]: «Me he criado, vivo y permaneceré en las mismas desconfianzas... Estoy muy distante de disminuir este grado de desconfianza y aún lo procuraría aumentar por si acaso llegase a minorarse para que a lo menos quedase algún residuo... No obstante no pienso contraher una desconfianza de hábito, sino de reflexión, según las cosas, casos e intereses dominantes que considere arraigados en el modo de pensar de esta Corte... Desconfianza, enhorabuena; pero ya en el día se trata de una ocasión que en siglos no se presentará para la España; y que para siglos la puede dejar con trabas... Suponemos que la Francia vaya a su negocio solo, y poco o nada al nuestro. Pues páguesela en la misma moneda, de valernos de ella para algo, cuando no para mucho... que *sea nuestra manecilla, en lugar de ser nosotros la suya*» [50].

Aquí vemos, muy claramente expresada, la coincidencia de Aranda con el propósito de Floridablanca, en el cual, sin duda, existió una mácula: la propia desconfianza del primer secretario de Estado con respecto al embajador en París, pieza clave del juego diplomático, a cuyo conocimiento se sustrajo el verdadero fondo de la misión del nuevo embajador español en Londres, Almodóvar. Ello hubo de producir una importante quiebra en la relación directa con la indicada pieza clave del supuesto político y diplomático que, en el futuro, impidió una clarificación de actitudes. Se trata del eterno problema de los personalismos españoles en lo político que tan continuamente ha impedido una acción

---

[49] Aranda a Floridablanca, París, 17 de septiembre de 1778, A. H. N., Estado, Leg. 3884, Exp. 3.

[50] *Ibídem*, doc. y loc. cit.

de equipo capaz de superar el estrecho concepto de la «lidia», centrada sólo en el trabajo con amigos. Tendremos oportunidad, más adelante, en los momentos decisivos de la negociación de la paz, las funestas consecuencias que en este caso tuvo. Lo cual, quede bien claro, no empequeñece ni opaca la genialidad transcendental que para España y su política exterior tuvo el intento de Floridablanca en sus más inmediatas consecuencias, sobre todo en la elaboración de un importante concepto estratégico que hubo de centrarse —muy bien asistido por la inteligencia del ministro de Indias, José de Gálvez— en el área del Golfo de México y, en definitiva, sobre el Valle del Mississippi, núcleo del choque de intereses hispano-norteamericanos, del que analizaremos sus principales supuestos.

C) 1779, AÑO DECISIVO

La directriz de la política española instrumentada por Floridablanca, que utiliza el proyecto de *mediación* como una instancia para ganar tiempo y, sobre todo, para ganar prestigio al papel internacional de España, segregada de la estela de influencia francesa, tiene el serio inconveniente de que se proyectó sobre un ambiente convulsionado como consecuencia de la revolución norteamericana y, dentro de ella, por la alianza de Francia con los colonos insurgentes, que estimamos no motivada por un altruismo político, sino por importantes conveniencias competitivas comerciales con Inglaterra. En tal sentido, pues, la decisión de cualquier índole de postura española tuvo que efectuarse en torno a una toma de posición que estuviese previamente configurada. Es decir, si fallaba la piedra clave de la gestión de Almodóvar en Londres, con toda evidencia las nuevas decisiones tenían que ser inmediatas, aunque de suyo estuviesen perfectamente meditadas en su acción inmediata. Por esta razón —y aquí radica el núcleo de la cuestión histórica que nos hemos planteado— los acontecimientos van a suceder fulminantemente durante el transcurso del año 1779 que, temporalmente, se configura como decisivo en la intervención activa de España en el conflicto. Ello no quiere decir, como con extrema ligereza se ha afirmado, que existiese una precipitación inconsciente en la política española de la época estudiada; por el contrario —según nos hemos esforzado en plantear con todo detenimiento— un esfuerzo consciente y deliberado de agotar los recursos y, sobre todo, de enfrentarse con la realidad en las mejores condiciones posibles.

La serie de acontecimientos que se producen en el referido año 1779, todos ellos de la máxima importancia en sí, responden, pues, a una motivación profunda: la recuperación de la iniciativa y de la decisión política española en la política internacional, segregadas ambas —iniciativa y decisión— de la unión familiar francesa y subordinadas a un intento previo —que se centra en la misión Almodóvar— y a un objetico único y en apariencia contradictorio con los intereses españoles: propiciar la independencia de las colonias inglesas en América, como una gestión peculiarmente española; los acontecimientos, en consecuencia, fueron:

— El fracaso de la misión Almodóvar.
— La convención diplomática de Aranjuez.
— El acceso de España a la guerra.
— Relaciones directas con los colonos norteamericanos.

La importancia de este último punto, y por otra parte el hecho de que oficiosamente se habían mantenido contactos previos con el Congreso norteamericano, obligan a considerar este último punde en párrafo aparte, pero quede constancia de que en la urdimbre historiográfica forma parte del contexto general en que se inscriben las circunstancias específicas de la conversión de la iniciativa y decisión española en el conflicto internacional producido como consecuencia del movimiento de independencia de las colonias inglesas en América del Norte.

1. *Fracaso de la misión Almodóvar*

Los términos para la mediación ofertada al gabinete británico por Almodóvar se centraron en las siguientes tres posibilidades:

Primera: España pediría a Inglaterra otorgase la paz a las Colonias, acordando una tregua de veinticinco a treinta años. Durante la tregua se establecería un comercio libre entre Inglaterra y las Colonias, las cuales podrían también comerciar libremente con otras naciones; durante la tregua la Corte de Londres trataría con las Colonias como *independientes de hecho.*

Segunda: Construir una tregua con Francia incluyendo en ella a las Colonias, con la mediación de España, comprometiéndose a mantenerla mientras durase la negociación particular entre las Cortes y retirando Inglaterra sus tropas de las Colonias; España nombraría un mediador ante el Congreso.

Tercera: Inglaterra concedería a las Colonias, en atención a la mediación del Rey Católico, una tregua ilimitada hasta alcanzar un acuerdo definitivo, para el cual se nombrarían comisarios por las tres partes que se reunirían en Madrid o en otro lugar independiente para tratar de la pacificación general.

La aceptación por parte de Inglaterra de cualquiera de los tres medios propuestos implicaría la garantía de España y Francia, hábil propuesta cuyo objetivo es recuperar España la iniciativa, ante el tratado de alianza establecido con anterioridad por Francia de los colonos. Entendía Floridablanca que cualquiera de los tres medios ofertados a Inglaterra facilitaba la *comunicación* británica con sus vasallos-colonos, producía una ganancia de tiempo, cuyo propósito era el restablecimiento de la *confianza* y la atenuación de los *resentimientos*. Es decir, España invitaba a un diálogo constructivo y civilizado, aunque firmemente en cada caso, anteponiendo el reconocimiento implícito de la independencia colonial por parte de Inglaterra. La oferta de triple posibilidad llegó a Londres a primeros de febrero de 1779 e inmediatamente entregada a lord Weymouth. La propuesta de España no exigía mucha demora en la contestación británica, ya que la clave consistía, de suyo, en esclarecer si Inglaterra se encontraba o no en disposición de continuar la guerra con sus enemigos e incluso aumentar el riesgo con el aumento de un tercero. La respuesta británica no se produjo durante un mes y medio largo y, en consecuencia, el gobierno español envió su *ultimatum* el 3 de abril de 1779 [51] al gabinete inglés; en él se exigía de Inglaterra el cese de las hostilidades y el envío a Madrid de plenipotenciarios por ambas partes, además de fijarse los límites en los lugares y territorios ocupados por ambas partes beligerantes en los puntos ocupados en el momento de la iniciación de las negociaciones.

---

[51] Despacho de Floridablanca a Almodóvar, Madrid, 3 de abril de 1779, A. H. N., Estado, Leg. 4224.

Inglaterra rechazó el ultimatum español[52] por considerar que el objetivo del convenio se centraba en la independencia de las colonias, la restitución de todos los territorios y que las tropas inglesas se retirasen absolutamente, lo cual no era cierto, pero en la categoría de valores británicos todo quedaba subordinado a lo que en las propuestas de Madrid era permanente condición: la independencia, mediante diálogo constructivo y civilizado. En efecto, en ello radica la negativa británica a las tres reflexiones propuestas arbitradas por Madrid, pues en ellas la base para todo trato consistía en el reconocimiento por parte de Inglaterra de la independencia de las colonias. Ello significa dos cosas a todas luces evidentes: *España se encuentra altamente interesada en que se produzca la independencia de las colonias inglesas de América del Norte*, y correlativo con ello, *se encuentra dispuesta a entrar en una guerra contra Inglaterra por tal motivo*, si bien dejará muy establecido que ha agotado todas las posibilidades para encontrar una solución constructiva de diálogo abierto y racional. El fracaso de la misión Almodóvar supone que España queda con las manos libres para instrumentar su proceder y su acción. Queda un resquicio: el ultimátum es enviado con fecha 3 de abril, la contestación británica es de finales de mayo; sin embargo, la convención de Aranjuez, firmada con Francia el 12 de abril de 1779, puede hacer pensar que España en realidad no esperaba ninguna respuesta positiva por parte de Inglaterra —cuyo prolongado silencio de dos meses, por otra parte, daba suficiente motivo para estar convencido de ello— y que utilizaba el argumento que, precisamente, resultaba obviamente inaceptable para el orgullo inglés, es decir, la independencia como *conditio sine qua non* para la mediación, ofertando algo que, en consecuencia, de antemano se sabía que tenía que tener contestación negativa. La cuestión —y otras no menos importantes, relativas a la principal— exige un tratamiento detenido por nuestra parte respecto al sentido que el indicado convenio tuvo.

2.   *El convenio de Aranjuez*

La convención firmada en Aranjuez el 12 de abril de 1779 entre los plenipotenciarios conde de Floridablanca y el embajador

---

[52]   Última respuesta de Inglaterra al ultimatum de España de 3 de abril de 1779, A. H. N., Estado, Leg. 4224.

de Francia, conde de Montmorin, produjo, cuando se dio a conocer en los Estados Unidos a finales del siglo XIX [53] en base a una versión inexacta [54], un estado de opinión historiográficamente —e inevitablemente político, dada la circunstancia, por entonces vigente, de la constitución efectiva de la instancia panamericana— severo contra España y Francia, acusadas de *conspiración*. Tal sensacionalismo, que hemos de comprender en razón al momento en que se dio a conocer la versión inexacta contenida en la obra de Bancroft, implica una previa aproximación crítica, por nuestra parte, al contenido y circunstancias diplomáticas y políticas de la indicada convención, cuya exacta importancia, como veremos, es muy grande en el contexto de la actitud política de Floridablanca. Pero también el «escándalo historiográfico» producido a finales del siglo XIX, cuando se editó la *Correspondencia diplomática de la Revolución de los Estados Unidos*, dándose a conocer en ella la versión mutilada e inexacta utilizada por el historiador Bancroft, produjo una determinada actitud norteamericana de consecuencias graves para el futuro de las relaciones con España, la víspera de 1898; en ella juega un papel muy espectacular la vivencia dialéctica y antagónica que en los años de la independencia existió entre el partido pro-británico y pro-francés del Congreso de Filadelfia.

En efecto, ateniéndose a la versión inexacta del convenio de Aranjuez dada a conocer por Wharton, los anglófilos instrumentaron una acusación formal contra Vergennes por haberse entregado a los deseos de España, traicionando los compromisos adquiridos con los colonos en el tratado de alianza de 1778; se justificaba así —y se le daba toda la razón— los ataques dirigidos contra Jefferson, a los que calificó de «anglómanos», cómo Jay, Hamilton y Pickering, quienes ajenos a lo pactado en Aranjuez —dado el carácter secreto del mismo— no necesitaron tener un conocimiento de él para sentir una profunda animadversión hacia las casas borbónicas. Que el convenio de Aranjuez marca un cambio de orientación en la política de Vergennes es evidente; que ello implique una conspiración borbónica, totalmente absurdo. Porque, de suyo, la duplicidad de Vergennes existió en el sentido

---

[53] Francis Wharton (ed.), *The Revolutionary Diplomatic Correspondence of the United States*, Washington, 1889, 6 vols.

[54] George Bancroft, *History of the United States, from the Discovery of the Continent*, New York, 1882, 6 vols.

de producir un cambio de orientación política con respecto a las colonias rebeldes, ya sea por las mismas circunstancias de la política europea o interna francesa, ya fuese obligado por la actitud firme de Floridablanca, que ya conocemos; lo que nadie puede probar —ni siquiera en base a una versión inexacta del convenio de Aranjuez— es la existencia de la pretendida conspiración con la rama borbónica española. Por el contrario, lo que ocurre es que, en la nueva política española creada y producida por Floridablanca, al segregar los destinos políticos de una con respecto a la otra, hubo de producirse, inevitablemente, una lucha política y diplomática con orientación de futuro, para cuando Inglaterra, humillada y vencida, tenga que ceder el paso a una de las dos potencias que se le enfrentaron y prever, lógicamente, las instancias de la colonia sublevada contra Inglaterra, germen de una gran nación.

Lógicamente que a Francia tiene que preocupar, con vistas a un futuro más remoto, lo que las colonias rebeldes llegasen a ser; pero mucho más le preocupaba, en su futuro próximo y casi inmediato, el nivel de potencialidad que pudiese alcanzar España. A ésta —en la nueva perspectiva creada por Floridablanca— tampoco le resultaba atractiva la idea de una Francia todopoderosa que alcanzase, de nuevo, la hegemonía en Europa; hasta para los más humildes miembros del Congreso insurgente estaba claro que «Francia desea erigirse, suplantando a Inglaterra, en el poder dominante de Europa; con este fin entiende que es necesario arrebatarle el tridente de las manos a Gran Bretaña y asirlo ella misma»[55]; los acontecimientos inmediatos, el más cercano, la formalización de un tratado de alianza con los colonos norteamericanos, a espaldas de España, eran motivos absolutamente justificados para —como hemos visto en la política de Floridablanca— existiese una actitud de prevención y recelo con respecto a Francia, que presenta como absolutamente inevitable y sin sentido cualquier tipo de conspiración con la rama borbónica francesa. Por otra parte, cuando la ocasión lo requería, Floridablanca no dudaba de actuar con absoluta independencia de Francia, como ocurrió, concretamente, con el envío a Londres de Almodóvar en la gestión y misión diplomática de la mediación que acabamos de decribir. La alianza como conspiración de las dos familias

---

[55] D. Francis al presidente del Congreso, 28 de julio de 1781, Wharton, *op. cit.*, IV, pág. 611.

borbónicas está muy lejos de poderse considerar un «affaire de coeur», como ha sido erróneamente interpretado por historiadores españoles como Danvila y Aguado Bleye, entre otros. Si España conspiró con Francia contra la nueva nación norteamericana, ¿cómo se explica su irremediable lanzamiento a la guerra por defender, en la ofrecida mediación con Inglaterra, como condición indispensable para la misma, que esta nación europea accediese a la independencia colonial, abriendo una tregua para, en virtud de diálogo, alcanzar un acuerdo?

Según la versión inexacta de la convención de Aranjuez: «Francia se comprometía a llevar a cabo la invasión de Inglaterra o Irlanda; si tenía éxito en expulsar a los ingleses de Terranova, los bancos pesqueros serían compartidos solamente con España. A cambio de escasos beneficios para sí, Francia se comprometía a no escatimar esfuerzos en ayudar a España a recobrar Menorca, Pensacola, Mobile, la bahía de Honduras y la costa de Campeche; las dos partes se comprometían a no firmar la paz, tregua ni suspensión de hostilidades hasta que Gibraltar fuese recobrado. De los Estados Unidos, España se sentiría en libertad de solicitar, como recompensa a su amistad, la renuncia de toda la región de la cuenca de San Lorenzo y de los Lagos, la navegación del Mississippi y toda la tierra comprendida entre el río y los montes Alleghenies. Este tratado modificaba el anterior firmado por los Estados Unidos y Francia. Aquél se veía ahora obligado a continuar la guerra hasta que España recobrara Gibraltar»[56]. Más adelante tendremos ocasión de comprobar la radical diferencia de esta versión apócrifa con la realidad del contenido de la convención secreta de Aranjuez. Ahora es importante tomar contacto con los resultados historiográficos producidos en pocos críticos historiadores norteamericanos de finales del siglo XIX, que nos ofrece lugares donde leer disparates como el siguiente: «... no debe existir discordias en los pensamientos que despiertan los nombres de Lutero y de Colón y los que evocan el tratado de 1783. Ambos traen a nuestra mente los fundadores de las Trece Colonias, que representaban la mejor y más valiente sangre de Europa y vinieron aquí, al mundo de Colón, a depositar los cimientos de la libertad religiosa y civil..., de la libre interpretación de la Biblia... En verdad, aunque el hecho ha sido escasamente apreciado..., uno de los rasgos más sobresalientes de la Reforma, que constituye

---

[56] Wharton, *op. cit.*, I, 357, según versión de Bancroft, *op. cit.*, n. 465.

la base de nuestro y de cualquier otro gobierno libre, es el hecho de que envolvía directamente el destino del Gran Valle del Mississippi. Envolvía la cuestión de si esta vasta y fértil región, y el gran río que ha sido llamado guardián y promesa de la Unión de América, habría de liberarse de la sombra autoritaria que ensombrece y debilitó a España y sus colonias, o si, por el contrario, habría de ser incluida dentro de las fronteras de nuestra tierra feliz, y enriquecida con la luz y la vida de nuestras instituciones americanas»[57].

Este espíritu antiespañol, anclado en el profundo antagonismo religioso, que afirma como resultado concluyente de la razón lo que no es más que pura intuición defensiva del sentimiento, es el resultado de una tradición que alcanza los mismos orígenes históricos, como los constitucionales, de los Estados Unidos. Y, en efecto, se aprecia —e incluso puede seguirse casi paso a paso— en las expresiones de muchos de los «fundadores» de la nación, como Alexander Hamilton, que en 1871 calificaba al rey Carlos III como «un príncipe intolerante, gobernado por un confesor avaricioso»[58] y a España como «una siniestra amenaza para el futuro de los Estados Unidos»[59].

¿Puede hablarse de una conspiración borbónica en los acuerdos de Aranjuez? Quienes así lo estiman —en base, digamos una vez más, a la versión inexacta del convenio hecha por Bancroft— argumentan en contestación positiva a la pregunta al artículo 6.º del convenio, en el que se dice: «Si el Rey Cristianísimo consiguiese hacerse dueño de la Isla de Terranova y asegurarse su posición, serán admitidos los súbditos del Rei Católico a hacer la pesca y ambos Soberanos concertarán para este efecto las ventajas, derechos y prerrogativas de que habrán de gozar los referidos vasallos de S. M. Católica»[60]; se argumenta que quedan ex-

---

[57] John Jay, *The peace Negotiations of 1782 and 1783*, New York, 1884, páginas 10-11.

[58] Hamilton a R. Morris, 30 de abril de 1781; apud., *The works of Alexander Hamilton*, Henry Cabot Lodge (ed.), 12 vols., New York, 1904, vol. III, página 359. Con referencia a este importante personaje de la época, dice uno de sus más recientes historiadores que «para comprender su actitud general de política exterior "debe tenerse en cuenta su época juvenil", porque tiene una relación muy estrecha con su tradicional antipatía a España», G. L. Lycan, *Alexander Hamilton, American Foreign Policy*, Oklahoma, 1970, pág. 88.

[59] G. L. Lycan, *op. cit.*, pág. 88.

[60] Convención secreta entre España y Francia contra Inglaterra, Aranjuez, 12 de abril de 1779, A. H. N., Estado, Leg. 3373.

cluidos los Estados Unidos; en primer lugar se trata de un convenio entre España y Francia, que delinea el futuro, entre ambas, para el caso de que se cumpla una posibilidad; en segundo lugar, en el artículo 4.º del mismo documento, quedan salvaguardados los acuerdos anteriores establecidos por Francia con los colonos norteamericanos: «El Rei Cristianísimo, en exacta ejecución de sus empeños contrahídos con los Estados Unidos de la América Septentrional...»; en tercer lugar, la exclusión de los Estados Unidos de la Aemérica Septentrional, nominalmente del artículo relativo a Terranova, no implica que dicho país —una vez constituido —no pudiera participar en los beneficios de la pesquería, pero sería, en todo caso, objeto de particular acuerdo con la potencia que, sustancialmente, hubiese conquistado la isla.

Enumera el artículo 7.º de la Convención las ventajas que España espera obtener del «futuro» tratado de paz: 1) la restitución de Gibraltar; 2) la posesión del río y fuerte de Mobila; 3) la restitución de Penzacola con toda la costa de la Florida correspondiente al Canal de Bahama hasta quedar fuera de él toda dominación extranjera; 4) la expulsión de los ingleses de la bahía de Honduras y obligación de observar lo pactado en el Tratado de París de 1763 prohibiendo efectuar en territorios españoles establecimiento alguno; 5) revocación del privilegio concedido a los británicos del corte de palo de tinte en la costa de Campeche; 6) restitución de la isla de Menorca. De todas estas ventajas que se *espera* obtener, la única que puede afectar los intereses norteamericanos sea la que se refiere a la Mobila, Penzacola y costa de Florida a lo largo del canal de la Bahama, enclaves vitales para la comunicación atlántica entre España y sus posesiones americanas que, lógicamente, desea tener despejadas de enemigos. Precisamente en dicha sector radica el profundo carácter estratégico que la zona tiene en una doble vertiente; la que hemos citado de la comunicación marítima con España; la segunda, acaso más importante, que consiste en la defensa y seguridad de la costa del Golfo de México y desembocadura del río Mississippi, que la centra en el importante núcleo de producción-mercado comercial que es el Valle del mismo nombre. La palabra clave que domina absolutamente en este indicado artículo es el de la *restitución*, razón por la cual no tenía por qué ser mencionada quien no tenía que restituir, por no poseer previamente, sino quien poseyendo, si era vencido, se le obligaría a la restitución, es decir, Inglaterra.

Por lo demás, hemos de entender la Convención de Aranjuez como una instancia diplomática española para adquirir una prioridad política digna en su acceso al conflicto contra Inglaterra, por considerar que había sido desplazado de ello por un acto de voluntariedad unilateral de Francia, cuando firmó el tratado de 1778 con los colonos norteamericanos. Se encuentra en función del firme propósito político de adqurir la iniciativa y que el peso, indudable y a todas luces decisivo, de su entrada en la guerra —si fracasaba, como de hecho ocurrió, su esfuerzo de establecer una *mediación* para la paz— tuviese una valoración de las partes interesadas, en primer lugar Francia, al tiempo que producía la posibilidad de obtener un rendimiento efectivo en la paz subsiguiente. Se trata de una alianza ofensiva con Francia, «conforme a los Tratados que entre ellas subsisten», de modo que, en rigor, no tenía necesidad de incluir a los Estados Unidos, aunque de todos modos se hace una explícita declaración en este sentido. En el artículo 4.º se conviene: «El Rei Cristianísimo, en exacta ejecución de sus empeños contrahídos con los Estados Unidos de la América Septentrional, ha propuesto y solicitado que S. M. Católica, desde el día en que declare la guerra a la Inglaterra, reconozca la independencia soberana de dichos Estados y que ofrezca no deponer las armas hasta que sea reconocida aquella independencia por el Rei de la Gran Bretaña, haciendo este punto la *base esencial* de todas las negociaciones de paz que se puedan entablar después. El Rei Católico ha deseado y desea complacer al Cristianísimo, su sobrino, y procurar a los Estados Unidos todas las ventajas a que aspiran y puedan obtenerse» [61]; queda, desde luego, advertida la fundamental razón de índole soberana de la nación española, ya que «no habiendo hasta ahora celebrado con ellos S. M. C. Tratado alguno en que se arreglen sus intereses recíprocos: se reserva egecutarlo y capitular entonces todo lo que tenga relación a la citada Independencia» [62]. Por otra parte, tal intención ha quedado perfectamente clara por parte de España, sobre todo en el empecinamiento con que defendió en las tres propuestas de mediación propuestas a Inglaterra, la independencia de los Estados Unidos y la tregua para celebrar conversaciones que dejasen establecido el acuerdo entre Inglaterra y sus territorios coloniales de América del Norte. Existe aquí un

---

[61] *Ibídem*, doc. y loc. cit.
[62] *Ibídem*, doc. y loc. cit.

punto crítico del mayor interés, al cual vamos a referirnos inmediatamente. La propuesta hecha por Francia de la redacción del artículo 4.º es del siguiente tenor: «Siendo la independencia de los Estados Unidos de la América Septentrional la principal base de todos los compromisos que S. M. Cristianísima ha contraído con ellos, las dos potencias contratantes se comprometen a no deponer las armas mientras tal independencia no haya sido reconocida por la Corona inglesa» [63]. Anteriormente vimos cómo quedó tal artículo en la redacción definitiva en la que la cuestión quedó matizada. Yela declara que no entiende la negativa de Floridablanca a aceptar el artículo según la redacción francesa [64]. Está muy clara la razón: el primer secretario español de Estado desea mantener la iniciativa en la cuestión clave del tratado con los Estados Unidos por los importantes intereses en juego en el mundo americano, en orden al pasado, relativas a Francia e Inglaterra; en relación con el futuro respectivas a los propios Estados Unidos. Indica Yela que acaso lo que pretendía Floridablanca era atraerse las simpatías de las colonias, verificando con ellas un tratado aparte. No estamos de acuerdo con tan simple explicación. Se trata, una vez más, del firme propósito de Floridablanca de conservar la iniciativa, sin subordinación a Francia, sobre todo porque, sin duda, conocía o sospechaba —nosotros desde nuestro privilegiado emplazamiento de historiadores lo conocemos perfectamente, como así lo vemos— suáles eran los verdaderos móviles políticos de Francia, es decir, de Vergennes.

En efecto, en ningún documento público —desde luego, en absoluto en la convención de Aranjuez— encontramos ninguna declaración de Vergennes reconociendo que España tuviese derecho a la navegación en el río Mississippi, ni tampoco se especifica claramente nunca a qué «partes» del Oeste tuviese tal derecho; solamente se menciona, «como sacrificio inevitable, las Floridas» y más como «cesión» que como reconocimiento de derecho español a ellas; con respecto a los Estados Unidos que nacen, Vergennes se opuso terminantemente a cualquier índole de expansionismo, ateniéndose a lo estipulado en el tratado de 1778, en el que el compromiso francés se limita a una solemne declaración de mantener «la libertad, soberanía y la independencia absoluta e ilimitada» de los Estados Unidos tanto en materia de gobierno

---

[63] Vid. el proyecto borrador del Convenio en A. H. N., Estado, Leg. 4224.
[64] Yela Utrilla, *op. cit.*, vol. I, pág. 361.

como de comercio; en el aspecto territorial Francia garantizaba cualquier conquista de los Estados Unidos precisando, con evidente vaguedad, «en las Partes del Norte de América, o las Islas Bermudas». Por consiguiente, existe una *reserva* francesa muy pronunciada para no comprometer su posible nueva presencia en el Valle del Mississippi o en los territorios del Oeste. En documentos privados, sin embargo, sí se encuentran efectivamente indicativos muy claros de la intencionalidad de Vergennes, que escribe al representante de Francia ante el Congreso en los Estados Unidos, en el año 1782, cuando se celebra la ronda de negociación para la paz entre el enviado norteamericano Jay y el conde de Aranda en París, las siguientes esclarecedoras ideas: «Según el Congreso, los títulos de posesión (charters) emanados de la Corona de Inglaterra extienden su dominio del Atlántico al Océano Pacífico y tal es el sistema propuesto por Mr. Jay. Delirio parecido no merece ser tenido en cuenta... Todo esto, sin embargo, es privado. Vd. debe mostrar que no tiene conocimientos de estas cosas, porque estamos más bien inclinados a no interferir, al menos por ahora, en esta discusión entre el conde de Aranda y Mr. Jay. *En la que ambos reclaman territorios, a los que ninguna parte tiene derecho alguno*»[65]. Con absoluta claridad establece el conde de Vergennes su firme criterio de que, con respecto al Oeste, no asiste ningún derecho a ninguna de sus dos aliadas. Si los tenía Inglaterra, ya en aquellos momentos derrotada, los iba a perder. La consecuencia es muy clara: existe el propósito de Francia de reivindicar sus derechos perdidos en su derrota de 1763. Ya veremos, en su momento, con mayor precisión estas circunstancias de la negociación de la paz, puesto que el propósito inmediato consiste en aclarar la razón de que Floridablanca no consintiese en aceptar la redacción del artículo 4.º del Convenio de Aranjuez según la versión francesa, pues ello hubiese significado, sin más, la aceptación de lo suscrito por Francia con los congresistas norteamericanos en 1778, quedando imposibilitada España de ejercer los derechos que había adquirido, precisamente, en virtud del tratado de 1763.

3. *España en guerra contra Inglaterra*

El estudio de la guerra, sus operaciones, instancias tácticas, batallas y procesos estratégicos, no es en absoluto de nuestra in-

---

[65]   Vergennes a La Luzerne, París, 14 de octubre de 1782.

cumbencia. No es que consideremos el tema estudiado, que no es así; por regla general, los historiadores que lo tocan remiten al voluminoso libro de Danvila y Collado que, en efecto, estudia muy pormenorizadamente los detalles y circunstancias —las efe mérides— de la misma, aunque ciertamente yo no me atrevería a afirmar que haga el estudio definitivo sobre la misma, que está pidiendo un análisis científico y moderno que ponga de relieve las importantes características de esta guerra esencialmente marítima, pero en la que juega un factor de primera magnitud, que es la operación anfibia y combinada y quizá que en su operación se lleva a cabo una importante organización del ejército español con base en el Caribe, en la cual jugó un papel de importancia fundamental el Intendente de Caracas D. Francisco de Saavedra. Lo que para nosotros tiene importancia con respecto a este tema es, exclusivamente, el sentido estratégico de la misma en torno a los enclaves que se consideraban fundamentales en el Golfo de México, respondiendo, por consiguiente, la acción militar a una espectacular concordancia con los supuestos políticos. Ello reviste la acción militar de un contenido muy aproximado al concepto moderno de guerra estratégica, respondiendo al cumplimiento de supuestos políticos, hasta el punto de que quizá pueda afirmarse —con todas las reservas que el necesario e imprescindible estudio monográfico de la cuestión exige y que todavía nadie ha hecho— que en la indicada operación radica el primer momento definitivo, constitutivo del moderno ejército español, en su estructura operativa. La operación realizada en el Golfo de México, que aseguró las zonas reivindicadas en la convención de Aranjuez, debe ser considerada exclusivamente por nosotros en su impacto político y estratégico; en el primer aspecto no cabe duda que supuso el golpe decisivo que produjo la derrota de Inglaterra y, en consecuencia, hizo posible la Independencia de los Estados Unidos; en el orden estratégico supuso la afirmación del firme propósito de España de no renunciar al riquísimo mercado del Valle del Mississippi y hubo de producir la inevitable colisión de intereses con los Estados Unidos [66]. Únicamente, pues, en este doble efecto es en lo que nos importa la consideración de la guerra, y, dentro de ella, destacando la característica acción estratégica del Golfo de México.

---

[66]   Circourt, *op. cit.*, vol. III, pág. 298.

En las *Providencias resueltas por S. M.*[67] como prevención al inmediato estado de guerra, se aprecian dos sectores de interés oceánico: La Coruña, a efectos del grueso de la escuadra con acción atlántica-europea; La Habana, eje de la acción militar «para arrojar a los ingleses de Penzacola y la Mobila, de la costa de Campeche y de la bahía de Honduras». En comunicación oficial, Floridablanca anuncia a Aranda la decisión de España de retirar su ofrecida mediación a Inglaterra, indicándole la conveniencia de que «los Colonos se esforzasen a entrar en la Florida, donde nosotros haremos una diversión fuerte por el Mississippi»[68]; en posterior comunicación, Floridablanca encarga al embajador español en París, «esté V. E. a la mira de quanto ahí se vaya adelantando» (respecto a la gran expedición proyectada de ataque directo a Gran Bretaña), «para avisarlo»[69]; desde París, el comisionado norteamericano Arthur Lee, en memorial que envía a Floridablanca, aconseja a éste el ataque directo contra el comercio británico con América para conseguir un colapso del mismo que arrastre en contra del gobierno a toda la opinión pública inglesa, en especial a los empresarios privados, comerciantes e industriales involucrados en este comercio; con ello «dejará de ser guerra popular y no habrá Ministro que pueda sostenerse en su empleo»[70]. Todo ello se corona con la *Real Cédula de S. M.*[71] en que se autoriza a los súbditos americanos a hostilizar por tierra y mar a los súbditos del rey británico, argumentando los justos motivos que le han impulsado a entrar en la guerra contra Inglaterra. En ella —en la Real Cédula— apreciamos dos circunstancias dignas de ser tenidas en cuenta: en primer lugar cómo al dirigirse el Rey a sus vasallos de América *explica* los justos motivos que le impulsan a la guerra y les *pide* («No dudo que mis vasallos Americanos, a la vista de mis extraordinarios esfuerzos para mantener la tranquilidad pública y de las singulares gracias que les he prestado..., darán las pruebas más evidentes de su

[67]   Aranjuez, 17 de mayo de 1779, A. H. N., Estado, Leg. 4201.
[68]   Aranjuez, 17 de mayo de 1779, A. H. N., Estado, Leg. 4414.
[69]   Floridablanca a Aranda, Aranjuez, 28 de mayo de 1779, A. H. N., Estado, Leg. 4210.
[70]   París, 7 de junio de 1779, A. H. N., Estado, Leg. 4210.
[71]   R. C. en que manifestando los justos motivos de su Real Resolución de 21 de junio de este año, autoriza a sus Vasallos Americanos para que, por vía de represalias y desagravio hostilicen por mar y tierra a los súbditos del Rey de Gran Bretaña, Madrid, 8 de julio de 1779, A. H. N., Estado, Leg. 4201.

fidelidad y amor a mi servicio, concurriendo eficazmente a mi defensa del Estado en la ofensa de los invasores y enemigos de él, y a la gloria y esplendor de mis armas, como en ello se interesan directamente sus haciendas, sus vidas y su Religión») que participen activamente en la guerra; no cabe duda que ello es demostrativo de la conciencia vigente en las más altas gradas del gobierno y de la Corona, de la madurez alcanzada por la sociedad hispanoamericana en estos años 1779 a los que nos referimos. La segunda circunstancia, no destacada por ningún historiador, es el carácter de guerra total que se infiere claramente del contenido de la citada Real Cédula: así, el monarca exhorta a las autoridades (virreyes, presidentes, gobernadores, capitanes generales, audiencias, corregidores, intendentes, oficiales reales, alcaldes mayores, jueces y demás justicias de «mis dominios de Indias», es decir, a todo el cuadro institucional-burocrático) para que pongan todo su esfuerzo en el resguardo y defensa de las provincias; pero también se dirige expresamente a «todos los Ayuntamientos de las ciudades, villas y lugares de esos dominios... reúnan los ánimos de los naturales y les inspiren los nobles sentimientos de que ellos están animados a fin de que *todos mis fieles vasallos miren la defensa de la Patria y de los dichos de mi Real Corona como la primera obligación con que han entrado a los beneficios de la sociedad y de mi soberana protección».*

Abandonemos el hilo de la correspondencia diplomática entre Floridablanca y el embajador de España en París, ya que toda ella se ocupa del proceso en torno al proyecto de invasión de Inglaterra y las ocurrencias de las escuadras coaligadas. Como se indicó, nos fijaremos en el desenvolvimiento de la campaña del Golfo de México, aunque forzosamente tengamos que desbordar los límites cronológicos del año 1779; sirva de excusa para ello lo que ya hemos apuntado, más la certeza de que lo que se indique aquí representa la única referencia al desarrollo de la guerra que nos proponemos hacer. Queda fuera de duda la importancia táctica de los territorios y puertos cedidos por España a Inglaterra en virtud del Tratado de París de 1763, no ya sólo para la protección del canal de las Bahamas, sino también como protección del territorio de la Lousiana, cedido por Francia, y su eje sustantivo de Nueva Orleans. La declaración de guerra de 1779, tenazmente demorada por su hábil juego político por Floridablanca, ofreció la oportunidad para construir el dispositivo militar necesario para intentar la recuperación de aquellos territorios y puertos perdidos en 1763. El primer objetivo lo cumplió el gobernador de Louisiana, D. Bernardo de Gálvez, que con mil quinientos hombres remontó, en el mes de agosto de 1779, el río Mississippi, apoderándose de todos los fuertes británicos establecidos en la orilla izquierda del río: Baton-Rouge, Natchez, Manchak, Thompson, etc.; estableció alianzas con algunas de las naciones indias de la región y regresó a Nueva Orleans para organizar el ataque definitivo, una vez asegurado el «glacis» defensivo de la orilla izquierda del Mississippi. El 14 de enero de 1780, al frente de una expedición naval, rindió el fuerte de la Mobila, sin que el desesperado esfuerzo del general británico Campbell lo pudiese impedir. Una primera expedición contra Panzacola, en octubre de 1780, no pudo cumplir su objetivo debido a que un tremendo huracán dispersó las naves; pero en febrero de 1781 una segunda expedición produjo la conquista de la isla de Santa Rosa, desde donde se iniciaron las operaciones para la conquista de Penzacola, que capituló, en efecto, el 9 de mayo. El general Campbell y el almirante Chester fueron hechos prisioneros con mil ciento trece hombres. En mayo de 1782, el general Cagigal rendía la isla de Nueva Providencia en las Bahamas, con lo cual se cerraba un ciclo estratégico de la mayor importancia, pues precipitaba el final de la resistencia británica en América del Norte, aceleraba la victoria de los ejércitos coloniales y producía para España una fuerte posición con vistas a las ya en marcha negociaciones de paz. Los Floridas podían considerarse de nuevo españolas; el paso del canal quedaba con plena seguridad de navegación; el «glacis» del Golfo de México era ya un hecho. La importancia múltiple de esta victoria militar en América reviste facetas de la mayor importancia que ni siquiera podemos mencionar ahora, pero que serán mencionadas efectivamente en los capítulos posteriores.

D) RELACIONES DIRECTAS DE ESPAÑA CON LOS ESTADOS UNIDOS

Ya vimos cómo en el convenio de Aranjuez España se reservaba plena libertad para establecer los puntos de acuerdos propios de un tratado con los Estados Unidos, que naturalmente no tenía como objeto reconocer su independencia que, de hecho, por vía de ayuda económica y, sobre todo, por vía explícita política y diplomática, ya había sido reconocida y mantenida en el proyecto de mediación encomendada a Almodóvar.

Desencadenada la guerra contra Inglaterra, inequívoca ya la postura de España respecto al conflicto, se inicia la gestión diplomática con los representantes del Congreso norteamericano para perfilar las futuras relaciones. Ello no quiere decir que, con anterioridad a la guerra, no se hubiesen producido contactos; ya vimos la comisión de Arthur Lee a España, existían los contactos de Aranda en París con los emisarios del Congreso y, por supuesto, los canales diplomáticos entre España y Francia en los cuales era tema constante el de la ayuda económica y de pertrechos, así como los problemas inherentes al corso naval. Además, y esto es lo que ahora nos importa, España había designado un «observador» permanente ante el Congreso de los Estados Unidos que supone la apertura de la primera vía «oficiosa» de relación con los colonos rebeldes a Inglaterra. Los contactos se regularizaron posteriormente, adquirieron una consistencia oficial durante el desenvolvimiento de la guerra, pero es necesario distinguir perfectamente —y de acuerdo con la argumentación que vamos sosteniendo— ambos momentos diplomáticos y políticos.

1. El precedente: la comisión de Juan Miralles

El primer representante oficioso español ante el Congreso de los Estados Unidos fue el comerciante de La Habana Juan Miralles, que partió para su destino el 31 de diciembre de 1777 y llegó a Charleston, según comunicación escrita el 21 de enero de 1778 al gobernador de La Habana Diego José Navarro, que fue el primer canal de comunicación.

En la primera parte de la presente investigación hemos expuesto los contenidos estratégicos, en cuanto herencia europea, del Valle del Mississippi [72] y cuál fué, en ese sentido, la acción de los respectivos agentes francés y español, Gerard y Miralles; en tal acción se forjó la preparación del enviado norteamericano John Jay a España; más adelante tendremos oportunidad de estudiar por dentro los supuestos que predominaron en Filadelfia y el Congreso para llevar a efecto la negociación. Ahora, por consiguiente, nos limitamos a exponer el significativo precedente que, por parte de España, significó el envío de Miralles como observador

---

[72] Primera parte, cap. III, párrafo B), págs. 124 y sigs.

permanente ante el Congreso, aunque sin acreditación oficial. El tratado de alianza suscrito por Francia con las colonias en febrero de 1778, casi inmediatamente después de la llegada de Miralles a territorio norteamericano, produjo un relajamiento del papel de Miralles con respecto al de Gerard, que adquirió un matiz más oficial y diplomático. No obstante, la función observadora e informadora que ejerció Miralles en los Estados Unidos alcanzó una importante serie de matizaciones que permitieron —a través de su información— conocer los principios fundamentales en que se centró la discusión interna del Congreso para el envío de la misión Jay a España; a través de la admirable contextura de su personalidad, Miralles estableció en el Congreso una serie continuada de contactos que implicaron interesantes puntos de vista efectivos, además de los intereses vitales que para los colonos y el Congreso suponía, por entonces, la amistad española. En realidad, la existencia del precedente Miralles adquiere un carácter específico de interés por parte de España de mantener la comunicación y el contacto, pese a no estar todavía decidida la definitiva actitud política en el conflicto; ello representa, por una parte, una actitud de abierta inclinación hacia los Estados Unidos; por otra, una prudente cautela en el sentido de retardar su vinculación diplomática y oficial para conseguir garantías máximas por parte de la nueva nación con respecto a los intereses americanos de España y producir un «desgaste» psicológico, económico y militar a Inglaterra, en la medida que el desarrollo de los acontecimientos lo permitiese. La misión diplomática oficiosa del *observador Miralles* no puede extraerse de este contexto.

2. *La misión de John Jay a España*

La plena apertura de relaciones diplomáticas entre España y los Estados Unidos resulta extraordinariamente compleja y, hasta el momento, no se dispone de un análisis conjunto que permita esclarecer cuáles son las posiciones en juego[73]. Entendemos

---

[73]   El libro de Norman Fulton, *Relaciones diplomáticas entre España y los Estados Unidos de América a finales del siglo XVIII*, Madrid, Publicaciones de la Sección de Historia de América de la Facultad de Filosofía y Letras, 1970, prólogo del Dr. Ballesteros Gaibrois, se ciñe al análisis de las *relaciones comerciales;* otros trabajos suponen visiones parciales fragmentarias de la misión Jay; el libro de Frank Monagham, *John Jay*, New York, 1935, no tiene en cuenta la vertiente española de la negociación, como en general la misma

que la complejidad mencionada se basa, en *primer lugar*, en la configuración de un sistema de relación diplomática muy fragmentado cronológicamente e interferido por la negociación de la paz, que es cuatripartita, y dislacerado en las personas que lo llevan a efecto. En efecto, la misión Jay en España se produce entre 1780-1782, siendo Rendón el representante español ante el Congreso; 1782 a 1783 es el ámbito cronológico de la negociación de la paz, en París, simultaneándolo con una segunda ronda de conversaciones Jay-conde de Aranda; en 1785 —fuera, pues, de nuestro campo de estudio— inicia los contactos directos con los representantes del Congreso el Encargado de Negocios español D. Diego de Gardoqui, nombrado para el cargo el 27 de septiembre de 1784. En *segundo lugar*, la estructura de la negociación política, tiene dos perspectivas completamente distintas: la norteamericana —que estudiaremos en el capítulo siguiente, en cuanto consideramos que, en la negociación de paz, Filadelfia adquiere relieve y consistencia política, pese a la pervivencia de grupos antagónicos— y la española que, desde la clave esencial del problema americano y la particularidad que ofrece la nueva dimensión del Golfo de México, río Mississippi y Oeste territorial, perfila la actitud política con respecto a los Estados Unidos. En *tercer lugar*, la temática de la negociación que incluye una serie importante de rúbricas que, aunque guarden relación entre sí, plantean soluciones de distinto tono y de agudeza política diferente, como, por ejemplo, las de índole estratégica, límites, ayuda financiera, regularización del comercio; algunos de estos temas llevan una poderosa carga emocional y aportan una muy confusa proliferación de contenidos que complican de un modo considerable las iniciales relaciones diplomáticas y políticas de España con la nueva nación norteamericana.

A la vista de este esquema problemático, sobre el que llamamos la atención, resulta clara la cautela intelectual que nuestra investigación tiene obligación de avisar de modo que, advirtiendo el complejo entramado, no se escatime circunstancia alguna que pueda significar esclarecimiento de nuestro propósito. Por otra parte, debe advertirse la importancia que, a todas luces, ofrece la misión de John Jay en España, pero desde la doble perspectiva norteamericana y española, y no como variables independien-

---

se desprecia sistemáticamente en toda la bibliografía histórica norteamericana.

tes, sino precisamente como variables dependientes de una misma función. En consecuencia, presentaremos la materia histórica de referencia —aunque fragmentada en sus distintos componentes— con un tratamiento conjunto, cuya organización arquitectónica será la siguiente: en este parágrafo del presente capítulo estudiaremos, sucesivamente, los supuestos jurídico-políticos de la región en litigio, el desarrollo de la misión Jay en España y los primeros contactos informales mantenidos por agentes británicos con Floridablanca. En el capítulo siguiente, el análisis de los procesos históricos, intereses políticos, ciclos de aproximación o de alejamiento, de acuerdo con las circunstancias históricas, que se aprecian en los congresistas de Filadelfia respecto a España y, subsidiariamente, a Francia; por último, en el capítulo IV, las negociaciones de la paz en París; en este último capítulo abandonamos el estudio simultáneo mantenido en los capítulos II y III para volver a adoptar la secuencia cronológica de los acontecimientos micro-históricos o de plazo temporal corto.

EL VALLE DEL MISSISSIPPI: REGIÓN, SOCIEDAD DE FRONTERA Y POLÍTICA JURÍDICA.—Tal como quedó expresado en la Introducción histórica y metodológica, la temática de la negociación política entre España y los Estados Unidos ofrece la particularidad de que, en su transcurso, se produce una importante *moderación* de los supuestos operativos que, hasta entonces, estuvieron al uso y la práctica de la política internacional. Ahora adquiere una dimensión nueva la *estrategia* atlántica regional. En ella presenta un papel relevante el sistema Mississippi, la región territorial entre su orilla izquierda y los Apalaches y el Golfo de México; lógicamente en la configuración de tal región deben establecerse los *límites* capaces de delinear los intereses, la zona de confluencia de las sociedades y la fundamentación de los respectivos títulos jurídicos de posesión y de exhibición de derechos respectivos; típicamente en el caso de la región de referencia, existen dos corrientes de complicación: por un lado, de índole diplomática, como consecuencia de la larga duración del pleito militar, colonial y comercial entre Inglaterra y Francia; por otro lado, de índole fronteriza con el ámbito de colonización española. Pero, además, existía una tercera circunstancia de importancia suma: el movimiento revolucionario norteamericano, que reivindicaba, por el hecho mismo de su independencia frente a Inglaterra, los antiguos territorios británicos como propios. En consecuencia, en la región del

Mississippi, cuya estrategia económica y política es sustantiva, se centra una tensión de intereses de la más diversa índole, cuya manifestación tuvo lugar, precisamente, en la confrontación de tales intereses entre España y los Estados Unidos. El problema consistirá en que tal cuestión quedará sin resolver en la relación directa Estados Unidos-España, desde luego en la época del reinado de Carlos III, cuando el nervio político español alcanzaba una cumbre que en el reinado siguiente rebajó considerablemente su tensión y su fuerza.

Desde el punto de vista norteamericano, la región «del Oeste» era de su propiedad, por cesión implícita de los derechos británicos, pero, sobre todo, como consecuencia de considerarla un área de expansión que se produce, en efecto, como característica fronteriza como una verdadera *invasión* por parte de los más decididos miembros componentes de la sociedad de frontera [74] en Illinois y regiones norteñas, que se desplazarán, como un torrente humano incontrolable y en mínimos plazos de tiempo, hacia la región del Oeste, donde podían colmar sus apetencias de tierra y grandes propiedades. Existe, pues, un expansionismo incontrolado de hombres, agricultores, endurecidos en una titánica lucha a muerte con los indios, que deseaban ser señores de vastas extensiones de tierras [75]; la expansión hacia el Oeste era una importante fuerza humana, incontenible tanto en lo individual como en lo colectivo y que desde luego un Estado todavía embrionario, en pleno proceso de independencia política, no podía dominar, pues se trataba de una oportunidad que se ofrecía como nuevo Dorado —ciertamente un Dorado de trabajo, de privaciones, sangre, sudor y lágrimas, pero que, precisamente por ello, producía un mayor y más potente arraigo y una cada vez más multiplicada voluntad de expansión. Junto a este torrente humano que afirmaba cada vez más en la región la presencia de una sociedad violenta y decidida a todo, en la región proliferaba la más diversa promiscuidad de intereses entre agricultores, cazadores, comerciantes, especuladores de tierras. Existió, además, una transferencia oficial de derechos, de las antiguas *colonias* a los nuevos *Estados*,

---

[74] Cfr. Dale Van Every, *Ark of Empire. The American Frontier, 1784-1803*, New York, 1963; Herbert E. Bolton, *The Spanish Borderlands*, New Haven, 1921, y Arthur P. Whitaker, *The Spanish American Frontier, 1783-1795*, Boston, 1927.

[75] Thomas P. Abernethy, *Western Lands and the American Revolution*, New York, 1959.

que ejercitaban por áreas muy distintas: Massachussets y Connectticut, sobre tierras del Norte del Ohío; las Carolinas y Georgia en dirección al Oeste, hasta el Mississippi; Virginia hacia las posesiones españolas de la Florida. Sus derechos se basaban en las «Royal charters» británicas, que concedían derechos de expansión de mar a mar, sin más, quedando por consiguiente caracterizados por su extraordinaria ambigüedad, cuya primera premisa era, desde luego, el total desconocimiento geográfico de la magnitud territorial e ignorando olímpicamente los derechos de otras naciones que se pudiesen encontrar en el ámbito de expansión tan dilatadamente marcado, fuesen tales naciones europeas o indígenas. Como ya quedó indicado en la primera parte de esta investigación, los resultados diplomáticos de la guerra de los Siete Años produjo en Inglaterra una actitud revisionista de sus antiguas concesiones reales; actitud en la que radica una de las acciones desencadenantes más fuertes del movimiento revolucionario independentista norteamericano; en parte también deseaba evitar una dispersión que implicaría una relajación del control colonial; pero, sobre todo, tal política británica se evidenció fuertemente cuando se dio cuenta de la posible importancia que su comercio podía alcanzar con las tribus indias del Valle del Mississippi. En efecto, la *Proclamación Real* (1763) trató de poner coto al expansionismo incontrolado de la sociedad colonial, así como las actividades de las compañías especuladoras de tierras, entre las cuales destacaba la «Mississippi Company», de la cual eran destacados accionistas Washington, Lee y otros[76]; la Proclamación fue considerada un «freno tiránico de la inevitable expansión del pueblo americano»[77] y denunciada como un propósito formal de arrebatarles tierras que «Dios, en forma de cartas reales, había concedido a los hijos de los hombres», en palabras de Thomas Burke. La *Proclamación* de 1763 no sólo no fue respetada por los colonos y hombres de la frontera, sino que fue germen de tensión importante entre éstos y gobierno metropolitano y, con posterioridad, con España: «... no conciben que el gobierno tenga derecho de prohibirles tomar posesión de un espacio de tierra tan amplio, que está deshabitado o que sirva de refugio a unas cuantas tribus de indios. No puede hacérseles comprender los compro-

---

[76]   Cfr. Clarence W. Alvord, *The Mississippi Valley in British Politics*, Cleveland, 1917, 2 vols.

[77]   Alvord, *op. cit.*

misos, de acuerdo a tratados adquiridos con esa gente», puede leerse en un informe británico del 24 de diciembre de 1774 relativo a la cuestión [78]. Existe, pues, por parte norteamericana, dos posiciones: una, incontrolable, que consiste en la sistemática invasión del hombre de fronteras en una expansión sin límites; la otra, que representa el punto de vista oficial de las colonias, que después de la Independencia serán Estados, que basan sus derechos en las *Royal Charters* y en los artículos de límites del Tratado de París, pero que no distinguían entre límites señalados para las colonias y las nuevas tierras incorporadas por la Corona inglesa como consecuencia del indicado Tratado.

Ahora bien, el ámbito jurídico en que se desenvuelven tales derechos que esgrimen los colonos norteamericanos son relativos, en todo caso, con respecto a Inglaterra, pero de ningún modo tales derechos podían obligar a España, ni incluirla en la misma esfera jurídica de obligatoriedad. Los Estados norteamericanos argumentaban la adquisición de los derechos ingleses por cesión de la soberanía en función de la independencia; pero como España no reconocía la independencia —y ello explica la resistencia de Floridablanca, en razón a los intereses de España, a reconocerla— tampoco reconocía tal soberanía, como expresamente puntualiza Corwin [79]. En lo que se refiere a la navegación del Mississippi, la posición española se basaba en la posesión de su orilla derecha, compartiendo con Inglaterra la navegación, en virtud del Tratado de 1763 [80]; pero, al desalojar a Inglaterra de ambas márgenes del río, si España reconocía la independencia-soberanía de los Estados Unidos, aceptaba implícitamente la adquisición de los derechos británicos por los norteamericanos. En consecuencia, de acuerdo con el derecho internacional, España hacía descansar sus derechos sobre una base muy firme que sólo podía quebrantar actuando contra sus propios intereses nacionales. El ilustre internacionalista británico expresa contundentemente al referirse a la cuestión, tanto a partir de conceptos generales como

---

[78] R. G. Twaites y L. Kellog, *Documentary History of Dunmore's War.*
[79] Corwin, *op. cit.,* pág. 227.
[80] El artículo 7 del Tratado de 10 de febrero de 1763 dice: «... la navegación del río Mississippi será igualmente libre para los súbditos de la Gran Bretaña y Francia en toda su anchura y longitud, desde sus orígenes al mar, y expresamente aquella parte que se halla entre la dicha isla de Nueva Orleans y la ribera derecha del río, lo mismo que el derecho de paso en la desembocadura del río, en ambas direcciones».

particulares, el derecho que asistía a España según el derecho internacional: «Na cabe duda que la posición de España en esta controversia era la única correcta de acuerdo al derecho internacional»; y al plantearse si se posee derecho al río o partes del mismo que queden fuera de su propio territorio, afirma: «... aquellos ríos abiertos a la navegación a través de más de un país, en el pasado, estuvieron cerrados a su navegación, o la misma sujeta a restricciones o al pago de una contribución, lo que implica que la navegación de los extranjeros no era un derecho, sino un privilegio que se otorga» [81]. Claro que tales sutilezas jurídicas no representaban argumentos válidos para los aguerridos hombres de la frontera, que sólo se conducían por principios de voluntariedad personal.

El desarrollo de la misión Jay en España.—La misión de Jay en España tenía como objetivo conseguir una alianza comercial y financiera con España. Sin perjuicio de referirnos más adelante a las instrucciones que recibiera, éstas pueden sintetizarse en los siguientes puntos:

— Si se conseguía que España accediera a la alianza ya preexistente con Francia, el plenipotenciario trataría de conservar la Florida; o, alternativamente, si se obtenía la Florida de Inglaterra, los Estados Unidos garantizarán la misma a España, pero a cambio de disfrutar de la navegación libre en el Mississippi.

— Establecimiento y negociación de tratados de alianza, amistad y comercio con España.

— Obtención de algún puerto por debajo de los 31° de latitud norte en el río Mississippi.

— Gestión de una subvención o, en caso contrario, un préstamo de cinco millones de dólares al 6 por 100 de interés.

Jay llegó a Cádiz, desde donde escribió al ministro de Indias [82] anunciando su llegada y su comisión, y dos meses después al conde de Floridablanca comunicando su inmediato viaje a Madrid [83]. Antes de iniciar su viaje recibió una carta del conde de

---

[81] N. F. Hall, *International Law*, London, 1904, págs. 139-140.

[82] Jay a Gálvez, Cádiz, 27 de enero de 1780, A. H. N., Estado, Leg. 3884, Exp. 8.

[83] Jay a Floridablanca, Cádiz, 6 de marzo de 1780, A. H. N., Estado, Leg. 3884 bis, Exp. 8.

Floridablanca solicitando una amplia información sobre los negocios llevados a cabo entre España y el Congreso, de modo que el gobierno español pudiese obtener una imagen lo más exacta posible de la índole de tales intercambios, así como sobre la forma y sistema de gobierno del nuevo o inminente Estado republicano, número de habitantes, determinación nacional de continuar la guerra contra Inglaterra, deuda pública y recursos previstos para hacer frente a la misma; en resumen, un estado de situación completo, así como potencial en línea y en reserva en lo que se refiere a efectivos militares [84]. Tal solicitud de información previa a la apertura de la negociación dejaba bien claramente establecido el firme propósito español de procurar una plataforma de supuestos claros en lo que se refiere al proceso de las conversaciones. Para Jay suponía una seria advertencia de que la *ronda* no iba a caracterizarse, precisamente, por una negociación simple y predeterminada. Efectivamente, aunque tardó algún tiempo en apreciarlo claramente, la posición de Floridablanca en lo que se refiere al caso era claramente *dilatoria*, con objeto de demorar la alianza y los acuerdos con el Congreso a una situación de paz general [85]: «A mí me parece que desean evitar el gasto que la ayuda por tratado acarrea, a la cual nos sentiríamos acreedores y en las presentes circunstancias no les resultarían convenientes. Ellos desean ver nuestra independencia establecida y, a la vez, no contarse entre los primeros que suscriban un precedente que, en su día, pudiese volverse contra ellos» [86]. A partir de tal idea, Jay adoptó la misma táctica dilatoria y experimenta en su sistema de actuación política un cambio importante que ha sido destacado por el historiador norteamericano Bemis [87]; consiste el cambio en el hecho de abandonar su postura de beneplácito con los puntos de vista españoles relativos al Valle del Mississippi y navegación en el río, en lo que concordaba con los de Miralles y Gerard en 1778 [88], para convertirse en un acérrimo defensor de los derechos norteamericanos sobre el Valle del Mississippi, así

---

[84] Floridablanca a Jay, El Pardo, 9 de marzo de 1780, A. H. N., Estado, Leg. 3884 bis, Exp. 8.

[85] Jay al Presidente del Congreso, San Ildefonso, 3 de octubre de 1781, Wharton, *op. cit.*, IV, 746.

[86] *Ibídem*, op. y loc. cit., IV, págs. 762-763.

[87] Samuel F. Bemis, *American Secretaires of State and their Diplomacy*, New York, 1927, 2 vols.

[88] Vid. 1.ª parte, cap. III, págs. 138-183.

como el expansionismo norteamericano. ¿Cuáles fueron las motivaciones de este cambio? Parece como camino más adecuado para tratar de alcanzar una respuesta, que revista importancia y profundidad, establecer el propio modo de pensar de Jay. Así podemos leer en la edición oficial de su correspondencia lo siguiente: «Yo estaba convencido antes de que, con tal que pudiésemos obtener la independencia y una paz rápida, no existía justificación en prolongar la guerra poniendo en peligro su resultado, sólo por conquistar las Floridas, a las cuales no teníamos título alguno, o retener la navegación del Mississippi, que no nos convenía ni debíamos querer en el futuro, y cuyo uso parcial podríamos disfrutar con el consentimiento de España. Por tanto, era mi opinión que debíamos abandonar todo derecho a las Floridas, y conceder a España la navegación de su río al sur de nuestros territorios, a cambio de cedernos ella un puerto a propósito y libre en el río, según normas que se especificasen en un tratado, si ellos, por su parte, reconocían nuestra independencia, la defendían con sus armas y nos donaban una suma apropiada de dinero o un subsidio anual por un determinado número de años» [89]; como dice Samuel Bemis, en su negociación con España Jay se enfrentaba con uno de los más importantes poderes de la época, que ocupaba militarmente territorios sobre los cuales tenía unos derechos respaldados por una sólida posición jurídica: «La posición de España estaba afianzada en prácticas internacionales, concordaba con tratados y derechos entre naciones, lo que hacía extremadamente difícil, si no imposible, demoler o rebatir» [90]; el juicio del historiador norteamericano es impecable: portador de unas rígidas instrucciones del Congreso, Jay estaba condenado al fracaso en su negociación con España. Si hay que encontrar un responsable del fracaso de Jay debe buscarse éste en la inexperiencia del incipiente y poco maduro Congreso continental, dividido en fracciones de escasa consistencia política y, en gran parte, promovido por instancias de provecho que existía en buena parte de sus componentes, como una aspiración personal que no se avenía con los intereses siquiera nacionales, cuanto menos internacionales. Las razones de España, meridianamente indicadas por Floridablanca a Aranda, la diferencia de criterio con respecto

---

[89] *The Correspondence and Public Papers of John Jay*, P. Johnstone, ed., 4 vols., New York, 1893-94, vol. I, págs. 95-97.

[90] Bemis, *op. cit.*, I, pág. 119.

a Francia, no son inteligibles para los colonos desbordados en momentos de dificultad y de paroxismo político y financiero: «La Francia se ligó, desde luego, y contrajo empeños positivos por medio de sus tratados: la España está hoy día sin esta obligación. La Francia entró desde el primer momento en el goce de muchas ventajas de comercio con las colonias: la España, que no puede surtir a sus mismas posesiones, no ha gozado, ni gozará jamás en ningún caso de tales beneficios por los americanos. La Francia favorece y apoya a los colonos con sus armamentos: la España con los suyos, que son formidables, y con todas sus disposiciones en Europa y América, obra en socorro de los Estados Unidos como si estuviese ya aliada con ellos por los más solemnes pactos»[91]. Está claro que España había colocado en la contienda todo el peso de su fuerza, de su decisión y de su acción militar contra Inglaterra, que era la enemiga directa de los colonos norteamericanos; no consideraba que, además, fuese preciso ligarse por pactos comprometedores —especialmente desde el punto de vista económico— con un Congreso que se cerraba absolutamente en aquel punto que era el más importante y decisivo para España: el Valle del Mississippi. Tales indicativos no representaban consideraciones de peso para el Congreso que, en consecuencia, colocó a Jay en la alternativa de adoptar una posición semejante a la de Floridablanca, mientras, fiel a las iniciativas del Congreso, persistía en la línea en la que sabía positivamente que no habría de lograr nada. La clave de la cuestión estaba en la tensión de intereses encontrados en el Valle y río Mississippi. El Congreso de los Estados Unidos había sido perfectamente informado hasta dónde llegaban las aspiraciones españolas respecto al río y a su navegación; se trataba del obstáculo que impedía el éxito en la negociación; y al no existir interés apreciable por parte del Congreso en eliminar el obstáculo, lógicamente la parte solicitante se vería en el trance inevitable de no encontrar facilidades por la parte otorgante, la cual, por otra parte, como vimos, consideraba que ya, por el hecho de entrar en guerra contra Inglaterra, reconocía implícitamente su posición con respecto a los Estados Unidos.

Pero además del serio inconveniente que representaba la falta de receptividad del Congreso respecto a la comprensión y negocia-

---

[91] Floridablanca a Aranda, Aranjuez, 17 de mayo de 1782, A. H. N., Estado, Leg. 3885.

ción del obstáculo principal por parte española, en la negociación existió otro factor negativo que fue, precisamente, el propio Jay, fuertemente imbuido de la filosofía de Thomas Paine, respecto al aislamiento o máxima inhibición de América en los asuntos europeos. La falta de entusiasmo en tal sentido de Jay es notoria y enormemente explicativa del cambio mental al que nos referimos precedentemente, que acaso pueda achacársele a un choque íntimo de índole religiosa de un puritano en contacto directo con la sociedad católica española, y que se aprecia perfectamente en sus propias actitudes, así como en los escritos del comisionado del Congreso ante la Corte española. En efecto, en orden de importancia, la misión de Jay era prioritaria en lo que se refiere al establecimiento de un tratado de alianza con España; no oculta su escaso entusiasmo en ello cuando escribe: «... sabía que mis colegas deseaban sinceramente formar un tratado con España... en lo que a mí concierne, creía más bien que, en el interés de América, ésta debía limitarse a lo tratado con Francia, y evitar alianzas con otras naciones, permanecer al margen de sus disputas y su política; que la situación de los Estados Unidos, en mi opinión, aconsejaba esta medida»[92]. Tal falta de entusiasmo, incluso apatía por establecer unos lazos con España, para lo cual estaba prioritariamente comisionado por el Congreso, se demuestra palpablemente en su reiterada negativa a participar en una empresa mixta hispano-norteamericana (fragatas españolas con tripulación norteamericana, para atacar las líneas del comercio británico y alcanzar así España una compensación económica a la ayuda financiera que solicitaba Jay) que le proponía Floridablanca[93] y de la cual se evade el plenipotenciario norteamericano con muy pocos consistentes argumentos. El plan de Floridablanca, sin embargo, ofrecía aspectos muy positivos, ya que ofrecía la oportunidad de efectuar, por tal procedimiento, el pago de las cantidades que pedía Jay, al tiempo que iniciaba una apertura de posibilidades de cooperación entre naciones con el propósito de establecer una identificación y aproximación que, obstinadamente, Jay hizo naufragar, a pesar de los criterios que, reiteradamente, le hacía llegar Robert Morris, encargado de las finanzas norteamericanas, instándole a establecer acuerdos de tal índole con España. Gran

---

[92] Carmichael al Comité de Asuntos Extranjeros, 22 de agosto de 1780, Apud Wharton, *op. cit.*, IV, pág. 131.
[93] Floridablanca a Jay, 7 de junio de 1780. A. H. N., Estado, Leg. 3884.

interés revisten las instancias de Morris cuando expresa como única esperanza razonable la ayuda de aquellos Soberanos asociados a nosotros en la guerra y, eliminada de su lista Holanda, que no se encontraba en disposición de hacerlo, como tampoco Francia, le indica, con toda claridad: «Debemos dirigir, pues, nuestros ojos a España y pedir o préstamos o subsidios en cantidades considerables», expresando las ventajas que se podrían derivar de tal ayuda financiera para ambas naciones, entre las cuales destaca especialmente la siguiente: «A todas las otras ventajas que se le ofrecerán a Su Majestad pudiera añadir la seguridad que disfrutarán sus dominios como resultado de nuestra garantía... Benificios mutuos y ayuda recíproca harán más de apreciar una relación entre ellas»[93]; aunque nos referimos a este importante momentos en el capítulo siguiente, lo traemos a colación aquí para argumentar debidamente la desgana de Jay en conseguir tan importante objetivo, promoviendo el fracaso de su misión negociadora, pese a llegar a escribir las siguientes expresiones: «... de veras creo que las intenciones del rey hacia nosotros son buenas, y que el primer ministro se halla bien predispuesto hacia nosotros»[94]. Un doble círculo equívoco pesaba contundentemente sobre la negociación: Estados Unidos entendían que España recibía suficiente recompensa con la acción debilitadora que los Estados Unidos inflingían a Inglaterra; Floridablanca opinaba que ya los Estados Unidos recibían suficiente beneficio con la acción guerrera de España contra Inglaterra. Desde tal perspectiva sólo puede pensarse en una falta de habilidad y de flexibilidad para alcanzar un acuerdo, cuyo problema consistía en eludir las circunstancias *presentes* para, por parte de ambas partes negociadoras, dejar la solución para el futuro.

LOS CONTACTOS INFORMALES DE ESPAÑA CON AGENTES BRITÁNICOS. Simultáneamente con el desarrollo de la misión Jay y los serios inconvenientes suscitados entre ambas partes, que condujeron inexorablemente al fracaso de las mismas, se están produciendo en la Corte española la presencia de agentes informales y comisionados semioficiosos del gabinete británico que pretenden establecer supuestos de negociación previa y que, en general, no obtienen ningún resultado positivo, aunque representen la continuidad de una vía abierta a la negociación.

---

[94] Morris a Jay, 4 de julio de 1781, Apud Wharton, *op. cit.*, IV, 531-539.

Una de estas vías se inició a principios del año 1780, a través de Lisboa y mediante la presencia personal del sacerdote católico D. Tomás Hussey. Floridablanca recabó el parecer del gabinete ministerial sobre tres puntos esenciales:

— Conveniencia de entrar en conversaciones de paz con Inglaterra o rechazarlas desconfiando de su buena fe.
— Si en caso de iniciar conversaciones, debía ser advertida Francia inmediatamente.
— En caso de no convenir inmediatamente, cuándo y cómo se debía comunicar [95].

Coinciden los tres dictámenes en el sentido de que debe, desde luego, iniciarse la negociación ya que la misma la iniciaba Inglaterra; que debía mantenerse secreta para Francia, al menos mientras la negociación no se concretase en algún acuerdo específico y cierto; en cuanto a la tercera, también de un modo unánime los ministros aconsejaron que fuese el mismo conde de Floridablanca quien, a la vista de las circunstancias políticas y del contexto de la negociación, determinase cuál era el momento adecuado para efectuar tal comunicación. El 5 de marzo del mismo año escribía Floridablanca a Hussey [96] indicándole que al mismo tiempo que recibía su despacho le llegaba también un Plan Preliminar y que para ganar tiempo le refería los artículos propuestos y al pie de cada uno las observaciones españolas; indicaba los propósitos de designar personas idóneas para que, en Lisboa, se extendiese en la firma de los preliminares con el plenipotenciario designado por Londres. Las proposiciones británicas vía Lisboa, con las correspondientes apostillas españolas que remite Floridablanca, son las siguientes:

Primera: Las Colonias subsistirán dependientes de la Gran Bretaña, pero disfrutarán todos los privilegios que se les ofrecieron por los Comisarios en 1778. Respuesta: Como esto no depende de la España, se pondrá en lugar de ella que S. M. C. hará los pasos y oficios que proponga S. M. B. para proporcionar un acomodamiento honroso

---

[95] Jay al Presidente del Congreso, 5 de abril de 1781, Wharton, op. cit., IV, página 388.

[96] Dictámenes de los Ministros sobre la actuación que debe tomar España, El Pardo, 29 de febrero de 1780, A. H. N., Estado, Leg. 4220. Pertenecen estos dictámenes a los Ministros de Indias, Marina y Guerra.

con ellas que sea adaptable a las miras moderadas de la Inglaterra, y como las dificultades que puedan encontrarse exigirán demasiado tiempo, ofrece S. M. B. seguir la negociación en tales términos que no obligue a las Colonias a pedir a la Francia los socorros convenidos por su tratado y a este efecto establecer con ellas una suspensión de hostilidades: prometiendo las demás potencias no mezclarse en tal negociación a menos que lo exija el Rey británico.

Segunda: Habrá una garantía mutua entre las Potencias beligerantes de sus respectivas posesiones en América y se invitará a Portugal a acceder. *Respuesta:* La garantía se entenderá de las posesiones según se estipulan en el tratado que ahora se proyecta.

Tercera: Restitución recíproca de todo lo que por cada parte se haya conquistado en las cuatro partes del mundo. *Respuesta:* No hay reparo.

Cuarta: Cesión de Gibraltar pagando los intereses a la Inglaterra. *Respuesta:* Se acepta.

Quinta: Se extenderá a los españoles, en los límites que se señalarán, la pesca de Terranova que gozan los franceses por el Tratado de Utrecht. *Respuesta:* En lugar de esta cesión, desea España la parte de la Florida que mira al Golfo de México, quedando a los ingleses la parte oriental; en caso necesario no se negaría alguna compensación.

Sexta: El Tratado de París servirá de base a la presente negociación. *Respuesta:* Debe aplicarse este Tratado en cuanto a los establecimientos de la bahía de Honduras, de modo que se acaben para siempre las disputas; deben constituirse los colonos en poblaciones para su corte de palo de tinte, que es lo único a que tienen derecho, bajo la dirección y autoridad de gobernadores españoles y supuestas aquellas reservas y precauciones que convengan a unos y otros.

España considera preciso un *séptimo* capítulo: que si accedía el Rey de Francia a estos preliminares, las Cortes de Versalles y Londres reglamentarían los puntos que les convengan e interesen particularmente; ofreciendo España sus buenos oficios en tal caso.

Dos cuestiones destacan de esta nota diplomática. En primer lugar, el propósito británico de concluir urgentemente la paz con

España, hasta el punto de ofrecerle la devolución de Gibraltar, lo cual resulta una prueba evidente del profundo desequilibrio que la entrada de España en la guerra suponía; sobre todo en el hemisferio americano este desequilibrio resultó de tal entidad, que Inglaterra se mostraba decidida a intercambiar Gibraltar por la paz con España. La segunda cuestión destacada consiste, por parte española, en no aceptar la continuación de la dependencia de las colonias de Inglaterra y solicitar la negociación bajo su mediación en orden a conseguir un acuerdo en el cual se prefigura la exigencia de «miras moderadas» de Inglaterra.

Sin embargo, en enero de 1781 la Corte británica dispuso el envío a Madrid del plenipotenciario Mr. Cumberland, aunque sustrayendo de la agenda de la negociación tanto Gibraltar como las colonias. Floridablanca escribe inmediatamente a Hussey para puntualizar que sin la cesión o cambio de Gibraltar era imposible ni arreglar la paz ni mantener perdurablemente la paz entre las dos potencias; «la negativa absoluta de la Corte de Londres es para nosotros un desengaño de que la Inglaterra no quiere ser amiga de la España y de que no lo será jamás»[97]. En lo que se refiere a las Colonias, «siempre he dicho que era preciso hallar algún medio de salvarse el honor de la Francia para con ellas, y el de la España para con la Francia». «Ya ve Vm. que no es compatible esta respuesta con el concepto del Ministerio inglés de que no se avía de hablar de ellas», tal actitud del gobierno británico convenció profundamente a Floridablanca de que el verdadero propósito del gabinete inglés consistía en la apertura de unas conversaciones con España que diesen como inmediato resultado una remisión de la acción guerrera de España en la región estratégica del Golfo de México: «Quando uno se resiste a todos los medios de conciliación sin dar alguna idea de los que podrían adaptarse, es lo mismo que decir que no quiere la paz»[98]. Por ello no debe entenderse que las conversaciones con Hussey y Cumberland produjesen, en instancia decisiva, el fracaso de las conversaciones paralelas con el enviado del Congreso norteamericano John Jay; este fracaso tiene otras motivaciones, como vimos con anterioridad y veremos con más precisión en el capítulo siguiente.

---

[97] Floridablanca a Hussey, El Pardo, 5 de marzo de 1780, A. H. N., Estado, Leg. 4220.

[98] Floridablanca a Hussey, El Pardo, 20 de enero de 1781, A. H. N., Estado, Leg. 4220.

En cambio la debida apreciación de los verdaderos propósitos de Inglaterra impulsará a Floridablanca a acelerar el proyecto de conquista de Jamaica mediante una operación combinada con Francia, ya acordada técnicamente en Santo Domingo entre los generales españoles y franceses con el comisionado del rey D. Francisco Saavedra. Anuncia el primer secretario de Estado al embajador en París, conde de Aranda, la decisión del Rey con objeto de que se lleven a cabo todos los preparativos y organización de la empresa que proporcionase un golpe decisivo a Inglaterra en aquella región americana [99] y que sería rematado con otra expedición conjunta hispano-francesa para la conquista de San Agustín de la Florida, «por cuyo medio se hará una diversión útil a favor de los Colonos y de los designios que Francia tiene para protegerlos» [100]. Incluso llegó a firmarse una convención entre ambas Coronas relativa a todas las operaciones efectuadas por tropas combinadas en las Indias Occidentales [101]. Puede afirmarse que la indicada convención —que establece el acuerdo para la acción militar de las dos potenciar borbónicas contra Inglaterra— representa la vertiente complementaria militar de la convención de Aranjuez de 1779 y establece la igualdad absoluta de fuerzas aportadas por ambas y presenta como objetivo preferente la destrucción de la marina inglesa, «aunque esto no deberá intentarse sin moral seguridad de buen suceso, excusando combates inútiles de pura gloria o inciertos que destruyan los bajeles de unos y otros sin fruto que compense el descalabro» [102]. En definitiva, España emprende lo que desea sea la decisiva acción militar que imponga la necesidad a Inglaterra de que solicite la paz.

[99] *Ibídem*, doc. y loc. cit.
[100] Floridablanca a Aranda, San Ildefonso, 27 de septiembre de 1781, A. H. N., Estado, Leg. 2411.
[101] Floridablanca a Aranda, San Lorenzo, 20 de octubre de 1781, A. H. N., Estado, Leg. 2411.
[102] Convención entre S. M. Cristianísima y S. M. Católica relativa a las operaciones y servicios de tropas combinados de ambas Coronas en las Indias Occidentales. San Lorenzo, 15 de noviembre de 1781, A. H. N., Estado, Leg. 4164, Caja 2.

III

EL CONGRESO DE FILADELFIA, LA ALTERNATIVA
SIMULTÁNEA

Hemos realizado algunas alusiones, tanto en la caracterización histórica a largo como en la de corto plazo, al carácter simultáneo de la negociación entre España y los Estados Unidos, lo que implica la necesidad de visualizar los supuestos condicionantes que, en torno a la indicada negociación, se pusieron de manifiesto en el núcleo político decisorio norteamericano. Quisiéramos dejar perfectamente establecida la diferencia que en el indicado Congreso se aprecia acerca del peso político peculiar de España como fuerza apreciable en la configuración del apoyo que, para el futuro nacional independiente, pudiese efectivamente ejercer. Existe, de suyo, un profundo error de base que, por parte norteamericana, no penetró en la captación del importante cambio político implicado por el decidido propósito del conde de Floridablanca de liberar a España de la dependencia política francesa, de modo que pudiese instrumentar una política internacional propiamente española. Tampoco pudieron liberarse los componentes del Congreso de dos graves tareas: las que se derivan de un comportamiento profundo, derivado de su doble sentimiento republicano-liberal y protestante, de antagonismo hacia las monarquías del mundo católico europeo, y de la consideración de que éstas se encontraban en la órbita del influjo directo del papismo. No existían, ciertamente, lazos de simpatía afectiva capaz de producir una urdimbre ordenadora y vinculadora entre sí. Mayor profundidad, si cabe, encontramos en los antagonismos profundos de los miembros del Congreso respecto a España. Acaso la razón última radique, precisamente, en el hecho de la tradición americanista española, de la exacta comprobación de que, inevitablemente, los intereses de ambas naciones —la vieja y tradicional, la que tenía a sus espaldas un glorioso antecedente colonizador que se basaba en instancias éticas católicas, y la nueva y revolucionaria, la que sólo disponía del caudal negativo de haber sido colonia británica— tendrían que chocar necesariamente en el Nuevo Mundo. En todo caso, un mundo subterráneo de prejuicios y de resentimientos profundos, invisibles, pero reales, jugaron con peso importante y decisivo en la formulación de una política que, hasta muy entrado el año 1779, era el de la facción radical preeminente en el Congreso; fue precisamente en 1779 cuando los *moderados* consiguieron equilibrar fuerzas y que su opinión comenzase a ejercer influencia y a tener consistencia. Por otra parte, si bien la guerra de los Siete Años proporcionó a los colonos un sentimiento de comunidad y de cohesión militar, no supuso de ninguna manera un aprendizaje de los modos diplomáticos; en consecuencia, desde una carga considerable de inexperiencia, el Congreso tuvo que montar una política exterior en que la que jugaban preferentemente supuestos empíricos y usos especialmente comerciales: obtención de lo máximo a cambio de lo mínimo. En tales condiciones, desde tan profundas diferencias, la instrumentación de una alianza política con Francia y España sólo podía proporcionar una coherencia contingente, desde el emplazamiento norteamericano, una exaltación en la petición de *ayuda*, simultáneamente, falta de conocimiento correcto de objetivos concordantes —por negociación, acuerdo, gestión— entre los dos términos negociadores. Desgraciadamente sólo existía un Franklin capaz de llevar a cabo una hábil y política gestión diplomática y le tocó llevarla a efecto en Francia, sin duda porque persistía en el Congreso la creencia de que España suscribiría, sin más, lo que ordenase Francia. El resultado de todo lo cual consiste en la elaboración de una serie de fundamentos erróneos elaborados por el Congreso que, en buena parte, son responsables directos de la falta de acuerdo entre los Estados Unidos y España. Esto es, precisamente, lo que tratamos de establecer en el presente capítulo, que consideramos la alternativa de Madrid como centro de decisión e iniciativa en el núcleo político del Congreso de Filadelfia.

A) EL PLAN OF TREATIES

Inmediatamente después de la declaración de Independencia, el Congreso dedicó su mayor actividad a la construcción de una política exterior basada en algunos principios expresados en el *Plan of Treaties*, obra del abogado John Adams, altamente condicionada por los supuestos de la facción radical predominante en el Congreso, y de otros, como Richard H. Lee, que propuso, y fue aceptado por el Congreso, añadir a las ideas básicas de independencia y confederación una tercera que consistía en «formar alianzas con otras naciones extranjeras»[1]; la orientación de esta política exterior era, sobre todo, Francia y España. Pero sin duda la prioridad se centraba sobre Francia, pues se entendía que siendo ambas borbónicas y estando ligadas por el Pacto de Familia, satisfacer a Francia implicaba, desde luego, lograr idéntico objetivo con España. Tan tremendo error persiste, incluso, en el momento del envío de Jay a España, cuando la rivalidad en torno al Valle y al río Mississippi era ya un hecho comprobado, los norteamericanos despliegan un optimismo que habrá de convertirse en profundo desencanto cuando comprueban que las premisas asumidas, aunque efectivamente válidas para Francia, perdían absolutamente su eficacia al aplicarlas a España. Así, efectivamente, se entiende como principio fundamental de la alianza política con Francia y España las ventajas del comercio: «Norte América ahora les ofrece a Francia y España su amistad y comercio... Los intereses de las tres naciones son los mismos. La oportunidad de cimentarlos y de asegurar las ventajas todas de ese comercio, que un día será inmenso, se les presenta ahora. Si no aprovechan esta oportunidad quizá nunca más vuelva a presentarse»[2]; el comercio es, en su criterio, la solución de todo, la ambición de todos; pero existe en la argumentación un supuesto que debemos considerar como una premisa errónea: aquella que se refiere a la identificación de los intereses de las tres naciones. John Adams, en su *Plan of Treaties*, dice: «No ligaduras políticas o compromisos de esta cla-

---

[1] Floridablanca a Aranda, despacho de remisión de la convención de San Lorenzo, San Lorenzo, 16 de noviembre de 1781, A. H. N., Estado, Leg. 4164, Caja 2.

[2] Propuesta de R. H. Lee, 7 de junio de 1776, en *Journals of the Continental Congress*, 1774-1789, John C. Fitzpatrick (ed.), Washington, 1933, 34 vols., volumen V, pág. 425.

se... No ligaduras militares... Sólo relaciones comerciales; o sea, llevar a cabo un tratado que permita de sus barcos en nuestros puertos; de los nuestros en sus puertos; que permita también ese tratado que se nos suministre armas, cañones... pólvora»[3]; y estos mismos supuestos son los que se ofrecen a Francia en un tratado de amistad y comercio.

Tales supuestos se encuentran, sin duda, inspirados en la misma línea expuesta por Thomas Paine en su *Common Sense*, del año 1776 y auténtico «best seller», quizá el primero del sensacionalista mundo norteamericano y que ejerció una notable influencia en todo el grupo intelectual y político estadounidense en la época de la independencia[4]; la posición de Paine es antimonárquica, antibritánica, antieuropea, por consiguiente su libro hubo de convertirse en el catecismo inicial del repertorio de ideas políticas y constitucionales del Congreso, ya que respondía al mundo de sentimientos generalmente vigentes entre los norteamericanos; entre todas las ideas prevalecía la de que la nueva república debía, a todo evento, desentenderse de los conflictos de las naciones europeas, lo cual se convirtió en el núcleo de fe de la política exterior de los Estados Unidos. El portillo abierto para la relación exterior debía ser el comercio: «Nuestro plan se basa en el comercio, que nos asegurará la paz y la amistad de toda Europa; porque va en el interés de Europa hacer de América un puerto libre. El interés de América requiere que nos mantengamos fuera de los conflictos europeos, lo que no se logrará nunca mientras se vea reducida a hacer de contrapeso en la escala de la política de Inglaterra...»[5]. Una de las bases de argumentación del ideólogo citado que ejerció considerable influencia fue la de considerar mercado de los Estados Unidos a Europa entera, lo cual imponía la necesidad de no establecer lazos parciales con ninguna nación en particular. Casi al pie de la letra reproduce John Jay esta idea cuando afirma: «... la política de efectuar múltiples tratados con las naciones europeas es cosa discutible para mí... por mi parte me inclino a creer que el interés de América radica y está de sobra servido con el tratado con Francia y evitar alianzas con

---

[3] Franklin, Deane y Lee a Vergennes, 5 de enero de 1775, Apud Wharton, *op. cit.*, II, pág. 246.

[4] *The Works of J. Adams*, Charles Francis Adams (ed.), Boston, 1850-1856, 10 vols., vol. II, págs. 488-489.

[5] Carl Becker, *The Declaration of Independence. A Study in the history of political ideas*, New York, A. A. Knopt, 1942.

otras naciones, manteniéndonos libres de sus disputas y políticas» [6]; y en otra oportunidad, estima que «Estados Unidos indem-
nizará a España de dos modos: luchando contra el enemigo de España y por medio de su comercio... (ya que) al venir la paz pronto
llegará a ser muy valioso y extenso», dice con referencia al comercio [7].

La serie de errores en que se basan tales premisas resaltan
muy claramente: en primer lugar suponer que los intereses comerciales españoles eran los mismos que los franceses y británicos, lo que ya quedó establecido que no era así [8]; tanto por la
larga rivalidad comercial mantenida durante el siglo XVIII, como
por la identidad de sus sistemas operativos, resulta clara la importancia que representaba para Francia la parcial o total pérdida de fuerza comercial de Inglaterra; en cambio para España,
cuyo mercado comercial americano se encontraba, por entonces,
en plena reforma, la cuestión no tenía la misma importancia; la
oferta a España de amistad y comercio no era suficiente; antes
al contrario, establecer una línea de amistad con quienes, ante
la opinión europea, eran unos rebeldes, por parte de una nación
cuyos territorios americanos eran gigantescos, de difícil control
por consiguiente, y además su opinión pública en pleno estado
de madurez intelectual, resultaba, cuando menos, incongruente y
absolutamente falto de perspectivas políticas. El propio Floridablanca se encargó de aclarar esto a Jay, el cual lo transmite así al
Congreso, cuando en una reunión con el representante del Congreso le dice, según el despacho de Jay: «El Conde aquí interrum-
pió a Mr. Jay diciéndole que los intereses de Francia y España
respecto a América eran tan distintos que requerían tratados distintos también» [9].

En lo que se refiere al principio de *no-envelopment* (es decir,
de mantenerse fuera de los conflictos europeos), la sorpresa consistió en que España aplicaba precisamente este mismo principio
al conflicto norteamericano y que no deseaba establecer una alianza con el Congreso en las condiciones que se le ofrecían, eli-

---

[6] *The Complete Writings of Thomas Paine*, Ph. S. Forner (ed.), New York,
1945, vol. I, pág. 20.
[7] J. Jay al Presidente del Congreso, 6 de noviembre de 1780, Apud Wharton, *op. cit.*, IV, pág. 131.
[8] J. Jay al Presidente del Congreso, 26 de mayo de 1780, Wharton, *op. cit.*,
III, pág. 718.
[9] Vid. 1.ª parte, caps. I y II, págs. 23-130.

minando la posibilidad de acogerse al artículo reservado relativo a ello del tratado signado entre Francia y las colonias. El problema clave para España en la negociación abierta con los Estados Unidos era de índole geográfico-americano; de carácter político-seguridad para sus territorios, tanto en las circunstancias de aquel presente como en las del futuro, y todo ello concretado en una inevitable diplomacia de frontera. Para planificar esta ideología política, el conde de Floridablanca había realizado una gigantesca operación diplomática que, como ya sabemos, consistió en segregar la decisión política española de la francesa, con objeto de dejar perfectamente establecida una considerable variable de intereses de ambas naciones en el mundo americano y, precisamente, en la línea del Mississippi y Valle del mismo nombre. Para España estuvo muy claro que independencia era sólo la primera piedra de una línea a la que muy pronto se añadirían *soberanía, territorios, seguridad*. En definitiva, lo que habría de producir un choque o, cuando menos, una interferencia con la órbita americana de España.

La mentalidad expansionista del radicalismo norteamericano constituye un factor de primera magnitud en la consideración de la característica filosófica política predominante en la mayoría de los miembros del Congreso continental. Y es precisamente tal actitud la que produjo reacciones en el caso de Francia y España. En lo que se refiere a la primera, absolutamente contundente en lo referente a las tendencias expansionistas hacia el Canadá. Por lo que concierne a España, una reacción elástica, dilatoria, flexible, pues debe tener en cuenta no solamente el problema de expansionismo norteamericano, sino también la seguridad internacional de la importante región estratégica donde pueden producirse reivindicaciones británicas y franceses; donde, además, existe un importante factor psicológico profundo, que consiste en la proximidad de reinos y territorios en los que ya se ha alcanzado una importante madurez intelectual, en los que el paradigma de la independencia puede ser un modelo insurreccional. ¿Cómo puede ser moldeada, configurada, manipulada esa actitud norteamericana? La respuesta, está perfectamente claro, no era posible producirla en las capitales europeas, Madrid o París; era preciso conseguirla en la misma sede del Congreso; Filadelfia era la alternativa que, simultáneamente, con la negociación propiamente europea y con la marcha de la presión supuesta por el desarrollo de la guerra contra Inglaterra, resultaba absolutamente necesario promover, por una parte realizando una hábil política de atracción que aprovechase los momentos más críticos de la situación militar y económica; por otra, procurando estimular los grupos moderados del Congreso que contrapesasen el excesivo paso que en él ejercían los radicales.

B) THE WESTERN LAND QUESTION

Hemos visto anteriormente [10] la situación interna de la cuestión del Oeste en el tratamiento político del Congreso, precisamente en el límite supuesto por el relevo del representante francés Gerard por La Luzerne y la instrumentación de orientaciones políticas extendidas a las instrucciones diplomáticas dadas a los plenipotenciarios ante las Cortes borbónicas. Vergennes, por medio de su enviado La Luzerne, establecía claramente su oposición respecto al expansionismo norteamericano y así en las *instrucciones* [11] se configura como una de las principales misiones de La Luzerne que el Congreso concretase los límites entre España y los Estados Unidos; «de una manera clara, precisa e invariable los límites y pretensiones de los Estados Unidos en aquellas partes, tomando las más eficaces precauciones para impedir que las provincias se dejasen arrastrar por el espíritu de conquista», que procure convencer a los congresistas que «Florida no supondrá mayor poder para los Estados Unidos, ni su posición geográfica disminuirá su seguridad exterior»; en lo relativo al Mississippi y su navegación, resulta claro que «en el momento de la revolución los límites de los Trece Estados Unidos no se extendían hasta el río y que resultaría abusivo, por su parte, reclamar los derechos de Inglaterra, es decir, de una potencia de cuya dominación los norteamericanos habían abjurado» [12]. En la comunicación ante el Congreso de Filadelfia del contenido de sus instrucciones, La Luzerne menciona explícitamente todos aquellos puntos de su ges-

---

[10] J. Jay al Presidente del Congreso, 6 de noviembre de 1780, Apud Wharton, *op. cit.*, y loc. cit., n. 520.

[11] Primera parte, cap. III, párrafo b) (planteamiento en el seno del Congreso Nacional en la época del representante francés Gerard) y c) el cambio de actitud francesa, supuesto por el relevo de Gerard por La Luzerne, páginas 177 y sigs.

[12] Instrucciones de Vergennes a La Luzerne, 18 de julio y 25 de septiembre de 1779, Apud., *op. cit.*, nota 258.

tión diplomática relativos a España, ejerciendo, pues, por encargo del ministro francés Vergennes, la representación de la nación aliada de Francia, pues deseaba «en extremo ser instrumento conciliatorio que establezca la más feliz y duradera amistad entre Su Católica Majestad y los Estados Unidos» [13]. En realidad, como vimos en su momento, Francia, a través de La Luzerne, niega los derechos de los Estados Unidos a los territorios del Oeste, pero no suscribe que España los tuviese, como así lo reconoce Robert R. Livingstone en comunicación a Jay, de fecha muy posterior [14], cuando afirma: «Cualesquiera que sean los sentimientos del Conde de Vergennes respecto a las demandas de España, entiende que, como las nuestras, son quiméricas y declara que no tiene intención de mezclarse en ellas.» La fecha últimamente citada supone el final de la trayectoria de Vergennes, que se inicia con las instrucciones a La Luzerne. En esta primera posición se aprecia una dureza —aparente más que real, ya que si niega derechos a los Estados Unidos, tampoco suscribe los españoles— que poco a poco irá modificando hasta aconsejar absolutamente a La Luzerne la inhibición absoluta del asunto *conciliador* que había asumido la misión diplomática del nuevo representante francés ante el Congreso. La empecinada posición de Floridablanca —cuyos motivos ya hemos analizado —de no reconocer a la nueva nación hasta la firma de un tratado general de paz, produjo que la capacidad de acción y la posibilidad diplomática de los representantes españoles —Miralles y, posteriormente, Rendón— no dispusiesen de los imprescindibles medios de gestión y diálogo con el Congreso. De este modo el complejo mundo de intereses personales, empresariales y estatales vigentes en el área en disputa se verá incrementado con las aspiraciones españolas, mientras que el empeño de Floridablanca de demorar la apertura de relaciones diplomáticas regulares a la firma de una paz general implicaba el paso de la cuestión de una negociación bilateral a un caso de regulación internacional. De ese modo se verifica una sutil pero importante transición del The Western Land Question a la *Spanish Land Question*, que convierte a España en un nuevo rival que presenta sus aspiraciones sobre las tierras en disputa. Los objetivos expansivos del Estado de Virginia implicaban posiciones antagónicas de

---

[13] Doc y loc. cit.
[14] Apud. «Communications of the Honorable the French Minister to Committee of Congress», 2 de febrero de 1780, Wharton, *op. cit.*, III, págs. 488-489.

otros Estados, como Maryland; tales antagonismos desaparecían cuando, elevado a rango internacional, se trataba ya de un nivel distinto que tuvo la virtud de producir en el seno del Congreso la aparición de un grupo proclive a la consideración de los derechos de España, al tiempo que las disensiones internas entre los Estados desaparecen progresivamente, produciendo la alineación frente a España.

Fuerte polémica en torno al conflicto legal planteado por las reivindicaciones españolas sobre unos derechos que le otorgaba, como vimos en el capítulo precedente, las más exigentes teorías y prácticas jurídicas internacionales, pero que está creando en la opinión del Congreso una actitud de antagonismo que se expresa como «la cuestión española» y la correspondiente actitud desfavorable; un representante de Virginia llegó a decir a La Luzerne: «No seríamos sinceros con España si, al tratar con ella, nos obligásemos a hacer renuncia de algo que la disposición natural de las cosas hace imposible» [15]. La actitud de Virginia, en desacuerdo tanto con el Plan de Confederación como con otros Estados como Maryland y Pennsylvania, y por supuesto con la pretensión española de hacer conquistas y establecimientos en los territorios del Oeste, junto con las acciones militares de Bernardo de Gálvez en Mobila y Penzacola, experimentó un cambio notable en agosto de 1780, fecha en que George Mason, delegado del gobierno estatal de Virginia, en carta dirigida a Madison, sugirió al Congreso un plan que le permitiría al Estado ceder las tierras del Oeste en litigio («the blacklands»), al tiempo que eliminar los obstáculos y disputas creadas con Maryland y Pennsylvania. Consistía el proyecto en que el Congreso solicitase de Virginia la cesión, a su favor, de las tierras comprendidas entre la frontera occidental de Pennsylvania y el río Ohío, así como las tierras al Norte y Oeste del indicado río y las situadas al Este del Mississippi, sobre las que Virginia mantenía el derecho derivado de la cesión de las mismas hecha por la Corona británica a la London Company a comienzos del siglo XVII; a cambio de tal cesión el Congreso garantizaría a Virginia los siguientes extremos: formación en aquellos territorios, al menos, dos Estados; garantía de ratificación de los títulos expedidos por el gobierno del Estado de Virginia a propietarios privados en aquellos territorios; compensación por gastos militares hechos por Virginia durante la revolución y gue-

---

[15] 30 de diciembre de 1782, en Wharton, *op. cit.*, IV, págs. 174-175.

rra de independencia; concesiones de terrenos a los milicianos del Estado; compensación en otros territorios en el caso de que fuesen insuficientes los reservados en el Kentucky; garantía de que ninguna compañía ni individuo podía adquirir tierras a los indios en aquellas regiones. Las gestiones del acuerdo se extendieron durante cuatro años [16] y no cabe duda que ejercieron una considerable influencia en el problema del litigio con España, pues en su virtud se ensanchaba considerablemente el área de disputa que ya no se centraba exclusivamente con los intereses de un Estado, sino de todo un conjunto nacional. Una serie de razones impulsaron la propuesta por parte de Virginia, pero entre ellas sobresale con rango de primera fuerza la dirección que Inglaterra había impreso a su táctica en la guerra contra los colonos, llevándola, a través de Georgia y las Carolinas, al interior de Virginia, donde incluso fue ocupada la espectacular resistencia de Thomas Jefferson, Monticello. La guerra había producido una considerable crisis económica que Virginia, sin duda, no consideraba oportuno incrementar con los gastos inherentes a la gestión inherente a tan dilatados territorios. Por su parte, los habitantes de Kentucky solicitaban con urgencia su independencia, amenazando, incluso, con integrarse bajo soberanía española [17]; con toda evidencia, sin embargo, la principal motivación del plan Mason radicó en la desesperada situación que la nueva directriz táctica de la guerra por parte de Inglaterra impuso al Estado. La propuesta de Mason dio como resultado inmediato la presentación ante el Congreso de la *moción de Joseph Jones*, delegado de Virginia, que fue adoptado por el Congreso el 6 de septiembre de 1780, bajo la forma de un urgente llamamiento a todos los Estados envueltos en la cuestión de las *Westerlands* para que procurasen evitar obstáculos a la ratificación final de los artículos [18].

Simultáneamente el Congreso, bajo presión de Virginia, se ocupaba del asunto de la navegación en el Mississippi. Al recibirse

---

[16] Despacho de La Luzerne a Vergennes, Filadelfia, 25 de agosto de 1780, Doniol, *op. cit.*, IV, págs. 331-337.

[17] Cfr. *The Papers of James Madison*, W. T. Hutchinson y W. M. Rachal (editores), Chicago, 1962, 8 vols., vol. II, págs. 53 y sigs.

[18] *Journal of the Continental Congress*, cit., vol. XVII, pág. 760; sobre tal cuestión se instrumentó la llamada «Spanish conspiracy»; una importante Tesis Doctoral fue consagrada por el Dr. Enguidanos, bajo la dirección del Prof. Ballesteros, y existe también, por parte investigadora española, la obra de Solano y Navarro Latorre, *¿Conspiración española? 1787-1789*, Zaragoza.

el informe de Jay del 26 de mayo de 1780, el Congreso vuelve a tratar la cuestión decidiendo la constitución de un comité formado por J. Jones (delegado de Virginia), George Wolton (Georgia) y Thomas Kean (Delaware), con objeto de revisar y modificar la postura del Congreso respecto al asunto; las recomendaciones del comité llevaron a la resolución del 4 de octubre de 1780, que produjo importantes repercusiones para la misión Jay en Madrid, dado el claro negativismo respecto a España que la misma suponía. Al mismo tiempo los éxitos militares de Bernardo de Gálvez se mutiplicaban, lo cual preocupaba intensamente a los congresistas por el temor de que España continuase sus conquistas que acaso pudiesen producir las de Georgia y Carolinas que, a su vez, los ingleses habían conquistado. Reviste enorme importancia el despacho de John Jay, mencionado más arriba [19], en el que pone al Congreso en antecedentes sobre la posición de España relativa a la navegación del Mississippi, y los correspondientes límites, deducidos por Jay de una conversación mantenida con el conde de Floridablanca relativa a los indicados límites, «que esperaba se especificaran en un tratado perpetuo entre los dos países... e insinuó el deseo de que se pudiera hallar un medio que ayudase a eliminar el problema...»; también expresaba Floridablanca el propósito español de eliminar totalmente a Inglaterra del Golfo de México [20]; una opinión personal de John Jay, inserta en el despacho que mencionamos, ejerció una decisiva influencia en la resolución adoptada por el Congreso: «Lo ocurrido en el curso de esta entrevista no precisa comentario... Si el Congreso se mantiene firme respecto al Mississippi no dudo que, finalmente, España se contentará con más equitativas condiciones...» [21]. El 4 de octubre el Congreso remitía a Jay nuevas instrucciones en las cuales se aprecia un endurecimiento de la postura norteamericana.

En tales nuevas instrucciones se reafirman los derechos de navegación de los Estados Unidos de América en el río Mississippi, «desde y hasta el mar» [22]; igualmente solicita un puerto, o puertos, libre al sur del paralelo 31º de latitud norte. En lo que se refiere a la línea fronteriza, se le instruye que, en su negociación con

---

[19] *Journals of the Continental Congress*, cit., vol. XVII, pág. 559.

[20] J. Jay al Presidente del Congreso, 26 de mayo de 1780, Wharton, *op. cit.*, III, pág. 724.

[21] Doc. y loc. cit.; este despacho fue recibido en el Congreso en agosto de 1780.

[22] *Ibídem*, doc. y loc. cit.

España, se atuviese estrictamente a los límites de los Estados Unidos fijados por el Congreso; se considera que «habiendo cedido España a la Gran Bretaña, por el tratado de París, todo el territorio al noroeste del Mississippi, la gente que habita estos Estados, en el tiempo que eran súbditos de Gran Bretaña y también desde la Revolución, se han establecido en diversas partes del Oeste, cerca del Mississippi, simpatizan con la Revolución, y siendo ciudadanos de estos Estados Unidos y sujetos a las leyes de aquellos a los que respectivamente pertenecen, el Congreso no puede asignarlos como súbditos a ninguna otra nación» [23]. En las citadas instrucciones, por último, se solicita que, en el caso de que España se apoderase por vía militar de la Florida del este y del oeste, se asegure el disfrute del uso de los ríos que desde Georgia, a través de Florida occidental, desembocan en el Golfo de México. Como compensación por los extremos que se le ordenaba gestionar a Jay con España, se autorizaba al plenipotenciario para garantizar a España la posición de dominio de las Floridas. El contrasentido de tales instrucciones resulta patente si no se conociera el mecanismo interno del Congreso en virtud del cual se ha llegado a la redacción de las mismas: a una nación a la que se estaba pidiendo ayuda se le conmina duramente para que ceda en sus derechos, ofreciéndole a cambio la garantía de lo que, por conquista o tratado diplomático, le pertenecía. Resulta, por otra parte, relevante que, en las indicadas instrucciones, se abandona el viejo derecho hasta entonces alegado de las *Royal charters* británicas, para argumentar el de los súbditos que se habían *acostumbrado* al libre uso de la navegación del Mississippi; con ello surge la carta jurídica argumentativa de la ocupación efectiva del territorio. Se trataba de una batalla ganada, en el seno del Congreso, por los expansionistas. Nos pone en presencia de una tensión de opiniones contrarias en el Congreso que abarcan una amplia apertura, en cuyos extremos podemos situar la del representante de Maryland, Jenifer, quien llegó a afirmar el derecho de España, «no sólo a efectuar conquistas, sino a extenderlas hasta el Estado de Georgia, en manos de los ingleses, al no verse obligada por compromiso de ninguna clase con el Congreso», hasta la de Burke, que «considera los proyectos de

---

[23] Instrucciones a Mr. John Jay. En el Congreso, 4 de octubre de 1780, Wharton, *op. cit.*, IV, págs. 78-79.

España como injustos, contrarios a los derechos de los Trece Estados y dañinos para su felicidad y seguridad» [24].

Ello significa que la posición del Congreso, representada por lo que algunos consideraron un ultimátum a España en las instrucciones a Jay, no representaba, como veremos, la última en la negociación. En tal sentido, en efecto, Jenifer, en directo contacto con Francisco Rendón (sucesor de Miralles) y del activo e inteligente secretario de La Luzerne, Barbé-Marbois, presentó un memorial al Congreso, unas interesantes «Observaciones sobre el conflicto fronterizo entre los establecimientos españoles y los Estados Unidos», esquematizadas por Madison [25] del siguiente modo:

Resulta sumamente importante el establecimiento de una Triple Alianza (Francia, España y Estados Unidos). Para ello resulta necesario que entre España y Estados Unidos se hagan concesiones mutas para aunar esfuerzos y lograr el objetivo común.

Establecido tal principio fundamental, deben detallarse las medidas a través de las cuales pueda conseguirse, centradas en el hecho de que *España demanda la navegación exclusiva del Mississippi y, en lo que puedo conjeturar, aquella parte del Continente que se extiende al este del Mississippi en un tiempo llamada Louisiana Oriental;* sobre lo cual el Comité del Congreso hizo las siguientes objeciones, a las que contesta, en el documento de referencia, el marqués de Barbé-Marbois:

1. Las Cartas de concesión de los Estados sureños prohiben tal cesión.

   Respuesta: Los acuerdos adoptados por un país con sus súbditos no obligan a otro a menos que sea comunicado, reconocido. Las cartas de las colonias se entremezclan unas con otras; las colonias se encuentran enzarzadas en disputas entre sí. No pueden considerarse norma que obliguen a otro país. En todo caso España argumentará que esas tierras fueron cedidas por Francia a Inglaterra en el tratado de París, no a las colonias. Si son del enemigo, el beligerante tiene pleno derecho a conquistarlas.

---

[24] *Ibídem,* doc. y loc. cit.
[25] Despacho de La Luzerne al Conde de Vergennes, 11 de junio de 1780.

2. Las tierras en cuestión son necesarias para la seguridad y prosperidad de los Estados.

   Respuesta: No es cierto; el caso de algunos Estados territorialmente muestra los peligros de una excesiva extensión territorial.

3. España podría aprovechar la actual situación de los Estados Unidos para tratar con ellos en términos no equitativos.

   Respuesta: Este es el caso del 99 por 100 de los tratados. España reconocerá la independencia de los Estados Unidos y éstos no tienen que reconocer la de España. Concederá ventajas comerciales sin esperar ni necesitar reciprocidad.

4. Si se satisface la demanda de España se creará con derecho a conquistar hasta New York.

   Respuesta: Esta objeción es extravagante y no se considera seriamente hecha.

5. Tal conducta por parte de España ni sería generosa ni liberal.

   Respuesta: Probablemente el gobierno español le ha dicho al embajador francés que la conducta de los americanos no es ni liberal ni generosa.

6. Una guerra, incluso una larga guerra, resulta preferible a tales condiciones.

   Respuesta: Un paciente gravísimamente enfermo podría del mismo modo decirle a su médico que la muerte es mejor que no poder beber licores espirituosos en la isla en que vive.

7. Los españoles sufrirán los sacrificios de su propia ambición. Un tratado injusto no durará, pues la parte injuriada lo romperá antes o después.

   Respuesta: Puede confiarse en que la prudencia de España no habrá de producir tal mal.

8. No se puede hacer cesión de territorio sin el consentimiento de los Estados interesados.

   Respuesta: Cualquier limitación que se haga en este sentido, en base a las Royal Charters, demostrará que tampoco podrían considerarse válidos los tratados con los Estados Unidos a no ser que se les asegure el derecho a las tierras que se extienden hasta el Mar del Sur.

La empecinada posición de los miembros del Congreso respecto a las *Royal Charters*, es prácticamente desmontada por Barbé-Marbois, demostrando la débil consistencia de su posición legal, al tiempo que intenta hacer ver la debilidad de una política de no concesión al país cuya ayuda y alianza se busca insistente y vehementemente.

La inmediata consecuencia del documento Barbé-Marbois fue la constitución de un comité integrado por James Duane, John Sullivan y James Madison que debería redactar un informe sobre las *razones y principios* que motivaron por parte del Congreso las nuevas instrucciones a John Jay de 4 de octubre de 1780. La redacción correspondió a James Madison, el más importante de los representantes de Virginia en el Congreso, y representa una muy interesante perspectiva de los supuestos derechos norteamericanos tanto a la región como a la navegación del río Mississippi [26]. En lo que se refiere a los derechos de los Estados Unidos sobre el territorio, Madison parte del principio de que por el artículo séptimo del Tratado de 1763 el territorio que reclamaban los Estados Unidos en 1780 fue explícitamente e irrevocablemente cedido al rey británico y que los Estados Unidos, en función de la revolución, adquieren el beneficio de la indicada cesión: al rechazar al rey de Inglaterra como soberano, el derecho revertía a las colonias y al pueblo americano. Respecto al hecho de que, en el momento de la ruptura, los ingleses ocupaban territorios que el rey de España podía considerarlos sujetos a conquista, Madison hacía las siguientes consideraciones: que tales áreas son escasas en número y de mínima extensión; que el derecho de conquista sólo podía incluir lo efectivamente conquistado, pero no las regiones adyacentes y limítrofes; en todo caso el derecho de conquista español sólo podía referirse a los territorios bajo efectivo dominio británico y en ningún caso aquellos otros o que hubiesen conquistado las armas norteamericanas o se encontrasen dentro de los límites legalmente establecidos de la confederación. Respecto a la navegación del río Mississippi existían, según Madison, cinco importantes razones para reivindicar tal derecho que igualmente suponía beneficio para España: por ser el río una verdadera frontera natural; por convenir para la tranquilidad futura y el mantenimiento de una armonía efectiva no privar a los habitantes del uso de sus favorables condiciones para el comercio; el Congreso carecía

---

[26] *The Papers of Madison*, op. cit., II, págs. 114-116.

de autoridad para renunciar a un derecho de sus administrados, pues ello podría originar una falta de autoridad y un vacío que podría convertirse en fuente propicia para el enemigo común; no podía hacerse una transferencia de colonos a otra jurisdicción soberana extranjera sin quebrantar derechos naturales de la humanidad; la cesión sería privar a los Estados Unidos de una fuente de recursos absolutamente necesarios para continuar la guerra contra el común enemigo británico. Por último utiliza argumentos de interpretación del tratado de alianza firmado con Francia en 1778. Al hacer suya la propuesta del comité, redactada por Madison, el Congreso adopta, en realidad, el criterio de Virginia, el sector colonial más fuerte interesado en los territorios del Oeste y en la navegación del río Mississippi, a su vez, centrados en el más elemental de los derechos: el derecho natural para la expansión vital y el ejercicio de la explotación de recursos. Parecía, pues, que se cerraba toda posibilidad de diálogo y de acuerdo entre el Congreso de los Estados Unidos y España.

C) EL PESO DE LOS ACONTECIMIENTOS Y EL CAMBIO DE ACTITUD DEL CONGRESO CON RESPECTO A ESPAÑA

El espíritu del 4 de octubre de 1780 habrá de verse muy pronto afectado por profundas motivaciones financieras y militares que prácticamente produjo una situación desesperada que obligó a la reconsideración de la intransigencia con respecto a España, de donde podían esperarse socorros importantes, tanto en uno como en otro sentido. La situación es sombríamente descrita en noviembre del mismo año 1780, centrada en los siguientes puntos:

— Depreciación alarmante de la moneda y escasez de material de guerra.
— Retraso de la llegada de socorros militares y económicos de Francia.
— Los éxitos de los ejércitos británicos en el Sur, en posesión de las costas de Georgia y de Carolina del Sur, amenaza sobre la Carolina del Norte y Virginia, en peligro de una invasión marítima. La ayuda militar y naval de España desde Louisiana o las Indias Occidentales podría evitar el descalabro.
— Rumores de que la Liga de Neutralidad Armada europea trataba de poner fin a la guerra en virtud del prin-

cipio del «uti possidetis»; si Inglaterra, Francia y España se dejaban arrastrar a tal posición, se desplomaría la causa revolucionaria.

— Si los delegados de Virginia cediesen en su empecinada posición, los Estados del Norte se mostrarían más dispuestos al envío de tropas y, desaparecido el mayor impedimento, podría obtenerse una más decisiva ayuda de España y otra, adicional, de Francia [27].

El punto clave, para hacer frente a la situación, consistía en conseguir que cediese la inflexible posición de Virginia en aquello que era, precisamente, el inconveniente principal para el tratado con España: sus reivindicaciones sobre el Oeste y la navegación del Mississippi. Otro de los representantes de Virginia en el Congreso, Theodorick Bland, inicia la reacción contra la empecinada posición de Madison, considerando ésta no sólo falta de sentido realista, «sino que perjudicaba la causa común» [28]; por ello considera obligado «la revisión de nuestras anteriores instrucciones relativas a la navegación del Mississippi», y aunque Madison no se mostró en absoluto partidario de la posición de Bland, declara éste que se sentía «impelido, llevado de mi propio sentido del deber, a declarar esta materia y comunicarla a través de los medios oficiales que puedan eventualmente lograr para los Estados Unidos tan gran prosperidad e *incluso su existencia*» [29]. La reacción, pues, se inicia en el seno del Congreso y precisamente a partir de otro de los representantes del Estado de Virginia, Bland, y no, como se ha pensado, como consecuencia de información llegada al Congreso por parte de Jay que, por el contrario, de un modo constante aconsejaba al Congreso que se mantuviese firme en lo que se refiere a la navegación del Mississippi [30]; se trata del nacimiento de un poderoso núcleo de opinión que no estaba dispuesto a sacrificar el bien común por la empecinada posición de Virginia. Se trata del peso implacable de los acontecimientos, expresivamente concentrados en la angustiosa situación financiera y en la precaria situación militar subsiguiente a la ofensiva británica en el Sur, lo que produjo el cambio, firmemente encau-

---

[27] *The Papers of James Madison,* op. cit., II, págs. 127-135.

[28] *The Papers of J. Madison,* op. cit., II, págs. 196-197.

[29] *The Papers of J. Madison,* op. cit., II, pág. 196.

[30] Theodorick Bland, 22 de noviembre de 1780, *The Papers of J. Madison,* volumen II, págs. 195-196.

zado por la actitud del tercer representante de Virginia, Bland. Madison explica su posición al tercer representante virginiano, Joseph Jones [31], y su contradictorio punto de vista respecto al de Bland: «No puedo coincidir con los sentimientos de mi colega en cuestión tan importante que tanto afecta los intereses y derechos de Virginia... No es preciso que la alarma respecto a la inflexibilidad de España en sus demandas, el progreso de las intrigas de Gran Bretaña en Madrid [32] y el peligro del *Uti possidetis* pudieran ser artimañas de España para asegurar sus objetivos en el Mississippi.» Está claro que Madison se constituye en el principal obstáculo en el seno del Congreso de los Estados para reconsiderar las instrucciones a Jay del 4 de octubre. Ya los delegados de Georgia y South Carolina habían presentado una moción al Congreso solicitando la revisión de las instrucciones a Jay [33] en el sentido de ceder a España la entera navegación del Mississippi y un trecho de territorio que a partir del punto donde la frontera de Georgia lo toca (al río) corra a lo largo de dicho río hacia el Este hasta el río Mobile y hacia el Norte hasta el Cabo Antonio en dicho río, siempre que España firme un tratado con los Estados Unidos y conceda un subsidio anual de medio millón de libras esterlinas o un préstamo de un millón por el tiempo que dure la guerra.

Madison solicita posponer la votación de tal moción hasta recibir nuevas instrucciones del Estado de Virginia, al tiempo que sembraba toda clase de inconvenientes respecto a la posibilidad de que España pudiese proporcionar la ayuda necesaria para los Estados Unidos [34]; la Asamblea General de Virginia expidió sus instrucciones a sus delegados en el Congreso, resolviendo que «cualquier demanda sobre la dicha navegación sea cedida si el insistir en ella se considera ser un impedimento en la consecución de un tratado con España» [35]. En consecuencia, fueron re-

---

[31] E. Yela Utrilla, *op. cit.*, I, pág. 446, quien argumenta que el cambio operado en el Congreso se debía a presiones de Jay en tal sentido.

[32] Madison a Jones, 25 de noviembre de 1780, *The Papers of J. Madison*, op. cit., II, pág. 205.

[33] Se refiere a las negociaciones en Madrid con los emisarios británicos Hussey y Cumberland, a las que nos referimos anteriormente; vid. cap. II de esta 2.ª parte, págs. 364 y sigs.

[34] Delegados (Whalton y Howly) de Georgia al Congreso, 18 de noviembre de 1780, *Journals of the Continental Congress*, vol. XVIII, págs. 1.070-1.071.

[35] Los delegados de Virginia en el Congreso (Madison y Bland) a Th. Jef-

dactadas nuevas instrucciones a Jay relativas al río Mississippi [36], en virtud de las cuales se le ordena «no insistir más en las instrucciones arriba indicadas, en lo que se refiere a la libre navegación de esa parte del río Mississippi que queda al Sur del grado 31 de latitud norte, y al puerto libre, o puertos, al sur del mismo, si España, inflexiblemente, insiste en tal cesión, y si Su Católica Majestad reconoce y garantiza a los Estados Unidos y sus súbditos, en común con los suyos propios, la libre navegación del dicho río al norte del mencionado grado de latitud norte» [37].

Jay recibió las nuevas instrucciones el 18 de mayo de 1781, pero no dio cuenta de las mismas al conde de Floridablanca hasta el 2 de julio, argumentando que no consideraba que tal cesión implicase un cambio fundamental de España en su guerra contra Inglaterra [38]: «La cesión de la navegación creo que hará inevitable una guerra con España en el futuro, y yo me miraría mucho el suscribir lo primero que haría de lo segundo una cosa cierta.» Un importante acontecimiento de carácter diplomático produjo una auténtica reversión de posiciones en el seno del Congreso. Francia decide acogerse a la oferta de mediación hecha por Rusia y Austria en los primeros meses de 1781. El 9 de marzo de 1781 se instruye a La Luzerne para que comunique al Congreso la decisión de Francia de aceptar la mediación ruso-austríaca, que pidiese a la nueva nación se abstuviese de hacer «demandas exhorbitantes» que comprometiesen el éxito de la mediación; con posterioridad (19 de abril y 30 de junio) se perfilan más tales instrucciones y se deja entrever la posibilidad que los Estados Unidos perdieran Carolina del Sur y Georgia, poniendo como ejemplo de consuelo que «la mayor parte de las provincias belgas se habían sacudido el yugo español, pero sólo siete mantuvieron al final su independencia» [39]. Con gran habilidad La Luzerne manejó al Congreso para la re-

---

ferson, 13 de diciembre de 1780, *The Papers of Madison*, op. cit., vol. II, páginas 241-242.

[36] 2 de enero de 1781, *Journal of the House of Delegats*, 80-81, y *The Papers of J. Madison*, op. cit., vol. II, pág. 273.

[37] Wharton, *op. cit.*, IV, págs. 257-259.

[38] Celebrada la votación el 15 de febrero de 1781, votan a favor los Estados de New Hampshire, Rhode Island, New Jersey, Pennsylvania, Delaware, Maryland, Virginia, South Carolina y Georgia; en contra, Massachussets Bay, Connecticut, New York, North Carolina, Wharton, *op. cit.*, IV, págs. 257-259.

[39] Jay al Presidente del Congreso, 3 de octubre de 1781, Wharton, *op. cit.*, IV, pág. 743.

dacción de las instrucciones para la paz, de modo que concordasen muy estrechamente con los deseos de Francia más adecuados a sus intereses [40]. Estos intereses no siempre coincidían con los de España. Existía coincidencia en el logro de la independencia y en el establecimiento de límites prudenciales. España trataba de recuperar lo perdido frente a Inglaterra en 1763, afianzar su posición estratégica de control en el Golfo de México como defensa de sus provincias en América; el Congreso había decidido la cuestión de la navegación del Mississippi en las nuevas instrucciones a Jay del 15 de febrero de 1781. Se nombran plenipotenciarios para la paz a Adams, Franklin, Laurens (capturado por los ingleses en su viaje a Europa), Jefferson (que renuncia) y John Jay. En las instrucciones se ponían prácticamente los destinos de la nueva nación en manos de Francia; suponían, de suyo, un triunfo del sector moderado (independencia), frente al radical (independencia y seguridad en virtud de expansión). Los radicales afirmaban que la confianza en Francia resultaba a todas luces exagerada, humillante y, por lo menos, peligrosa. El elemento clave del desarrollo de esta última idea preventiva con respecto a Francia se constituyó en el hecho de que Robert Morris, superintendente de Finanzas, solicitó una revisión de las instrucciones dadas a Jay sobre la navegación del Mississippi [41]; la propuesta Morris fue rechazada por unanimidad, lo que subrayamos teniendo en cuenta la enorme dificultad de que tal unanimidad se produjese y es indicativo de la conciencia que en el Congreso se va adoptado con respecto a España, en el sentido de establecer con ella un tratado de alianza, que permitiese la criticada estrecha vinculación con Francia, de cara a la negociación de la paz. El contrapeso de tal actitud insinuada en el Congreso lo representa la correspondencia de Jay y su propósito deliberado de no hacer concesiones a España, sino de utilizar una táctica dilatoria, a través de la cual, entendía, podría ser posible no abandonar el Mississippi.

Otro acontecimiento —éste de carácter militar— que produjo un fuerte temor y amplia alarma entre los congresistas norteamericanos fueron las acciones militares de Bernardo de Gálvez en la región del Golfo de México, interpretadas por algunos como

---

[40]   Apud. Doniol, op. cit., IV, págs. 551 y 601-603.

[41]   Instructions to Peace Commissioners, 15 de junio de 1781, Wharton, op. cit., IV, págs. 471-481.

expresión muy concreta de pretendidos movimientos expansionistas españoles. Tal cuestión, como ya quedó debidamente aclarado[42], trataba de restablecer la firme posición estratégica de España en el Golfo de México con un propósito deliberadamente defensivo, pero en ningún caso expansionista; la marcha de las operaciones militares de Bernardo de Gálvez de ninguna manera revelan, ni remotamente, ningún tipo de acción dirigida contra los Estados Unidos —lo que hubiese sido una tremenda incongruencia política—, sino de ofensiva militar táctica contra Inglaterra, lo que implicaba, sin duda, una considerable ventaja para los Estados Unidos, tan fuertemente amenazados por la potencia militar británica, precisamente en el sur. Resulta, en verdad, paradójico que representando esta campaña de Gálvez la más eficaz y decisiva de las ayudas a los Estados Unidos, alentada en tanta medida por muchas de las principales figuras del Congreso, reconocida como efectivamente importante, tanto más cuanto que España podía haber utilizado todos esos recursos para obtener su más codiciado propósito de recuperar Gibraltar, prefiriendo, sin embargo, la insistencia en la campaña del Golfo de México, fuese interpretada la acción de un modo perfectamente contrario, resultando que ello representaba una amenaza contra los Estados Unidos y produciendo, en el seno del Congreso, una serie de posiciones de alta coincidencia con los arriesgados puntos de vista anti-españoles de John Jay, en su negociación para la paz, en París, que veremos en el próximo capítulo.

El plan de operaciones militares instrumentado por inglaterra en el Sur representaba una importante y doble amenaza contra las colonias y contra España, en lo que se refiere a esta última, precisamente, en el Valle del Mississippi y en las Floridas. Consistía el plan en la conquista de Nueva Orleans, la eliminación de España del Golfo de México y la configuración de una mortal tenaza estratégica militar de las colonias anglosajonas desde el Norte y desde el Sur. La primera fase de la operación radicaba en los objetivos conseguidos por el general Cornwallis en las Carolinas, Georgia y Virginia; la segunda y tercera se centraban, respectivamente, en el eje de Nueva Orleans y el gran arco costero Yucatán-Nuevo Santander. La consecuencia hubiese sido el aislamiento del Oeste con la costa del Este, con lo cual el Valle del Mississippi hubiese caído de un modo natural en poder

---

[42]   10 de agosto de 1781, Wharton, *op. cit.*, IV, pág. 627.

de los británicos. Cuando España declaró la guerra a Inglaterra, la inmediata reacción inglesa fue la orden dada al general Haldimand para que llevase a efecto la conquista de Nueva Orleans mediante una acción concertada con el general Campbell desde Penzacola. Este, tras la pretendida conquista de Nueva Orleans, debía remontar el río uniéndose a las fuerzas de Patrick Sinclair en Natchez, capturando San Luis y los otros puestos militares. Este plan, caso de haberse cumplido en sus términos previstos, hubiese sido de gravísimas consecuencias para las colonias rebeldes, así como también para el imperio español en América. El servicio de información montado por el dispositivo militar español de un modo excelente, le permitió interceptar las órdenes que al respecto fueron cursadas por el ejército británico [43] y ello permitió a Gálvez iniciar la operación a la cual nos referimos en el momento oportuno, que hizo fracasar el proyecto militar británico y, prácicamente, decidir el futuro de la independencia norteamericana. Como expresa el historiador Phelp: «Los éxitos de Gálvez hicieron posible que el nuevo país mantuviera intacto su territorio del Canadá a la Florida y del Atlántico al Mississippi. Si la expedición inglesa hubiese tenido éxito, Gran Bretaña hubiese tenido —y desde luego ejercido— el derecho de reclamar todo este territorio cuando se fijaron las fronteras al firmarse la paz» [44]. Pese a todo, el Congreso no llegó a apreciar la trascendencia que tuvo la acción militar española en el Golfo de México; al contrario, en sus más inmediatas consecuencias fue utilizada maliciosamente para considerar la existencia de un «peligro español» de índole expansionista, sobre todo como contrapartida negociadora en París por John Jay que se empecinó en una posición de prevenir inexistentes pretensiones expansivas españolas, mientras que la extremada habilidad de La Luzerne conseguía que el Congreso se entregase abiertamente a la iniciativa francesa en lo que a la negociación de la paz se refiere.

En lo relativo a la posición francesa, se trata de una línea operativa que Vergennes heredó de Choiseul y que legará a su sucesor, conde de Montmorin (Vergennes murió el 13 de febrero de 1787), cuya etapa, aunque ya fuera de los límites cronológicos de nuestra investigación, supone una reiteración de las ideas de

---

[43]   Segunda parte, cap. II, parágrafo c), págs. 325 y sigs.
[44]   Apud Charles Gayarré, *History of Louisiana*, New Orleans, 1903, 4 vols., volumen III, pág. 1.222.

aquél, sobre todo en la persistencia de la duplicidad respecto a las que fueron sus aliadas en la guerra contra Inglaterra. Conocemos, en efecto, explícitas declaraciones de Montmorin que no dejan lugar a dudas al respecto. En lo que se refiere a los Estados Unidos: «Nunca hemos pretendido hacer de América un aliado útil; nuestro propósito ha sido, solamente, desalojar a Inglaterra de ese vasto continente. Por tanto nos son indiferentes los movimientos que agitan las provincias y el fermento que prevalece en el Congreso» [45]; y con respecto a España: «Me temo que las discusiones en torno al Mississippi se recrudecerán y llegarán a adquirir un carácter serio, colocándonos en posición comprometida. España tendrá una idea errónea de hasta dónde deben llegar sus pretensiones» [46]. Resulta obvio añadir cualquier comentario a lo que ambos textos revelan en la proyección temporal de los problemas planteados en las negociaciones de la paz, que estudiamos en el capítulo siguiente. Pero sí conviene puntualizar que el propio Montmorin, en marzo de 1791, aconsejaría a los Estados Unidos «que permitiese a los irritados ciudadanos americanos de aquellas regiones que bajasen a lo largo del Mississippi, ocuparan Nueva Orleans y tomaran por la fuerza aquello que deseaban...» [47]. En estas condiciones debe tomarse conciencia de la posición de Francia y de su actitud político-diplomática en las conversaciones de paz que estudiamos seguidamente.

---

[45] A. Phelps, *Louisiana. A record of Expansion*, New York, 1905, páginas 147-148.

[46] Montmorin a Otto, 30 de agosto de 1787. Apud Bancroft, *History of the formation of the Constitution of the United States*, New York, 1882, vol. II, página 438.

[47] Vid. Samuel F. Bemis, *American Secretaires of State*, op. cit., n. 498, volumen I, pág. 44.

IV

LA NEGOCIACIÓN DE LA PAZ

Una negociación de paz —especialmente, como la que nos ocupa, efectuada en épocas en que las estructuras básicas de resistencia demográfica, económica y militar de las naciones contendientes era sumamente frágil— se caracteriza esencialmente por la premura de concluir la guerra y restablecer los módulos fundamentales de la normalidad nacional e internacional, en especial en todo lo referente al comercio, fuente de recursos básicos para producir la nivelación de las deudas públicas seriamente afectadas por las crisis bélicas. Sobre estas condiciones básicas sería necesario establecer niveles categoriales en orden a determinar para cuál de los beligerantes la urgencia de conclusión es más acuciante, pues en su virtud se procederá por su parte al compromiso con los otros interlocutores de la paz, a efectos de alcanzar ésta con mayor rapidez. Un breve análisis de las condiciones en que se encuentran los contendientes en 1782 resulta ilustrativo para poder establecer los niveles de urgencia de los respectivos beligerantes para alcanzar la paz lo más rápidamente posible. Inglaterra, cuya deuda pública casi se ha duplicado (en 1775, 126 millones de libras esterlinas; en 1784, 241 millones de libras esterlinas), pero que ha mantenido su estructura crediticia básica, le urge restablecer el comercio, que ha disminuido de un modo considerable, inmediatamente; por otra parte, la guerra ha conmovido profundamente a la opinión pública que presiona sobre una exigencia de reformas en todos los órdenes y niveles. En Francia la guerra no ha cambiado el espíritu público, pero ha agravado considerablemente la situación financiera, aumentando las dificultades sociales internas que ya se perfilan como, al menos, inquietantes. Por otra parte, el pensamiento de Vergennes, que le llevó al tratado y alianza con los colonos de América del Norte en 1778, pensando fundamentalmente en sustituir a Inglaterra en el papel que ésta desempeñaba en la región, había fracasado, sobre todo, por la firme decisión de Floridablanca de que España recuperase su iniciativa política nacional y el considerable refuerzo que la campaña militar del Golfo de México había supuesto en el reforzamiento de la sólida posición americana de España. La prueba más clara del fracaso de Vergennes parece que radica en la generalización para toda el área de la liberalización del comercio de las colonias francesas con los Estados Unidos, decretada en 1784. No cabe dudar de la situación de extrema penuria que la guerra por la independencia sumió a la población y la economía norteamericana, cuya urgencia por concluir la paz era, sin duda, la más perentoria. Por su parte, España, que había alcanzado una considerable victoria con la campaña del Golfo de México, dominando enclaves fundamentales de la gran región estratégica, se encontraba en un momento de alta estabilidad económica, como se aprecia en la importante corriente de formación de sociedades, peninsulares y en los territorios ultramarinos, para la potenciación de las riquezas coloniales y la redefinición, a través de una densa serie de reformas administrativas, económicas, políticas, de la estructura regional atlántica; está claro que su objetivo no podía ser otro que asegurarse la defensa activa del flanco de vecindad con los Estados Unidos y afirmar las conquistas efectuadas en el Golfo de México.

Debe tenerse en cuenta que, psicológicamente, el año 1782 permitió una reconstrucción del prestigio británico, al hacer fracasar el asalto hispano-francés contra Gibraltar (octubre de 1782), aunque España reconquistase Menorca; el segundo gran éxito fue naval igualmente: la victoria obtenida por el almirante Rodney sobre la escuadra francesa de Grasse (12 de abril de 1782) que produjo la salvación y retención de Jamaica y, sobre todo, hizo recobrar a Inglaterra la preponderancia en los mares occidentales. Existe, sin embargo, una descompensación en la discordancia política de los miembros del gabinete británico pertenecientes a distintas facciones que se disputaban la dirección de las negociaciones (Shelbourne-Fox). Por último conviene tener en cuenta las características tan opuestas entre los plenipotenciarios norteamericanos que, por ejemplo, resulta abismal en la comparación de la inteligente prudencia de Franklin y la exaltación temeraria de John Jay. Preocupado por el *prestigio* y la equiparación igualitaria con los europeos, se manifiesta decidido partidario de conseguir de Inglaterra una proclamación de la independencia de los Estados Unidos, con anterioridad a cualquier tratado. Su actitud produjo una serie de conflictos que incluso quebrantó la alianza norteamericana con Francia y España y fue hábilmente aprovechado por Shelbourne para firmar la paz separada con los colonos, sin intervención de España y Francia, y negociando con los norteamericanos mediante concesiones que pertenecían más bien a España y a Francia y que, por consiguiente, el hacerlas o no entraba en la voluntad de éstas. La actitud de Jay, fuera de todo límite, estuvo a punto de producir un rebrote de la beligerancia y colocó a los Estados Unidos en una situación ciertamente ingrata.

A) LOS PLENIPOTENCIARIOS DEL CONGRESO

El conde de Vergennes no deseaba que John Adams fuese el único interlocutor en las negociaciones por parte de los norteamericanos, y encargó a La Luzerne gestionase el nombramiento de una comisión. Ello originó una viva polémica en el dividido Congreso, pues la sugerencia de La Luzerne sobre la designación de Benjamin Franklin hizo pensar, inmediatamente, en su vinculación con la facción de Robert Morris y con la política de Vergennes. Por la primera vinculación se pensaba que la atención y el interés de Franklin estarían abiertamente orientados hacia el Norte y la vertiente occidental del Ohío; el indudable prestigio de que gozaba en la sociedad francesa y su amistad personal con Vergennes hacía recelar a la facción anti-francesa que fuese excesivamente benigno con los intereses galos, olvidando los peculiares de Estados Unidos. El juicio salomónico —a la inversa— instrumentado por el Congreso fue designar una comisión que se uniese a Adams y a Franklin, constituida por John Jay, Thomas Jefferson —que, una vez más, renunció— y Henry Laurens. En realidad ni Jefferson, por la razón apuntada, ni Laurens, cuyo barco fue apresado por los ingleses, intervinieron en las negociaciones. Los tres que quedaban habían adquirido una experiencia nada despreciable: Jay, en España; Adams, itinerante en diversas Cortes europeas durante varios años; Franklin, cuyo prestigio le había granjeado el respeto de Europa entera y que, sin duda, puede considerarse como un modelo diplomático parigual que cualquiera de sus coetáneos europeos. Mientras Jay y Adams se le unían en París, Franklin llevó a cabo la primera relación con los enviados del gobierno inglés (Digges y Forth) que tantearon la posibilidad de conseguir la firma de un tratado de paz separado con los norteamericanos. Un nuevo enviado, por Shelbourne (Oswald), encontró la misma evasiva posición de Franklin, perfectamente ajustada a los cánones diplomáticos, imperantes por entonces en la relación de negociación. Franklin era perfectamente consciente de la imposibilidad de aceptar la propuesta británica, dada la existencia de un tratado (1778) con Francia, que impedía celebrar paz por separado; y ello a pesar de que jamás su anglofilia había remitido y que durante toda su vida mantuvo abiertas las líneas de comunicación de su evidente base formativa británica. Con gran claridad, Franklin se dio cuenta de que la propuesta británica para conseguir romper la alianza de sus antagonistas tendía a aislar a una, «con la intención de así poder tratar con las otras con mayor ventaja», e incluso que, «después de hallarse en paz con todas, ellos decidieran escoger una y hacerle la guerra separadamente...»[1]; tan prudente punto de vista no solamente pone de manifiesto la desconfianza hacia los procedimientos británicos, sino también la lealtad a los tratados previamente firmados, lo cual no debe considerarse, como algunos apuntan, indecisión, sino previsión y alto sentido político. Incluso registrará Franklin este alto sentido cuando en el mes de abril —al producirse la victoria de Rodney sobre el conde de Grasse— registra su alta sensibilidad: «Parece como si, desde su último éxito en las Indias Occidentales, estuviesen arrepentidos del apresuramiento de sus declaraciones respecto al reconocimiento de nuestra independencia; y estamos bien informados de que algunos de los ministros halagan al Rey sobre las esperanzas de recobrar la soberanía sobre nosotros en condiciones semejantes a las que esperan establecer en Irlanda»[2].

La actitud de Franklin es tanto más valorable cuanto conocida y persistente fue su línea de identificación mental con los

---

[1]   Benjamin Franklin, *The Writings of...* (Albert H. Smyth, ed.), 10 vols., New York, 1907, vol. III, pág. 518.
[2]   Franklin a Livingstone, 28 de junio de 1782, *The Writings*, vol. VIII, páginas 511-516.

niveles intelectuales y culturales británicos; pero sin que ello implicase ni un solo instante de duda o tentación respecto al mantenimiento de las exigencias derivadas de una firme lealtad a los supuestos previamente establecidos con las potencias que acudieron a mantener y procurar la empresa básica de la independencia norteamericana. Sin duda, toda su insistencia en la idea de una paz con «reconciliación», respecto a Inglaterra, estaba dirigida a la obtención de posibles beneficios de expansión norteamericana en Canadá, con posterioridad a la paz; tal supuesto implicaba dos contradicciones: una con respecto a Francia, que a toda costa se oponía a la idea de una posible expansión norteamericana en aquellas regiones norteñas; otra con respecto a los intereses de los Estados sureños de los nuevos Estados de la Unión; esta última constituyó, en efecto, una de las más fuertes y persistentes quejas contra la misión de Franklin, que no incluyó el Valle del Mississippi entre las condiciones previas imprescindibles en la firma de la paz con Inglaterra. Ello se debía a la consideración firmemente sustentada por Franklin de que el verdadero peligro para los Estados Unidos radicaba en la continuidad de una presencia inglesa en el Canadá, razón por la cual no debía enajenarse la amistad y posible apoyo militar y político que en el futuro pudiesen otorgar a los Estados Unidos Francia y España. Por ello las ideas rectoras de su negociación se dirigían estratégicamente hacia los sectores que entendía podían otorgar una máxima seguridad a los Estados Unidos: la posibilidad de expansión hacia el Norte; la configuración de una efectiva «reconciliación» con Inglaterra, que afirmase definitivamente la paz.

La llegada de John Jay a París (23 de junio de 1782) produjo un cambio notable en la instancia negociadora norteamericana; la profesión de Jay —abogado— y los dos años de actuación en Madrid, le otorgaban una calidad de «experto» en asuntos españoles. Floridablanca advertía al conde de Aranda [3] del paso de Jay a París, haciéndole expresa indicación de que podía oírle, pero «sin concluir nada hasta comunicar a S. M. las resultas de sus conferencias y recivir sus Reales Órdenes» [4]; al mismo tiempo, «para luz y gobierno» aclaraba Moñino que el principal punto, «tal vez el único que nos interesa con los Estados americanos»,

[3] Floridablanca a Aranda, Aranjuez, 17 de mayo de 1782, A. H. N., Estado, Leg. 4079, Caja 1.
[4] *Ibídem*, doc. y loc. cit.

es el libre y privativo uso o navegación del río Mississippi; respecto al establecimiento de un libre comercio de los Estados Unidos con las provincias españolas ultramarinas, se muestra remiso Floridablanca a la concesión, pues ello supondría un precedente que obligaría a extenderlo a otras naciones que lo solicitasen; insiste, sobre todo, en la peculiaridad de España, cuyos intereses no deben confundirse con los de Francia, completamente diferentes; en realidad, aunque no lo indica, al centrar exclusivamente la cuestión en el límite del Mississippi, se configura un único punto que, para la maniobra diplomática, dejaba pocas posibilidades de obtener ventajas; no cabe duda que el conde de Floridablanca asentaba toda su argumentación en el éxito estratégico obtenido en la campaña del Golfo de México.

El conde de Aranda comunicaba su primera entrevista con John Jay[5], que tuvo efecto el 3 de agosto de 1782, y su decisión de llevar un puntual diario de todas sus reuniones con el plenipotenciario norteamericano, que habrían de efectuarse sobre un mapa de la América septentrional[6], sobre el cual señaló, desde luego, Jay como límite el río Mississippi, desde su nacimiento hasta casi su desembocadura, basándose en la subrogación que los Estados Unidos hacían de los derechos de Inglaterra sobre sus territorios coloniales. La contrapartida de Aranda, con una línea recta, con inclinación noroeste-sureste, desde los Grandes Lagos atravesando el de Michigán hasta el extremo de la Florida oriental, junto al río Guillmard, abría un amplio sector de discusión entre dos puntos de vista opuestos, lo que permitiría, en criterio de Aranda, disponer de un amplio sector geográfico de discusión y, en su caso, de acuerdo.

Es evidente que la negociación por parte norteamericana fue dirigida y encauzada, desde su llegada, por John Jay, y no resulta menos evidente que a partir de este momento los objetivos norteamericanos adquieren otro rumbo completamente distinto al que mantuvieron mientras fue Franklin el único negociador: el eje de la negociación se desplaza del Norte hacia el Oeste y el Sur, cangando el peso sobre las posesiones y territorios españoles y, en consecuencia, mucho más ajustado a complacer los intereses

---

[5] Aranda a Floridablanca, París, 10 de agosto de 1782, A. H. N., Estado, Leg. 3885.

[6] Se trata de un mapa inglés realizado por el Dr. Mitchel (1755), traducido al francés por el ingeniero geógrafo Le Rouge en 1756. Diario de Aranda, A. H. N., Estado, Leg. 3885.

franceses que los españoles[7]; así pudo apreciarlo Aranda en su entrevista con Vergennes el 19 de agosto de 1782, en la que éste le comunicaba la recepción de un pliego británico de lord Shelbourne, en el que éste le comunicaba las ideas preliminares para la paz, de cuya rápida lectura, efectuada por el propio Vergennes, pudo concluir Aranda que la oferta británica respecto a Francia complacía sobremanera al secretario de Estado francés (devolución de la isla de Santa Lucía en América, reconocimiento del derecho de la pesca en Terranova y un enclave de establecimientos en propiedad, renuncia al comisario en Dunkerque); las ofrecidas a España (libre goce de sus posesiones en América y devolución a elección de Gibraltar o Mahón) resultaban altamente falaces: no dejaba de tener gracia que Inglaterra garantizase la posesión de sus territorios a España, que era la potencia militarmente vencedora en América; ni tampoco la ofrecida opción entre Gibraltar y Mahón, la última de las cuales ya había sido conquistada y reintegrada a la soberanía española. El desnivel o escalón de la oferta británica era altamente político: atendía prioritariamente las aspiraciones de Francia para acordar con esta potencia una paz a la que a todas luces no iba a acceder España, con el propósito de dividir y separar mediante las argucias diplomáticas lo que no había conseguido en el campo militar; tenía plena razón Flanklin —como vimos más arriba— en desconfiar y no estar dispuesto a caer en la trampa que de modo tan hábil como similar le había tendido Inglaterra. Pero Aranda, en su entrevista con Vergennes, atisbaba la complacencia de Francia respecto a la propuesta de Inglaterra y hacía expresa indicación del propósito de Vergennes de enviar a Londres a persona capacitada para negociar la oferta británica[8].

En tal contexto debe situarse el nuevo sesgo que la incorporación de John Jay proporcionaba a la negociación por parte norteamericana y que se inscribe netamente en la más absoluta desconfianza hacia España y Francia; poco antes de salir de Madrid, en informe a Livingstone[9], ya expresó claramente su punto de

---

[7] Aranda a Floridablanca, París, 19 de agosto de 1782, A. H. N., Estado, Le. 2841, Caja 3.

[8] *Ibídem*, loc. cit. En la respuesta de Floridablanca, San Ildefonso, 25 de agosto de 1782, A. H. N., Estado, Leg. 2841, se advierte estos mismos puntos de vista.

[9] Informe de Jay a Livingstone, 28 de abril de 1782, Apud. Wharton, *op. cit.*, V, pág. 373.

vista sobre que «las dos cortes borbónicas nos miran de reojo y nos tienen envidia»; es decir, el supuesto firme en Franklin de plena confianza sobre todo en Francia y su decidido empeño de no enajenarse en el futuro la alianza de ambas potencias borbónicas, como prevención de un posible replanteamiento británico de la cuestión colonial, ha cambiado completamente en el fuero interno de Jay, plenamente apoyado por Adams. La desconfianza se pondrá de plena manifestación cuando Vergennes, accediendo a los puntos preliminares expresados por Shelbourne, decide enviar a Londres a su secretario Rayneval. En la negociación de Aranda con Jay existe un factor sustancial al que ya hemos hecho referencia, pero sobre el cual conviene insistir: los términos de autoridad de ambos negociadores eran completamente distintos, pues Jay no sólo tenía plenos poderes del Congreso, sino que decidió quebrantarlos, iniciando a su vez una línea de negociación propia, como veremos inmediatamente; mientras que, por su parte, el conde de Aranda se encontraba considerablemente limitado en su actividad espontánea, debiendo dar constantemente cuenta de sus negociaciones y esperar a recibir la respuesta de Floridablanca, lo cual deriva, sobre todo, de la falta de confianza —a su vez derivada de la distinta militancia política— que Floridablanca tenía respecto a Aranda; esto ya se apreció en la misión Almodóvar a Londres, antes de la ruptura de relaciones y declaración de la guerra; se apreciará intensamente en la negociación de la paz; se pondrá absolutamente de relieve con el envío a Londres como plenipotenciario e inmediatamente como embajador de su hombre de confianza Bernardo del Campo.

La argumentación sostenida por el conde de Aranda constituía un modelo de precisión, pero adolecía de una evidente escasez, incluso ausencia, de márgenes de maniobra. Se basaba en el derecho de conquista militar, por una parte, y de los derechos imprescindibles de los indios a su territorio, por otra. Pero la involucración en el ámbito meramente territorial de antagonismos europeos y discusiones prioritarias para la recuperación de enclaves fundamentales perdidos por España en su propio territorio nacional —nos referimos, claro es, a Gibraltar— implicaba una transferencia de tales cuestiones en los propiamente pertenecientes al ámbito americano. Por ello el fracaso del empeño de conquista español de Gibraltar supuso, como muy claramente indica Aranda, un grave golpe para el buen final de las negocia-

ciones de paz[10]: «el desgraciado suceso de Gibraltar me contrista
a un grado inexplicable» y, sin duda, «su disgusto nos frustrará
otras medidas», como efectivamente sucedió al ser inexcusable
crear el margen de maniobra de que no se disponía en el tratado
con los norteamericanos, temas y problemas europeos de los que
se desentendían absolutamente los interlocutores ultramarinos,
pero sobre los que presionaban fuertemente los europeos. En tales condiciones no debe extrañar que los plenipotenciarios norteamericanos exacerbasen su insistencia en orden a lograr el Mississippi como límite, junto con el derecho de navegación; por otra
parte, la desconfianza de Jay hacia las que él suponía verdaderas
intenciones de Francia y España de continuar la guerra hasta
conseguir tales supuestos propósitos, promovió la apertura de
un canal unilateral de negociación directa con Inglaterra.

Una densa serie de circunstancias, conversaciones, interferen-
cias van a producirse en el mes de septiembre de 1782, que de-
terminaron la firma de un tratado preliminar con Inglaterra por
parte de los plenipotenciarios norteamericanos. Una carta y memoria de Rayneval que intentaba mediar en el conflicto jurisdic-
cional de límites entre España y los Estados Unidos convenció a
Jay de la existencia de una conspiración entre las cortes borbónicas de oponerse a las reivindicaciones norteamericanas sobre
el Mississippi y de apoyar los derechos británicos al territorio
situado al norte del grado 31 de latitud, en especial al situado al
norte del río Ohío. Desde tales supuestos, Jay recibe la visita del
enviado británico Richard Oswald, quien deseaba conocer hasta
dónde habían llegado los norteamericanos en su negociación con
España; con habilidad, Oswald convence a Jay que España ni podía ni debía ser un obstáculo al entendimientos de los Estados
Unidos con Inglaterra. Pocas horas después de esta entrevista
se entera Jay de que Rayneval ha partido para Inglaterra, tras una
larga conferencia con Vergennes y Aranda. La alarma de Jay
alcanza cotas muy altas y llega al convencimiento de que Vergennes trata de posponer el reconocimiento de la independencia
de los Estados Unidos por Inglaterra hasta la conclusión de una
paz general «para mantenernos bajo su tutela», de modo que se
satisfagan las demandas de España «de excluirnos a todos del

---

[10] Aranda a Floridablanca, París, 4 de octubre de 1782, A. H. N., Estado,
Leg. 2841, Caja 3.

Golfo también» [11]; en consecuencia, estimando que «sólo podemos negociar con la categoría de nación independiente y en igualdad de condiciones», decide abrir un camino de negociación independiente, tomando contacto directo con Shelbourne, en solicitud de apertura inmediata de negociación para el reconocimiento de la independencia de las Trece Colonias. La oferta de que Inglaterra monopolizase el intenso comercio que se realizaría en el interior continental, desde los Grandes Lagos hasta el Golfo de México, para lo cual era imprescindible el libre uso y derechos de navegación del Mississippi, encerraba una atractiva incitación para Inglaterra que obtuvo inmediata respuesto que, en efecto, produjo la firma en París, el 30 de noviembre de 1782, de la firma de los preliminares de paz entre Inglaterra y los Estados Unidos [12]; en él Gran Bretaña reconocía a las colonias como Estados libres, soberanos e independientes, renunciando al gobierno, propiedades y derechos territoriales sobre ellos, estableciendo minuciosamente los límites continentales; asegurando el derecho de pesca en los bancos de Terranova; compromiso por el Congreso de devolución de los bienes y propiedades confiscadas a los súbditos ingleses y, por último, declaración mutua de libre navegación del Mississippi para ingleses y norteamericanos, desde sus fuentes hasta su desembocadura oceánica. Al dar cuenta a Floridablanca de la noticia de la firma de este «asombroso tratado», Aranda hacía explícitas declaraciones respecto a las nuevas y graves dificultades que el mismo suponía para las sucesivas negociaciones [13].

Al romperse —por la voluntad unilateral de los Estados Unidos, bajo la iniciativa personal de John Jay, actuando a su vez bajo premoniciones irracionales— la alianza tripartita, no cabe la menor duda que Inglaterra adquiría la iniciativa diplomática en los planteamientos de la paz. Todo el cuidadoso aparato de planificación de la acción conjunta quedó derribado.

Ni la desesperada misión del secretario de la Embajada española en París, Ignacio de Heredia, quien fue enviado por el conde de Aranda para que, conjuntamente con Rayneval, tratase de presionar a los británicos y que envía una docena de intere-

---

[11]   Jay a Livingstone, 18 de septiembre de 1782, Apud. Wharton, *op. cit.*, V, pág. 740.

[12]   A. H. N., Estado, Leg. 3885, Exp. 1.

[13]   Aranda a Floridablanca, París, 3 de diciembre de 1782, A. H. N., Estado, Leg. 4062, Caja 2.

santes informes[14], ni el envío desde Madrid del hombre de confianza máxima del conde de Floridablanca, Bernardo del Campo, consiguieron nada efectivo. Los norteamericanos consideraron con razón el tratado como altamente favorable (definitivo, 3 de septiembre de 1783) y el conde de Vergennes acuñaba su famosa frase «Inglaterra no hace la paz, la compra». Los límites de la nueva nación se señalaban desde Saint Croix, siguiendo una línea que cortaba a través de los Grandes Lagos, hasta el «Lake of the Woods», desde aquí hacia el Sur hasta el grado 31, a lo largo del Mississippi, señalaba la frontera Oeste de la nueva república. A lo largo del paralelo, una línea divisoria corría hacia el Sur hasta la confluencia de este río con el Apalachicola, después hacia el Sur hasta la confluencia de este río con el Flint, desde donde longitudinalmente corría hasta el río Saint Mary y el Atlántico. Respecto a la cuestión de la navegación del Mississippi, las fuertes concesiones y reservas mutuas establecidas entre Inglaterra y los plenipotenciarios norteamericanos dejaban abierta una amplia serie de incógnitas, recelos e inconvenientes que permiten afirmar el mantenimiento de una cuestión abierta y poco clarificada, que habría de suponer profundas disensiones entre España y los Estados Unidos en los años posteriores, que ya quedan absolutamente fuera de nuestro campo de interés.

---

[14] Despachos de Ignacio de Heredia al conde de Aranda, Londres, del 26 de diciembre de 1782 a marzo de 1783, A. H. N., Estado, Leg. 4220.

BIBLIOGRAFÍA

Abernethy, T. P., *Western Lands and the American Revolution*, New York, 1959.

Abbey, K. T., «La influencia del movimiento de independencia norteamericano sobre la política colonial española», *Actas del II Congreso Internacional de Historia de América*, Buenos Aires, 1935, vol. II, págs. 7-17.

Adams, Charles F. (Ed.), *The Works of John Adams*, Boston, 1850356, 10 vols.

Adams, Truslow, *The Living Jefferson*, New York, 1936.

Alcázar Molina, C., *El despotismo ilustrado en España*, Sep. del «Bull. du Comité Intern. des Scienes Hist.», 1933.

— *Los hombres del despotismo ilustrado en España: El Conde de Floridablanca, su vida y su obra*, Murcia, 1934, vol. I (único publicado).

— *Ideas políticas de Floridablanca. Del Despotismo Ilustrado a la Revolución Francesa y Napoleón*, Sep. de «Revista de Estudios Políticos», Madrid, 1955.

Altamira, Rafael, *Historia de España y de la Civilización española*, Barcelona, 1928, 4 vols.

Alvarez Requejo, Felipe, *El Conde de Campomanes. Su obra histórica*, Oviedo, 1954, Inst. de Est. Asturianos.

Alvord, Clarence W., *The Mississippi Valley in British Policy*, Cleveland, 2 vols., 1917.

Andrews, E. M., «Anglo-french commercial rivalry 1700-1750», *American Historical Review*, 1915, vol. XX.

Armangué Rius, Gil, *Gibraltar y los españoles*, Madrid, Aguilar, 1964.

Artola, Miguel, «Campillo y las reformas de Carlos III», *Revista de Indias*, Madrid, 1952.

— *Los afrancesados*, Madrid, Soc. de Est. y Publicaciones, 1953.

Bailey, Thomas A., *A Diplomatic History of the American People*, New York, 1955.

Ballesteros y Beretta, A., *Historia de España y su influencia en la Historia Universal*, Barcelona, 1918-1940, 10 vols.

Ballesteros-Gaibrois, M., *Nuevas aportaciones al estudio de la intervención de España en la independencia de los Estados Unidos de América. La misión de Gardoqui, 1783-1789* (Tesis doctoral inédita).

— «Bastidores diplomáticos», *Revista de Indias*, vol. I, núm. 1, Madrid, 1940, páginas 107-120.

Bancroft, George, *History of the United States, from the Discovery of the Continent*, New York, 1862, 6 vols.

Barry, Joseph, *Passions on Politics. A Biography of Versailles*, New York, 1972.

Beard, Charles A., *Economical Origins of Jeffersonian Democracy*, New York, 1915.

— *Economic Interpretation of Constitution*, New York, 1923.

— *The Idea of National Interest*, New York, 1934.

Becker, Carl, «What is still Living in the Political Philosophy of Thomas Jefferson?», en *Thomas Jefferson. A Profile*, M. D. Peterson, Ed., New York, 1967.

— *The Declaration of Independence. A study in the History of Political Ideas*, New York, 1922.

Bedley, Temple, *Georges Rogers Clark. His Life and Public Services*, Boston, 1926.

Bemis, Samuel Flagg, *Jay's Treatty*, New York, 1923.

— *American Secretaires of State and their Diplomacy*, New York, 2 vols., 1927.

— *The Diplomacy of the American Revolution*, New York, 1935.

— *A Diplomatic History of the United States*, New York, 1936.

Bemis, S. F., y Griffin, G. G., *Guide to the Diplomatic History of the United States, 1715-1921*, Washington, 1935.

Bethancourt Massieu, A., *Patiño en la política internacional de Felipe V*, Valladolid, 1954.

Beveridge, Albert J., *The Life of John Marshall*, Boston, 1916, 2 vols.

Bigelow, John (Ed.), *The Works of Benjamin Franklin*, New York, 1904, 12 vols.

Blet, H., *Histoire de la colonisations française*, Grenoble, 1946.

Bourgoing, J. F., *Tableau de l'Espagne moderne*, Paris, 1803.

Bourne, H. E., «The correspondence of the Comte de Moustier with the Comte de Montmorin, 1787-1789», *Americany Historical Review*.

Bowers, Claude G., *Jefferson and Hamilton. The struggle for Democracy*, Boston and New York, 1925.

Boyd, Julián P. (Ed.), *The Papers of Thomas Jefferson* (en proceso de conclusión), Princeton, 1950, 60 vols.

Boyd, Julián P., «Thomas Jefferson's "Empire of Liberty"», en *Thomas Jefferson. A Profile*, M. P. Peterson, ed., New York, 1967.

Brant, Irving, *James Madison*, New York, 1941-48, 3 vols.

Brinson, Crane, *Anatomía de la Revolución*, Madrid, Aguilar, 1962.

Brissot de Warwille, *New travels in the United States, 1778*, London, 1794.

— *The Commerce of America with Europe*, London, 1794.

Brodie, Fawn M., *Thomas Jefferson. An Intimate History*, New York, 1974.

Brown, Vera Lee, «Anglo-Spanish Relations in America in the Closing Years of the Colonial Era», *Hispanic American Historical Review*, Baltimore, 1922.

— *Studies in the history of Spain in the second half of the XVIII th Century*, Northampton, Mass., 1929-30.

Burnett, Edmund C., *The Continental Congress*, New York, 1941.

— (Ed.), *Letters of Members of the Continental Congress*, Washington, 1921-31, 5 vols.

Cabarrús, Conde de, *Cartas sobre los obstáculos que la naturaleza, la opinión y las leyes oponen a la felicidad pública*, Vitoria, 1808.

Cabot Lodge, Henry, *The Works of Alexander Hamilton*, New York, 1904, 12 vols.

Calderón Quijano, J. A., *Belice, 1663 (?)-1821*, Sevilla, 1944.

Calkin, Homer L., *Pamplhets and Public Opinion During the American Revolution*, Pennsylvania, 1940.

Campomanes, Conde de, *Discurso sobre el fomento de la industria popular*, Madrid, 1774.

— *Discurso sobre la educación popular de los artesanos y su fomento*, Madrid, 1775-1777, 5 vols.

— *Tratado de la regalía de amortización, en el qual se demuestra por la serie de las varias edades, desde el nacimiento de la Iglesia en todos los siglos y países católicos, el uso constante de la autoridad civil para impedir las ilimitadas enagenaciones de bienes raíces, comunidades y otras manos muertas, con una noticia de las leyes fundamentales de la monarquía española sobre este punto*, Madrid, 1756.

Carbia, Rómulo D., *Historia de la Leyenda Negra Hispanoamericana*, Madrid, 1944.

Carter, Clarence Edwin (Ed.), *The Correspondence of General Thomas Gage with the Secretaires of State, 1763-1775*, Yale, 1969.

Casanova de Seingalt, Jacques, *Memoires*, Paris, R. de Veze (ed.), vol. X (1931) y XI (1933).

Cassirer, Ernest, *Filosofía de la Ilustración*, México, F. C. E., 1950.

Caughey, John Walton, *Bernardo de Gálvez in Louisiana, 1776-1783*, Berkeley, 1934.

Cevallos, Fernando de, *La falsa filosofía o el ateísmo, deísmo, materialismo y demás nuevas sectas convencidas de crimen de Estado contra los soberanos*, Madrid, 1774-1776.

Circourt, Adolphe, *Histoire de l'alliance et de la action commune de la France et de l'Amerique*, Paris, 1781, 3 vols.

Coe, Samuel G., *The Mission of William Carmichael to Spain*, Baltimore, 1928.

Conrotte Méndez, Manuel, *La intervención de España en la independencia de los Estados Unidos de la América del Norte*, Madrid, 1920.

Corbett, sir J., *England in the Seven Years War*, London, 1907.

Corwin, Edward, *French policy and the American Alliance of 1778*, Princeton, 1916.

Coxe, William, *L'Espagne sous les rois de la maison de Bourbon*, Paris, 1827, 6 vols.

Chadwick, F. E., *The Relations of the United States and Spain*, New York, 1909.

Chinard, Gilbert, *Thomas Jefferson, the Apostle of Americanism*, Boston, 1929.

Darlong, Arthur B., *Our Rising Empire, 1763-1803*, New Haven, 1904.

Davidson, Philipp, *Propaganda and the American Revolution, 1763-1783*, Chapel Hill, 1941.

Danvila y Collado, M., *Historia del Reinado de Carlos III*, Madrid, El Progreso Editorial, 1893, 5 vols. (En la *Historia General de España*, bajo la dirección de A. Cánovas del Castillo.)

De Conde, Alexander, *Entanglig Alliance: Politics and Diplomacy under George Washington*, Durham, 1958.

Defoe, Daniel, *A Plan of the English Commerce*, London, 1737.

Defourneaux, M., «Pablo de Olavide et sa famille», *Bulletin Hispanique*, LVI, 1954.

— *Pablo de Olavide ou l'afrancesado (1725-1803)*, Paris, 1959.

— «Un diplomático hispanista: el Barón de Bourgoing y los orígenes del Tableau de l'Espagne Moderne», *Clavileño*, Madrid, 1955.

Desdevises du Dezert, «Les lettres politico-economiques de Campomanes», *Revue Hispanique*, IV, 1877.

— *L'Espagne de l'Ancien Régime*, Paris, 1897, 3 vols. (Nueva ed. en New York-Paris: (1) La societé espagnole au XVIIIe siecle (1925), (II) La richesse et la civilisation (1927), (III) Les institutions (1928).

Díaz Plaja, Fernando, *La historia de España en sus documentos. El siglo XVIII*, Madrid, Inst. de Est. Pol., 1955.

Domínguez Ortiz, Antonio, *La sociedad española en el siglo XVIII*, Madrid, C. S. I. C., 1956.

Doniol, Henri, *Histoire de la Participation de la France a l'Establissement des Etats-Unis d'Amerique*, Paris, 1890, 5 vols.

Doren, Carl Van, *Benjamin Franklin's autobiographical writings*, New York, 1948.

— *Benjamin Franklin*, Paris, 1956.

Einstein, Lewis D., *Divided Loyalties: Americans in England during the War of Independence*, New York, 1933.

Ellery B., Albert (Memorial Ed.), *The Writings of Thomas Jefferson*, Washington, 1903, 20 vols.

Fay, Bernard, *L'Esprit revolutionnaire en France et aux Etats-Unis a la fin du XVIII siecle*, Paris, 1925.

— *Notes on the American Press at the end of the XVIII th Century*, New York, 1927.

— *Benjamín Franklin*, Paris, Calman-Levy, 1930-1931, 3 vols.

— *George Whashington*, 1931.

— *Le Franc-maçonnerie et la Revolution intellectuelle du XVIII siecle*, Paris, 1935.

— *Louis XVI*, Paris, Auriot-Dumont, 1955.

Feijoo, Benito Jerónimo, *Cartas eruditas y curiosas*, Madrid, 1742-1760, 5 vols.

— *Teatro Crítico Universal*, Madrid, 1923-1926, 3 vols.

Fernán Núñez, Conde de, *Vida de Carlos III*, Madrid, 1898.

Ferrell, R. H., *The Foundation of American Diplomacy*, South Carolina, 1969.

Ferrer Benimeli, J. A., *La masonería española en el siglo XVIII*, Madrid, 1974.

Ferrer del Río, A., *Historia del reinado de Carlos III en España*, Madrid, 1856, 4 vols.

Fitzmaurice, Lord Edmond, *Life of William, Earl of Shelbourne*, 1875-6, 3 vols.

Fitzpatrick, John C. (Ed.), *The Diaries of George Washington, 1748-1799*, Boston, 1925, 4 vols.

— *The Writings of George Washington*, Washington, 1931-44, 39 vols.

— *Journal of the Continental Congress, 1774-1789*, Washington, 1933, 34 vols.

Flassan, M. de, *Histoire Generale et raisonée de la Diplomatie française depuis la Fondation de la Monarchie jusqu'a a la Fin du Regne de Louis XVI*, Paris, 1811, 7 vols.

Floridablanca, Conde de, *Apuntamiento de la Junta de Estado*, Biblioteca de Autores Españoles, vol. LIX.

— *Defensa legal...*, ibídem., ed. de las Obras originales del Conde de Floridablanca por D. Antonio Ferrer del Río, vol. LIX de la cit. B. A. E., Madrid, 1867.

Foner, Philip (Ed.), *The Complete Writings of Thomas Paine*, New York, 1945, 2 vols.

Ford, Worthington C. (Ed.), *The Writings of G. Washington*, New York, 1889-93, 14 vols.

Fortescue, Sir John (Ed.), *The Correspondence of King George the Third from 1760 to 1783*, London, 1927-28, 6 vols.

Fulton, Norman, *Relaciones diplomáticas entre España y los Estados Unidos a finales del siglo XVIII. Relaciones económico-comerciales*, Madrid, 1970.

Gayarré, Charles, *Histoire of Louisiana*, New Orleans, 1903, 4 vols.

Godechot, Jacques, «Le siecle des lumieres», en *Histoire Universelle*, dirigida por Grousset y Leonard, Paris, 1967 (La Pleiade).

— *Les revolutions (1770-1799)*, Paris, PUF, 1969 (Nouvelle Clio).

Gómez del Campillo, Miguel, *El Conde de Aranda en su Embajada a Francia (años 1773-1787)*, Madrid, 1945.

— *Relaciones diplomáticas entre España y los Estados Unidos. Según los documentos del Archivo Histórico Nacional*, Madrid, 1944 y 1946, 2 vols.

González Casanova, Pablo, *El misoneísmo y la modernidad cristiana en el siglo XVIII*, México, 1948.

Graham, G. S., *Considerations on the War of American Independence*, Sep. del *Bull. of the Inst. of Hist. Research*, vol. XXII, 1949.

Habakkuk, H. J., «English population in the 18 th Century», *Economic History Review*, dic. 1953.

Hale, Edward E., *Franklin in France*, Boston, 1887-1888, 2 vols.

Hamilton, Earl J., *War and Prices in Spain 1651-1800*, Cambridge, Mass., 1947.

— «The foundation of the Banks of Spain», *Journal of Political Economy*, 1945.

Hamilton, John C. (Ed.), *The Works of Alexander Hamilton*, New York, 1850-51, 7 vols.

Hartz, L., «American Political Thought and the American Revolution», *American Political Science Review*, vol. XLVI, 1952.

Hazard, Paul, *El pensamiento europeo en el siglo XVIII*, Madrid, Rev. de Occidente, 1946.

Hamilton, Earl J., *War and Prices in Spain 1615-1800*, Cambridge, Mass., 1947. *1783*, Columbia Univ. 1962 (tesis doctoral).

Hernández Sánchez-Barba, Mario, «La paz de 1783 y la misión de Bernardo del Campo en Londres», *Estudios de Historia Moderna*, II, Barcelona, 1952.

— «Los fundamentos sociológicos del imperialismo histórico británico (1765-1786), *Revista de Estudios Políticos*, Madrid, 1954.

— *La última expansión española en América*, Madrid, 1957.

— *La sociedad colonial americana en el siglo XVIII*, Barcelona, 1958. (Vol. IV de la *Historia social y económica de España y América.)*

— *Historia Universal de América*, Madrid, 1963, 2 vols.

— «Ciclos Kondratieff y modelos de frustracción económica hispanoamericana en el siglo XIX», *Revista de la Universidad de Madrid*, 1972.

Herr, Richard, *The eighteenth century revolution in Spain*, New Jersey, 1960 (trad. esp.).

Herrero, Juan Manuel, *Notas sobre la ideología del burgués español del siglo XVIII*, Sevilla, 1952.

Hill, Roscoe R., *Descriptive catalogue of the documents relating to the History of United States in the «Papeles procedentes de Cuba», deposited in the Archivo General de Indias at Sevilla*, Washington, 1916.

Hunt, Gaillard (Ed.), *The Writings of James Madison*, New York, 1900-1910, 9 vols.

Hutchinson, W. T., y Rachal, W. M. (Ed.), *The Papers of James Madison*, Chicago, 1962, 8 vols.

Iguacen Glaría, Félix, *Secularización y mundo contemporáneo*, Madrid, 1973.

Imbert, G., *Des mouvements de longue durée Kondratieff*, Aixen-Provence, 1959.

Jameson, F., *The American Revolution considered as a social movement*, Princeton, 1940.

Jay, John, *The peace Negociations of 1782-1783*, New York, 1884.

Johnson, Cecil, «Expansion in West Florida, 1770-1779», *Mississippi Valley Historical Review*.

Johnsthon, Henry P. (Ed.), *The Correspondence and Public Papers of John Jay*, New York, 1893-94, 4 vols.

Jover Zamora, José María, *Política mediterránea y política atlántica en la España de Feijoo*, Oviedo, 1956, «Cuadernos de la Cátedra Feijoo».

Juderías, Julián, *La Leyenda Negra: estudios acerca del concepto de España en el Extranjero*, Madrid, 1954.

Kany, Charles, E., *Life and manners in Madrid 1750-1800*, Berkeley, 1932.

Kimball, Marie, *Jefferson: War and Peace, 1776-1784*, New York, 1947.

Kindleberger, C. P., *Economic Growth in France and Britain*, Harvard Univ. Press, 1964.

Knorr, K. E., *British Colonial Theories, 1570-1850*, Toronto, 1944.

Kohn, Hans, *The Idea of Nationalism. A study in its Origins and background*, New York, 1944.

Krebs Wilckens, R., «Pedro Rodríguez de Campomanes y la política colonial española en el siglo XVIII», *Bol. de la Acad. Chilena de la Hist.*, núm. 53, Santiago de Chile, 1955.

Lafuente, Modesto, *Historia general de España*, Madrid, 1861-1868, 15 vols.

Lecky, William E. M., *History of England in the Eighteenth Century*, London, 1883-90, 8 vols.

Lee, Richard H., *Life of Arthur Lee*, Boston, 1829, 2 vols.

Leicester Ford, P. (Federal Ed.), *The Works (or Writings) of Thomas Jefferson*, New York and London, 1904, 12 vols.

Liscomb, A. A., y Bergh, A. E. (Ed.), *The Writings of Thomas Jefferson*, Washington, 1903-1904, 20 vols.

Lokke, C. L., *France and the Colonial question, 1763-1801*, New York, 1932.

Lourie, W. (Ed.), *American State Papers, Foreign Relations*, Washington, 1832-1856, 6 vols.

Lyon, Wilson E., *Lousiana in French Diplomacy, 1759-1807*, Norman, 1934.

Mac Carthy, Charles H., *The attitude of Spain during the American Revolution*, Sep. «Catholic Hist. Review», 1916.

Macpherson, D., *Annals of Commerce*, London, 1805, vol. III.

Mahan, A. T., *The influence of sea power upon History 1660-1783*, London, s. f., 6.ª ed.

Malone, Dumas, *Jefferson and his Time*, Boston, 1948-62, 3 vols.

Marañón y Posadillo, G., *Las ideas biológicas del P. Feijoo*, Madrid, 1934.

— «Más sobre nuestro siglo XVIII», Madrid, *Revista de Occidente*, XLVIII, Madrid, 1935.

— «Visión de América a través de El Ecuador», *Mundo Hispánico*, junio 1953.

Marías, Julián, *La España posible en tiempos de Carlos III*, Madrid, 1963.

Maura y Gamazo, Gabriel, *Vida y reinado de Carlos III*, Madrid, 1954, 2 vols.

Meng, John, *Compte of Vergennes, European Phases of his American Diplomacy 1774-1780*, Washington, 1932.

Mercier, Sebastien, *Tableau de Paris*, Amsterdam, 1782, 2 vols.

Monaghan, Frank, *John Jay*, New York, 1935.

Moore, Basset, *Secret Journals of the Acts and Proceeding of Congress*, Boston, 1821, 4 vols.

— *A Digest of International Law*, Washington, 1916, 8 vols.

Moore, Frank (Ed.), *The Correspondence of Henry Laurens*, New York, 1861.

Morris, Richard B., *The Pacemakers*, New York, 1965.

Nasatir, A. P., *The Anglo-Spanish Frontier in the Illinois Country During the American Revolution, 1779-1783*, Sep. de «Journal ot the Illinois State Hist. Society».

O'Donnell, W. E., *The Chevalier de La Luzerne, French Minister to the United States, 1779-1784*, Louvain, 1938.

Ogg, F. A., *The Oppening of the Mississippi. A struggler for supremacy*, New York, 1904.

Ortega y Gasset, J., *El siglo XVIII educador*, Madrid, 1932.

Pabón y Suárez Urbina, Jesús, *Franklin y Europa*, Madrid, 1957.

Palacio Atard, V., *El Tercer Pacto de Familia*, Madrid, 1945.

— «El equilibrio de América en la diplomacia española del siglo XVIII», *Estudios Americanos*, 1950.

— *Los españoles de la Ilustración*, Madrid, 1967.

Palmer, Robert, *The World Revolution of the West 1763-1801*, Sep. de «Political Science Quarterly», marzo 1954.

Parton, James, *Life and Times of Benjamin Franklin*, Boston and New York, 1897, 2 vols.

Paxon, Frederick L., *History of the American Frontier*, Boston, 1924.

Peterson, Merril D., *Thomas Jefferson and the New Nation*, New York, 1970.

Phelps, A., *Lousiana: A record of Expansion*, New York, 1905.

Phillips, P. C., *The West in the Diplomacy of the American Revolution*, New York, 1913.

Pietri François, *La reforma del Estado en el siglo XVIII*, Barcelona, 1944.

Rashed, Z. E., *The Peace of Paris 1763*, Liverpool, 1952.

Ricard, Robert, *De Campomanes a Jovellanos. Les courrants d'idees dans l'Espagne du XVIII siecle*, Lovaina, 1957.

Rodríguez Casado, V., *La política y los políticos durante el reinado de Carlos III*, Madrid, 1962.

Rousseau, François, *Participation de l'Espagne a la Guerre d'Amerique*, «Revue des Questions Hist.».

— *Regne de Charles III d'Espagne (1759-1788)*, Paris, 1907, 2 vols.

Sagnac, Philippe, *La fin de l'Ancien Regime et la Revolution Americaine (1763-1789)*, París, 1952.

Sánchez Agesta, Luis, «Feijoo y la crisis del pensamiento político español del siglo XVIII», *Revista de Estudios Políticos*, Madrid, 1945.

— *Introducción al pensamiento español del despotismo ilustrado*, Madrid, 1950.

— *España y Europa en el pensamiento español del siglo XVIII*, Oviedo, 1956.

— *El pensamiento político del despotismo ilustrado*, Madrid, 1959.

Sarrailh, Jean, *L'Espagne eclairée de la seconde moitié du XVIIIᵉ siecle*, Paris, 1954.

Sauvy, Alfred, *La montée des jeunes*, Paris, 1959.

Sempere y Guarinos, J., *Ensayo de una biblioteca española de los mejores escritores del reinado de Carlos III*, Madrid, 1785-1789, 6 vols.

Sepherd, W. R., *Guide to Materials for the History of the United States in Spanish Archives*, Washington, 1907.

Serrano y Sanz, Manuel, *Apunte para una biblioteca de escritores españoles, desde el año 1401 al 1833*, Madrid, 1903-1905, 2 vols.

Shafer, R. J., *The Economic Societies in the Spanish World (1763-1821)*, Syracuse, 1958.

Smyth, A. H., *The Writings of Benjamin Franklin*, New York, 1907, 10 vols.

Sparks, J. (Ed.), *Correspondence of the American Revolution, being letters of Eminent Man to George Washington*, Boston, 1853, 4 vols.

Soulangê-Bodin, *La diplomatie de Louis XV et le Pacte de Famille*, Paris, 1894.

Stourzh, Gerald, *Benjamin Franklin and American Foreign Policy*, Chicago, 1954.

— *Alexander Hamilton and the idea of Republican Government*, Stanford, 1970.

Stichcombe, W. C., *The American Revolution and the French Alliance*, New York, 1969.

Theveneau de Francy, *Beaumarchais, the merchant, 1778-1780*, New York, 1870.

Thomas Perkins, A., *Western Lands and the American Revolution*, New York, 1959.

Tolles, F. B., «The American Revolution considered as a social Movement: a Reevaluation», *American Hist. Review*, vol. LX.

Trudel, Marcel, *Louis XVI, le Congrés americain et le Canada, 1774-1789*, Québec, 1949.

Turner, F. J., «The Policy of France toward the Mississippi Valley in the Period of Washington and Adams», *American Historical Review*, 1905.

Ulloa, Bernardo, *Retablissement des manufactures et du commerce d'Espagne*, Madrid, 1740.

Valjavec, Fritz, *Historia de la Ilustración en Occidente*, Madrid, 1964.

Vicens Vives, J., *Historia General Moderna*, Barcelona, 1951, 2 vols.

Wharton, Francis (Ed.), *The Revolutionary Diplomatic Correspondance of the United States*, Washington, 1889, 6 vols.

Whitaker, A. P., *Spanish-American Frontier: 1783-1795*, Boston and New York, 1927.

— *Latin American and the Enligttenment*, New York, 1942.

— Las sociedades científicas latino-americanas», Bogotá, 1948. Conf. en la Academia Colombiana de la Historia.

Williams, Basil, «The Whig supremacy (1714-1760)», en la *Oxford History of England*, Oxford, 1936.

Woods, Leonard L. (Ed.), *Royal Instructions to British Governors*, New York, 1967, 2 vols.

Yela Utrilla, J. F., *España ante la independencia de los Estados Unidos*, Lérida, 1925, 2 vols.

Zabala Lera, Pío, *España bajo los Borbones,* Barcelona, 1955.

Zapatero, Juan Manuel, *La guerra del Caribe en el siglo XVIII,* San Juan de Puerto Rico, 1964.

Zavala, Silvio, *América en el espíritu francés del siglo XVIII,* México, 1949.

Zeller, Gastón, *Les temps modernes, II De Louis XIV a 1789,* Paris, 1955, Hachette, en «L'Histoire des Relations Internationales».

ÍNDICE GENERAL

SEGUNDA PARTE

LA ÉPOCA A PLAZO HISTÓRICO CORTO: EL SISTEMA POLÍTICO ESPAÑOL Y LA COYUNTURA REVOLUCIONARIA COLONIAL NORTEAMERICANA, 1773-1783